INSULTOS IMPRESSOS

ISABEL LUSTOSA

Insultos impressos

A guerra dos jornalistas na Independência (1821-1823)

2ª *edição*

Companhia Das Letras

Copyright © 2000 by Isabel Lustosa

Grafia atualizada segundo o Acordo Ortográfico da Língua Portuguesa de 1990, que entrou em vigor no Brasil em 2009.

Capa
Ettore Bottini

Índice onomástico
Maria Claudia Carvalho Mattos

Preparação
Cássio de Arantes Leite

Revisão
Andrea Souzedo
Geuid Dib Jardim

Dados Internacionais de Catalogação na Publicação (CIP)
(Câmara Brasileira do Livro, SP, Brasil)

Lustosa, Isabel
  Insultos impressos : A guerra dos jornalistas na independência (1821-1823) / Isabel Lustosa. — 2ª ed. — São Paulo : Companhia das Letras, 2022.

  Bibliografia.
  ISBN 978-65-5921-122-7

  1. Brasil — História — Independência, 1822 2. Imprensa e política — Brasil 3. Jornais brasileiros — Aspectos políticos 4. Jornalismo — História — Brasil I. Título.

22-118077   CDD-079.81

Índice para catálogo sistemático:
1. Brasil : Jornalismo : História 079.81

Cibele Maria Dias — Bibliotecária — CRB-8/9427

[2022]
Todos os direitos desta edição reservados à
EDITORA SCHWARCZ S.A.
Rua Bandeira Paulista, 702, cj. 32
04532-002 — São Paulo — SP
Telefone: (11) 3707-3500
www.companhiadasletras.com.br
www.blogdacompanhia.com.br
facebook.com/companhiadasletras
instagram.com/companhiadasletras
twitter.com/cialetras

Para minha irmã, Maria Clélia.
Tributo à sua rara generosidade.

A imprensa livre remedeia-se a si mesma, porque não pode haver razão para que a mentira, sendo igualmente livre como a verdade, prevaleça contra esta.

Hipólito da Costa

A liberdade civil e de imprensa tem sido justamente comparada ao vinho espirituoso, o alimento substancial que atordoa as cabeças fracas e arruína os estômagos débeis.

Visconde de Cairu

Sumário

Agradecimentos.. 13
Prefácio 15

INTRODUÇÃO

1. O barbeiro novo e a barba do tolo 23
2. Das melhores intenções aos libelos difamatórios........ 28
3. O lugar da "inteligência brasileira"........................... 33
4. Imagens do Brasil... 37
5. Novas ideias — velhas atitudes............................... 41
6. A paisagem e os nomes... 50
7. D. Pedro I — entre a maçonaria e a Santa Aliança........ 56

1. QUEM DÁ PRIMEIRO, DÁ DUAS VEZES

1. A Impressão Régia 65
2. A *Gazeta do Rio de Janeiro*................................... 68
3. Hipólito da Costa 71
4. A Revolução do Porto.. 79

5. O ministro Tomás Antônio e o panfleto contra
a volta do rei 83
6. Agitação no Rio de Janeiro.. 92
7. Um ciclo de preito ao rei 98
8. A defesa da censura feita pelo censor..................................... 105

2. BULAS DO PAPA PARA O IMPERADOR DA CHINA

1. As Cortes contra o Brasil — notícias do front...................... 116
2. D. Pedro, Regente, e o *Revérbero*.. 120
3. "O despertador brasiliense".. 124
4. O Fico e a revolta da Divisão Auxiliadora 130
5. Bulas do papa para o imperador da China 134
6. De Lisboa não pode vir cousa boa 139
7. "A heroicidade brasileira" e o censor censurado.................. 144
8. O *Espelho* contra o *Revérbero* 149
9. Quem era o Malagueta 155
10. O *Revérbero* contra a *Malagueta*.. 161
11. O *Espelho* contra a *Malagueta*... 164
12. *Revérbero, Espelho* e *Malagueta* 172

3. QUANDO VIRES AS BARBAS DO TEU VIZINHO ARDER DEITA AS TUAS DE MOLHO

1. O *Correio do Rio de Janeiro* e seu redator, João Soares
Lisboa 174
2. Lisboa contra Lisboa... 181
3. Cairu contra a facção gálica 186
4. Cairu barrado na eleição 192
5. Primeiros jornalistas presos 194
6. Um processo contra o redator do *Correio*.............................. 200
7. O *Espelho* em defesa do Apostolado e contra
João Soares Lisboa... 203
8. Diretas já!: o primeiro jornalista no tribunal 216

4. QUANDO O REI É FREDERICO, TODOS OS QUE O RODEIAM
SÃO FREDERICO TAMBÉM

1. May, a "Representação" e o *Reclamador* 227
2. May e o primeiro "racha" no movimento popular 230
3. A Independência 236
4. Frei Sampaio, entre o Apostolado e a maçonaria 245
5. A hora e a vez de Soares Lisboa 251
6. A Bonifácia 257
7. Entre Buenos Aires e o Rio, prossegue a Bonifácia 262
8. O cônego Goulart na imprensa do Rio 273

5. QUEM NÃO TEM PADRINHO MORRE MOURO

1. A Assembleia contra o *Diário do Governo* — uma batalha 279
2. O *Correio do Rio de Janeiro* — segunda dentição 288
3. Quem não tem padrinho morre mouro 296
4. D. Pedro e o "Calmante do Malagueta" 300
5. *A Malagueta* extraordinária nº 2 e suas devastadoras
   consequências 307
6. Radicais de Pernambuco contra absolutistas do Rio 317

6. QUEM SEUS INIMIGOS POUPA NAS MÃOS LHES MORRE

1. A queda do gabinete Andrada 330
2. O *Tamoyo* e seus naturais adversários 334
3. O compadre da roça contra o homem da corte 342
4. Nem chumbeiro nem descamisado 346
5. O inimigo dos "marotos" 350
6. A imagem dos Andrada e a propaganda política 356
7. Grondona, um italiano na corte de D. Pedro 370
8. A guerra contra a Santa Aliança no Rio 380

7. NA BARBA DO TOLO APRENDE O BARBEIRO NOVO

1. A guerra dos jornalistas.. 388
2. O "Brasileiro Resoluto" e o fechamento da Assembleia 395
3. O destino dos primeiros jornalistas 407

Conclusão — Injúrias não são razões, nem sarcasmos
   valem argumentos 421

Cronologia 437
Notas 445
Bibliografia 473
Relação dos periódicos e panfletos consultados 483
Créditos das ilustrações 487
Índice onomástico 491
Pós-escrito — Como da Regência cheguei à Independência 499

Agradecimentos

Este trabalho foi originalmente apresentado ao Iuperj como tese de doutorado em Ciência Política. Algumas modificações foram feitas sem que se perdesse o sentido original. A pesquisa foi integralmente desenvolvida na Fundação Casa de Rui Barbosa, a cujo quadro de pesquisadores tenho a honra de pertencer; valeram-me para levá-la a bom termo o apoio e as condições de trabalho que oferece a instituição. Contei, durante o ano de 1996, com a colaboração da estagiária Carla Molinari e, em 1997, de Patrícia Hansen, ambas contratadas mediante convênio entre a Casa de Rui Barbosa e a Fundação Mudes.

Agradeço, de todo o coração, ao grande filólogo Adriano da Gama Kury, que fez leitura atenta deste trabalho, domando vírgulas e preposições que teimavam em não ficar em seus lugares. Também ao querido amigo Boris Schnaiderman, pelas tantas anotações à margem do texto, pertinentes observações originadas da experiência de grande tradutor, a quem, muitas vezes, o sentido estético para os sons e as formas em nosso idioma é mais apurado do que o nosso próprio. A Fred Lustosa, meu irmão, e a Lilia Schwarcz, pelas ótimas sugestões, em grande parte incorporadas ao texto.

Da excelente biblioteca da Casa de Rui Barbosa é quase toda a bibliografia citada aqui. Ao chefe do Laboratório de Microfilmagem (Lamic), José Luís Paranhos, devo a rapidez e eficiência com que tornou acessível para mim o material microfilmado, também pertencente ao acervo da biblioteca. Foram ainda consultados: o arquivo e a biblioteca do IHGB, o arquivo do Museu Imperial, a seção de Obras Raras da Biblioteca Nacional e o Arquivo Nacional.

Agradeço a boa orientação acadêmica de José Murilo de Carvalho e aos demais membros da banca, Afonso Marques dos Santos, Berenice Cavalcanti, Luís Jorge Werneck Viana e Ricardo Benzaquén de Araújo, pelas oportunas observações e críticas apresentadas durante a defesa. Também aos amigos: Berthold Zilly, Ceila Brandão, Eduardo Diatahy, Margarida Lacombe, Robert Wegner, Rodolfo Vilhena (*in memoriam*) e Wanderley Guilherme dos Santos. A eles os renovados carinho e amizade da autora. E muito especialmente ao meu filhinho, Francisco Bento, o mais adorável companheiro desta jornada.

Devo naturalmente não só tudo o que vem a seguir escrito, como também tudo o mais que escrevi antes, ao divino Espírito Santo. É que minha mãe nunca deixou de acender-lhe uma vela nas provas ou momentos profissionais decisivos na minha trajetória ou de meus irmãos. De modo que, agradecendo à terceira pessoa da Santíssima Trindade, peço a bênção e agradeço à minha santa e querida mãezinha, Maria Dolores, pelas suas orações e seus longos telefonemas de fim de semana sempre atentos ao andamento dos trabalhos. Naturalmente que, voltando ao Ceará, uma missa na igreja do São Francisco do Canindé, santo do qual meu avô, meu pai, meu filho, meu compadre e meu irmão mais velho levam o nome, me espera. Ocasião em que também poderei agradecer àquele santo milagreiro mais uma graça alcançada: a publicação de meu livro.

Prefácio

No prefácio à *Lógica do absurdo*, Mendes Fradique diz que a instituição do prefácio encontrava ali o seu hábitat específico. Supõe-se, lembra ele, que prefácio é o que o autor fez (*facio*) antes (*pre*) de fazer o livro. No entanto, não se conhece autor que tenha conseguido fazer o prefácio antes do livro. "Se o escritor é encalhável, os seus originais são entregues ou oferecidos ao editor em papel apergaminhado, com margem larga, datilografado em duas cores, ligados com fita verde, capeados em cartolina colorida e providos do competente prefácio." O prefácio, porém, acrescentava Mendes Fradique, foi feito por último: tinha sido a última demão dada pelo "encalhável" autor à sua "encalhável" obra.

Já se foi o tempo do texto datilografado sobre o papel almaço e coberto com cartolina colorida, mas ainda não deixou de valer a regra do prefácio escrito no fim. É o caso deste, que, espero, seja a última demão dada pela autora numa, se Deus quiser, não encalhável obra. Foi escrito no fim, para sintetizar ideias sobejamente trabalhadas. Mereceria o título de "introdução", se uma outra Introdução não tivesse sido escrita anteriormente, já lidando com questões substantivas.

Este livro conta a história da Independência e, com ela, a do surgimento da nossa imprensa. Não é à toa que as duas histórias merecem ser contadas junto. Procurei mostrar aqui como a imprensa foi, na transição de Reino Unido para país independente, o laboratório onde tiveram lugar embrionárias e imprevisíveis formas de competição política. Foi um momento extremamente vibrante, em que se assistiu a um processo de liberalização política sem precedentes na nossa história. Cada um escrevia e assinava o que bem entendia. Os jornais não noticiavam: produziam acontecimentos. Da partida do rei (abril de 1821) até o fechamento da Assembleia (novembro de 1823), a imprensa abrigou um debate de características democráticas, porém sem regras definidas.

Três circunstâncias daquele momento histórico fizeram com que o debate alcançasse níveis de violência que incluíam o insulto, o palavrão, os ataques pessoais, as descrições deturpadas de aspectos morais ou físicos e até a agressão corporal, enunciada ou levada à prática: a situação de instabilidade e indefinição política que o país vivia, sem lei e sem rei, inclusive sem regras relativas aos limites da liberdade de imprensa, que passara, em poucos dias, da censura prévia à total liberação; a democratização do prelo, trazendo para a forma impressa elementos da oralidade no que tinha de mais popular e coloquial; a emergência de quadros da elite brasileira sem hábitos de vida pública anterior que, a partir de sua inserção no debate político, trouxeram para o espaço público, por meio da palavra impressa, atitudes da vida privada.

O período que este livro cobre, 1821 a 1823, se destaca pela intensa participação da imprensa na busca de uma definição do formato político que a nação brasileira tomaria. Essa participação começa logo no início do ano de 1821, com a publicação de jornais de caráter conciliador que dão notícia das agitações das tropas portuguesas no Rio e acompanham a partida do rei. Essa fase é sucedida pela vertiginosa série de episódios que culminaram na Independência. Pode-se dizer que, do ponto de vista da imprensa, o papel deflagrador da campanha caberia ao *Revérbero*,[1] lançado em setembro de 1821, a ele juntando-se, logo em seguida, outros jornais e panfletos que tiveram papel decisivo para o Fico.

Após a Independência, José Bonifácio promove rigorosa repressão às publicações dos adversários, e a atividade impressa fica concentrada nos periódicos governistas. Situação que dura apenas até o começo dos trabalhos da Assembleia Constituinte, em maio de 1823, marcados desde o início pelo enfrentamento desta com o *Diário do Governo*.[2] O *Correio do Rio de Janeiro*,[3] de João Soares Lisboa,[4] reaparece logo em seguida para dar combate ao ministério Andrada. A queda daquele gabinete, em julho de 1823, provoca uma nova revolução na cena impressa. Os violentos ataques, aos portugueses em geral, mas visando o imperador em particular, que os jornais *Tamoyo*[5] e *Sentinela da Praia Grande*[6] promovem, levam ao fechamento da Assembleia. A inclusão do poder moderador na Carta Constitucional outorgada por D. Pedro I em 1824 encerrou a questão sobre o formato que o regime monarquista teria. Mas com a dissolução da Assembleia Constituinte uma nova etapa da história da nossa imprensa tem início. Dela não trato aqui.

O oceano verbal da Independência, com suas disputas radicais, estimulou uma participação democrática e, com ela, a emergência de estilos de escrita ricos, variados, originais. Para apresentar esse material pouco conhecido, escolhi conservá-lo no contexto em que foi produzido. De modo que as citações aqui funcionam tanto como informação complementar à sequência do processo histórico a que dizem respeito quanto como exemplos de estilos de escrita, diretamente associáveis aos seus emissores.

Na Introdução, apresento as condições em que surgiu a imprensa, o processo de transição dos jornais, inicialmente se propondo a educar o povo, e mais tarde, em virtude do processo político, sendo arrastados pela violência dos debates; a mentalidade predominante e as ideias e atitudes que os jornais difundiam; a relação da elite com D. Pedro I e deste com o poder e a imprensa; e a forma como todos esses fatores contribuíram para dar uma feição à elite brasileira que emergia naquele contexto.

O capítulo 1 apresenta inicialmente a imprensa do primeiro semestre de 1821, antes da partida de D. João VI, o estilo que Antonio Candido denominou de "ciclo de preito ao Rei", com ênfase na trajetória e no estilo de Cairu[7] em contraste com Hipólito da Costa.[8] Apresento a intensa defesa que Cairu fez da censura, no *Conciliador*,[9] sua importante atuação como panfletário no Fico e o uso que fazia da imagem de velho sábio para valorizar suas propostas, em contraste com o uso que faziam seus adversários dessa mesma imagem para depreciá-las.

O capítulo 2 cobre os três jornais que tomaram a cena no final de 1821: o *Revérbero*, o *Espelho*[10] e a *Malagueta*.[11] Ressalto aqui o importante papel desses jornais e dos panfletos que a eles se somaram no combate às medidas das Cortes portuguesas contra o Brasil, apresentando, concomitantemente, a evolução daquelas atitudes e das reações que provocaram na imprensa. Ao mesmo tempo, aparecem aqui as primeiras rivalidades, os primeiros embates que entre si travaram seus redatores.

No capítulo 3, apresento a sequência de enfrentamentos entre Cairu e aquela que chamou de "facção gálica", composta de seus adversários seguidores das ideias de Rousseau e de outros "profetas" da Revolução Francesa. Apresento também João Soares Lisboa, redator do *Correio do Rio de Janeiro*, o jornalista de estilo e origem mais popular desse período. As campanhas em que se envolveu Soares Lisboa foram empreendidas com intensa paixão, em meio a uma saraivada de insultos e de processos. Essas campanhas, suas consequências, os adversários que enfrentou e o tipo de agressão de que era vítima são enfocados aqui.

No capítulo 4 acontece a Independência. Apresento também as disputas que antecederam e sucederam aquela cena na margem do Ipiranga, principalmente as que tiveram a imprensa como cenário ou como elemento deflagrador, como foi o caso da Bonifácia.[12] As perseguições que, em decorrência desta, sofreram Gonçalves Ledo[13] e João Soares Lisboa e o papel de frei Sampaio[14] e do cônego Goulart[15] naquele contexto são ainda assuntos desse capítulo.

O capítulo 5 traça a trajetória do agressivo jornalismo de situação, nos moldes em que se começou a fazer durante o ministério Andrada por meio do *Diário do Governo*, e o embate desse jornal contra a Assembleia. Conto também a história do artigo violentíssimo que D. Pedro fez publicar no *Espelho* contra Luís Augusto May[16] e da surra que este levou depois de respondê-lo. Falo ainda da situação de Soares Lisboa, que, preso, continuava publicando seu jornal, e dos insultos que frei Caneca enviava de Pernambuco contra frei Sampaio para serem publicados no *Correio do Rio de Janeiro*.

As consequências da queda dos Andrada aparecem no capítulo 6, onde apresento sua imediata inserção na imprensa, com a publicação do *Tamoyo*; o papel daquele jornal no contexto político; os embates com seus adversários; o tipo de insultos de que eram alvo os irmãos paulistas e as maneiras de contra-atacar do *Tamoyo*; a violenta campanha contra o elemento português e a bem-sucedida estratégia de construção da imagem dos Andrada por meio da imprensa. Contempla ainda esse capítulo o estilo e a ação de Joseph Stephano Grondona, redator da *Sentinela da Praia Grande*; as contradições do personagem, sua ambígua relação com os Andrada, de um lado, e com Cipriano Barata,[17] de outro, e a campanha empreendida pela imprensa liberal do Rio contra a Santa Aliança, cujos ideais eram defendidos pelo *Estrela Brasileira*, do francês De Loy.

O capítulo 7 mostra o papel que teve a imprensa no fechamento da Assembleia e faz um apanhado do destino dos principais jornalistas aqui apresentados. Finalmente, na conclusão, analiso o papel da retórica nos embates da imprensa.

Ainda no começo da elaboração do livro, comentei com Osny Duarte Pereira,[18] de quem meu filho tem o privilégio de ser neto, que José Bonifácio se conduzira muito mal com os liberais no processo da independência. Osny ficou indignado. Disse que fazer comentários dessa natureza contra o grande Andrada era quase um crime de lesa-pátria. Para me dissuadir, ele me emprestou o livro de seu amigo Gondim da Fonseca,[19] onde José Bonifácio aparece como alguém movido pelas ideias da Revolução Francesa. Todavia, creio que tanto o Andrada descrito por Varnhagen — perseguidor de Ledo e de seus amigos, implacável na vingança contra os adversários, seguindo talvez o que recomendava o adágio popular tão frequentemente repetido pelos jornalistas do tempo: "Quem seus inimigos poupa nas mãos lhes morre" — quanto o que é apresentado no livro de Gondim da Fonseca não dão conta das dimensões do personagem.

O projeto de José Bonifácio para o Brasil contemplava aspectos econômicos e sociais que passavam ao largo do discurso dos liberais. A seu ver era preciso primeiro criar o país, formar uma sociedade, integrar a imensa massa de escravos, índios e mestiços marginalizada. Politicamente, José Bonifácio jamais se confundiu com os liberais. Ele acreditava que o Brasil só poderia se organizar "com um governo forte, sob a forma monárquica", e lutaria sempre para garantir uma maior parcela de poder para o Executivo. Tinha o receio de que não fosse possível organizar o Império, estabelecendo nele a ordem necessária ao desenvolvimento, num regime de ampla liberdade. Receio que se baseava na delicadeza de certos problemas políticos, decorrentes do modo particularíssimo por que se operara a independência, da extensão territorial do país, dos pendores mais democráticos do Norte em contraposição com as tendências do Sul (SOUSA, 1988, p. 22). Entre os autores da Ilustração, como identificou Emília Viotti, José Bonifácio se alinharia mais com Voltaire e Montesquieu do que com Rousseau (MOTA, p. 112). Sua atitude independente o afastava tanto da submissão à Santa Aliança ou à Inglaterra, como parecia ser a proposta de Cairu, quanto do projeto de monarquia constitucional, como queriam os maçons.

Para Ledo e seus amigos, os direitos políticos deviam anteceder qualquer reforma econômica ou social. Os chamados liberais daquela fase de nossa história lutavam sobretudo por um pacto social de caráter democrático. Como disse Otávio Tarquínio: "Refazer o pacto social, em bases novas, pelo livre consentimento de todos os indivíduos pactuantes, era o que embalava os espíritos generosos da época" (SOUSA, 1988, p. 25). Ilusão que, no entanto, não era compartilhada por José Bonifácio, que via os liberais como "homens alucinados por princípios metafísicos e sem conhecimento da natureza humana" que pretendiam criar poderes impossíveis de sustentar. No seu entender, aqueles princípios estavam na origem da desgraça dos povos da América, dilacerada por lutas intestinas, e foram a causa dos "horrores da França", com suas "constituições apenas feitas e logo destruídas" (SOUSA, 1988, p. 25).

Foi esse o núcleo do grande embate que ficou impresso nas páginas dos primeiros jornais que circularam na capital do país.

Logo depois de aprovada a convocação de eleições para a Constituinte brasileira, a campanha dos jornais pelo juramento prévio do príncipe à Constituição que estava por se fazer abriria um vão definitivo entre José Bonifácio e a maçonaria,[20] dando ensejo à Bonifácia. A luta para garantir o poder de veto do príncipe às futuras leis feitas pela Assembleia foi a última campanha política de José Bonifácio antes do exílio. Situado entre as duas vertentes, tendo adotado medidas rigorosas contra a maçonaria, José Bonifácio propunha, ao mesmo tempo, uma política econômica e social que contrariava interesses poderosos. Seus projetos avançados acabariam por isolá-lo, fazendo dele uma ameaça muito mais perigosa que os liberais.

A campanha da Independência dividiu os melhores homens que atuavam na cena política brasileira daquele momento. Como em todas as guerras desse gênero, os ideólogos, os apaixonados, os que lutavam por uma causa tinham em torno de si os homens da ocasião, e foram estes, como quase sempre acontece em histórias assim, que levaram a melhor. O resultado foi que, depois de novembro de 1823, o Brasil não tinha nem democracia, nem reformas sociais. José Bonifácio foi para o exílio, e Gonçalves Ledo mergulhou num exílio de si mesmo, triste sombra do empolgado líder maçônico da Independência.

Peço desculpas a Osny, mas não consegui fazer aqui uma escolha. Entre o bom senso de José Bonifácio — a certeza de que se o país houvesse adotado o que ele propunha seu destino teria sido infinitamente melhor — e uma política democrática que, desde então, fizesse com que o povo decidisse sobre o modelo político que deveria ser adotado, meu coração ainda balança. O que posso dizer, depois desse longo convívio, é que eram brasileiros admiráveis os que atuaram na vibrante cena impressa da Independência. Loucos, reacionários, incendiários, seja lá quais forem os nomes que possam dar a eles os analistas da História, esses jornalistas improvisados demonstram que a nossa Independência se fez num cenário de lutas apaixonadas, em meio a um empolgante debate de ideias. Espero que o leitor compartilhe comigo o prazer que foi conhecê-los.

Introdução

1. O BARBEIRO NOVO E A BARBA DO TOLO

"Devem aprender às custas da Nação, como o barbeiro novo na barba do tolo?", indagava um dos leitores do *Correio do Rio de Janeiro* (16 ago. 1822). A pergunta e o rifão, como então se dizia, vinham a propósito do despreparo de alguns deputados que representavam o Brasil nas Cortes de Lisboa. Como poderiam fazer Constituição aqueles que nunca haviam feito uma? Deveria o Brasil pagar o preço pela inexperiência de seus políticos? O leitor do *Correio* poderia estender sua questão a quase todos os políticos que dominavam a cena naquele instante. De D. Pedro aos pequenos eleitores das paróquias, passando pelos ministros e deputados, todos estavam aprendendo com a nação como o barbeiro novo na barba do tolo.

E se também levarmos em conta que, depois da Revolução Constitucionalista do Porto, até o rei, D. João VI, e mesmo os seus ministros mais ponderados e experimentados viviam uma situação inédita, aumentamos a cota de "amadores" a se especializarem às custas da nação. Afinal, desde 1696 não se reuniam Cortes em Portugal. Os reis reinavam absolutos e soberanos sobre o povo português.

No Brasil, a inexperiência era agravada pela novidade das transformações que o país sofrera a partir da chegada da corte portuguesa em 1808: o surgimento da imprensa, a abertura dos nossos portos ao comércio com as nações amigas, a implantação de indústrias pelo interior do país... Enfim, o progresso. Como diz Caio Prado Júnior, os catorze anos de D. João VI no Brasil "não podem ser computados na fase colonial da história brasileira" (PRADO JÚNIOR, 1947, p. 88). Com o progresso econômico viera também o intelectual. A abertura das mentes era facilitada pelo acesso a obras antes proibitivas por serem tão raras e tão caras, além de literalmente proibidas pelo próprio obscurantismo da Coroa portuguesa. Até aquele ano de 1808 não havia imprensa no Brasil.

A Revolução Constitucionalista portuguesa de 1820[1] revolucionou também o Brasil. A situação de instabilidade que a ela se seguiu pedia atitudes com as quais o rei e seus ministros não estavam familiarizados. A própria Europa, em tempos de Santa Aliança, já recuara da senda liberal. A qualquer ameaça de insurreição, procurava-se reavivar a memória do banho de sangue que caracterizara o Terror e invocava-se o apodo "inimigos do Trono e do Altar", expressão que animará toda a ideologia reacionária dos países católicos europeus no primeiro terço do século, repercutindo nas suas colônias e ex-colônias (CANDIDO, p. 223). Portugal, que passara ao largo das transformações políticas, lançava-se agora na aventura liberal, ensaiando a reunião de Cortes a fim de fazer promulgar uma Constituição.

Diante da revolução, D. João hesita. Aconselham-no os ministros Tomás Antônio, o conde dos Arcos e o conde de Palmela.[2] Tomás Antônio esforça-se para fazer com que o rei permaneça no Brasil até acertar condições satisfatórias para a sua volta. Palmela quer que o rei vá. O rei quer ficar. É então que surge um panfleto produzido na Impressão Régia, em francês, atribuído a um aventureiro, jogador profissional, ex-soldado da Revolução, ex-espião a soldo de Napoleão, informante do intendente de polícia.[3] No entanto, o folheto se fizera imprimir com a rubrica do rei e por recomendação de Tomás Antônio. Era, em tudo e por tudo, uma súmula das ideias do ministro sobre o assunto. Causou espécie, causou comoção. Foi mandado recolher. Por que o principal ministro do rei, o outrora todo-poderoso Tomás Antônio, se abalançara a lançar na praça um folheto especulativo sobre o que devia fazer o rei em matéria tão crucial? Os tempos eram outros, e até o ministro estava a aprender com a nação.

Não surpreende que, nesse contexto, outro homem público, o responsável pela censura na Impressão Régia (um liberal nos moldes ingleses, seguidor de Adam Smith e de Edmund Burke), logo depois se lançasse em igual aventura. José da Silva Lisboa, o futuro visconde de Cairu, aos 64 anos de idade, talvez a personalidade mais acatada do ponto de vista intelectual do Brasil daquele tempo — o Rui Barbosa do começo do século XIX —, estrearia, a partir de 1821, uma carreira de aguerrido panfletário. É atribuído a ele o "Despertador brasiliense",[4] documento que teve papel fundamental na decisão de D. Pedro de permanecer no Brasil, desobedecendo às Cortes. Logo depois, em janeiro de 1822, outro panfleto, "A heroicidade brasileira",[5] reconhecido como de sua autoria, foi mandado recolher pelo príncipe regente, D. Pedro, sob a alegação de que veiculava inverdades.

Era um mundo em transformação, onde o ministro se aliava ao condottiere, onde o até então sábio e discreto intelectual aparecia como autor de panfletos incendiários. Era a imprensa brasileira que nascia, comprometida com o processo revolucionário, no momento em que, de um dia para o outro, deixávamos de nos considerar portugueses para nos assumirmos como brasileiros. Para se ter uma ideia da velocidade das transformações, é preciso apenas lembrar que José Bonifácio, a personalidade mais importante da história política brasileira daquela década, cujo papel naqueles acontecimentos marcou a história do Brasil como um todo, esteve à frente do ministério apenas por um ano, seis meses e quinze dias. Os mesmos jornalistas que, antes de dezembro de 1821, celebravam a nação lusitana, pregando a conciliação, poucos dias depois esmeravam-se na defesa da separação dos interesses brasileiros dos portugueses.

Acompanha essa febril transformação uma mudança na linguagem do que se publica. O jornal se despe dos panegíricos à família reinante, abandona a apatia modorrenta que marcara a *Gazeta do Rio de Janeiro*[6] e adota um tom mais agressivo. Surgem as folhas dos que pretendem influir sobre a opinião do príncipe, do ministério, da elite, do povo. A cada público e de cada redator, o estilo correspondente. De um lado, rugiam, como dizia José Bonifácio, os cem dragões da retórica do *Revérbero*, dos maçons Gonçalves Ledo e Januário da Cunha Barbosa;[7] de outro, avança na agressão mais intensa, no ataque pessoal, até alcançar a linguagem que se poderia chamar de impublicável, se publicada não tivesse sido, do jornal governista *O Espelho*. De um lado, nos jornais e panfletos de Cairu, verdadeiros tratados de filosofia política com vistas à educação dos povos; de outro, a linguagem quase ilegível, de tão vazada em jargão popular, de *O Macaco*.[8]

Erguiam-se e confundiam-se as vozes dos intelectuais, dos políticos envolvidos diretamente com o modelo político que se estava superando, dos liberais exaltados, maçons ou não, com as dos aventureiros de ocasião, dos arrivistas e dos que apenas se aproveitavam daquelas agitadas circunstâncias para se lançar na recém-criada profissão de jornalista.

Para quem escrevem esses jornalistas? Uns para os outros e

para D. Pedro. Debatem entre si, em torno das questões constitucionais, mas seu público-alvo é, na verdade, o príncipe, a quem querem conquistar para o projeto político que defendem. É o que sugerem os textos e os debates travados nas sessões de cartas. Porém, os anúncios publicados no *Volantim*[9] e no *Diário do Rio de Janeiro*[10] nos dão uma pista do outro possível público dos jornais: donos de escravos fugidos; pequenos proprietários e negociantes; a gente que frequentava o teatro; professores de primeiras letras; enfim, uma pequena classe média. Não deve ser público muito numeroso, pois as tentativas de criar um concorrente ao *Diário do Rio de Janeiro* fracassaram.[11]

Os jornais publicados durante o ano de 1821 eram todos de caráter político, menos a *Sabatina Familiar de Amigos do Bem Comum*, de José da Silva Lisboa, que existiu entre agosto e dezembro daquele ano com o objetivo de promover a criação de "Companhias Domésticas dos Homens de Letras", e o *Jornal de Anúncios*, que durou de 5 de maio a 16 de junho de 1821. O *Volantim*, que deu 52 números entre 1º de setembro e 31 de outubro de 1822, pretendia ter um caráter misto, publicando anúncios e comentários sobre a política e fazendo propaganda aberta da maçonaria. Encerrou suas atividades justamente quando esta naufragou, vítima da Bonifácia.

Após 1821, apenas o *Diário do Rio de Janeiro* ficaria de fora do grande debate político em que se viu envolvida a jovem imprensa nacional. O *Diário do Rio de Janeiro*, criado em 1º de junho de 1821, existiu até 31 de outubro de 1878. Desde o começo, conhecido por "Diário do Vintém", era deliberadamente omisso nas pendências políticas. Sua omissão não o livrava, no entanto, dos ataques dos demais periódicos. Os que não simpatizavam com a sua permanente adesão ao poder estabelecido chamavam-no de "Diário da compra e venda" ou "do azeite e do vinagre". De vez em quando, saía no *Diário* algum anúncio capcioso que acabava por obrigá-lo a entrar na liça.

Surgidos assim da ebulição política do momento, quase todos os jornais do período que vai da partida do rei, em abril de 1821, à dissolução da Assembleia, em novembro de 1823, tiveram vida efêmera. A maioria não durou mais que alguns meses. Apareciam uma ou duas vezes por semana, e suas tiragens eram reduzidas. As dificuldades de comunicação impediam a divulgação pelas províncias. Muitos não deviam atingir senão o público das cidades onde eram publicados. Eram distribuídos somente aos assinantes, cujo número raramente ultrapassava as duas centenas. Só muito mais tarde é que se inauguraria a venda avulsa pela cidade por jornaleiros apregoando o título do jornal e as principais manchetes.

2. DAS MELHORES INTENÇÕES AOS LIBELOS DIFAMATÓRIOS

O jornalismo, como gênero, e os jornalistas, como escritores, informa Maria Lúcia Pallares-Burke, adquiriram, durante o século XVIII, "uma dignidade que havia sido prerrogativa dos livros e de seus autores". Na Londres do século XVIII, o livro e o periódico não eram considerados objetos culturais completamente diferentes, e, sendo os jornais publicados pelos mesmos editores de livros e compostos da mesma forma, eram vistos, na verdade, como "fragmentos de livros".

> Um típico fenômeno da época é a transformação das folhas avulsas dos periódicos em livros. Vendidos inicialmente em edições avulsas (diárias, semanais, quinzenais, mensais, etc.), diretamente ou por subscrição, os periódicos muitas vezes eram disponíveis posteriormente em volumes encadernados, o que indubitavelmente conferia maior respeitabilidade e durabilidade ao novo gênero (PALLARES-BURKE, p. 14).

No Brasil, são o melhor exemplo desse formato de jornalismo o *Correio Braziliense*,[12] de Hipólito da Costa, e o *Revérbero*, de Gonçalves Ledo e Januário da Cunha Barbosa. Ambos adotavam uma numeração de páginas que continuava nos números seguintes, indicativa de que se tratava de uma sequência, uma obra fechada. Eram impressos em formato in-oitavo (o tamanho tradicional dos livros), vendiam-se nos mesmos lugares em que se vendiam os livros e, tanto na forma quanto no conteúdo, não tinham o caráter ligeiro e descartável que vieram a adquirir depois. São comuns os anúncios de venda de coleções do *Correio Braziliense*. Em 1822, um leitor anunciava no *Volantim*: "Quem tiver para vender os números do *Correio Braziliense* do ano de 1812 declare por esta folha" (21 set. 1822). Também para os que então escreviam nos jornais, o papel do jornalista se confundia com o do escritor. Sua missão era educar:

> Muitas são, então, as defesas da imprensa periódica como fonte de ilustração e instrução, a mais importante de todas sendo a da famosa *Encyclopédie* que se descreve como uma espécie de "journal"; da arte dos jornalistas como a arte "não de agradar, mas de analisar e instruir"; uma arte, de fato, muito próxima da dos próprios enciclopedistas que deveriam abster-se de "fornecer diversão e prazer, quando é possível instruir e influenciar". Uma vez aprendendo a lê-los, todo periódico pode desempenhar um papel ilustrativo, dizem alguns dos seus defensores (PALLARES-BURKE, pp. 14-5).

Os jornais surgidos no Brasil entre 1821 e 1823, período de intenso debate político, de radical transformação das instituições, com mais razão ainda nasciam impulsionados por esse espírito. Seu propósito, segundo declaram quase sempre no editorial de estreia, seria o de preparar o povo para o regime liberal que se inaugurava. Os homens que os faziam acreditavam nas virtudes mágicas do saber e confiavam na educação como alavanca principal de transformação da sociedade. Para Hipólito da Costa, a instrução seria a chave de uma conduta racional e asseguraria o bom funcionamento dos governos. Difundir as luzes era criar condições para uma política justa e eficiente (CANDIDO, p. 258).

> Só a prosperidade do povo é quem faz a prosperidade do governo, que quando se põem obstáculos, e entraves ao progresso, e propagação das ciências, devem ficar tão raros os homens sábios, que quando o Governo precisa deles, de repente, não os acha; e vê-se obrigado ou a lançar mão de um homem instruído mas sem boa moral; ou de um homem bom, mas estúpido ou ignorante, e quanto menor é o número de gente instruída, menos probabilidade há de que o Estado seja servido por homens virtuosos e sábios (Hipólito da Costa, apud CANDIDO, pp. 258-9).

Nesse contexto, cabia ao jornalista o importante papel de suprir as deficiências que a carência de livros e de informações especializadas acarretava. Quase todo jornal começava com uma carta de intenções. Os redatores estavam conscientes da importância de seu papel naquele momento. Um dos três primeiros jornais que se publicaram no Brasil, em 1821, o *Bem da Ordem*,[13] inicia suas atividades com esta advertência:

> Os leitores menos instruídos e os que não têm meio de o serem de outro modo, suposta a falta dos livros e a penúria de estabelecimentos tipográficos, aqui acharão todas as ideias que lhes são indispensáveis para desempenhar com utilidade da Nação os deveres de Representantes ou Empregados; e todos os homens de bem, todos os literatos que melhor conhecem a necessidade destas instruções são convidados a concorrer para esta importante obra com o precioso cabedal das suas luzes.

No ano seguinte, o jornal publicado por José Joaquim da Rocha,[14] ativíssimo personagem do Fico e membro do grupo andradista, também define como seu objetivo a missão de educar as pessoas, preparando-as para o processo constitucional e procurando igualmente suprir-lhes as deficiências culturais e educacionais. O *Constitucional*[15] ressalta a necessidade de que o debate sobre temas políticos se torne corriqueiro e ocupe um espaço significativo na vida dos brasileiros:

Uma tão oportuna conjuntura de falar sobre um objeto que deve tornar-se a conversação familiar dos habitantes do Brasil, também excitou a curiosidade do redator para se ocupar dele; na ideia que poderá servir de alguma utilidade e proveito às pessoas que, pela penúria de livros que tratem alguma parte destas matérias em linguagem nacional, as não podem encontrar facilmente. Os doutos ou literatos não carecem das minhas instruções. Não é para eles que escrevo, nem tampouco para aprovar ou contradizer as suas opiniões; estabeleço a minha, dou as razões em que me fundo, e deixo a cada um a liberdade de seguir ou rejeitar o que lhe parecer digno disto (*Constitucional*, 1822, nº 3).

Uma advertência fazia, no entanto, o redator do *Bem da Ordem*, no mesmo espaço onde declarava os seus propósitos: não incluiria em seu jornal matéria estranha àqueles mesmos propósitos. Ou seja, não admitiria injúrias ou ataques pessoais.

Neste periódico não se admitirá discussão ou trabalho literário que não se encaminhe a este objeto em particular ou ainda ao da pública instrução em geral. Se alguma ideia, que nele se transmitiu, ou seja do Redator ou de algum correspondente seu, se apartar da dos demais Literatos, no mesmo periódico se transcreverão as observações que estes queiram fazer, contanto que sejam ditadas por um espírito de imparcialidade e só dirigidos ao Bem da Ordem, concebidas nos termos da mais polida urbanidade.

Entre as melhores intenções, declaradas logo no primeiro número, estava a promessa de que não seriam acolhidos nas folhas os chamados libelos difamatórios. Apesar das boas intenções dos redatores, no entanto, em virtude da diversidade das ideias e dos interesses em disputa, aos poucos emergiam as diferenças de opinião. O clima tenso e apaixonado que caracterizava a vida política se transferia rapidamente para os textos. Ao mesmo tempo, o direito ao anonimato,[16] que será uma das características da radical liberdade de imprensa do tempo, funcionará como um estimulante para a maior ousadia dos redatores. Sob pseudônimo, D. Pedro escreveria os agressivos artigos que publicou contra Soares Lisboa e Luís Augusto May, no *Espelho*. Seria também sob pseudônimo que os Andrada atacariam o imperador no *Tamoyo*.

Era esse o clima do final do período estudado aqui. Nem por isso a influência da imprensa seria menor. Ao contrário. Descrevendo a imprensa que sucederia a reabertura dos trabalhos legislativos em 1826, John Armitage diz que muitos dos periódicos daquele período eram exagerados no estilo e mesmo faltos de sentido. Mas reconhece que sua influência era prodigiosa e que:

> Se na Europa, onde há tantos e tão variados meios de se adquirir instrução, a ascendência da imprensa periódica é em toda a parte sentida e reconhecida, com maior razão sua influência no Brasil é mais preponderante, visto que nele os periódicos são os únicos veículos de instrução que existem (ARMITAGE, p. 235).

Assim, apesar dos rumos e formatos que assumiria o debate político, manter-se-ia para a imprensa o papel educativo. Os jornais cariocas da Independência divulgaram e popularizaram o jargão político das luzes. Seus redatores filtraram as ideias políticas em circulação e levaram-nas ao público. E foi graças ainda à imprensa que ele pôde acompanhar o grande debate que antecedeu à dissolução da primeira Assembleia Constituinte brasileira.

3. O LUGAR DA "INTELIGÊNCIA BRASILEIRA" — LINGUAGEM LITERÁRIA E LINGUAGEM POPULAR

Na visão de Antonio Candido, a vinda da corte para o Brasil marca o início da nossa época das luzes: foi a partir de então que o país viu surgir os primeiros consumidores regulares de arte e literatura (CANDIDO, p. 233). A raridade e a dificuldade de instrução, a escassez de livros davam ao intelectual um súbito destaque, um relevo inesperado. O homem de letras forma a nova aristocracia da ex-colônia. O contexto de transformações em que se vivia estimulava a participação dos intelectuais, fazendo com que se arrogassem deveres de intervenção na vida pública, dando aos escritores de todas as tendências um certo senso de "serviço" e contribuindo para cercá-los de uma auréola de relativa simpatia e prestígio por parte do público (CANDIDO, p. 241). O processo de Independência acentuou esse caráter missionário: o intelectual considerado como artista cede lugar ao intelectual considerado como mentor da sociedade, voltado para a aplicação prática das ideias. A imprensa foi o meio privilegiado de sua ação.

Datam daí a valorização extrema da inteligência e as lendas que cercam personalidades como a de José Bonifácio, tido como dono de uma cultura extraordinária capaz de embasbacar o estrangeiro. Fama que também tinha Cairu, de quem mesmo os adversários mais empedernidos, antes de procederem a qualquer ataque, destacavam a incomum erudição. A evidência de familiaridade com línguas estrangeiras, da qual ainda são exemplos tanto José Bonifácio quanto Cairu, num país de tão poucos poliglotas, seria prova de grande sabedoria (CANDIDO, p. 242). Teria surgido então, completa Antonio Candido, um certo sentimento de superioridade, "a que não eram alheias algumas implicações da Ilustração — inclinada a supervalorizar o filósofo, detentor das Luzes e capaz, por isso, de conduzir os homens ao Progresso".

O homem de letras, quase sempre autodidata, é obrigado a informar-se e a falar sobre tudo. Superestima então a própria capacidade e, como tem poucos pares capazes de criticá-lo e superá-lo, perde a autocrítica: sua ciência lhe parece realmente infinita, abrangendo todas as coisas sabíveis. Ao mesmo tempo, o louvor dos confrades e pósteros amplia o mérito real, exagera as dimensões do talento. Contribuíam também para isso a pequena divisão do trabalho intelectual, a falta de concorrência literária e científica e a indefinição dos papéis no espaço público que se estava constituindo, fazendo com que todo mundo se habilitasse a escrever em jornal: o político, o padre, o militar. Sobre essas bases é que se configurou no Brasil, pela primeira vez, uma "vida intelectual" no sentido próprio do termo (CANDIDO, p. 236).

Segundo Maria Beatriz Nizza da Silva, toda a produção literária daquele período nasceu a partir da crença de que existe uma diferença essencial entre a linguagem vulgar e a linguagem literária. A língua popular se distinguiria da literária pelo uso da gíria e dos aforismos populares. Desse modo, o discurso oral só mereceria passar a texto escrito se se reconhecesse nele ou uma utilidade, a de transmitir um saber científico ou técnico, ou um valor literário. A qualidade de um discurso era inversamente proporcional à sua maior relação com a linguagem comum, cotidiana, vulgar, que não merecia as honras da impressão. A sociedade iletrada só falava, não escrevia, e portanto teria se mantido silenciosa para os historiadores. Desse ponto de vista, a denominada "literatura popular" estaria condenada à dimensão da *oralidade*.

O historiador da cultura precisaria recorrer ao folclorista se quisesse ampliar a sua perspectiva e reconstituir as formas poéticas e narrativas que, no início do século XIX, ficaram retidas na dimensão oral (SILVA, 1972, p. 170).

Ora, uma das marcas mais características da imprensa da Independência é a constante presença dos aforismos e das gírias. Os aforismos eram de uso universal, deles se valendo tanto os sofisticados Hipólito da Costa, Cairu, José Bonifácio, quanto os mais populares Soares Lisboa, May e o próprio imperador, cujo estilo descuidado o coloca certamente entre os jornalistas de extração mais popular.

Analisando a cultura do século XVI, no Norte da Europa, Natalie Zemon Davis mostra que, apesar da distância que havia entre a linguagem clerical e/ou literária e a fala rural, elas tinham algo em comum: ambas compartilhavam o uso do provérbio. Isso se devia, entre outras coisas, ao fato de que o nível de alfabetização entre os leigos no Norte europeu se conservou baixo até o século XV. O provérbio mnemônico era apreciado não apenas porque escritores antigos o elogiavam como recurso retórico, mas também porque ele era necessário a muitas das atividades sociais.

Para os padres, os provérbios comuns eram uma maneira de invocar um universo de discurso familiar e de ajudar as pessoas a lembrar a mensagem do sermão (DAVIS, p. 191). Os advogados, principalmente, se encantavam com a sua estrutura harmoniosa e sua brevidade, acreditando que, por sua densidade, os provérbios ajudassem a convencer e a persuadir (DAVIS, p. 199). Mas, com o advento do racionalismo e do iluminismo, os provérbios foram postos de lado. Daquela perspectiva eles eram vistos como produto de falsas associações e, não sendo passíveis de provas adequadas, não se recomendavam nem por sua concisão nem por sua familiaridade, tampouco por sua longa existência (DAVIS, p. 207).

No Brasil, no entanto, por meio da imprensa da Independência, se encontraram a cultura popular e a cultura de elite, ou seja, a grande tradição, normalmente cultivada nas escolas e nos templos, e a pequena tradição dos iletrados (BURKE, p. 51). Antes do advento da imprensa, a elite participava da pequena tradição, mas o povo comum não participava da grande tradição. A grande tradição era fechada, no sentido de que as pessoas que não frequentavam suas instituições estavam excluídas. Num sentido totalmente literal, diz Burke, elas não falavam a mesma linguagem. A pequena tradição, por outro lado, era transmitida informalmente. Estava aberta a todos, como a igreja, a taverna e a praça do mercado, onde ocorriam tantas apresentações. A elite, segundo a definição de Burke, era anfíbia, bicultural e também bilíngue. Para a elite, mas apenas para ela, as duas tradições tinham funções psicológicas diferentes: a grande tradição era séria, a pequena era diversão (BURKE, p. 55).

As polêmicas travadas por meio da imprensa brasileira a partir de 1821 fizeram com que o campo divisor entre a linguagem literária e a popular fosse reduzido: a linguagem utilizada pelos jornais parece ocupar um espaço intermediário entre as duas. Os jornais salvaram da condenação à dimensão da oralidade aspectos muito significativos do modo de se expressar de maneira não literária da sociedade brasileira daquele período. A língua vulgar não permaneceu confinada à oralidade ou à epistolografia familiar; ela frequentou a página impressa e obrigou gente da maior nobreza, cultora dos usos mais castiços da língua pátria, a participar do grande debate na arena popular, onde era preciso não só fazer-se compreender, como também despertar as identidades, provocar as paixões.

Um exemplo admirável desse fenômeno é o estilo de escrita do redator da *Sentinela da Praia Grande*. Italiano da Sardenha, chegado havia poucos anos ao Brasil, Grondona verte para o texto de seu jornal todo o vernáculo de que se valia para se comunicar oralmente. Negando a suposta ligação de sua folha com José Bonifácio e seus irmãos, ele dirá: "quem me tentou podia me dar mais mel pelos beiços do que os Andradas". Quando apresenta as imagens da Câmara Óptica[17] recomenda aos leitores que antes "banhem seus olhos em água rosada, só a fim de alimpá-los de algumas remelas noturnas" (*SPG*, nº 26, 6 out. 1823). Escreve como fala e, tanto por sua opção política (Grondona dizia ser seguidor de Cipriano Barata), quanto por suas relações pessoais, ele se vale do jargão popular, utilizando com frequência expressões chulas, a que os demais jornalistas só recorriam em situações-limites.

Talvez só mesmo um folclorista ou um filólogo possa desvendar as misteriosas expressões embutidas no texto do *Macaco Brasileiro*.[18] Nele se misturam rudimentos de uma cultura mais sofisticada com uma maneira absolutamente ousada, espontânea e inventiva de construir o texto, sendo o melhor exemplo da forma como os recursos de oralidade invadiram a página impressa.

4. IMAGENS DO BRASIL

O *Macaco Brasileiro* foi o mais pitoresco dos jornais publicados entre 1821 e 1823. Esse curiosíssimo jornal era escrito num português extremamente singular, que faz lembrar o texto modernista do *Macunaíma*, de Mário de Andrade. Seu personagem símbolo, malandro, esperto, ladino, a clássica representação do macaco, aparece em cada um dos números como protagonista em aventuras narradas pelo próprio, com um bem-humorado sentido crítico da realidade. Apresentando-se como o "único meio que o Redator descobre para poder com as suas limitadas forças ser útil ao público", *O Macaco*, em seu nº 1, relatava suas aventuras:

Exaqui o Simão, falando; de casa posta e com seu modo de vida, como gente; não duvidando de dar-se com os seus amos, se eles quiserem, mas não tratado como Macaco do mato em cepo; tudo se faz à boa mente mas não escarapetiando. [...] Meus amigos, sou macaco velho, calejado por natureza e por experiência. Preso ao cepo há tantos anos e correndo de mão em mão, muito havia de aprender à minha custa e também imitando ou fazendo o que via, mexi livrinhos e ouvindo coisinhas, nada me tem escapado, até não escapei de apanhar por travesso, mas, como não podia falar, aguentava às chuchas calado e só guinchava.

O *Macaco Brasileiro foi* combatido pelo *Papagaio*.[19] O redator deste último era o membro do grupo andradista e futuro secretário dos Negócios Estrangeiros nos Estados Unidos, Luís Moutinho Alves e Silva. Segundo Lúcia Neves, Moutinho era um sofisticado intelectual, estudioso de lógica, retórica e línguas estrangeiras (NEVES, 1992, p. 85).[20] Os redatores do *Macaco Brasileiro* reagiriam às críticas que se faziam com frequência ao seu estilo, com esta nota explicativa inserida em seu nº 3:

Muita gente se tem confundido (com queimadura de sangue) no meio das opiniões que vogam e vagam; mas é porque leem atordoadamente; busquem nas meadas o seu costal, que desvenda os negalhos; porém querem sem isto ir tirando os fios? Hão de embrulhar tudo, sem critério, que é o fio ariadno. Isto é uma boa advertência e vai em poucas linhas para maior firmeza da lembrança.

Naturalmente que o *Papagaio* andradista não deixaria passar uma tão flagrante oportunidade de demonstrar o "hermetismo" da escrita do redator rival e, por intermédio de um correspondente que se assinava "Jumento", comentaria:

Rogo-lhe queira ter a bondade, se estas minhas expressões não o enjoam de papagueá-las no seu jornal, a fim de que o Macaco saiba que eu como jumento leio as suas obras sem me atordoar e que busco nas "meadas o costal para desvendar os negalhos" de sua obra; porém que cada vez me acho mais enleado com os seus discursos: que, portanto, seja mais sucinto, que se emende do seu estragado gosto, que aprenda a falar antes de publicar o que fala, visto que ainda há pouco tempo estava amarrado ao cepo!

O mesmo correspondente fazia referência aos danos que a linguagem do *Macaco* causava à imagem do povo brasileiro, sempre comparado pelos portugueses a macacos.

Eu ainda não pude ser inteiramente metamorfoseado como já o foi o Sr. Macaco (segundo ele diz que tem o essencial de gente e o é) ou ainda não sou todo gente mas tal qual sou digo que lastimo o Brasil da desgraça em que se acha de falar em seu abono um macaco feito gente! Se fosse gente feita macaco, menos mau; porque teria desculpa em mostrar uma das qualidades deste animal, que é a de imitar o que vê fazer. Este viu escrever e imprimir, tem feito o mesmo, apesar de dar por trancos e barrancos! Verdade seja, que tem boas intenções, porém é lástima que escreva de modo que ninguém o entenda! O que dirão os inimigos do Brasil que reputam os seus habitantes tão instruídos como os macacos, à vista de tal algaravia que este usa?!! (*Papagaio*, nº 7, 22 jun. 1822)

A preocupação do *Papagaio* com o que "dirão os inimigos do Brasil" era a da maior parte dos jornais brasileiros. Os redatores se esmeravam em cuidar da boa imagem do país, e sempre que um ou outro cometia algum erro de português, era objeto de violentas críticas. Algumas expressões usadas na *Malagueta*, por exemplo, seriam alvo de comentários irônicos do *Espelho*. Luís

Augusto May, redator da *Malagueta*, no entanto, não lhes daria a menor importância. May era português e vivera na Europa durante vários anos, antes de vir para o Brasil. Sua atitude tranquila diante de críticas desse naipe revela uma certa superioridade frente à elite local, tão preocupada em desfazer a imagem de primitiva e inculta. O mesmo não acontecia com João Soares Lisboa, que mostraria visível ressentimento com as tentativas de ser inferiorizado intelectualmente. Soares Lisboa, como veremos, era um modesto comerciante cheio de "ideias" que se lançara na imprensa com o objetivo de divulgar as chamadas "luzes". Tinha necessidade de apresentar-se como um escritor com um nível de instrução à altura das ideias que pretendia difundir.

Mas os redatores do *Macaco*, que eram também liberais, tinham pretensões humorísticas, escreviam daquela maneira peculiar intencionalmente e não dariam a menor importância às críticas ao seu estilo. O que nos leva a especular se toda a saga do *Macaco* narrada ao longo de seus dezesseis números e a linguagem adotada pelos seus redatores talvez não pretendessem, como outras atitudes daquele momento, afirmar uma brasilidade que se destacava pela mistura não só racial, mas também cultural.

Ao enfatizar as denominações com que os portugueses se referiam ao Brasil: "terra de negros, mulatos, cabras e caboclos" ou "corja de cafres, caboclos e mulatos" (*SPG*, nº 13, 5 set. 1823 e nº 22, 14 out. 1823), os jornalistas assumiam a realidade da mistura racial da população, que não podia ser negada, como um distintivo da verdadeira brasilidade. Com isso, todas as demais diferenças naturais eram realçadas como qualidades. Tudo era novo no Brasil que nascia ali. Da mesma maneira que, na transição entre a colônia e o país independente, o modelo de Estado que se adotaria era ainda uma incógnita; o modo de ser brasileiro, distinto do português, buscava uma expressão cultural específica. A jovem imprensa brasileira foi o palco para a apresentação dessas experiências. Dos estilos de linguagem que então se manifestaram, o do *Macaco* foi o mais original.

5. NOVAS IDEIAS — VELHAS ATITUDES

À perspicácia da geração de 1790, da qual faziam parte José Bonifácio de Andrada, José da Silva Lisboa (o visconde de Cairu) e Hipólito da Costa, Kenneth Maxwell atribui o fato de o Brasil ter sido poupado das agonias por que passou a América espanhola durante o século XIX (MAXWELL, 1999). Eles eram legítimos representantes daquele elenco de intelectuais brasileiros que haviam brilhado em Coimbra e construído suas carreiras na perspectiva do engrandecimento do império luso-brasileiro. Feria os brios dessa gente a atitude de alguns deputados portugueses para com o Brasil. Um deles dissera que o Exército brasileiro era uma corporação composta de cinco pretos, três mulatos, um branco, comandados por generais valetudinários.

Resultava, como decorrência natural da representação do povo brasileiro como horda de selvagens, uma avaliação negativa do potencial de sua elite para enfrentar a nova realidade política. Naturalmente que isso também provocava reações. Um correspondente da *Sentinela da Liberdade à Beira do Mar da Praia Grande*, assinando-se "O Entremetido", enumeraria diversos nomes de personalidades públicas de que o governo poderia lançar mão para compor seus quadros:

> Dizem que não há homens habilitados! É certo que não andam parados pelas esquinas Metternichs, Pitts, Castlereaghs, e Franklins. Mas lembre-se o governo do que eram estes estadistas, antes de adquirir nomeada. Um deles era simples livreiro e o outro, um debochado, preso por dívidas. Sem fazer injustiça a muitos outros

brasileiros, não se pode lançar mão de um Borges de Barros, um Xavier de Araújo, um Moutinho, um Laje, um Hipólito, um May, um Biancardi, um Vilela, etc., etc., etc.? Enfim, Sr. redator, não se diga que faltam homens, diga-se antes, que nem tudo é para todos, nem todos para tudo, e que, para os bons entendedores, poucas palavras bastam (*SPG*, 11 out. 1823).[21]

No *Sylpho*,[22] jornal que os amigos de Gonçalves Ledo publicaram no Rio em 1823, quando este ainda se encontrava no exílio em Buenos Aires, um leitor também se queixava da frequência com que se falava da ignorância do povo brasileiro. Dizia-se, segundo ele, que as luzes estavam muito pouco espalhadas por este imenso país, que poucos eram os que conheciam os direitos do homem e que o governo não encontrava pessoas capacitadas para empregar. "Enfim (principal objeto dos reclamadores) que não estamos preparados para uma Constituição Liberal."

> Eu concedo que, com efeito, não esteja aqui tão generalizada a cultura das ciências, como na Europa; mas quem ignora a causa disto? Será porventura falta de ativação dos brasileiros? Não, a Europa inteira o desmente. Os nossos antigos opressores julgavam que privando-nos de Universidades e Colégios perpetuariam sobre nós seu férreo jugo: enganaram-se porém. [...]
>
> Ocorre mais que estes três anos de sistema constitucional têm muito adiantado a instrução; é hoje coisa comum ver pessoas, das classes mais indigentes da sociedade, ocupadas em leituras sérias. Oh, santa liberdade de Imprensa, a ti o devemos! (*Sylpho*, nº 17, 11 out. 1823).

De fato, devia-se principalmente à imprensa a difusão de ideias e práticas novas. Cairu, reconhecendo que Rousseau, Condorcet, Mirabeau e Mably não eram os seus homens, dirá: "sinto vê-los citados e aplaudidos em escritos corriqueiros". Por esse tempo já apareciam na imprensa do Rio anúncios do *Contrato social*. O apelo da propaganda se prendia ao fato de o livro ter permanecido proibido por muito tempo.

> Na loja de Paulo Martim, novamente se acha a obra *Contrato Social, ou Princípios do Direito Público*, traduzida do original francês de Rousseau, em português, a 2$880 a brochura; e encadernado 3$600; assim como o original em francês, 1 volume em encadernação dourada por 4$000 rs. Esta obra, outrora proibida, hoje deve ser uma obra que todos devem ler (*Volantim*, nº 30, 5 out. 1822).

Até mesmo o jornal de estilo mais rústico, o *Macaco Brasileiro*, procurava apresentar, com tinturas de erudição, suas ideias avançadas e originais. Afirmando ser "o bem geral o cuidado da política", o *Macaco* reconhece não saber o que seja no mundo a "decantada perfectibilidade"; mas, continua: "se me perguntarem o seu contra ou o seu veneno, direi que é a Machiavelhice [sic]". E completava citando, numa interpretação livre, um então muito famoso pensador: "Chicanai o povo e o povo vos chicanará, como diz De Pradt".[23] Números depois e antecedido de um quase revolucionário: "Nós não temos que temer senão a nós e não temos que esperar senão de nós", o *Macaco* inseria no debate a questão moral, valendo-se, como sempre, de um ponto de vista bastante peculiar:

> A sociedade forma-se de gente e esta da união sexual [sic], mas deve ser legal, qual a do matrimônio; fora deste laço está a ilegitimidade. Qual de nós quererá ser antes bastardo! Qual de nós quererá ver bastardear sua filha! [...] Eu não digo que se condene o natural, o espúrio, o incestuoso, o sacrílego; seria condenar a inocência: condeno só o coito ou a ação por ilegítima e imoral. [...]

As novas práticas políticas alcançavam até mesmo lugares tranquilos como Campos dos Goitacases, de onde um leitor, que se assinava "o Campista curado da peste", escrevia ao *Correio do Rio de Janeiro*, para queixar-se de que a sua "Pátria" (Campos dos Goitacases), havia tempos, sofria da "hipodemia [sic] de nós abaixo assinado":

> De maneira que qualquer controvérsia de qualquer çapateiro [sic] que haja, a primeira cousa que sai em cena é o tal papelinho contagioso; o qual, sendo lido por aqueles que têm ronha no cachaço, dizem: nós abaixo assinados, mas com a franqueza, ou fraqueza, como querem chamar alguns dos meus patrícios, com a qual assinam, com esta mesma se retratam como de próximo aqui sucede (*CRJ*, nº 101, 14 ago. 1822).

Nesse clima de mudanças tão radicais, escrevia um assustado "Inimigo das Ordens mal-entendidas" ao mesmo redator do *Correio do Rio de Janeiro*, rogando-lhe o obséquio de informar se o governo havia mandado proceder a algum recrutamento de mulheres. Não era sem causa que pedia tal explicação. Era porque,

> Estando hoje em casa de um meu vizinho, vi um oficial, e um soldado de milícias do Regimento deste Distrito de Inhomerim (por ordem de seu Coronel) chegar-se ao dono da casa, exigindo o número de suas filhas, seus nomes, idades, circunstâncias, etc. etc. o que me fez supor que também as mulheres são compreendidas no alistamento, a que se mandou proceder no §18 das Instruções para o Recrutamento.
>
> Digne-se Sr. Redator tirar-nos deste embaraço, inserindo esta no seu periódico, que nisto faz um relevante serviço às moças cá da roça, que estão em brasa com a tal novidade (*CRJ*, nº 97, 9 ago. 1822).

Dentro do espírito de liberdade e igualdade que a imprensa liberal criava na corte, o cidadão João José Pereira protestava, por meio das páginas do *Correio do Rio de Janeiro*, em uma das poucas cartas assinadas que ali foram publicadas, contra a discriminação que sofriam no teatro os homens negros livres:

> Tenho ouvido dizer que é cidadão todo o homem livre nascido no território brasileiro, seus filhos e os escravos que alcançaram alforria. Como é, Sr. Redator, que dando-se ao negro e ao pardo escuro, uma insígnia militar e honras correspondentes ao grau que ocupa ou na Milícia, ou na Igreja, ou nas Letras, se não permite a esse homem estar com sua mulher e filhas num camarote na casa da Ópera, fazendo os indiscretos liberais e mal-educados os maiores insultos ao infeliz que se quer divertir e instruir-se naquela casa? [...] Igualdade é nome vão?! [...] (*CRJ*, nº 23, 28 ago. 1823).

Apesar de a variedade racial ter sido apresentada na festa da Aclamação como um valor, com a simbólica presença dos estribeiros representando as três raças nacionais, na prática, como o demonstra o protesto de João José Pereira, a teoria seria outra. Nasceria ali a relação ambígua com o problema. Ambiguidade que se estabeleceria como ponto crucial nas reflexões sobre a identidade nacional. Em cima dessa ambiguidade criou-se e vem tendo longa vida o mito da nossa democracia racial. Até hoje, no Brasil, à medida que se sobe na escala social, vai se branqueando. O fenômeno não é novo e já fora observado por Rugendas no começo do século xix. Notara ele que, no Brasil, quando a origem, as alianças, as riquezas ou o mérito pessoal permitiam a um mulato ambicionar um lugar, era muito raro que sua cor ou a mistura de seu sangue se tornasse um obstáculo. Mesmo sendo ele muito escuro, era reconhecido como branco. Um episódio bastante ilustrativo desse tipo de sentimento é relatado em sua *Viagem pitoresca através do Brasil*:

Seria fácil citar numerosos exemplos de homens que ocupam os cargos mais elevados e que se contam entre os mais hábeis funcionários, embora seu aspecto exterior revele, indiscutivelmente, a ascendência índia ou africana. [...] Deste ponto de vista, nada caracteriza melhor o estado das ideias dominantes do que esta resposta de um mulato, ao qual se perguntava se determinado capitão-mor era mulato. "Era", respondeu ele, "mas já não é". E como o estrangeiro desejasse uma explicação para tão singular metamorfose, o mulato acrescentou: "Pois, senhor, capitão-mor pode ser mulato?" (RUGENDAS, p. 83).

Reações vigorosas contra a imagem negativa do brasileiro representado como mestiço apareceriam na imprensa. Em carta publicada no *Diário do Governo* alguém se apresentaria como "um daqueles que o Malagueta diz que se não sabe quem é branco, mulato, ou caboclo, isto é: sou brasileiro". Ou, ainda, como a publicada no *Astro da Lusitânia* que, dizendo confiar na asserção de que vivia no "celebrado Século das Luzes, em que qualquer escritor para adquirir nome basta escrever", promete fazê-lo, sem se meter em análises, porque, completava: "desgraçadamente sou brasileiro, isto é, índio, gentio, bárbaro, botocudo, etc." (*CRJ*, nº 42, 30 maio 1822).

O redator da *Sentinela da Praia Grande*, Joseph Stephano Grondona, relataria cena a que assistira depois da missa do domingo, na igreja do Rosário. Frei Sampaio, o padre celebrante, reunira na sacristia um grupo de "negros e cabras" que "mudos à boca aberta o estavam ouvindo", para lhes dizer que demagogos e republicanos, por meio de carta anônima, o tinham ameaçado de matar. Segundo Soares Lisboa, alguém que tinha lido o tal artigo antes de ser publicado sugerira a Grondona que, quando o fosse "passar a limpo, deixasse no tinteiro" essas personalidades odiosas e aviltantes de *Negros e Cabras*, porque alguns brancos haviam de estar na Sacristia, e quando não estivessem, é sempre mau atacar a gente de cor parda com o epíteto de *Cabras*; eles sendo libertos são cidadãos como nós, etc. (*CRJ*, nº 33, 10 set. 1823).

Comentando carta publicada em seu jornal por alguém que, assinando-se "Anti-Tamoyo" dissera que o *Tamoyo*, jornal dos Andrada, tinha três caras: uma branca para lidar com os brancos; uma mulata para lidar com os parentes e uma preta para lidar com os moleques, Soares Lisboa diria: "O que tem de comum as acidentais cores com os procedimentos dos indivíduos? Nós entendemos que nenhum louvor merece o homem por ser branco, nem vitupério por ser vermelho, pardo, ou preto" (*CRJ*, nº 27, 2 set. 1823).

Esse cuidado do jornalista com a questão da cor não se transferia para a população escrava, como provam seus comentários pouco generosos contra o padre José Pinto da Costa Macedo, que, nos jornais, usava o pseudônimo de "Filodemo".[24] O padre foi preso em fevereiro de 1822 e, segundo Soares Lisboa, o fora porque preparava "o maior de todos os flagelos, que podiam sugerir para a nossa desgraça os gênios maus deliberando reunidos em conselho". "Filodemo" teria incitado escravos à rebelião.

Conta Soares Lisboa que, indo à casa do padre um preto, oficial de sapateiro, levar umas botas por ordem de seu mestre, foi recebido com muita urbanidade pelo dono da casa. Este, depois de fechar a porta, "o mandara sentar junto à sua pessoa em igual cadeira e lhe dissera que não se admirasse porque todos eram iguais e cidadãos" e que as Cortes haviam decretado o fim da escravatura, mas que D. Pedro ocultava esses decretos a fim de conservar "o infame cativeiro dos Cidadãos". "Filodemo" teria oferecido ao escravo dinheiro e armas e recomendado que ele divulgasse esses fatos a todos os seus conhecidos e parceiros e que se preparassem para matar a seus senhores, quando ele lhes declarasse que era tempo.

Como percebeu José Murilo de Carvalho, analisando a ação dos revolucionários de 1817 e de 1824, em Pernambuco, também entre os jornalistas do Rio de discurso mais radical os inimigos comuns eram o absolutismo e suas práticas. Não se ia a ponto, como faria José Bonifácio, de propor reformas que envolvessem a abolição da escravidão ou modificações na estrutura da propriedade rural. Havia grande cuidado em não envolver os escravos no movimento. O exemplo da revolta dos escravos de São Domingos (Haiti), em 1792, era sempre agitado como uma terrível ameaça (CARVALHO, 1980, p. 145). No auge das batalhas travadas em Lisboa entre os deputados brasileiros e portugueses, por exemplo, o *Correio do Rio de Janeiro* publicava correspondência em que, com ironia, se perguntava:

> Que importa a Portugal o unir-se ao Brasil? Ele tem tudo e nós nada temos. Somos e seremos para ele um fardo que só o brio e a honra imporão a lei de carregar. O Brasil, abandonado, que representação alcançará? Talvez, quando feliz, a de São Domingos. Nossa soberba será quebrada, seremos o riso das Nações. Os pretinhos?... Forte desgraça! (*CRJ*, nº 42, 30 maio 1822).

O carbonário Grondona dizia que exemplar da firmeza das instituições liberais era que "a opinião pública da gente do Rio de Janeiro mesmo se tem assaz manifesto e, entre parênteses, incluía a ressalva: chamo gente aos que têm não só a figura, mas juntamente as propriedades" (*SPG*, nº 2, 7 ago. 1823). Ao falar de propriedade, Grondona incorporava o conceito de John Locke que diz que são escravos os que perderam, em virtude de guerra, a liberdade, e com ela as propriedades, e "não sendo capazes de qualquer posse no estado de escravidão, não se podem considerar como fazendo parte de sociedade civil, cujo fim principal é a preservação da propriedade" (LOCKE, p. 66).

É interessante observar como, no Brasil, se chegara a tal estado de espírito no que dizia respeito à escravidão. Como observou Kenneth Maxwell, o reflexo mais marcante da Revolução Francesa nas Américas fora a Revolta de São Domingos. Os senhores de escravos brasileiros, que, inicialmente, falavam com entusiasmo de liberdade e direitos do cidadão, passaram a fazê-lo com maior cautela. O tema preocupava, pois na Bahia, quando se deu a Revolta dos Alfaiates em 1798, metade da população era escrava. Aquele movimento singular na história do Brasil do século XVIII, primeira revolta genuinamente popular, prometendo que "todos os cativos pardos e pretos ficariam libertos sem que houvesse mais escravo algum", teve como exemplo os *sanscullotes*, e não as amenidades constitucionais dos EUA que inspiraram os inconfidentes de Minas (MAXWELL, p. 168).

Como ficou então demonstrado, ao contrário da que desejavam os revoltosos da Bahia, a liberdade que os fazendeiros queriam era a de cada um "ganhar o maior lucro com o seu trabalho". No que dizia respeito à escravidão e à propriedade, questões que, no Brasil, se entrelaçariam de maneira quase indissolúvel durante todo o século XIX, os chamados liberais brasileiros, muitos deles grandes proprietários, se afastavam de Rousseau, cuja retórica imitavam, para procurar no liberalismo inglês e no modelo político norte-americano uma fórmula que conciliasse o palavreado que aprendiam nas lojas maçônicas com os seus interesses. Os liberais brasileiros, diz Emília Viotti, importaram princípios e fórmulas políticas, mas os ajustaram às suas próprias necessidades: a escravidão constituiria o limite do liberalismo no Brasil (COSTA, p. 30).

6. A PAISAGEM E OS NOMES

Ao lado da afirmação da variedade racial como um valor, a grandeza territorial brasileira e as riquezas naturais também seriam objeto de exaltação e constituiriam o elemento central da apresentação de um jornal de curtíssima vida, que se chamou Brasil. Nele, o país se apresentava como um gigante índio, ao mesmo tempo simples e destemido:

> De palavras não gosto, sou rapaz ainda, ao ancião reverente deixo o prazer de falar imenso, o que pretendo e quero em pouco digo: moço e robusto, coroa eu quero: farto e rico, ordem pretendo; governo seguro com meta marcada terei tranquilo: da Europa enrugada da doce amizade os laços estimo; de suas férreas lanças com pau-ferro embotarei as pontas: da paz beatífica os mimos louvo; da crua guerra medo não tenho.
>
> Disse e do Orelana ao Prata o corpo estirando, o galhardo mancebo adormeceu tranquilo e do eco do ressono que primeiro soltou, o Orbe tremeu; ficou em paz o mundo.

José Bonifácio, em seu discurso de despedida da Real Academia de Ciências de Lisboa, em 1819, ano em que regressou ao Brasil, revela que o ufanismo dos brasileiros do tempo já se construía com base nas dimensões continentais do país e em suas supostas e/ou evidentes riquezas naturais:

> É esta, ilustres acadêmicos, a derradeira vez, sim, a derradeira vez, com bom pesar o digo, que tenho a honra de ser o historiador de vossas tarefas literárias, e patrióticas; pois é forçoso deixar o antigo, que me adotou como filho, para ir habitar o novo Portugal, onde nasci. [...] Consola-me igualmente a lembrança de que da vossa parte pagareis a obrigação em que está todo o Portugal para

com a sua filha emancipada, que precisa de por [sic] casa, repartindo com ela das vossas luzes, conselhos e instruções... E que país esse, senhores, para uma nova civilização e para novo assento das ciências! Que terra para um grande e vasto Império! [...] Riquíssimo nos três reinos da natureza, com o andar dos tempos nenhum outro país poderá correr parelhas com a nova Lusitânia (apud SILVA COSTA, pp. 88-9).

O entusiasmo pelas riquezas e potencialidades do Brasil também daria o tom dos argumentos de panfletos como a "Justa retribuição dada ao Compadre de Lisboa (em desagravo dos brasileiros ofendidos por várias asserções que escreveu na sua carta em resposta ao Compadre de Belém pelo filho do Compadre do Rio de Janeiro que a oferece e dedica aos seus patrícios)", publicado pelo padre Luís Gonçalves dos Santos, mais conhecido como padre Perereca.[25] O panfleto ao qual ele responde fora publicado ainda em 1818, no âmbito do debate em torno do regresso do rei para Portugal. Naquela publicação, o Brasil era chamado de "terra dos macacos", e seus habitantes, "hordas de negrinhos". O "Compadre de Lisboa" falava ainda do clima tórrido do país, das emanações doentias de seus pântanos e propunha que viessem povoá-lo os calcetas de toda Europa e as meretrizes de Lisboa. Em texto vazado em ótimo humor, a que não falta uma pitada de malícia, respondeu o padre Perereca:

Viva o senhor compadre pelo seu conselho de Nestor! Viva a sua filantropia e o seu amor ao Brasil! [...] Movido o seu piedoso ânimo de tão benignas e filantrópicas ideias a favor de um país ermo, despovoado, onde nada se lhe figura que não seja negro e com feitio de macaco, quer dar-nos gente branca, escolhida e com cara humana, ainda que as almas sejam de demônios. [...] E como, vindo tanta gente sem ser com as suas senhoras, não poderia prosperar tão luzidia colônia, [...] destina-lhes as suas patrícias meretrizes de Lisboa [...] e não satisfeito com a afronta que faz a si próprio, às suas patrícias e a toda a Nação portuguesa, exclama muito contente e ufano: que não havia de fazer má colheita! Pois tantas há por lá, senhor compadre? [...] Entretanto vá o senhor compadre convivendo com as meninas que lhe ficarão muito obrigadas por lhes poupar o susto de passar o mar, e pode ser que alguma lhe dê o prêmio merecido pelo honroso obséquio que lhes fez.

Em seu texto, o padre Perereca reúne trechos de belíssimas descrições do Brasil e do Rio de Janeiro, com elogios ao clima, à vegetação, ao povo etc., feitas por escritores e naturalistas nacionais e estrangeiros de credibilidade inquestionável. Pretende, com elas, combater a imagem negativa do Brasil construída no panfleto português e desmascarar o projeto de recolonização que já estava presente nas pretensões portuguesas da década anterior à da Independência:

O senhor compadre é que ou nada sabe do Brasil, da sua coreografia e da sua história ou suspira por ver os brasileiros aniquilados. Está ansioso por atear a discórdia e desunião entre os reinos unidos e ardentemente deseja que o Brasil volte para o antigo estado de colônia, que nele não hajam mais do que negros e feitores brancos para lhe cavar o ouro, fazer açúcar e mandar-lhe de presente.

Também nas ornamentações das festas públicas, cujos exemplos mais conhecidos são os croquis dos panos de boca desenhados por Debret para o teatro São Pedro, as imagens da natureza luxuriante são privilegiadas. Na descrição que fez da festa da Aclamação, Soares Lisboa destacaria, dentre as luminárias[26] que enfeitaram o Rio naquela noite, a do cidadão Antônio José da Silva Braga, que, segundo o jornalista, "em todas as ocasiões de público regozijo se esmerava em patentear seus sentimentos apresentando ricas iluminações, ornadas de finas e delicadas pinturas e emblemas alegóricos" (*CRJ*, nº 154, 16 out. 1822). Para aquela data especial, Antônio Braga preparara "um lindo quadro que, cobrindo o telhado, descia até o peitoril da varanda", e no qual toda a "perspectiva sobressaía muito com os brilhos que lhe davam as muitas mangas e globos de cristal em que ardiam velas de cera". Completava o conjunto uma longa legenda em versos, dos quais o mais bonito dizia:

Veja Lísia e veja o Mundo,
Meu justo ressentimento:
Três séculos de cativeiro
Não cabem no sofrimento.

O quadro representava a entrada da Barra do Rio de Janeiro, com o Pão de Açúcar no primeiro plano, o mar ao fundo e um bosque, em cujas árvores estavam pousados vários pássaros "próprios do país". Do lado esquerdo do quadro, encostado ao Pão de Açúcar, aparecia o Rio de Janeiro, representado por um velho índio lançando uma torrente de água e, a seus pés, como que admirado, levantava a "escamosa cabeça" um jacaré de mole desmedida. Do lado direito, sobre um trono de mármore, se via a figura da América, de pé com um vestido verde bordado de ouro, usando o manto e a coroa imperial, tendo na mão direita o cetro e, na esquerda, a Carta do Brasil desenrolada.

Mostrando ser país franco e pacífico para quem pacificamente nele quiser viver, e depostos em degraus do trono se viam o cocar de penas com a aljava, o arco com que outrora se adornava a escura escrava hoje tornada em alva e formosa Rainha e por cima 2 Gênios em ação de voar, mostravam o novo brasão que o Brasil adotou.

No meio, também em ação de voar, se via a Fama publicando pelo seu clarim na mão esquerda: *Independência ou Morte* e, na mão direita, levando pendurada uma medalha adornada de flores, num Campo verde os 2 corações Imperiais unidos e entrelaçados (*CRJ*, nº 155, 17 out. 1822).

Essa fantástica cena tropicalista, em que, além da recorrente representação do Brasil como um índio, ou com elementos da cultura indígena, é ressaltado o caráter constitucional da monarquia que se estava fundando, se insere no mesmo movimento de exaltação das peculiaridades nativas. Muito significativamente, um grande número de pessoas tiraria de seus nomes os patronímicos portugueses e adotaria, em seu lugar, nomes indígenas de árvores e animais silvestres brasileiros. Em outubro de 1822, o jornal *O Volantim* publicava uma série de anúncios onde pessoas afirmavam ter trocado de nome. Vinham de Pernambuco, como o cirurgião do brigue-escuna *Maria Zeferina*, Francisco Paulo de Sousa Muniz. Num sábado, dia 18 de outubro de 1822, ele anunciou, por meio daquele jornal, que, querendo "imitar honradamente a seus patrícios e possuído de igual patriotismo", declarava que o seu nome daquele dia em diante seria "Francisco Paulo de Sousa Malagueta". Também no *Volantim*, dias depois, quase toda a tripulação do patacho *Bonfim*, fundeado no porto do Rio de Janeiro, anunciava ter mudado de nome.

> José Maria Migués, o piloto, anuncia ao público, que os sentimentos liberais de que a natureza o dotou e a terrível aversão que sempre tiveram os honrados pernambucanos ao monstruoso despotismo, não o deixam hesitar por mais tempo no desprezo que faz aos vis sarcasmos dos portugueses falsamente intitulados defensores da liberdade, uma vez que o egoísmo que reina em corações tão avaros intenta (porém debalde) escravizar o Império

Diamantino e querendo o anunciante não discrepar da união sentimental de seus patrícios, roga aos senhores brasileiros e inimigos do despotismo o reconheçam por José Maria Migués Bentevi (30 out. 1822).

O mesmo pensava o padre Pedro Antônio de Sousa, enviado a essa corte pelo clero da província de Alagoas, cujo nome "por inteiro" deveria ser conhecido dali em diante por "Pedro Antônio Cabra-bode". José Caetano de Mendonça, também piloto da mesma embarcação, declarava que, mal chegara ao Rio, tivera a

satisfatória notícia de que seus patrícios, tomando por menoscabo o insultante tratamento que os Deputados do Congresso Lisboense e muitos portugueses dão aos brasileiros e que, por isso mesmo, acrescentaram aos seus nomes outros de animais e plantas indígenas do Brasil, não pode suster por mais tempo seu entusiasmo, pelo que abrasado nas chamas do patriotismo e imitando seus patrícios, participa ao respeitável público que ele será conhecido de hoje em diante por José Caetano de Mendonça Jararaca.

A ele se juntava também o mestre do patacho *Bonfim*, Joaquim José da Silva, que apesar de ser filho de Portugal dizia contudo não poder ocultar as justas queixas que sentia contra seus antigos patrícios que "muito loucamente" se estavam empenhando na escravização deste "grande império brasiliense". Coisa que, segundo ele, jamais conseguirão dos "verdadeiros amigos da Pátria e amantes da Liberdade". Justificava sua opção por conta de residir no Brasil havia mais de quarenta anos, um país, segundo dizia ele, tão livre como Pernambuco, "onde os naturais preferem a morte à escravidão e à menor sombra de despotismo". Acompanhando os verdadeiros patriotas na mudança e "acrescentamentos de cognomes", ele anunciou ao público que sua firma passaria a ser "Joaquim José de Silva Jacaré".[27]

Mas o exemplo mais conhecido desse tipo de troca de nomes é o de Francisco Gomes Brandão Montezuma,[28] jornalista e deputado baiano, futuro visconde de Jequitinhonha, de grande atuação na cena da Independência. No início de 1823, Montezuma, "para animar o povo e tornar bem sensível o ressentimento baiano contra os lusitanos e com o objetivo de provar sua firme adesão à causa do Brasil", mudou seu nome para Francisco Gê Acaiaba de Montezuma (SISSON, p. 125).

Do amálgama desses elementos — imagem idealizada do índio, mestiçagem, orgulho das riquezas naturais, brios intelectuais feridos — ia se configurando um esboço de identidade nacional, combustível onde cozia o processo político. Dele foi elemento importante a maçonaria.

7. D. PEDRO I — ENTRE A MAÇONARIA E A SANTA ALIANÇA

Rugendas anotou como um traço característico do Rio que "gente de todas as classes se entrega a conversações políticas e, nos grupos que formam, veem-se eclesiásticos, oficiais, negociantes e operários" (RUGENDAS, p. 122). Varnhagen também registra a multiplicação dos clubes e o estado de excitação febril que se verificava no Rio de Janeiro nas vésperas da partida de D. João. Um dos primeiros jornais que aqui se publicaram dava conta da agitação que tomara o Rio de Janeiro no início de 1821: "Nas praças, nas ruas, no teatro, no centro das famílias e em todas conversações o grande feito é que ocupa as atenções de todos".[29]

Grande parte dessa agitação partia das lojas maçônicas, que, estimuladas pela Revolução Constitucionalista do Porto (1820), se reorganizaram e desempenharam papel decisivo no processo da Independência. Como diz Antonio Candido, as sociedades literárias ou maçônicas congregaram e poliram os patriotas e contribuíram para laicizar as atividades do espírito (CANDIDO, p. 240).

A maçonaria existia no Brasil desde, pelo menos, o fim do século XVIII. A ideologia da Inconfidência Mineira coincide com a da maçonaria. Há também indícios de sua influência na Sociedade Literária de caráter secreto criada (e logo dissolvida) no Rio de Janeiro, em 1794. Na Revolta dos Alfaiates na Bahia, em 1798, detectou-se a presença de maçons franceses. Pernambuco, cuja tradição maçônica remontava ao final do século anterior, tivera no médico Manuel Arruda Câmara um grande divulgador das ideias maçônicas. No começo do século XIX, uma verdadeira rede de "academias" funcionava naquela província, contribuindo para difundir as novas ideias europeias. A Revolução Pernambucana de 1817 foi impulsionada pelas "academias".

A liderança de Joaquim Gonçalves Ledo na maçonaria do Rio de Janeiro remonta ao ano de 1815, quando ele fundou a loja Comércio e Artes. Antes dele, em 1813, José Joaquim da Rocha já fundara na Praia Grande (Niterói) a loja Distintiva, fechada por ordem do intendente-geral de polícia, Paulo Fernandes Viana. A loja de Gonçalves Ledo também foi fechada em 1817, depois da Revolução Pernambucana. Com ela também foi fechada a loja São João de Bragança, que funcionava dentro do próprio Paço. Desta faziam parte, entre outros nobres, o conde de Parati e o marquês de Angeja. Angeja recebeu ordem para embarcar imediatamente para Portugal, e Parati foi obrigado a se apresentar durante sete dias no Paço vestindo o hábito da Ordem de São Francisco.

Por meio do alvará de 30 de março de 1818, D. João proibiu o funcionamento das sociedades secretas. Mesmo assim Gonçalves Ledo fundou e dirigiu o Clube Recreativo e Cultural da Guarda Velha, cortina de fumaça para as reuniões da maçonaria, que foi fechado por ordem de Tomás Antônio depois das agitações que tomaram conta do Rio em 26 de fevereiro de 1821. Com a partida de D. João VI, foi reaberta em 24 de junho de 1821 a loja Comércio e Artes, subdividida depois nas lojas União e Tranquilidade e Esperança de Niterói. As três comporiam, a partir de 17 de julho daquele ano, o Grande Oriente do Brasil.

Desde que foi fundada a Grande Loja de Londres, em 1717, a maçonaria refletia o espírito do século: tolerância religiosa; fé no progresso da humanidade e fé em Deus (Supremo Arquiteto da Humanidade); racionalismo; aversão pelo sacerdócio oficial e pela fé em milagres. O clero protestante participou vivamente da maçonaria desde o seu início. A Santa Sé, no entanto, condenou-a como seita herética e ateia mediante bula papal promulgada em 1738. Apesar disso, durante os séculos XVIII e XIX, grande parte do clero católico na França, Itália, Espanha, Boêmia e nas Américas aderiu à maçonaria. Em consequência da atitude hostil da Igreja Romana, a maçonaria foi proibida em vários países católicos. Por sua identificação com as ideias da Revolução Francesa e pela presença de seus membros em quase todos os movimentos revolucionários que eclodiram no mundo desde então, ela foi identificada como a grande inimiga do Trono e do Altar e se tornou o alvo preferencial da Santa Aliança.

De fato, o centro de irradiação das ideias liberais era a maçonaria, que tinha adeptos tanto em Portugal quanto na Espanha. Foi a maçonaria portuguesa que difundiu os princípios da Revolução Francesa e que inspirou a Revolução Constitucionalista do Porto (1820). As lojas maçônicas brasileiras, tal como as portuguesas, distinguiam-se conforme se orientassem pela Grande Loja da Inglaterra ou pelo Grande Oriente de Paris, onde a primeira loja surgira em 1725. A maçonaria inglesa exigia de seus membros a fé em Deus e mantinha-se afastada da política. A maçonaria francesa foi violentamente anticlerical e pré-revolucionária.

Um assumido maçom deve ter sido o livreiro Paulo Martim.[30] Por intermédio do *Volantim*, ele anunciou que em sua loja, situada na rua da Quitanda, nº 33, se achavam em um volume impresso na França e com boa encadernação cartas sobre a maçonaria, em que se provava, "com evidências", que ela em nada é contrária à religião e aos governos. O mesmo Paulo Martim publicara no nº 17 daquele periódico outro anúncio ainda mais ousado em defesa da maçonaria:

> Saiu à luz o catecismo dos Pedreiros Livres dos Graus de Aprendiz, Companheiro e Mestre, contendo mais uma notícia da sua profissão que executarão em Inglaterra. Obra que todos devem ler, e que serve de confusão aos servis e desengano para os incautos.
>
> O segredo da sociedade é a pedra de escândalo dos seus antagonistas, desta obra se prova que aquela sociedade não é inimiga do Trono, nem do Altar, e que a sua base consiste no desempenho de todas as virtudes sociais e religiosas (20 set. 1822).

Era a tentativa de tirar da maçonaria a pecha de democrática, que as perseguições que sofria por parte da Santa Aliança em todo o mundo vinham lhe garantindo. Tendo tido papel essencial no desenrolar dos acontecimentos que resultaram na Independência, a maçonaria, pela defesa intransigente que faria de um projeto político que ampliava os poderes do Legislativo em detrimento do Executivo, estaria no centro das perseguições promovidas pela Bonifácia. Cairu seria um dos que mais a atacariam, chamando os maçons de "presumidos atletas da Idade da Razão", e recomendando-lhes que se desenganassem, porque o Brasil tinha olhos vivos para antever e prevenir as insídias do Partido Pedreiral, que se encobre com o capuz do patriotismo, igual ao barrete do Jacobinismo. Leais patriotas estão alertas e desde já se toquem contra as rapsódias dos que têm incitado a guerra civil com as alcunhas de Liberais e Servis, opondo-lhes a autoridade de Burke, que vale mais que o Patriarca dos Radicais [Rousseau], o qual deu as regras da tática das Assembleias (*Atalaia*, 28 jun. 1823).

Mas contavam-se muitos maçons entre os que participaram da Assembleia do dia 20 de abril de 1821, que terminou tragicamente na madrugada do 21. Silvestre Pinheiro,[31] ministro de D. João, convidara toda a população da cidade, contando com a natural agitação dos ânimos para que fosse exigida a permanência do rei no Brasil. Aquela sessão foi um termômetro do estado de espírito reinante. A velocidade com que as coisas mudaram ali — numa única noite o rei jurara as bases da Constituição que estava por se fazer; em seguida, jurara a Constituição espanhola, para, poucas horas depois, anular os decretos e abrir devassa contra os agitadores — foi, em ponto pequeno, a amostra dos dois anos que se seguiriam.

O desfecho trágico foi causado pelo violento ataque militar que sofreu a Assembleia reunida no Palácio do Comércio. Ao que parece, a ordem para que as tropas cercassem e invadissem o prédio partira de D. Pedro. Ele, naquele começo de 1821, esteve muito mais próximo das tropas portuguesas do que dos brasileiros. Apesar disso, durante todo o período estudado aqui, a imprensa evitará ataques a D. Pedro. Ele nunca será diretamente acusado da autoria de qualquer das tantas ações arbitrárias que o governo promoveu. Mesmo quando for evidente a sua atuação em episódios como os que visaram May, o "Malagueta" — tanto o violento artigo publicado no *Espelho* no começo de 1823 quanto a surra que o jornalista levou em meados daquele mesmo ano —, o nome do imperador não será mencionado.[32]

Essa atitude da imprensa se prendia a dois fatores: de um lado, a mobilização contra as Cortes portuguesas que se iniciaria na segunda metade de 1821, quando aqui chegassem as notícias sobre as medidas contra o Brasil que começavam a ser aprovadas lá, e, de outro, a fragilidade do quadro político, a falta de uma liderança e mesmo de uma definição de programa a ser seguido. A única coisa firme que havia, o único símbolo político que representava ao mesmo tempo a unidade do país e uma instituição política sólida, a monarquia, era D. Pedro. Competem as folhas do tempo da indefinição — "vai ou não o Príncipe também para Portugal?" — na melhor forma de seduzi-lo, convencê-lo de que tem aqui uma missão a cumprir.

Por que se agarram tanto ao "rapazinho", como o chamaria um deputado de Lisboa? Todas as tendências em disputa estão convencidas de que a permanência do príncipe é indispensável para a integridade do Brasil. Mesmo os mais radicais não deixam de reconhecê-lo. A ausência de um foco de autoridade preciso faz do príncipe antes uma bandeira a ser conquistada do que uma autoridade em si. Mas o príncipe não se revelou objeto tão maleável quanto a sua idade e má-formação poderiam sugerir. Influenciado pelos homens mais maduros que o cercaram nos diversos gabinetes que lhe serviram, ele foi sempre muito cioso de sua autoridade e de seu papel na história que acontecia.

Era um príncipe mais filho de Carlota Joaquina do que de João Carlos, de temperamento impulsivo e apaixonado, que precisava ser mimado, cujos caprichos tinham de ser aturados, a cujas faltas se devia fazer vista grossa. E apresentavam-se ainda como agravantes sua juventude, sua inexperiência, a falta de uma boa formação cultural. Calhara-nos um príncipe no mesmo estágio em que se encontrava o país sobre o qual lhe competia reinar.

Até o advento da Revolução do Porto, ele nada sabia das questões de governo. Mantivera-se alheio a tudo, meio pândego, meio desportista, a percorrer a cidade a cavalo. De repente, descobrem-no como a salvação da pátria. De repente, vê-se revestido de uma autoridade e de uma imprescindibilidade que nunca experimentara antes. Coube aos homens que, por meio dos impressos movimentavam a cena, conquistá-lo para a causa do Brasil. Dividido naturalmente entre a sua condição de herdeiro da Coroa portuguesa e de amante do Brasil, país ao qual chegara com nove anos, durante o ano de 1821, ele tenderá para Portugal.

No entanto, será no sentido da Independência que, após a partida de D. João, evoluirá a revolução constitucional no Brasil. A luta dos que aqui ficaram se travaria exclusivamente em torno do herdeiro da Coroa, como diz Caio Prado, "num trabalho intenso de o afastar da influência das Cortes portuguesas e trazê-lo para o seio dos autonomistas". Para Barbosa Lima Sobrinho, o trabalho de José Bonifácio e de Hipólito da Costa foi o de fazer com que o destino do príncipe se confundisse com o do Brasil. D. Pedro foi atirado na luta contra as Cortes portuguesas e contra os projetos de recolonização do Brasil. Da perspectiva daqueles autores foi dessa manobra, coroada de êxito, que resultou a Independência (PRADO JÚNIOR, 1947; LIMA SOBRINHO, 1996).

Naturalmente que esse príncipe impetuoso e apaixonado, que se dizia um liberal mas que logo revelaria um caráter francamente autoritário, manteria com a imprensa relações tão ambíguas como as que mantivera Napoleão Bonaparte,[33] a quem secretamente admirava. Seus artigos, de uma agressividade irresponsável, eivados de um humor que tendia para a pornografia, recheados dos mais violentos insultos, podem ser classificados como os mais grosseiros que então se publicaram no Rio.

José Bonifácio seria o grande defensor das prerrogativas do monarca nas batalhas contra os liberais, que pretendiam limitar-lhe o poder em favor do Legislativo. Essas batalhas seriam travadas principalmente nas páginas da nascente imprensa brasileira.

Logo após o Fico, a movimentação dos liberais liderados por Gonçalves Ledo, por meio do *Revérbero* e do *Correio do Rio de Janeiro*, pressionava o governo por uma Constituinte brasileira. Contra essa pretensão escreveria Cairu a sua *Reclamação* nº 14, dando início a acalorado debate em torno do tema.

Cairu, que tivera papel fundamental para a abertura dos portos às nações amigas, em 1808, era um típico intelectual formado pelo iluminismo português. Admirador de Adam Smith, ele defendia o progresso, o trabalho livre, a indústria, combatendo com todas as armas de sua retórica aquela que chamou de "facção gálica", formada pelos seguidores do "paradoxista de Genebra" (Jean-Jacques Rousseau). A concessão que faz ao pensamento francês restringe-se ao mais inglês dos pensadores franceses: Montesquieu. Sua admiração, no plano das ideias políticas, vai toda para Edmund Burke, a quem chama de "arquiantagonista de todos os revolucionários de todos os países". Burke, para quem, segundo citação do mesmo Cairu, as nações não eram simples superfícies geográficas, mas essências morais.

O vigor com que a imprensa participou e conduziu os debates em torno das questões definidoras do regime que seria adotado, a efetiva ação de seus jornalistas no processo político em evolução, encontrou seu lugar num contexto onde o que predominava era a indefinição das formas que assumiria o regime político que se estava fundando. Para o nascente Estado brasileiro tudo era novo e estava por se fazer, até mesmo o soberano. Quais os limites de sua autoridade? Que papel lhe estava reservado nesse Estado em construção?

Era a nação brasileira que se constituía, onde as instituições — algumas remanescentes do governo colonial, mantidas pela própria inércia das coisas; outras, surgidas no tempo de Reino Unido; e as novas, ainda por se consolidar (como a legislação relativa à imprensa) — se confundiam. A ausência de leis, a pouca fé nas velhas e novas instituições, aliadas ao próprio processo de construção do Estado, vão gerar uma permanente instabilidade. É esse cenário de constante transformação que funciona como palco e motor da ação dos jornalistas na Independência.

Em defesa dos projetos políticos que acreditavam ser os melhores para o país que nascia, os jornalistas que ocuparam a cena da Independência foram às últimas consequências. Brandindo concepções variadas de pacto social, num clima totalmente hobbesiano, eles atiram-se uns contra os outros, com ofensas, apelidos, xingamentos, chegando, algumas vezes, às vias de fato. As violentas e muitas vezes arriscadas guerras em que a imprensa se envolveu durante aquela campanha inscrevem-se entre as mais decisivas desse período de nossa história.

Esse jornalismo furioso, usando ora uma batida retórica revolucionária francesa, ora os bons e velhos aforismos portugueses, realizou de forma pragmática a missão educativa a que se propusera a imprensa brasileira no seu nascedouro. Educou, talvez, nem tanto ao povo, mas à sua elite. Elite que, quase toda, frequentou as páginas dessa imprensa de insultos, onde se formou e aprendeu as manhas da política às custas da nação, como aprende o barbeiro novo na barba do tolo.

1. Quem dá primeiro, dá duas vezes

Todo o sistema de administração está hoje arranjado por tal maneira que Portugal e o Brasil são dois Estados diversos, mas sujeitos ao mesmo rei; assim a residência do soberano em um deles será sempre motivo de sentimento para o outro, a não se fazer mais alguma coisa. Nestes termos, a mudança de El-rei para a Europa trará consigo a mudança do lugar dos queixosos, mas não remédio para os males.

CB, abr. 1820, p. 263

1. A IMPRESSÃO RÉGIA

O Brasil colonial, ao contrário de alguns de seus vizinhos na América Latina, não tinha universidade.[1] Era também um dos únicos países do mundo, excetuados os da África e da Ásia, que não produzia palavra impressa. Até 1808, data da chegada de D. João VI, as letras impressas eram proibidas aqui. As poucas tentativas de se estabelecerem tipografias esbarraram na intransigência das autoridades portuguesas.

No governo de Francisco de Castro Morais, um obscuro negociante tentou a empreitada fazendo imprimir letras de câmbio e orações devotas. Mas a Carta Régia de 8 de junho de 1706 mandou sequestrar as letras impressas e notificar aos donos da gráfica que não imprimissem nem mandassem imprimir livros e papéis avulsos (RIZZINI, p. 310).

Em 1746, durante o governo de Gomes Freire, um antigo impressor de Lisboa, Antônio Isidoro da Fonseca, tentou se estabelecer no Rio de Janeiro com uma gráfica. Poucos meses depois, uma Ordem Régia datada de 10 de maio de 1747 mandava que fosse apreendido todo o material que possibilitava o funcionamento de sua gráfica (RIZZINI, p. 312).

Perto da chegada do rei, em 1807, o padre José Joaquim Viegas de Menezes imprimiu em Vila Rica um opúsculo de dezoito páginas. Não usou tipos, abriu-o em chapas de cobre, inserindo na capa gravura representando o governador e sua mulher, em singelo e ingênuo traço. Mais tarde, em fins de 1820, patrocinado pelo comerciante Manuel Joaquim Barbosa Pimenta e Sal, o padre Viegas improvisou uma tipografia inteira, moldando e fundindo letras. Ao solicitar sua licença para funcionar, Pimenta e Sal lembrava que sua gráfica bem merecia o epíteto de "Patrícia", pois fora toda feita no Brasil (RIZZINI, p. 315).

No espetáculo desordenado que foi a fuga da corte portuguesa, destaque merece o homem previdente que salvou o Brasil de ficar ainda algum tempo à margem da história. Antônio de Araújo,[2] futuro conde da Barca, ministro dos Negócios Estrangeiros e da Guerra de D. João VI, trouxe no porão do navio em que veio, o *Medusa*, toda uma tipografia.[3] Era a gráfica que se destinava originalmente a atender àquele ministério em Lisboa e que, no Rio, assumiria o papel da Impressão Régia, responsável por todas as publicações impressas no Rio de Janeiro até 1821.

A gráfica, novíssima, quando foi embarcada ainda estava em

seus caixotes, e foi instalada nos baixos da casa de Antônio de Araújo, que chegara ao Rio já sem a pasta. Perdera-a em virtude de sua atitude para com os ingleses.[4] O decreto de D. João vi sobre a implantação da Impressão Régia sugere que ele só ficou sabendo da existência da gráfica depois que aqui chegou e quando ela já se encontrava montada na casa de Antônio de Araújo:

> Tendo-me constado que os prelos que se acham nesta capital eram os destinados para a Secretaria de Estados dos Negócios Estrangeiros e da Guerra, e atendendo à necessidade que há de oficina de impressão nestes meus Estados, sou servido que a casa onde eles se estabeleceram sirva interinamente de Impressão Régia [...] ficando inteiramente pertencente o seu governo e administração à mesma Secretaria. 13 de maio de 1808.

O *Correio Braziliense*, de Hipólito da Costa, anunciou que se estava contratando pessoal para operar a Impressão Régia e os serviços que ela estava apta a prestar:

> Pela oficina, que interinamente serve de Impressão Régia no Rio de Janeiro, se faz público, que nela há faculdade de imprimir toda e qualquer obra, assim como, que se admitem aprendizes de compositor, impressor, batedor, abridor, etc. e oficiais dos mesmos ofícios e quaisquer outros que lhe sejam pertencentes, como fundidores e estampadores e etc.

A administração da Impressão Régia coube, pela decisão de 24 de julho de 1808, a uma junta composta por José Bernardes de Castro, oficial da Secretaria de Negócios Estrangeiros e da Guerra, Mariano da Fonseca, depois marquês de Maricá, e José da Silva Lisboa. Competia-lhe, conforme o regimento baixado na mesma data, afora a gerência da oficina, "examinar os papéis e livros que se mandassem publicar e fiscalizar que nada se imprimisse contra a religião, o governo e os bons costumes" (instrução de 24 jun. 1808, apud RIZZINI, p. 317).

A Impressão Régia passou a funcionar no próprio dia de sua criação, 13 de maio de 1808, estampando, em um folheto de 27 páginas, a relação dos despachos publicados no aniversário do príncipe regente. O opúsculo vendia-se na loja do livreiro Manuel Jorge da Silva, à rua do Rosário. Entre sua criação e o ano de 1821, quando começaram os embates que se dariam na Independência, a Impressão Régia publicou obras científicas e literárias de grande valor. Exemplares são *Um ensaio sobre a crítica* e os *Ensaios morais*, de Pope, na tradução do conde de Aguiar, e o romance *Marília de Dirceu*, além de um *Compêndio da riqueza das nações*, de Adam Smith, traduzido e compilado por Bento da Silva Lisboa, em 1811. Também vieram à luz, durante aquele período, a segunda edição do *Uraguai*, de Basílio da Gama, uma tradução das obras de Virgílio e a *Coreografia brasílica*, do padre Aires de Casal, além de *Extratos das obras de Burke*, traduzidos e organizados por José da Silva Lisboa.

2. A *GAZETA DO RIO DE JANEIRO*

A 10 de setembro de 1808 a Impressão Régia começaria a imprimir a *Gazeta do Rio de Janeiro*. Ela era apenas uma versão adaptada da *Gazeta de Lisboa*. Periódico sensaborão que, em sua maior parte, limitava-se a traduzir artigos publicados na imprensa mais conservadora europeia. Para se ter uma ideia de como funcionava esse jornalismo nascente é bastante que se diga que D. João VI tinha a pachorra de ler, antes de irem para a gráfica, todas as traduções. Estas eram, em seguida, revisadas pelo todo-poderoso conde de Linhares.[5] A *Gazeta* tinha quatro páginas e, de vez em quando, seis ou oito, no formato in-quarto. Era para sair aos sábados, mas logo passou a sair também às quartas-feiras. A assinatura, trissemanal a partir de julho, se fazia em domicílio ou na loja de Paulo Martins. Publicava anúncios grátis.

Apesar de seu caráter oficial, a *Gazeta do Rio de Janeiro* era propriedade dos oficiais da Secretaria de Estado dos Negócios Estrangeiros e da Guerra, que não só a administravam como também tinham participação nos lucros da empresa.[6] Seu primeiro redator foi o frade português Tibúrcio José da Rocha, funcionário da mesma secretaria à qual estava vinculada a gráfica. Com a morte do conde de Linhares, em janeiro de 1812, o trabalho de revisão passou para o ministro da Marinha, o conde das Galveias.[7] Em março de 1812, o frade que, segundo Rizzini, ficara aborrecido com o novo chefe que em tudo queria meter o bedelho, demitiu-se e foi substituído pelo capitão Manuel Ferreira de Araújo Guimarães, redator da *Gazeta* entre 1813 e 1821.[8]

Exemplar de como funcionaram as relações de trabalho na imprensa desse tempo foi o episódio que resultou na demissão do segundo redator da *Gazeta*. Em maio de 1821, Ferreira de Araújo apresentou aos seus empregadores uma exposição de motivos na qual dizia que, tendo mudado o formato da *Gazeta* e sua tiragem semanal, julgava ser justo também que se aumentasse a gratificação que recebia.

Em resposta, o oficial-maior da Secretaria de Negócios Estrangeiros prometeu que, no fim do mês de julho, quando houvesse recebido as contas do semestre anterior e a relação das novas assinaturas, poderia fazer um juízo prático dos rendimentos da *Gazeta* e analisar a viabilidade do pleito. Segundo nota publicada pelos proprietários da *Gazeta*, Ferreira de Araújo não esperou que vencesse o prazo estabelecido e, no dia 14 de julho, levou à presença do ministro e secretário de Estado dos Negócios do Reino e Estrangeiros uma representação, na qual propunha duas alternativas: ou ele se encarregava tanto da redação como da total administração da *Gazeta* e recebia metade de seu rendimento líquido, ou se incumbia somente da redação, recebendo 100 mil--réis por mês e uma cota dos dividendos igual à de cada oficial proprietário. Apesar da intermediação do ministro, as partes não chegaram a um acordo.

Ferreira de Araújo publicou então no *Diário do Rio de Janeiro* carta na qual acusava os proprietários da *Gazeta* de terem infringido as condições do contrato que assinara em 1813 com o falecido oficial-maior Pedro Francisco Xavier de Brito, no qual constaria, como condição recíproca, que nem ele poderia interromper a redação da *Gazeta*, nem seus proprietários procurariam outro redator, sem lhe dar aviso prévio de três meses. Injuriados e ofendidos com essa acusação, os doze oficiais proprietários da *Gazeta*, dentre os quais ainda constava o nome de seu primeiro redator, frei Tibúrcio José da Rocha, encaminharam requerimento ao príncipe regente. Afirmam ali que nunca viram a minuta do contrato mencionado por Ferreira de Araújo e que fora aquele mesmo coronel, que tanto os insultara, quem faltara com o cumprimento de seus acordos. Mesmo inconformados com as acusações do redator demissionário, os requerentes não pensavam em processá-lo, pretendendo apenas que se desse publicidade à queixa. O que foi deferido conforme despacho datado de 20 de agosto de 1821.

> E se bem não esteja ainda promulgada solenemente a Lei da Imprensa, posto que discutida e aprovada pelas Cortes, para os Suplicantes poderem requerer a aplicação da pena que no Artigo 15 é imposta aos que imputam a qualquer pessoa, ou corporação, vícios ou defeitos que os expõe ao ódio e desprezo público, não deixa este fato de ser um delito reconhecido nas Leis anteriores por injúria grave e atroz, por envolver, além de uma falsidade, o

delito da publicação de um libelo famoso, fazendo-se por isso o agressor digno de uma pública correção e os Suplicados da reparação da ofensa que lhe foi feita. Os Suplicantes porém [...] estão longe de querer que se proceda contra o Suplicado que são eles mesmos os que oram a seu favor; contentando-se unicamente que V.A.R. se digne permitir-lhes que eles desmintam aquela imputação nas folhas que se publicam e exponham ao conhecimento do público todos os papéis inclusos, e este mesmo requerimento, para que o mesmo público perante quem foram os Oficiais Suplicantes falsamente acusados, possa também ser juiz e decidir se foram eles, ou se o Suplicado, quem resiliu o Contrato.

Era uma imprensa com as características da imprensa europeia do século anterior. Ao contrário do que já se conhecia na Europa, são raros nesse cenário os jornalistas profissionais. Muitos seriam os padres que acumulariam a condição de eclesiásticos com as de funcionário público e jornalista. A redação da *Gazeta do Rio de Janeiro* era uma mistura de redação propriamente dita com repartição pública e claustro, não só por conta do grande número de funcionários públicos e padres que nela escreviam, mas também, apesar de se classificar como um empreendimento de particulares, por funcionar numa secretaria do governo. Típico do ambiente de claustro que caracterizava a administração da *Gazeta* é o final do caso contra Ferreira de Araújo, em que os patrões, em vez de exigirem as sanções legais para o suposto crime do ex-empregado, prometem orar pela sua salvação.

3. HIPÓLITO DA COSTA

A *Gazeta do Rio de Janeiro* não foi o primeiro jornal brasileiro. Essa glória caberia toda ao *Correio Braziliense*, jornal de Hipó-

CORREIO BRAZILIENSE

ou

ARMAZEM LITERARIO.

VOL. I.

LONDRES:

IMPRESSO POR W. LEWIS, PATERNOSTER-ROW.

1808.

lito da Costa, lançado três meses antes dela, em Londres. O quadro da imprensa que se fazia no Rio de Janeiro se manteria praticamente inalterado entre 1808 e 1821. A censura aos impressos permanecia total. A única voz dissonante era a de Hipólito da Costa.

Hipólito José da Costa Pereira Furtado de Mendonça foi o grande precursor do nosso jornalismo, e o *Correio Braziliense*, que durou até dezembro de 1822, foi a pedra no sapato dos portugueses interessados na recondução do Brasil ao estado colonial. Durante treze anos, para usar as palavras de Rizzini, o *Correio* foi o nosso único jornal "informativo, doutrinário e pugnaz", e, por conta dele, Hipólito é não só o fundador da imprensa brasileira como também o criador da imprensa política lusitana.

Brasileiro, nascido em 25 de março de 1774, na Colônia de Sacramento, Hipólito da Costa era bacharel em leis e doutor em Filosofia pela Universidade de Coimbra. Em 1798, aos 24 anos, recebera de D. Rodrigo Coutinho, ministro do Reino, o encargo de estudar nos Estados Unidos da América a cultura das árvores nativas, do cânhamo, do tabaco, do algodão, da cana, do índigo, do arroz e, principalmente, da cochonilha; a formação de pastagens; a construção de pontes, moinhos e engenhos de água; a mineração; a pesca da baleia e o preparo do peixe salgado. Além de ter se desincumbido satisfatoriamente da missão que lhe delegara o ministro, a passagem pela Filadélfia aproximou Hipólito da maçonaria.

Logo após o regresso a Lisboa, em princípios de 1801, ao incorporar-se a Oficina do Arco do Cego à imprensa Régia, D. Rodrigo nomeou Hipólito para um dos lugares de diretor literário, ao lado de Conceição Veloso,[9] o célebre frade naturalista, autor de *Flora fluminense*. Menos de um ano depois, em abril de 1802, Hipólito embarcava para Londres, em missão oficial, a fim de adquirir material gráfico para a Imprensa Régia e livros para a Real Biblioteca. Ia, na verdade, credenciado por quatro lojas maçônicas portuguesas, para solicitar à United Grand Lodge of England autorização para praticar os ritos "under the English banner and protection". Não logrou o seu intento. Dependia esta autorização de que ele apresentasse uma lista regular dos seus irmãos e uma recomendação dada pelo governo do país onde ele pretendia atuar como maçom. O que era obviamente impossível num Portugal ainda dominado pelo Santo Ofício.

Consta que D. Rodrigo, então protetor de Hipólito, mantinha ligações com os "pedreiros livres", e que Arruda Câmara, criador do Areópago de Itambé,[10] também contava com a sua proteção. Sabedor das pretensões do intendente-geral de polícia de Lisboa, Pina Manique,[11] de deter Hipólito quando este voltasse de Londres, D. Rodrigo mandou-lhe insistentes recados no sentido de que não regressasse a Portugal. Hipólito preferiu ignorá--los, e D. Rodrigo, para afastar suspeitas que tendiam a recair sobre si, deixou que ele fosse preso por três dias depois de voltar de Londres, em fins de julho de 1802. Hipólito foi preso sob a acusação de pertencer à maçonaria. Nenhuma lei proibia aos portugueses a prática da maçonaria, proibia-o o Santo Ofício.[12]

Durante seis meses Hipólito esteve no segredo[13] do Limoeiro sendo interrogado. De lá foi transferido para o Santo Ofício, no Rossio, onde ficou esquecido por dois anos e meio. Numa madrugada de agosto de 1805, aproveitando-se de uma distração do carcereiro, conseguiu escapar. Esconderam-no os maçons e, por obra destes, possivelmente em meados de 1805, Hipólito da Costa chegava a Londres.

Até lançar o *Correio*, publicou alguns trabalhos, como as *Cartas sobre a franco-maçonaria*, e colaborou com a *História de Portugal* escrita por uma sociedade de literatos. Vivia também de aulas e traduções e tornou-se amigo do duque de Sussex. Augustus Frederiche, o duque de Sussex, filho de George III, o mais importante dos "pedreiros livres" ingleses, era o chefe da maçonaria daquele país e foi o grande protetor de Hipólito na Inglaterra.

Em março de 1808, Hipólito entrou para a loja Antiquity e, em 1º de junho daquele ano, começou a publicar o *Correio Braziliense*. Adquirira, com a cidadania inglesa, imunidade contra as tentativas da Coroa portuguesa de limitar as críticas que lhe faria por meio de seu jornal. O *Correio*, liberado de qualquer censura, comentava abertamente aspectos da política portuguesa relativos ao Brasil e teve grande influência sobre o jornalismo que se fez no período da Independência.

Já no primeiro ano de sua atuação, o jornalista tratava com ironia as medidas adotadas no Brasil pelo governo português recém-instalado no Rio. Exemplar do seu estilo e do seu espírito é este muito bem-humorado comentário acerca de um decreto do governo em que se declarava guerra contra os índios botocudos:

> Entre os documentos recebidos, se acha uma declaração de guerra do Brasil contra os índios botocudos. Há muito tempo que não leio um papel tão célebre e o publicarei quando receber a resposta que S. Excelência o Secretário de Estado dos Negócios Estrangeiros e da Guerra da Nação dos Botocudos der a esta grande peça de diplomacia, porque é natural que este longo papel que contém 8 páginas seja dirigido àquela Nação; é verdade que ela ainda não sabe ler, mas aprenderá, julgo eu, para responder a isto (*CB*, out. 1808, p. 22).

Hipólito condenaria o uso do antipático e feudal costume das "aposentadorias" adotado pela corte portuguesa ao se instalar no Rio de Janeiro. A seu ver, aquela prática significava um ataque ao sagrado direito da propriedade e, ao determinar que um homem devia deixar sua casa para acomodar um outro que a ela não tinha direito, criava uma imagem do novo governo do Brasil odiosa ao povo (*CB*, out. 1808, p. 22).

Hipólito era contrário ao poder absoluto, que, na sua visão, aniquilava o público: onde não havia público ou Constituição, não havia pátria nem nação. Por direitos do povo entendia: "As faculdades de obrar, pensar e falar, sem temor dos que governam, quando se não ofendem as leis, de uma parte e, de outra, uma restrição bem pensada ao poder dos que governam, para que a jurisdição não degenere em despotismo" (RIZZINI, p. 352). Era um monarquista constitucional do tipo britânico e, tal como José Bonifácio, se mostraria totalmente avesso às tendências democráticas herdadas da Revolução Francesa. Desejava reformas para o Brasil, mas não quereria jamais que essas reformas fossem feitas pelo povo. Dizia Hipólito em 1811:

> Reconhecemos as más consequências desse modo de reformar. Desejamos as reformas, mas feitas pelo governo, e urgimos que o governo as deve fazer enquanto é tempo, para que se evite serem feitas pelo povo (apud RIZZINI, p. 352).

Ainda como José Bonifácio, Hipólito era a favor da gradativa substituição do trabalho escravo pelo livre, defendia o livre comércio internacional e combateu o tratado assinado em 1810 com a Inglaterra, não só por humilhar a dignidade portuguesa, como também por colocar os brasileiros, em seu próprio país, em posição inferior aos ingleses. Por intermédio da chamada Cláusula da Extraterritorialidade, o tratado de 1810 criava uma instância judicial específica para as questões envolvendo os súditos da Coroa inglesa. O tratado também estabelecia tarifas diferenciadas para as importações. Assim, as inglesas eram taxadas em 15% de seu valor quando chegavam aos portos brasileiros, as portuguesas, em 16%, e as dos demais países, em 24% (VIANNA, 1974, p. 235).

Hipólito denunciava o mistério que envolvia as operações do

erário. A seu ver, o Brasil seguia nesse assunto os mesmos procedimentos que se adotavam antes em Portugal, onde a ninguém era permitido examinar as contas públicas (RIZZINI, p. 349). Reclamava reformas que, aperfeiçoando o sistema de governo, trouxessem benefícios para o povo. Dizia que a corte do Rio de Janeiro contentara-se em transplantar do Reino o Desembargo do Paço, o Conselho da Fazenda, a Junta do Comércio etc. quando o viço do país exigia

> um conselho de minas, uma inspeção para a abertura de estradas, uma redação de mapas, um exame de navegação dos rios... mas nada disso se arranja porque não aparecem tais coisas nos almanaques de Lisboa (apud RIZZINI, p. 349).

De 1815 a 1821, diz Barbosa Lima Sobrinho, o tema do regresso da família real é o problema crucial da monarquia portuguesa. Inicialmente contrário a qualquer projeto de separação entre Brasil e Portugal, Hipólito foi quem mais argumentou em defesa da permanência da corte no Rio de Janeiro. A transferência da corte para essa cidade, a seu ver, promovera a inversão dos papéis: "Portugal tornado colônia e o Brasil tornado metrópole". Na campanha para que D. João ficasse, garantindo ao Brasil a supremacia no Reino português, Hipólito da Costa publicou mais de dezessete artigos. Dizia que o rei, forte apenas pelas possessões ultramarinas, aqui se manteria distante das intrigas europeias, das quais não escaparia em Lisboa, e que sua opinião, aqui valiosa pelo fato de ser D. João VI o único testa coroada do Novo Mundo, não pesaria na balança dos gabinetes do Velho Mundo se ele lá estivesse. Hipólito lembrava o exemplo das revoluções nas colônias espanholas que no Brasil eram evitadas pela presença do rei e chamava a atenção para a política equivocada da Europa para com as colônias americanas: "A obstinação em que se está na Europa de querer considerar aquelas importantes e poderosas regiões como pequenas colônias em sua infância é um erro que a experiência dos Estados Unidos devia ter ensinado a retificar".

Antonio Candido classifica o estilo adotado por Hipólito como jornalismo de ensaio, diferenciado por contraste do jornalismo de artigo ou de panfleto. Candido contrasta seu jornalismo, que trouxe "nervo e decoro para a prosa brasileira", com a "retoriquice" dos oradores sacros, que era então a tônica predominante.

> Hipólito foi o primeiro brasileiro a usar uma prosa moderna, clara, vibrante e concisa, cheia de pensamento, tão despojada de elementos acessórios, que veio até nós intacta, fresca e bela, mais atual que a maioria da que nos legou o século XIX e o primeiro quarto deste. Foi o maior jornalista que o Brasil teve, o único cuja obra se lê toda hoje com interesse e proveito, foi um escritor e um homem de pensamento, exprimindo melhor que ninguém os temas centrais da nossa época das luzes (CANDIDO, p. 254).

Varnhagen apontou a importância da influência de Hipólito na educação política da geração que preparou e realizou a Independência. De fato, entre 1821 e 1823, a maior parte dos jornais tentou seguir, senão o estilo, pelo menos a forma do jornal de Hipólito. Em termos de tamanho, foi igual o formato inicialmente adotado pelo *Revérbero*. Mas, ao longo da campanha da Independência, o que acabou preponderando foi menos o artigo de fundo analítico, que se detém longamente sobre um tema, como fazia Hipólito em seu jornal, do que o debate com interlocutores reais ou fictícios.

Outro contraste com o estilo de Hipólito estava na retórica de orador sacro, com seus exageros, suas repetições, seus pontos de exclamação de jornais feitos por padres, como o *Revérbero*, o

Regulador, de frei Sampaio, assim como a *Gazeta* e o *Diário do Governo*, onde os padres sempre bateram ponto na redação. O uso exagerado de uma retórica típica de orador também esteve em todos os panfletos e jornais produzidos por Cairu. Dela não escapando também o jornal dos Andrada, *O Tamoyo*, onde bem se pode ouvir o trovejar das falas do mais exaltado dos irmãos paulistas, o deputado Antônio Carlos. Nesse sentido, talvez se deva ao tom mais coloquial o sucesso de jornais como o de João Soares Lisboa, Luís Augusto May e Joseph Stephano Grondona.

A campanha da Independência contribuiu para a superação da fase do jornal que se pretendia livro. A urgência da ação pedia um jornalismo mais ágil, que se manifestasse sobre os acontecimentos tão logo eles se verificassem. Isto se tornou mais patente quando o foco das atenções se deslocou de Lisboa para o Brasil, a partir do Fico (9/1/1822). Mesmo Cairu, que iniciara com a publicação do primeiro número da *Reclamação do Brasil*, uma série onde pretendia analisar as atitudes das Cortes portuguesas com relação ao Brasil, seria obrigado a interromper aquela série para se dedicar a rebater os violentos ataques que sofreria dos liberais.

4. A REVOLUÇÃO DO PORTO

Corria a vida no Rio de Janeiro na mais tranquila pasmaceira. D. João VI, perfeitamente adaptado ao clima, ia comendo seus franguinhos, tomando banhos de mar no Caju, assistindo às óperas de Rossini no teatro São João e empurrando a volta para Portugal com a barriga. Afinal, aqui ele era integralmente rei, estava com toda a sua corte instalada e estabelecida e se conservava a uma distância segura tanto dos delírios dos franceses quanto da tirania dos ingleses. A todos os argumentos dos que insistiam na sua volta resistia, como diz Varnhagen, "o bom rei", que se encontrava mais feliz na sua quinta de São Cristóvão, nos arrabaldes do Rio de Janeiro, e que se achava mui querido por todo o povo desta sua nova capital, onde, desde que nela desembarcara, vira a sua autoridade real mais acatada do que nunca antes havia sido (VARNHAGEN, p. 36).

O Brasil era, lembra Varnhagen, em meados de 1820, a sede de um império maior do que os dois romanos. Portugal funcionava como uma simples regência subordinada à influência do chefe do Exército, o marechal inglês John Beresford,[14] e era obrigado a receber ordens de uma distância de 2 mil léguas. Essa situação foi suportada, enquanto durou a guerra que se seguiu à invasão francesa. Mas a queda de Napoleão tornara muito difícil a situação política interna de Portugal, onde os ingleses, sob o comando do general Beresford, exerciam o governo de fato, controlando a regência.

Em 1814, no entanto, com o fim da guerra, começaram as gestões dos portugueses, apoiados pela diplomacia britânica, a fim de fazer com que D. João regressasse a Lisboa. Em setembro de 1814, o secretário de Negócios Estrangeiros da Inglaterra, lorde Castlereagh, mandou Sir John Beresford ao Rio de Janeiro com dois navios de linha e fragata para conduzir D. João de volta a Portugal. D. João não queria ir. Daquela vez, aconselhado pelo seu principal ministro, o conde da Barca,[15] resolveu ficar, e a 16 de dezembro de 1815 elevou o Brasil à categoria de Reino Unido a Portugal, com status equivalente.

Na Europa, o liberalismo tornara-se sinônimo de unidade e independência. Tanto a Itália, com os carbonários, quanto a Alemanha, por meio das associações estudantis revolucionárias, lutavam pela unidade nacional e a independência contra a Santa Aliança. O mesmo acontecia em Portugal, onde a unidade era condicionada pela volta do rei e a independência pela expulsão dos ingleses e a implantação do regime constitucional. Em 1817, a maçonaria portuguesa, onde se abrigavam muitos nobres, tentou dar um golpe para aclamar D. João rei constitucional. A insurreição foi sufocada com rigor e presteza tais que, antes que a sentença fosse submetida a D. João, o conde de Bobadela, general Gomes Freire de Andrade, cabeça da conspiração, foi ao patíbulo. A conspiração de Gomes Freire de Andrade, de feitio liberal, correspondia aos anseios dos portugueses.

Poucos meses depois de esmagado esse movimento, fundou-se na cidade do Porto, em janeiro de 1818, o Sinédrio, associação secreta destinada a promover no país a revolução liberal. Seu chefe era Manuel Fernandes Tomás, desembargador na Relação[16] do Porto, e dele também faziam parte o advogado José Ferreira Borges, o juiz José da Silva Carvalho e o rico negociante João Ferreira Viana. O Sinédrio exerceu, a princípio, uma ação puramente intelectual, semelhante à da frustrada Inconfidência Mineira. Seus membros eram pela completa autonomia do Reino e por isso, ao lado da Constituição, queriam a volta do rei, que se deixava ficar no Brasil. O movimento rapidamente catalisou as insatisfações do povo português com as dificuldades econômicas que se sucederam às invasões francesas. A ele logo aderiram as tropas, descontentes com o atraso do pagamento dos soldos. Aos poucos, o Sinédrio ampliou consideravelmente os seus quadros, com a importante inclusão de vários comandantes militares. Em meados do ano de 1820, o dispositivo militar do Sinédrio já era ameaçador.

Foi então que se desentenderam, em Portugal, o governador D. Miguel Pereira Forjaz[17] e o marechal Beresford. Este último veio ao Brasil queixar-se ao rei. Diante do impasse, o ministro do Reino, Tomás Antônio, opinou que "não havendo dois generais era necessário conservar o que havia". Foi decidida a substituição de Forjaz por outro governador. O marechal Beresford, por meio de patente com data de 29 de julho, foi constituído quase chefe do governo do Reino de Portugal, que assumia assim uma forma inteiramente militar, medida com a qual se pensava sufocar a revolução. No entanto, enquanto o marechal seguia viagem de volta, e antes que chegassem a Portugal notícias das decisões tomadas aqui, em 24 de agosto eclodia no Porto a revolução. A Beresford não foi permitido nem desembarcar.

A ausência do marechal Beresford facilitara o aliciamento dos principais chefes das tropas do Minho. No Sinédrio havia dissensões entre civis e militares, estes menos revolucionários do que aqueles, mas os sucessos da revolução liberal vitoriosa na Espanha, em 1820, e sua repercussão em Portugal precipitaram os acontecimentos, e a 24 de agosto de 1820 realizou-se na cidade do Porto um pronunciamento militar. Na proclamação dos comandantes já era pedida a reunião das Cortes para a feitura de uma Constituição. Resultou daí a organização de uma junta de governo da qual fariam parte os membros do Sinédrio. Seus principais líderes se converteriam, posteriormente, em membros da junta de governo.

Marcharam as forças para Lisboa e, a 15 de setembro, destituíram-se os governadores. Criou-se então uma junta provincial do governo supremo do Reino, que assumiu a forma de um governo quase soberano, bem que em nome do rei. De acordo com o regente e seguindo o conselho do ministro Palmela, a junta convocou imediatamente reunião das antigas Cortes da monarquia.

Naturalmente, esta revolução tem causas internas ao reino português. Dirige-se sobretudo contra a ordem estabelecida em Portugal, isto é, o absolutismo monárquico e administrativo a ele ligado. Mas é certo também que o profundo dano sofrido pelos interesses portugueses com a nova política adotada pelo soberano com relação ao Brasil levou para o lado da revolução setores importantes do reino movidos unicamente por este fato (PRADO JÚNIOR, 1947, p. 88).

Na tarde do dia 11 de novembro de 1820, o rei dava o seu costumeiro passeio pelas margens da lagoa Rodrigo de Freitas quando viu apontar fora da barra o navio dos correios. Correu, foi saber as novidades. E a novidade era o triunfo total da revolução. Fazia pouco mais de três semanas que chegara a notícia da insurreição do Porto.

5. O MINISTRO TOMÁS ANTÔNIO E O PANFLETO CONTRA A VOLTA DO REI

Logo às primeiras notícias, D. João reunira seus ministros e conselheiros. Todos concordavam que, embora ilegalmente convocadas as Cortes, convinha confirmá-las e dirigi-las. Alguns aconselharam o regresso imediato do rei. A maior parte, no entanto, sugeriu que seguisse para Portugal o herdeiro presuntivo da Coroa: D. Pedro. Houve ainda quem quisesse que fosse o irmão mais novo de D. Pedro, D. Miguel.

Nesse transe difícil e em se tratando de um homem tão lento no tomar decisões, exerceu toda a influência que tinha sobre o rei o ministro Tomás Antônio de Vila Nova Portugal.[18] Tomás Antônio aconselhou D. João a acenar aos revolucionários que, "em caso de ser conveniente à Constituição que fizessem as Cortes, iria para lá El rei ou pessoa real" (VARNHAGEN, p. 41). Insistiu sempre com D. João para que não prometesse claramente o seu regresso nem o de um dos seus filhos. Dizia:

Como não é prudente ir para uma casa que está incendiando, faz--se depender a partida de notícias que cheguem, de maior tranquilidade — e isto mesmo para incentivo de se tranquilizarem (VAR-NHAGEN, p. 42).

Achava Tomás Antônio que, desse modo, obrigava-se às mesmas Cortes agir com moderação e mantinha-se o poder de barganha para a Coroa. Vantagem que se perderia caso fosse de logo assegurada a ida do rei ou do príncipe real. Era como se, sugeriu Tomás Antônio, D. João estivesse a dizer aos súditos rebelados: "Se vos conservais na obediência ao rei, irei. [...] Mas sempre estará também uma pessoa real no Brasil, pois bem vem que o Brasil não há de já agora ser colônia" (VARNHAGEN, p. 42).

Em dezembro, chegou D. Pedro de Sousa Holstein, conde de Palmela. Vinha tomar posse do Ministério da Guerra e dos Negócios Estrangeiros, pasta para a qual havia sido nomeado três anos antes. Para Hipólito da Costa, sua missão secreta era lutar para que a Constituição garantisse os privilégios da nobreza de Portugal.

> É corrente na Europa que o Conde de Palmela levou para o Rio de Janeiro, uma Constituição talhada e feita, para apresentar a El rei, com o nome de Constituição popular; mas de fato adaptada a satisfazer a ambição dos nobres (*CB*, p. 291).

Palmela pelejará para levar D. João VI de volta para Portugal. A tese que Palmela defendia era a de que D. João VI devia voltar porque ele "necessitava ser rei de Portugal para conservar o Brasil". O ministro expôs seu pensamento em ofício que encaminhou ao soberano a 5 de janeiro de 1821. Ofício que D. João mandou, no dia seguinte, para Tomás Antônio. A resposta deste, datada do dia 7, diz:

> O parecer em substância é que anuncie V.M. já uma carta constitucional, e que vá o Príncipe Real, para presidir às Cortes, ou gover-

nar e fazer cumprir a Constituição dada. A minha opinião é diametralmente contrária, porque V.M. não se deve sujeitar aos revolucionários; não deve largar o cetro da mão. Compete-lhe conservar a herança de seus pais até a última extremidade; não lhe convém aprovar a revolução e desanimar de todo o partido realista; não lhe é decente seguir os malvados e desamparar os honrados. [...] Mas sempre é preciso que V.M. conserve a autoridade de rei, que tem de seus avós e, se deixa rasgar o véu, se deixa publicar que os seus ministros votam em Constituição, se mostra qualquer dubiedade que se perca o primeiro respeito, está tudo perdido: desanimam-se os realistas e atrevem-se mais os revolucionários, que por toda a parte têm observadores. [...] O que se tem visto nas outras nações é que, vencido o ponto de terem Constituição, passaram a formar-se conjurações contra os soberanos; e assim parece de temer; pois, vencido o ataque contra a autoridade, segue-se o atacar à pessoa. [...] O que fez Luís XVIII não é paridade; pois ele a deu de graça, estando os exércitos aliados subjugados à França. Mas, neste caso, é oferecida aos revolucionários, que estão governando Portugal; é temor, não é graça. [...] O outro fundamento de que o Brasil depende de Portugal, e que dali se pode conservar — não me convence; porque o Brasil é independente, nenhuma potência da Europa o pode atacar com vantagem. [...] O fundamento de que a ida de S.A.R. há de conter os revolucionários nos seus limites, é somente de boa esperança; mas não tem garantia, nem segurança; e não é possível dizer que uma pessoa real se deve ir expor a ultrajes e que seja decoroso ir por incertezas e estar à discrição dos revolucionários, ou ir ser chefe de partido e não Regente.

Estou, pois, no mesmo parecer em que estava. V.M. deve deixar-se estar no seu trono e nem falar em Constituição. Prometa todos os bens e as mudanças de leis que forem prudentes ou úteis; escreva-se aos povos de Portugal, nomeie destes mesmos do governo intruso alguns e espere os sucessos. A vertigem revolucionária não pode durar muito tempo, para que, quando ela passar, o achem rei e não presidente (apud VARNHAGEN, pp. 52-4).

Travou-se então, no seio do gabinete, uma luta franca entre Tomás Antônio e Palmela, este aliado a D. Marcos de Noronha e Brito, oitavo conde dos Arcos de Val-de-Vez e último vice-rei do Brasil. O conde dos Arcos tinha grande influência sobre D. Pedro. O príncipe só aí é que começou a ocupar-se da política. Também foi o conde dos Arcos quem aproximou Palmela da rainha e de alguns dos oficiais portugueses. Insistiu Palmela na defesa de sua tese junto ao rei nos dias 16, 26 e 27 de janeiro. Respondeu Tomás Antônio a 29 no mesmo tom.

A disputa do partido de dois nobres de casas históricas como Palmela e o conde dos Arcos com um valido de origem modesta como Tomás Antônio contrastava diante da opinião europeia, na visão de Hipólito da Costa, o "voto tão poderoso e conspícuo como é o do Conde dos Arcos, contra o de um plebeu, sem influência de família, conexão, etc. como é Tomás Antônio". O conde dos Arcos, preparando-se para alçar maiores voos, chegara mesmo a plantar em jornais da Europa a notícia de que saíra de uma reunião com Tomás Antônio sob os aplausos da multidão. Procurava com isto, segundo Hipólito da Costa, exaltar o partido aristocrata às custas do rei, cujo principal ministro era Tomás Antônio:

> Temos visto nas gazetas francesas vários artigos, que pretendem copiar extratos de cartas do Rio de Janeiro, cheios de elogios ao Conde dos Arcos; em um deles até se disse, que chegando o Conde à sua casa, vindo do Conselho de Estado, aonde se tinha oposto às opiniões de Tomás Antônio, concorrera o povo ao Campo de Santana para dar ao Conde aclamações e vivas.
>
> Quem mora no Rio de Janeiro, sabe que tal fato não sucedeu

assim; e quem quiser usar de seu raciocínio, pode alcançar, que assim não podia suceder; pois o povo, vendo vir o Conde para sua casa, não podia adivinhar o que ele tinha acabado de dizer no Conselho de Estado, para lhe dar por isso vivas e aclamações. O mais provável é que o Conde, primo do Marquês de Marialva, tenha na Legação de Paris amigos, que assoalhem esses boatos, como favoráveis ao partido aristocrata, que o Conde de Palmela põe em jogo (*CB*, fev. 1821, p. 285).

A correspondência de Tomás Antônio com o rei nessa crise é um documento impressionante de sua acuidade política. Tomás Antônio — que, como Hipólito disse, não tinha berço — devia seu poder e tudo o mais que dele decorria ao rei. E na defesa do poder absoluto contra os liberais e os aristocratas revela-se o grande estrategista do despotismo esclarecido que marcou essa fase do reinado de D. João VI. Suas cartas nos remetem diretamente às preleções de Maquiavel em *O príncipe*.

O rei hesitava. Queria preservar o regime, a dinastia e a união dos reinos. Só não queria voltar para Portugal. Preferiu assim, como era do seu feitio, ir cansando Palmela com evasivas. Em meio à tensão ministerial, começou a circular no Rio de Janeiro um folheto anônimo, produzido na Impressão Régia, que, já pelo título, anunciava a que vinha: "Le Roi et la famille Royale de Bragance doivent-ils, dans les circonstances présentes, retourner en Portugal, ou bien rester au Brésil?". Causou tanta agitação que foi recolhido. Na cópia que ofereceu a D. Leopoldina, José Maria de Andrade Cardoso teve o cuidado de anotar:

Tem junto a tradução em português. Este impresso fez-se tão raro que hoje não aparece por se ter mandado recolher todos os exemplares que foram impressos em língua francesa (apud VARNHAGEN, p. 56).

Baseado em seis razões, o folheto defendia a permanência da família Bragança no Brasil. Nas ditas razões estavam reunidos os mesmos argumentos de Tomás Antônio: Portugal é que precisava do Brasil, ao passo que este não tirava nenhuma vantagem da união; a partida da família real seria o prelúdio da independência; se ficasse no Brasil, o rei poderia conservar íntegra a sua autoridade, fundando aqui um império de bastante peso na política do mundo; o voo revolucionário de Portugal se afrouxaria, ficando o rei, ao passo que não se conteria, tendo os revoltados o rei em suas mãos; a melhor posição para o rei, em presença dos fabricantes de Constituição, era aquela mesma em que a providência o colocara, desviado do foco da sedição e senhor da parte mais florescente e importante do Império; em todo caso, o rei poderia a qualquer momento mudar de ideia e ir. Não precisava se precipitar.

O folheto foi inicialmente atribuído a João Severiano Maciel da Costa[19] e, depois, ao publicista Silvestre Pinheiro, o único dentre os políticos que estavam no Rio capaz de se expressar bem num texto escrito em francês. Varnhagen acreditava que Tomás Antônio o teria escrito junto com João Severiano Maciel da Costa, a quem era muito chegado. Entretanto, na correspondência de Tomás Antônio aparece como seu autor F. Caille de Geine. De fato, o panfleto fora mandado imprimir por Tomás Antônio, às custas do erário. Para isto pedira ele autorização a D. João. "O papel de Caille, em francês, merece imprimir-se e dando V.M. licença o faço imprimir pelo Erário." Respondeu-lhe o rei, à margem do mesmo papel: "Quanto a Caille, como julga boa a sua obra, pode mandar imprimir" (VARNHAGEN, p. 57).

O comendador e coronel de cavalaria F. Caille de Geine era um antigo soldado da Revolução Francesa que se tornara oficial a serviço de Portugal. Após a abdicação de Carlos IV da Espanha, foi feito escudeiro daquele rei. Agia, na verdade, como espião a soldo de Bonaparte. Jogador profissional, estabeleceu no Rio uma roleta que teve de fechar diante das reclamações dos pais de família. O negócio era, no entanto, tão proveitoso que ele e seus sócios ofereceram em troca do privilégio da banca mandar vir da França e sustentar à sua custa um corpo de bombeiros. Diz Oliveira Lima que Caille terminou miseravelmente essa vida de condottiere.

Hélio Vianna localizou, na seção de manuscritos da Biblioteca Nacional, cinco cartas do coronel francês para o intendente-geral da polícia, Paulo Fernandes Viana. Datadas de 2 e 28 de janeiro e de 18, 22 e 23 de fevereiro de 1821 e expedidas da Bahia, nelas o coronel, então informante da polícia, fala sobre os sensacionais efeitos de seu folheto naquela província. Relata que o interesse maior fora dos diplomatas, que se empenhavam em obtê-lo para o enviar aos seus países. No final, Caille ironiza as especulações sobre sua autoria.

> Les conjectures qu'on fait sur l'auteur inconnu de cette brochure française sont vraiment amusantes. On l'a d'abord attribuée a Mr. De Stümer, puis en décembre, à Maciel da Costa. D'autres ont prétendu qu'elle avait été faite & imprimiée en Europe; enfin Mr. Le Colonel Maler, sans comparaison le plus furet du corps diplomatique, a fini dit-il par découvrir l'auteur qui est selon lui Mr. L'Amiral Pinto (VARNHAGEN, p. 58, nº 34).[20]

Uma curiosidade da carta é a menção ao fato de que em dezembro já se falava no panfleto, atribuindo-o a Maciel da Costa. De fato, a edição fac-similar publicada com prefácio de Raimundo Faoro, em 1973, traz na última página o ano de 1820. Será que o panfleto de Caille estava pronto antes mesmo das disputas entre Tomás Antônio e Palmela? É possível que o panfleto tenha sido encaminhado ao rei junto com outros projetos de Caille, no final de 1820, quando já era conhecida de todos a Revolução Constitucionalista. Talvez uma nova edição tenha saído em janeiro, a partir da recomendação de Tomás Antônio.

Especulações sobre as vantagens de permanecer o rei no Brasil e não voltar para Portugal foram feitas inúmeras vezes no jornal de Hipólito da Costa, e usando quase os mesmos argumentos de Caille. O que demonstra que a palpitante questão era um assunto que sempre mobilizara os portugueses. Afinal, como bem lembra Barbosa Lima, estava em jogo a supremacia do Brasil como residência da corte e centro administrativo do império português. A questão brasileira, após 1808, será principalmente: "ser metrópole e não deixar de ser metrópole" (LIMA SOBRINHO, p. 26).

Hélio Vianna concluiu, a partir da leitura da carta de Caille ao intendente de polícia, e por conta do tom irônico adotado, ser ele, de fato, o autor do panfleto. No entanto, se seu nome era conhecido até de D. João VI e de Tomás Antônio, por que se daria ele ao trabalho de fazer ironias sobre o assunto junto ao intendente de polícia? Personagem que naquele tempo tinha quase as mesmas atribuições de um ministro de Estado e que, em assuntos dessa natureza, era o primeiro a ser informado. Ao mesmo tempo, a carta de Tomás Antônio ao rei expressa exatamente as mesmas ideias do folheto que o ministro deu à impressão com a suposta autoria de Caille. Tomás Antônio pode não ter sido o autor, mas era, pelo menos, parte interessada, cuja mediação foi decisiva para que fosse publicado.

O que esse episódio evidencia é que as ideias expressas no folheto de Caille eram as do rei e as do seu principal ministro, e que, naquele momento de febre revolucionária, os dois, avessos a consultas populares, viram-se tentados a se valer do estratagema. Escudados naturalmente na popularidade que de fato tinha o rei no Rio de Janeiro, apostavam na possibilidade de que as pressões daqui neutralizassem as portuguesas e D. João, como tanto desejava, se visse obrigado a ficar. Naquele momento, a posição do rei e de seu ministro coincidia com a de um jornalista como Hipólito da Costa e com a dos brasileiros interessados na permanência do rei e de sua corte no Brasil.

Antes de ter seu nome ligado ao panfleto e logo após ter se tornado conhecida aqui a Revolução do Porto, Caille se abalançara a escrever sugestões de caráter administrativo ao rei. Tornara-se conhecido da burocracia da corte por meio de dois projetos que submetera à apreciação do ministério. O primeiro, apresentado a 12 de novembro de 1820, era relativo à formação de uma guarda real. E o segundo, de 15 de dezembro, compunha-se de um "Projeto", acompanhado de "Memórias e notas explicativas", em que recomendava que, para atender às circunstâncias então vigentes, deveria o rei outorgar uma Carta Real, criando um conselho supremo e uma junta de governo, de modo a proceder radical reforma administrativa e política. Ao escrever ao rei, Caille talvez relembrasse fenômeno verificado às vésperas da Revolução Francesa, quando Luís XVI pediu ao povo sugestões sobre a próxima convocação dos Estados Gerais e quase foi soterrado sob uma montanha de panfletos com as mais variadas características. Panfletos que, certamente, abriram as comportas da liberdade de imprensa antes mesmo que ela fosse decretada pela revolução.

Foi o panfleto de Caille acerca da volta do rei que deu início no Brasil à prática de manifestar-se sobre problemas do país por meio de impressos. O que se tornaria bastante comum após a liberação da imprensa e seria adotado tanto por personalidades como José da Silva Lisboa, quanto por gente de extração mais simples, como João Soares Lisboa e Stephano Grondona, entre outros. Era nesse tipo de prática que Cairu localizaria justamente o perigo da liberdade de imprensa. Na sua opinião, ela estimulava a que qualquer indivíduo quisesse "inculcar o que lhe vier na cabeça, fazendo de súbito inovações no Estado, tendo a mão alçada para atacar os administradores públicos" (*Conciliador*, nº 5, s. d.).

O folheto de Caille abriu a torneira para as publicações do gênero. Curiosamente, uma publicação impressa com o jamegão do rei iniciava a prática da imprensa de participação. O fato de ser o mesmo texto atribuído a um cidadão comum estimulava também aos demais. Era a confirmação da liberdade de imprensa. Qualquer um, no novo sistema, poderia vir a público dar o seu palpite na condução dos negócios do Estado.

6. AGITAÇÃO NO RIO DE JANEIRO

As primeiras agitações populares verificadas no Rio, depois da Revolução do Porto, tiveram lugar entre os dias 26 e 27 de fevereiro. O foco foi ainda a resistência do rei, na verdade de Tomás Antônio por trás dele, de jurar as bases da Constituição formuladas pelas Cortes de Lisboa. No dia 23, o rei assinara decreto (datado de 18) em que determinava que seriam convocadas Cortes para o Rio de Janeiro, e que suas bases seriam elaboradas por uma junta, cujos membros seriam escolhidos entre os brasileiros natos. Essa medida realizava na prática a divisão do Reino português tal como previra Hipólito: duas constituições e duas capitais.

Naquele tempo, no Rio, nas casas ou nos clubes já se haviam tornado frequentes as reuniões para tratar de política. Desde que se instaurara o debate em torno da partida ou não do rei, todas as tardes o padre e bacharel Marcelino José Alves Macamboa reunia na sua casa um grupo assim. Sobre ele influía a rainha, que desejava que o rei fosse obrigado a retirar-se para Portugal. D. Pedro às vezes se reunia com eles, nas dependências de seus criados no Paço. Pretendia o grupo liderado por Macamboa que fosse logo jurada a Constituição portuguesa. Sustenta Varnhagen que foi esse grupo, junto com vários oficiais e "com a ajuda de avultada soma de recursos reunidos na loja de um alugador de cavalos de nome Leal, estabelecido perto do largo de São Francisco de Paula", que subornou a tropa, levando-a a se reunir no Rossio, na madrugada de 26 de fevereiro de 1821. Enquanto a tropa ia se reunindo, outro padre do grupo de Macamboa, Francisco Romão de Góis, ia a São Cristóvão convidar o príncipe para comandá-la.

O brigadeiro Francisco Joaquim Carretti[21] acabara de assumir o comando da rebelião, quando o príncipe chegou. D. Pedro leu então um decreto que revogava o datado de 18 (mas promulgado de fato a 23) e convidou os soldados a voltarem aos quartéis. Mas o padre Macamboa observou que esse novo decreto não atendia ao que desejavam a tropa e o povo. Queriam que o rei jurasse a Constituição que se estaria fazendo em Portugal e demitisse o ministério.

No relato dos acontecimentos daquele que chamou de o "portentoso dia 26 de fevereiro de 1821", um dos três jornais que surgiram no Rio de Janeiro no mês seguinte, *O Amigo do Rei e da Nação*, descrevia a ação do príncipe como heroica e indicativa de que esse Pedro iria rivalizar com, ou mesmo exceder, aquele a quem os povos do Norte da Europa condecoraram com o epíteto de "o Grande".

O Inimitável Príncipe Real, instruído de que algumas tropas, no silêncio de alta noite, começaram a reunir-se no Largo do Rossio, não hesita, não lhe importa o crítico de tais instantes, e só e inerme (Ele desconhecia os seus Vassalos, nem de armas precisa quem tem um defensor em cada português honrado) voa à frente delas que, entre mil vivas o recebem: então inquire quais são os seus desejos; e mal os sabe, mal conhece que os mesmos são os da Nação inteira, torna-se o intérprete do coração paterno, ao qual foi sempre o mais caro dos interesses formar a ventura dos seus povos; segura-lhes o êxito apetecido e correndo à Quinta Real da Boa Vista, volta em curtos instantes e traz consigo o Decreto Augusto que autentica a sua promessa e Real beneficência (nº 1, s. d.).

De fato o rei, sempre aconselhado por Tomás Antônio, assinara logo o decreto aceitando a Constituição que se estava fazendo em Portugal e nomeando ministros os doze indicados na lista de Macamboa.

Às sete da manhã do dia 27, a multidão reunida no teatro recebeu com aplausos essas notícias. A Constituição foi jurada no edifício vizinho pelo príncipe, por seu irmão e pelo rei, diante do bispo capelão-mor, D. José Caetano da Silva Coutinho.[22] Em seguida, para grande pesar de D. João, o povo, entusiasmado, retirou os cavalos de seu coche e carregou-o a pulso pelas ruas até o Rossio, e depois até o Paço, "em meio a entusiásticos tumultos, para ele estranhos e pouco agradáveis" (VARNHAGEN, p. 75). Diz Oliveira Lima que o rei, diante disso, cedeu ao pavor e desfez-se em prantos (LIMA, p. 1130). Assim descreve esta sequência de acontecimentos o caudaloso redator do *Amigo do Rei e da Nação*:

> Para completar tantas venturas ainda faltava a presença do Soberano: o povo arde por mostrar-lhe o seu reconhecimento; eis que o Príncipe, o nosso jovem herói parte a ir buscá-lo e logo que aparecem o entusiasmo se multiplica, e o Soberano é conduzido, como em triunfo ao Régio Paço, em frente do qual também desfila a tropa.

Mas a 7 de março chegou ofício das Cortes, datado de 15 de janeiro, que pedia ao rei que regressasse a Lisboa e reclamava a presença dos representantes do Brasil. As Cortes determinavam também que toda a ação legislativa se faria em Lisboa, anulando com isso a prevista reunião de Cortes especiais no Brasil. Logo foi promulgado decreto de D. João que definia a data da partida, e fazia de D. Pedro regente do Reino do Brasil. Pelo mesmo decreto também ficavam marcadas eleições para a escolha dos deputados brasileiros que deveriam participar das Cortes Gerais Extraordinárias e Constituintes da Nação Portuguesa.

Por ocasião das eleições para deputado às Cortes de Lisboa previstas para o dia 20 de abril, um sábado de aleluia, teve lugar outro tumulto, dessa vez de consequências trágicas. Começou às quatro horas da tarde, quando já se achavam reunidos na praça do Comércio a maior parte dos 160 eleitores. A eles se juntara um considerável número de populares atendendo à convocação geral do ministro Silvestre Pinheiro. Pretendia este talvez influir nos ânimos no sentido de que fosse exigida a permanência de D. João no Brasil.

Aquela tumultuada sessão começou com a escolha de José Clemente Pereira,[23] juiz de fora da Praia Grande, para secretário. Logo o povo, das galerias, começou a fazer grande alarido, pedindo a imediata adoção da Constituição da Espanha. Foi eleita uma comissão para levar o pedido a D. João. José Joaquim da Rocha, que teria grande papel no Fico, acusaria depois a um dos escrutinadores, Gonçalves Ledo, de ser, junto com o grupo de maçons que liderava, o autor dessa ideia, cuja finalidade última era reduzir o poder do rei e criar um governo de homens escolhidos pelo povo. Ali também estavam outros personagens que, ao lado de José Clemente Pereira, teriam grande importância na sucessão dos acontecimentos posteriores: Ledo e seu inseparável companheiro, também maçom, padre Januário da Cunha Barbosa; José da Silva Lisboa e o brigadeiro Nogueira da Gama, que defendeu a prerrogativa real da nomeação dos ministros. Este último escaparia de boa, pois alegando doença retirar-se-ia antes do trágico desfecho daquela sessão.

Uma deputação foi a São Cristóvão, de onde voltou por volta de meia-noite, com o decreto em que o rei anuía a que ficasse valendo a Constituição espanhola desde aquela data, 21 de abril, até a instalação da Constituição em que trabalham as Cortes de Lisboa. Mas, às quatro da madrugada, o edifício do Senado foi cercado. Chefiaram essa ação o general Avilez[24] e o brigadeiro Carretti. As tropas brasileiras reuniram-se no Rossio, e as portuguesas, no largo do Paço. Outras companhias também estavam na praça do Comércio.

Quando já se tinham retirado a maior parte dos eleitores, permanecendo no edifício ainda José Clemente Pereira e alguns dos escrutinadores, uma companhia de caçadores de Portugal, com cerca de quarenta ou cinquenta homens, comandados pelo major Peixoto, se apresentou à porta do edifício. A uma primeira descarga, apenas para atemorizar, seguiu-se o ataque à baioneta calada. Foi um salve-se quem puder. José Clemente, então com 34 anos de idade, recebeu várias baionetadas e um golpe na cabeça, que o obrigou a adiar até 30 de maio a posse do lugar de juiz de fora da capital, para onde fora transferido. Varnhagen diz que apenas uma vítima fatal resultou do episódio: o dono de um armazém de vinhos situado na rua São Pedro. Durante a longa sessão, Miguel Feliciano de Sousa mandara vir muitas garrafas do seu estabelecimento. Havia bebido bastante. Foi nesse estado que o encontrou a tropa. Animado pelo álcool, reagiu, ferindo um soldado, e foi logo morto. Otávio Tarquínio de Sousa diz, no entanto, que, no saldo da refrega, morreram três pessoas e vinte ficaram feridas.

A *Gazeta Extraordinária do Rio de Janeiro* que se publicou no dia 25 de abril seguinte dizia que se "mataram algumas pessoas a ferro frio". "Ora", diz Cairu, "se sendo escrita debaixo do influxo ministerial e terror da força armada", assim relatava a *Gazeta* o acontecimento, "pode-se imaginar qual seria a mortandade do povo". O atentado aconteceu no domingo de Páscoa, por isso Cairu chamou o episódio de "Execução militar em dia de Ressurreição! Ato de Aleluia que findou em Réquiem" (CAIRU, 1827, parte 10, cap. 19, p. 81). Em plena crise contra o grupo de Gonçalves Ledo, na polêmica *Reclamação* (nº 14), Cairu relembrava a "hórrida cena" do ano anterior, "em que os eleitores que tinham a confiança do povo da capitania, foram encurralados em pior que curro de touros".

João Soares Lisboa, adversário de Cairu, também no ano seguinte, em artigo igualmente muito polêmico, relembraria o episódio. No nº 11 do *Correio do Rio de Janeiro*, datado de 22 de abril de 1822, número que passou à história como sendo o da primeira publicação em que abertamente um jornalista pedia a criação de uma Assembleia Nacional Constituinte para o Brasil, ele lembrava que fazia um ano do ataque das tropas contra o povo.

> Ou fosse El-rei, ou o príncipe, ou o ministério, ou algum anjo, ou diabo que desse aquela ordem, nunca podia ser concebida nos termos da execução que teve; o Governo mais tirano, mais frenético não podia apetecer um tal massacre [...] Eram cinco horas quando teve lugar a catástrofe e mal podíamos acreditar, o que estávamos vendo e sem arredar o pé (estávamos na retaguarda dos atiradores) esperamos o resultado final, que foi: depois de matar, roubar tudo o que havia de precioso no edifício!
>
> A vista de tão horrível atentado cada um cidadão se deixou apoderar da mais acerba tristeza e melancolia [...], assim se passaram os dias, que decorreram de 22, até o embarque d'El Rei (*CRJ*, nº 11, 22 abr. 1822).

No dia 23 de abril de 1821, o rei mandava publicar quatro

decretos (com data de 22): pelo primeiro, anulava a aceitação da Constituição espanhola; no segundo mandava proceder à devassa; o terceiro dispunha acerca da forma e dos poderes da regência do príncipe depois da partida do rei; e o quarto incluía os soldados do Exército do Brasil nas regalias concedidas aos oficiais, no decreto de 7 do mês anterior.

O decreto de 22 de abril de 1821, que aprovou as instruções para o exercício do cargo de regente, marcou o início da autonomia efetiva do país. Ficava o príncipe com o direito de conferir cargos, postos e condecorações. Estava autorizado até, em caso urgente, a fazer a guerra ou a admitir tréguas. D. Pedro deliberaria com o auxílio de quatro ministérios, do Reino e dos Negócios Estrangeiros, da Guerra, da Marinha e da Fazenda. O Ministério do Reino e dos Estrangeiros ficou com D. Diogo de Meneses, o conde dos Arcos, que já exercia grande influência sobre o príncipe, então com 22 anos. Em caso de morte de D. Pedro, governaria a princesa, com um conselho de regência.

Apesar de todo o empenho de Tomás Antônio, no dia 26 de abril de 1821, D. João VI pisava, pela última vez, terras do Brasil. Fazia-o a contragosto, fazia-o, segundo Varnhagen, com lágrimas nos olhos. "O sentimento de el-rei e da família real de deixarem o Brasil, se descobria nas lágrimas de todos, exceto da rainha." Na última reunião do Conselho de Estado de que participou, D. João suspirou para o conselheiro Silvestre Pinheiro, único que votara contra sua partida: "Que remédio, Silvestre Pinheiro! Fomos vencidos!".

7. UM CICLO DE PREITO AO REI

Alguns dos autores estabelecem um claro contraste entre Hipólito da Costa e José da Silva Lisboa. Desse contraste, Hipólito, muito justamente, eleva-se como uma personalidade de contornos definidos, de natureza e pensamento independentes, cujas ideias contribuíram de fato para a transformação da mentalidade da colônia. Já o velho Cairu não passaria de um adulador, um turiferário do poder (para usar a curiosa expressão de Carlos Rizzini). Antonio Candido inscreve suas primeiras obras dentre as que compõem o "ciclo de preito ao Rei", delas destacando as *Memórias dos benefícios políticos do governo de el-rei nosso senhor D. João VI*.

São desvairadas lisonjas em quase duzentas páginas de prosa túrgida, onde o abuso do grifo e da maiúscula procura, ansiadamente, superar os mais descabelados adjetivos (CANDIDO, pp. 234-5).

Do lado oposto estaria a atitude crítica de Hipólito, para quem as medidas trazidas e adotadas pela corte nada tinham de excepcionais. Antes, pelo contrário, estavam muito aquém das medidas realmente necessárias e completas (CANDIDO, p. 235). Candido destaca um diálogo entre Hipólito e Silva Lisboa, encetado a propósito do primeiro livro de Cairu, *Observações sobre o comércio franco no Brasil*. Publicado em maio de 1809, foi a primeira obra impressa no Brasil. "Já no Brasil se imprime!", escreveu Hipólito com entusiasmo.

Em texto não de todo desprovido de ironia, Hipólito saúda o livro, dizendo que seu autor é bem conhecido e reputado na literatura portuguesa e promete deixar de lado a dedicatória, "onde de ordinário se permitem expressões mais elevadas do que a natureza das coisas talvez exigisse". Referência às derramadas e bajulatórias dedicatórias que Cairu costumava incluir em seus livros. É sobre o prólogo que Hipólito se detém. Cairu diz ali que os atos do governo, especialmente os relativos ao objeto do seu livro, procedem "da mais circunspecta deliberação" e que "a firmeza dos Conselhos Soberanos constitui uma das partes essenciais da administração", donde não ser do decoro civil que encontrassem oposição em seus pareceres. Hipólito, habituado a ver discutir publicamente na Inglaterra as medidas governamentais e tendo constatado os benefícios que daí resultavam, identificou nesse princípio a mais extrema submissão às opiniões do governo. Em vista disso, indagava:

> Quando nos não fosse permitido refletir sobre a infalibilidade do Governo, não poderíamos ao menos disputar o dom de inerência do Conselheiro? Se se admite o princípio de que é contra o decoro civil haver oposição de pareceres às medidas do governo, qual virá a ser o estado da Nação onde o conselheiro for ignorante ou malicioso? (*CB*, maio 1809, p. 33).

Para Sérgio Buarque de Holanda, Cairu, apesar de se dizer um seguidor dos princípios econômicos de Adam Smith, teria dado a eles uma interpretação, senão equivocada, pelo menos conveniente aos seus princípios políticos. Nos *Estudos do bem comum* (1819) ele teria procurado mostrar que o fim da economia não é carregar a sociedade de trabalhos mecânicos, braçais e penosos. Cairu acreditava que cabia às faculdades intelectuais libertar os homens das atividades corporais. Por isso, ainda segundo Sérgio Buarque, Cairu demonstrava grande espanto com o fato de que a celebrada "inteligência" nacional não operasse prodígios no sentido do incremento da riqueza do país. Não lhe ocorreria um só momento, acrescenta Sérgio Buarque, que a qualidade particular dessa tão admirada "inteligência" era ser simplesmente decorativa. Ela existia em função do contraste com o trabalho físico, não podendo, por conseguinte, suprimi-lo.

> Corresponderia, numa sociedade de coloração aristocrática e personalista, à necessidade que sente cada indivíduo de se distinguir

dos seus semelhantes por alguma virtude aparentemente congênita e intransferível, semelhante por esse lado à nobreza de sangue (HOLANDA, 1975, p. 52).

Na visão de Sérgio Buarque de Holanda, a leitura que Cairu fazia de Adam Smith era equivocada e aliada do preconceito brasileiro contra o trabalho. Cairu seria, dentro dessa concepção, um homem comprometido com "a tarefa de frustrar a liquidação das concepções e formas de vida relacionadas ao nosso passado rural e colonial". De certa forma, seria nesse sentido que ele iria direcionar sua primeira intervenção na imprensa, quando começasse a publicar o *Conciliador do Reino Unido*.

Cairu foi o primeiro brasileiro a redigir e publicar um jornal de sua propriedade. O *Conciliador do Reino Unido* surgiu no Rio de Janeiro em 1º de março de 1821. Quinze dias depois vinha à luz *O Bem da Ordem*, do cônego Francisco Vieira Goulart, que, dos três jornais lançados durante aquele semestre, teve vida mais longa: saiu em dez partes, entre março e dezembro de 1821. No mesmo mês apareceu *O Amigo do Rei e da Nação*, de Ovídio Saraiva de Carvalho e Silva,[25] que saiu em três partes, entre março e junho. Todos esses jornais visavam à continuidade da união luso-brasileira e à permanência de D. João VI no Brasil.

Eram jornais escritos e publicados por gente que ocupava cargos públicos ou estava ligada a pessoas que os ocupavam. O primeiro, o *Conciliador*, era publicado por Cairu, então membro do conselho de censura da Impressão Régia, função que acumularia, depois do 26 de fevereiro, com a de inspetor-geral dos estabelecimentos literários. O segundo jornal, redigido por um padre, o cônego Vieira Goulart, também funcionário público, era impresso às custas do governo. O terceiro era feito por um homem das oportunidades, tipo comum do tempo, que aproveitara a ocasião para melhor cortejar o poder. Ovídio Saraiva de Carvalho e Silva, nascido em Parnaíba, no Piauí, era um advogado formado em Coimbra que, como diz Rizzini, ao longo de sua vida, "muito virou a casaca".

Eram, como os títulos já anunciavam, jornais da conciliação, da ordem, amigos do rei e da nação. Jornais bem-comportados, que se propunham a educar o povo para o futuro constitucional que se avizinhava. Foram eles que, junto com a igualmente bem-comportada *Gazeta*, deram o tom da imprensa no primeiro semestre de 1821. A imprensa que acompanhou a agonia do rei, defendendo-se da pressão das Cortes e de Palmela para que regressasse a Portugal.

Mas já representavam um avanço, pois, ao lado do texto laudatório, característico da agora ultrapassada *Gazeta do Rio de Janeiro*, aventuravam-se, ainda que cautelosamente, em discussões de natureza política, especulações sobre o futuro do Reino Unido e da família real e exaltações ao regime liberal, até então ausentes das publicações conhecidas. Agora, o *Amigo do Rei e da Nação*, comentando os acontecimentos de 26 de fevereiro, já pode dizer que

> o pobre, o rico, o grande e o pequeno, sem diferença, ao abrigo das leis, já não temem de violências. [...] O público que, por justos motivos, existia queixoso, e talvez indignado, agora que a verdade já não é crime, agora que a verdade já pode intrépida avizinhar-se do trono, o Soberano conhecerá cada vez mais, que esta linguagem raras vezes tocou nos Seus ouvidos (nº 1, s. d.).

Esses primeiros jornais pertenciam ao que Antonio Candido chamou de "ciclo literário de preito ao Rei", onde se manifestava o entusiasmo pela família real. "Para os brasileiros exultantes, sublinhava-se a magnanimidade, a solicitude paternal com que o Regente, depois Rei, incorporava o Brasil à civilização, elegendo-o no seu carinho" (CANDIDO, p. 233). Nem mesmo o combativo *Revérbero* escaparia desse deslumbramento. Um dos primeiros artigos ali publicados (1º out. 1821, nº 2) faz um exagerado elogio a D. João VI. Num único parágrafo ele é chamado de "nosso saudoso rei", "nosso amado rei", "nosso bom rei", "rei pacífico", "rei justo". Com a liberação da imprensa e a intensificação do enfrentamento entre as diversas tendências em disputa, o discurso epidítico não desaparece, mas perde lugar para formas de expressão mais eficazes na disputa pela adesão do público à nova agenda de ideias.

Foi em meio ao clima de tensão que marcou a partida de D. João VI do Brasil que Cairu lançou, em 1º de março de 1821, o *Conciliador do Reino Unido*. Com a publicação do *Conciliador* entrava em cena o jornalista José da Silva Lisboa, grande polemista das primeiras décadas do século XIX. Depois do *Conciliador* faria da imprensa a sua trincheira, onde seria o aliado valioso e permanente de D. Pedro I, a quem homenageou num longo poema intitulado "Diálogo entre filósofo e pastor".[26]

O *Conciliador* saiu em sete números, no formato in-quarto, circulou até 28 de abril de 1821, reunindo, ao final de sua publicação, um total de 67 páginas. No primeiro número, Cairu saúda D. Pedro, como o "amável, ínclito e heroico" príncipe que, em virtude de sua atuação nos últimos acontecimentos (os do dia 26 de fevereiro), havia se revelado o verdadeiro "gênio da harmonia" aos olhos de todos os seus fiéis vassalos.

No nº 2, Cairu defende a união do império luso. Dedica os nºˢ 3 e 4 à compilação de depoimentos positivos de sábios estrangeiros sobre o Brasil, durante o reinado de D. João VI. Cita especificamente o príncipe Maximiliano da Prússia, que, na Europa, elogiara D. João VI por se dispor a patrocinar os viajantes europeus que quisessem estudar o Brasil; Langsdorff, em cujas memórias impressas em Paris no final de 1820 estava a declaração

CONCILIADOR

DO

REINO UNID.

(Por José da Silva Lisboa)

Numero I.

    ————— Em quanto seu corpo o esprito rèja,
Estará de contino apparelhado
A pôr a vida e Reino totalmente
Por tão bom Rei, por tão sublime Gente.
Crés tu, que se este nosso Ajuntamento
De Soldados, não fôra Lusitano,
Que durára elle tanto obediente
Por ventura á seu Rei, e á seu Regente?
Grandemente por certo estão provados:
Pois que nenhum trabalho grande os tira
D'aquella PORTUGUEZA ALTA EXCELLENCIA
De LEALDADE FIRME, e de OBEDIENCIA
      Camões Lus. C. VI. E. 4. C. V.

Compatriotas d'aquem e d'além Mar! Amantes do Reino Unido de Portugal, Brasil e Algarves, e da Legitima Dynastia da Augusta Casa de Bragança, que duas vezes, depois de horrida guerra e dominação estrangeira nos Tem Restaurado o NOME e o SER de Portuguezes!

    Ouvi a debil voz de hum sincero, mas invalido veterano no Serviço do Estado, áquem já as canas alvêjão na myrrada cabeça; elle vos falla humilde,

"o Brasil é o melhor dos países conhecidos"; e Robert Southey, que teria declarado: "Em justiça à sua Majestade, El Rei de Portugal e do Brasil, não devo omitir que ele tem aberto a sua Biblioteca ao público; esta contém sessenta mil volumes".

8. A DEFESA DA CENSURA FEITA PELO CENSOR

> *Quem dá primeiro, dá duas vezes.*
>
> Conciliador, *nº 7*

O primeiro número do jornal de Cairu surgira na véspera da promulgação do decreto de 2 de março, que deliberava sobre a imprensa. Cairu dele tratará nos nºˢ 5, 6 e 7 do jornal, fazendo defesa bastante circunstanciada da necessidade da censura prévia à imprensa. Defenderá a razoabilidade do decreto, dizendo que este apenas estabelecia limites, como se dissesse: "até aqui virás e não passarás, sem criar uma censura à Porta Otomana, ou seja, censura que não se abrisse à justa defesa".

O decreto fora produto das agitações do dia 26 de fevereiro de 1821. Naquela ocasião, D. Pedro, entre outras coisas, prometera a liberdade de imprensa aos revoltosos. Era a consequência direta do que acontecia em Portugal. Lá, uma das primeiras medidas do governo interino de Lisboa, aclamado em 15 de setembro de 1820, fora, mediante portaria do dia 21 seguinte, determinar que fosse facilitada a impressão e circulação de livros e papéis nacionais e estrangeiros.

A liberação da imprensa se daria realmente a partir de 9 de março de 1821, quando foram promulgadas as bases da Constituição, reconhecendo a liberdade de pensamento como um dos mais preciosos direitos do homem. Todo cidadão podia, a partir de então, sem depender de censura prévia, manifestar suas opiniões em qualquer matéria, contanto que respondesse pelo abuso dessa liberdade nos casos e na forma determinados pela lei.

Até aquele momento, quem quisesse, no Brasil, publicar alguma coisa percorria um longo caminho. Todo o original devia ser, inicialmente, enviado ao ministro dos Estrangeiros e da Guerra. Dali, ia ser examinado pelo Desembargo do Paço e pela Mesa Censória. Funcionava a censura no Brasil a partir de dois mecanismos paralelos: um de censura preventiva e o outro para coibir transações clandestinas e proibidas de material impresso ou infrações nas regras que controlavam os livreiros.

No dia 2 de março de 1821, em virtude do que prometera no dia 26 de fevereiro, o governo promulgava, no Rio de Janeiro, o decreto que determinava a liberação da imprensa. Dizia com isso estar atendendo "às reiteradas representações que pessoas doutas e zelosas do progresso da civilização e das letras têm feito". Procurava o governo equilibrar-se entre os chamados embaraços que a prévia censura dos escritos opunha à propagação da verdade e os abusos que uma ilimitada liberdade de imprensa podia trazer à religião, à moral ou à pública tranquilidade.

Era, como diz Rizzini, manobra puramente diversionista, pois, pelo mesmo decreto, continuavam proibidos os escritos contra a religião, a moral, os bons costumes, a Constituição, a pessoa do soberano e a tranquilidade pública. O decreto provocou manifestações de descontentamento, pois, ao retirar a censura dos manuscritos, transferira-a para as provas tipográficas. Quando não fossem conhecidos os autores, os impressores respondiam pelos escritos. Corriam o risco de ser condenados a pagar multas ou, mesmo, à prisão.

Mais tarde, Cairu condenaria a precipitação com que fora concebido o decreto de 2 de março. A seu ver, aquele decreto eliminara demoras e reduzira despesas com as publicações, além de prejudicar os censores, que tiveram sua responsabilidade aumentada de forma extraordinária.

Sua majestade fidelíssima considerou necessário fazer regulação da legal censura dos livros e escritos, impondo penoso encargo ao Inspetor Geral de Estabelecimentos Literários com responsabilidades sem exemplo em país algum pela denegação de licença aos editores, submetendo a censura a árbitros com grave e intolerável pena aos censores, se no arbitramento se declarasse não bem fundado o seu juízo oficial.

Sua consequência foi mostrar-se o remédio pior que o mal, e os censores estabelecidos se escusarem de um ofício danoso, além de odioso, reduzidos à alternativa de, ou traírem a consciência, ou se exporem a um processo a cada papel censurado. Tudo se paralisou, nada se melhorou (CAIRU, 1827, parte 10, cap. 12, p. 63).

A penalidade prevista no decreto pretendia obstar o habitual engavetamento de originais, atribuindo a responsabilidade pelas demoras ao inspetor-geral dos estabelecimentos literários, cargo que era de Cairu. Naquela função era encarregado de censurar as publicações apresentadas à Impressão Régia. Já naquela época a profissão de censor era muito malvista, e o próprio Cairu a denominaria de "grave e odioso encargo". Os censores, segundo se queixava ele, acumulavam "os baldões de inimigos das luzes, dissimuladores da verdade e apologistas do poder arbitrário". O que Cairu teria ocasião de comprovar, quando os agitadores de abril de 1821 protestaram contra o decreto de 2 de março, que apenas mascarara a censura prévia.

Cairu comparava a liberdade civil e de imprensa ao vinho espirituoso, que atordoa as cabeças fracas e arruína os estômagos débeis. Dizia que se a censura "não obstasse os desvarios no vulgo", mais depressa se aceleraria a época das desordens totais. Achava que aqueles que sabem manejar as armas da calúnia e do ridículo, num ambiente de ampla liberdade de imprensa, teriam incomparável vantagem sobre o "sábio modesto", não só pela vulgar suposição de que "quem dá primeiro, dá duas vezes", mas também porque pessoas de espírito elevado desdenhariam medir-se com celerados. A ilimitada liberdade de imprensa, segundo Cairu, nunca existira em parte alguma, principalmente em tempos de comoção do Estado.

Cairu atribui unicamente à "mania do século" vir sendo a liberdade de imprensa reclamada como direito do homem e do cidadão. A culpa seria dos "sofistas" e dos "pregoeiros de desordens", que, alegando ter chegado a idade da razão, queriam converter a tipografia em máquina infernal, voltada para as "explosões revolucionárias, calúnias atrozes e escritos incendiários de pior efeito que os atentados de Nero e Erostrato". Os periódicos e panfletos publicados por "ardilosos e maquinadores", alertava ainda ele, eram lidos "sofregamente pelas classes inferiores" e podiam disseminar no povo as suas ideias incendiárias.

Cairu cita como exemplo de que a capital do Brasil gozava da mais indulgente liberdade de imprensa a reimpressão aqui de um folheto de Lisboa em que "se não dá quartel a sistema e expediente algum de censura". Ele está, durante boa parte do tempo, debatendo com o autor desse folheto, que, assinando-se "Anônimo", dizia que "perguntar se a Imprensa deve ser livre ou escrava é o mesmo que perguntar se a monarquia deve ser constitucional ou absoluta". E ainda completava:

> A censura oficial é prática absurda; operação assassinadora; castração literária; destruição de uma das mais nobres obras de Deus, sufocando entendimentos e fazendo pigmeus os espíritos que a natureza talvez destinou a ser gigantes nas ciências, etc. (apud *Conciliador*, n.º 6, s. d.).

Para Cairu, tanto o autor quanto o editor de tão indecentes frases estavam fora da real cena da vida. O folheto, que, segundo ele, teria sido aplaudido em vários "balcões de ditadores populares", defendia a ampla liberdade de discussão das opiniões pela imprensa como o meio mais seguro e talvez o único de se conhecer a opinião pública. Pedia-se ali que fossem revogados todos os limites estabelecidos à dita liberdade, mesmo aqueles que diziam respeito aos ataques à moralidade, à religião e aos princípios do governo estabelecido, e até aqueles que diziam respeito à honra dos cidadãos. Tal liberalidade, completava o autor do folheto, em vez de gerar impunidade, aumentaria a responsabilidade dos editores.

Ao contrário de Cairu, que acreditava que os censores oficiais deveriam ser considerados como os "cônsules romanos, guardas da honra da Nação e da tranquilidade pública", que, monitorados pelo Senado, "zelariam para que o Estado não sofresse detrimento", o autor do folheto acredita que uma Assembleia Nacional sem a total liberdade da imprensa seria uma representação infiel. Dependendo da autoridade dada aos censores, completava o Anônimo, eles é que formariam, de fato, a representação nacional. Sobre as ideias veiculadas pelo panfleto concluía Cairu:

> Esta foi a doce linguagem dos Robespierre e Marat.[27] Eis como os que presumem instruir se ensaiam para destruir! Toda esta rapsódia se desmente pela experiência. O mundo tem sentido os danos indizíveis que sobrevieram à moral pública e à tranquilidade das Nações quando a liberdade de imprensa degenerou em licenciosidade. Livros imorais, ímpios e impolíticos, produziram a gangrena dos Estados, ainda os mais bem constituídos, corrompendo governos e governados, sem que valessem à causa da humanidade, os áureos escritos dos apologistas da verdadeira piedade e da ordem civil, com que se saiu ao encontro da libertinagem e da anarquia (*Conciliador*, nº 7, s. d.).

A verdadeira campanha em defesa da censura que Cairu empreendeu por meio do *Conciliador* revelou seu talento de panfletário. Permitiu-lhe desenferrujar a retórica antirrevolucionária para a qual ele antes não possuía um veículo. Nesse sentido, a liberdade de imprensa, contraditoriamente, o favoreceria. A partir do *Conciliador*, ele deu início a uma atuação na imprensa que se prolongaria até a regência. A linha que abraçaria não fugia ao padrão de seus escritos anteriores a 1821. Ainda no *Conciliador*, falando a propósito da censura, Cairu indagava:

> Que verdadeiro patriota e genuíno literato não sentirá filial solicitude pelo sossego do Estado e não fará, de bom grado, com candura filosófica, o sacrifício de algumas palavras e linhas de sua obra, pelas observações de censor judicioso? (nº 5, s. d.)

Quem não o conhecesse talvez encontrasse nessa frase uma antecipação do tipo de cinismo inerente aos políticos modernos. Mas sua atuação agressiva e realmente decisiva nos episódios que resultaram no Fico e, logo em seguida, a verdadeira batalha que enfrentou contra os jornais e panfletos do que chamou de "facção gálica" não permitem duvidar da sinceridade dos seus propósitos. Cairu foi nessa fase não só um defensor da Coroa, mas também da integridade do Brasil. Num momento particularmente delicado, ele se manifestou corajosamente contra as Cortes portuguesas.

Dentre os brasileiros que naquele momento refletiam sobre a questão da censura, as ideias mais liberais eram de Hipólito da Costa, que escrevia de Londres, respirando a liberdade que lhe garantia a Constituição inglesa. Hipólito citava já em 1808, fazendo a defesa da importância da liberdade de imprensa para o próprio soberano, o exemplo da fuga precipitada de D. João de Lisboa. "Pergunto cu", dizia ele, "se houvesse liberdade de imprensa, seria possível que Antônio de Araújo ignorasse a marcha dos franceses? E se ele a sabia e queria ocultar isso do soberano, ser-lhe-ia possível fazê-lo, quando os impressos o pudessem dizer, sem temor, ao mesmo soberano?". A liberdade de imprensa, na sua concepção, seria a grande defensora dos soberanos contra validos aduladores (*CB*, nov. 1808, p. 29).

Hipólito também achava que mesmo para os casos de boatos e anedotas relativas a particulares a imprensa livre era melhor. Dizia que, considerando o pequeno tamanho da população das cidades brasileiras, as anedotas e boatos circulavam mais facilmente de boca em boca, tornando-se ainda mais conhecidos do que se impressos fossem. E que, enquanto contra o rumor não tem defesa o indivíduo, aparecendo ele sob a forma de um impresso, de maneira definida e certa "pode o lesado refutá-lo com precisão ou requerer o castigo do caluniador" (*CB*, fev. 1819, p. 240).

Para Cairu era justamente o contrário, as injúrias por palavras, dizia ele, eram a causa de rixas mortíferas e de implacáveis vinganças. As "vozes ao ar", como ele as chama, facilmente se dissipariam e dificilmente se provariam. Já as injúrias por escrito representariam um atentado muito maior, pela facilidade de sua circulação. Cairu mencionava a Lei do Reino, que proibia as chamadas "cartas difamatórias" e que dizia que todos os que as lessem ficavam "inibidos de lhes darem curso sob iguais penas". Em todos os países, completa ele, os autores de injúrias estavam sujeitos a graves penas.

Para Hipólito "a imprensa livre remedeia-se a si mesma, porque não pode haver razão para que a mentira, sendo igualmente livre, como a verdade, prevaleça contra esta" (apud RIZZINI, p. 328). Opinião que seria defendida também pelos redatores do *Revérbero*, que, em seu nº 8, diziam que "os males causados pela imprensa pela mesma imprensa se curam".

No *Espelho*, jornal de Ferreira de Araújo, um correspondente manifestar-se-ia contra os que chamava de "papelistas". Estes, em sua "raiva canina", dizia, alinhavavam calúnias e sandices, desacreditando o sagrado e o profano, as autoridades e os cidadãos, as classes e os indivíduos. Não tardaria o dia, continuava o missivista, em que devassassem e profanassem o respeitável santuário das famílias. "E isso no século das luzes! No século da filantropia! No século da Razão e da Humanidade!", exclamava.

Perguntava em seguida ao redator se, nos tempos "da mais relaxada democracia dos gregos", o viperino Aristófanes poderia expor ao ridículo as ações dos Sócrates, Cleontes, Eurípides e Péricles, tal como no Rio de Janeiro daquele momento se escrevia contra "homens sisudos, classes respeitáveis, estabelecimentos úteis". E prosseguia:

> Eu estava persuadido que a Constituição, que ora nos felicita, procurava estabelecer a moral pública, mas os escritores modernos que hoje inundam a Corte com libelos grátis, ou entremezes vendidos, são de opinião contrária; pois que se esforçam a preparar com artifício grosseiro a degradação dos costumes. [...] Ah! Sr. Redator, já que não temos ainda os nossos jurados, não convidará, por quem é, alguns devotos para se oporem a esta propaganda sediciosa? [...] Como da profissão das letras se faz um ofício de interesse pecuniário, e ainda há capadócios, que caem na corriola de comprar e ler o que só deve ter o uso do papel pardo, teremos que lamentar a nossa desventura e ainda mais a de nossos filhos se não os prevenimos contra esta epidemia ainda mais pestífera que a das bexigas (*Espelho*, nº 4, 24 out. 1821).

A Malagueta, jornal de Luís Augusto May (nº 21, 1º maio 1822), dizia que, enquanto a lei portuguesa de 4 de julho de 1821, instituindo o sistema de júri para julgar casos relativos aos abusos da liberdade de imprensa, não fosse adotada no Brasil,

112

era dever do governo indicar aos magistrados como deveriam proceder nos "casos de escritos incendiários ou convulsivos e libelos famosos". Enquanto assim não fizesse não haveria nada que pudesse servir de freio aos escritores a não ser o "medo de alguma maçada de pau". Mal sabia ele que logo iria experimentar desse remédio.

No *Volantim*, alguns leitores travariam um debate acerca dos chamados libelos difamatórios. Um leitor, assinando-se "O Impertinente", recomendava ao redator que não admitisse ali a publicação dos tais libelos. Um outro redarguia que, ao contrário, ele deveria publicá-los, pois que já existia na corte um tribunal para o qual deveriam ser dirigidas as queixas relativas a crimes por abuso da liberdade de imprensa.

> De mais, que tem o Sr. Redator, com os escritos serem à moda, isto é, com serem Libelos Difamatórios ou não, quando eles sejam assinados pelos escritores sobre quem recai a responsabilidade? Porventura quer o seu correspondente que V.M. se arvore censor prévio contra a Liberdade de Imprensa? A imparcialidade é que deve servir de divisa a qualquer Redator que se oferecer a inserir escritos alheios (*Volantim*, nº 4, 5 set. 1822).

Outro correspondente comentava a proposição de que o redator deveria incluir em sua folha não só coisas que contribuíssem para instruir os cidadãos, como também aquelas que produzissem efeito contrário, como os "libelos, que tendem a prejudicar a boa harmonia que deve existir entre eles". Mesmo existindo o tal tribunal, ele aconselha o redator a não publicar os tais libelos.

> Lembre-se, que é possível acontecer ter V.M. inserido na sua Folha um libelo difamatório e o seu autor, posto que conhecido de V.M. e se conhecido o seu escrito pelo tabelião, desaparece quando for

chamado pelo tribunal da liberdade de Imprensa e, neste caso, em quem recairá a responsabilidade? Será nos parentes do autor, que talvez nada saibam do que ele escreveu? [...] Tenha cautela em ir imprimir na sua folha os anúncios falsos, ainda que desagrade ao seu autor, porque desagradar a um indivíduo que quer imprimir uma falsidade para malquistar, ou desacreditar uma família, não é desagradar ao Público; e a impressão de um semelhante anúncio pode tornar-se um Libelo Difamatório e se não aparecer o seu autor ficar V.M. responsável por ele, mas isto não é mais que um conselho. [...] E como nós estamos na infância da Liberdade de Imprensa não conseguiremos a sua civilidade, que é a pedra fundamental da superioridade de seu Estado constitucional, senão seguirmos um caminho seguro, em que se mostram as vantagens desta Liberdade e como ela concorre para a recíproca união e felicidade dos cidadãos. São dos Libelos, que devemos esperar estas vantagens da Sociedade, para a confecção das Artes e da Indústria? Será com Libelos que se estabelecerão fábricas? J.V.S. (*Volantim*, nº 6, 7 set. 1822).

Um dos outros dois jornais que surgiram no Rio de Janeiro quase simultaneamente ao *Conciliador* de Soares Lisboa foi o *Amigo do Rei e da Nação*. Já pelo título, o jornal denunciava o espírito de quem o publicava.[28] Ovídio Saraiva de Carvalho e Silva também se manifestou acerca do decreto de 2 de março. Ele sugeriu que fosse acrescentado ainda ao decreto um dispositivo no sentido de poupar despesas às tipografias. O dispositivo, na verdade, era pura e simplesmente o restabelecimento da censura prévia nos moldes anteriores, a partir do original. Para se ter ideia de a quanto se abalançava Cairu, o censor, houve este por bem inserir uma nota no *Amigo do Rei e da Nação*, acerca do assunto:

Agora que a liberdade da Imprensa é mais um dos benefícios que devemos ao Soberano, exulte o cidadão benemérito, mas trema o criminoso; os mesmos tipos que apontaram as virtudes hão de também assinalar os delitos.

Seria talvez mais vantajoso que o decreto que conteve essa liberdade, em vez de ordenar que a censura seja feita à vista das provas impressas, decretasse que ela o fosse nos próprios originais (*) que sendo licenciados, pudessem logo imprimir-se, respondendo o Impressor pela sua exatidão. Desta forma, sem transgredir-se a boa ordem, se economizariam despesas e trabalhos que muitas vezes viriam a ser baldados; e quando nada mais de bom resulte, isso mesmo já é muito.

(*) O decreto não a proíbe; só facilitou o expediente aos escritores que assim o quiserem, sem excluir a prática mais igual. Nota do Censor.

O panfleto de Caille, sob a inspiração de Tomás Antônio, que circulara em janeiro de 1821, convidava o povo a tomar parte no debate em torno da partida ou não do rei e de sua família. A ele, como já foi dito, seguiram-se outros, concordando ou discordando, mas sempre contribuindo para esquentar os ânimos da população. Depois, veio o jornal de Cairu, o censor, inaugurando os debates sobre a liberdade de imprensa. Foram iniciativas que se verificaram num contexto em que os autores, pessoas investidas em cargos públicos de autoridade direta sobre o que se imprimia no Brasil então, procuravam estimular a opinião pública a se manifestar, influindo sobre ela. Verifica-se um curioso paradoxo, tal como já se vira no caso do panfleto de Tomás Antônio: a iniciativa da autoridade constituída, dentro de um modelo absolutista de monarquia, de dar início ao debate sobre temas polêmicos. Era a consequência da contraditória e instável situação política que se vivia.

2. Bulas do papa para o imperador da China

1. AS CORTES CONTRA O BRASIL — NOTÍCIAS DO FRONT

Cá e lá más fadas há!!!
Espelho, *26 dez. 1821*

Enquanto D. João VI seguia para Portugal, eram eleitos no Brasil os deputados à Constituinte. Quando o rei chegou a Lisboa, em 3 de julho de 1821, confirmaram-se os piores presságios de Tomás Antônio. Muitos dos que o acompanhavam, como o próprio Tomás Antônio e Palmela, foram proibidos de desembarcar. O desembarque só foi permitido mais tarde com a condição de que fossem viver a vinte léguas de Lisboa.

Foram eleitos 94 representantes brasileiros (67 titulares e 27 substitutos, cf. NEVES, 1992, p. 56). Destes, apenas 46 participariam realmente das reuniões em Lisboa. Em agosto de 1821, chegaram a Portugal os primeiros. Era a bancada de Pernambuco. Entre setembro e outubro daquele ano chegaram os deputados do Rio. Os representantes de São Paulo chegaram apenas em fevereiro de

1822. Em 25 de fevereiro de 1822, a bancada de Minas Gerais decidiu não seguir para Lisboa. No começo de março de 1822, de 94 deputados que eram esperados, entre titulares e suplentes, estavam presentes apenas trinta. A esse tempo já pareciam evidentes as intenções das Cortes para com o Brasil.

As notícias de Lisboa chegavam ao Brasil com quase dois meses de atraso. Por isso só no dia 1º de janeiro é que o *Revérbero* pudera contar indignado o que um deputado português dissera em plenário: duvidava que no Brasil o mais erudito soubesse o que era Constituição, quanto mais o seu sistema. Naqueles primeiros dias, segundo o *Revérbero*, os nossos deputados estiveram "feitos quase mudos espectadores".

Uma das disposições das bases da Constituição portuguesa aprovadas e juradas em 7 de março, em Lisboa, estabelecia que, enquanto estivessem ausentes os deputados do Brasil, a Constituição só passaria a ter validade no continente americano quando seus representantes manifestassem ser esta a sua vontade. No entanto, estando presentes apenas os representantes de Portugal, as Cortes começaram a envolver-se em assuntos brasileiros. Quando, poucos dias depois do julgamento das bases da Constituição, chegaram a Lisboa dois emissários do Grão-Pará com a notícia de sua adesão à causa constitucional, foi a referida capitania, em sinal de reconhecimento, transformada em província. O mesmo entusiasmo provocaram as notícias dos acontecimentos de fevereiro na Bahia e no Rio.

Logo as Cortes aprovariam, sob o pretexto de manter a ordem, a remessa de tropas para a Bahia, o Rio de Janeiro e Pernambuco. Os deputados de Pernambuco que tomaram assento no dia 30 de agosto queixaram-se contra Luís do Rego, governador daquela província. Foi então aprovado um decreto em que foi determinada a sua substituição por uma junta. Em 30 de setembro, esse decreto foi convertido em lei, mediante a qual eram criadas, para cada província, juntas provisórias compostas de cinco ou seis membros. Ficariam as tropas de cada uma sujeitas a um governador de armas. Tanto o governador de armas quanto a junta, por sua vez, ficavam diretamente subordinados às Cortes de Lisboa. Com esse decreto, a regência de D. Pedro perdia sua função e ele passava a ser apenas o governador do Rio de Janeiro, com menos poderes que qualquer dos vice-reis que antes de 1808 governaram o Brasil.

Durante o mês de setembro de 1821, já protestaram deputados brasileiros contra o envio de tropas à Bahia e o plano de se retirar o príncipe real do Brasil. Ao mesmo tempo, propostas que visavam trazer melhoramentos para o país, como a criação de uma universidade, apresentada em dezembro de 1821, pelo deputado brasileiro Muniz Tavares,[1] eram rejeitadas. Dissera-se mesmo que algumas escolas primárias eram o suficiente para o Brasil. Os deputados baianos Cipriano Barata e Francisco Agostinho Gomes[2] pediram, sem sucesso, que fossem consideradas nulas as disposições relativas ao Brasil em virtude da ausência da maioria de seus representantes.

Aos poucos foi ficando claro para os brasileiros que o liberalismo das Cortes dizia respeito apenas à metrópole. Para o Reino do Brasil o projeto era de recolonização. Naturalmente, à medida que esse caráter ia ficando evidente, aumentavam os protestos dos liberais brasileiros. Por meio da imprensa nascente, teria início intensa campanha contra os decretos das Cortes prejudiciais ao Brasil. Essa campanha acabaria resultando no Fico e, posteriormente, na Independência. Em novembro de 1821, assim já se manifestava no Rio o *Revérbero*:

> Somos livres, abraçamos a causa que se identificou com o nosso mesmo sangue; mas porque a abraçamos e com tanto entusiasmo, deveremos ser menos do que éramos? Daremos calados tudo o que possuíamos até no sistema da nossa extinta escravidão, só porque se nos ensinou a scr livres? (nº 5, 15 nov. 1821).

No dia 12 de fevereiro, pela primeira vez, falara Antônio Carlos. O *Correio do Rio de Janeiro*, além de noticiar a posse do Andrada, revelava que ele tivera que argumentar com firmeza pela manutenção de um representante do Executivo no Brasil. O *Correio* também dava a notícia que, no dia 13 de fevereiro, o deputado Barata pugnara "fortemente pelos direitos dos seus Constituintes" (*CRJ*, nº 9, 19 abr. 1822).

Em contraste com as disposições dos deputados portugueses, a bancada de São Paulo, liderada por Antônio Carlos Ribeiro de Andrada, chegou a Lisboa em fevereiro de 1822, trazendo documento redigido por seu irmão, José Bonifácio, que era então o vice-presidente da junta governativa daquela província. *As lembranças e apontamentos do governo provisório para os senhores deputados da província de São Paulo* faziam recomendações quanto à igualdade de direitos civis e políticos, e assentavam desde logo "a integridade e indivisibilidade do Reino Unido". A proposta de José Bonifácio preservava todas as conquistas e melhoramentos implementados durante o tempo em que o Brasil foi sede da monarquia, sugeria que se estabelecesse no país um governo-geral executivo ao qual estivessem sujeitos os governos provinciais e que se determinasse de imediato os limites dessa subordinação de forma a se preservar o direito de cada província de "tratar exclusiva e livremente dos negócios internos". Propunha ainda, entre outras medidas, que se fizesse logo a demarcação das fronteiras do Brasil com os países vizinhos e das províncias entre si.

O documento sintetizava o pensamento de José Bonifácio para o Brasil e estaria na base das políticas que ele implementaria no ministério. Ali já constam seus projetos para uma política de terras que impedisse a concentração, em mãos de alguns, de imensas glebas não cultivadas, e a recomendação para que todas as terras doadas por sesmarias que não se achassem cultivadas fossem reintegradas à massa dos bens nacionais (COSTA, p. 65). Sugere José Bonifácio que seja fundada uma cidade central no interior do Brasil com o fim de desenvolver o povoamento. Fala na criação de colégios e universidades, na modernização das técnicas de mineração e agrícolas e na ajuda ao trabalhador rural. Já se incluem: a intenção de que seja abolido o tráfico de escravos, e que seja extinta, o quanto antes, a escravidão. José Bonifácio propõe a incorporação dos índios à sociedade nos moldes que só seriam implementados um século depois por Rondon, e é favorável à miscigenação natural, pois acredita que, por meio dela, se formará no Brasil, com a mistura dos vários grupos étnicos, uma nação homogênea sem conflitos raciais.

Distinguiram-se na defesa dos interesses brasileiros, além de Antônio Carlos, Cipriano Barata, pela Bahia, padre José Martiniano de Alencar, pelo Ceará, padre Diogo Antônio Feijó, por São Paulo, e Vilela Barbosa, pelo Rio. Lutavam os deputados brasileiros em franca inferioridade numérica, tendo contra si, além dos portugueses, as bancadas do Pará e do Maranhão e alguns venais, que se bandearam para o lado de Portugal.

2. D. PEDRO, REGENTE, E O *REVÉRBERO*

Muita coisa mudaria na cena política brasileira entre a partida de D. João VI e a decisão de D. Pedro de, desobedecendo às ordens das Cortes, permanecer no Brasil. Depois que o rei se fora, ficara o Brasil sob a regência de D. Pedro, fortemente influenciado pelo conde dos Arcos. O conde dos Arcos era, segundo Varnhagen, um perfeito cavalheiro, "mui bem educado, bastante instruído e de aspecto e maneiras insinuantes" (VARNHAGEN, p. 122). Era um típico aristocrata e advogava uma política de linha dura contra qualquer insurreição. Hipólito diz que, durante a Revolução de 1817, o conde, que era governador da Bahia, recomendara: "Atirem-lhes como quem atira a lobos!" (*CB*, maio 1821, p. 308). Sugerira, em junho de 1820, como remédio para amainar os ânimos já exaltados antes da revolução: "polícia e mais polícia". Aconselhara como medicina preventiva para a revolução que já se prenunciava que fossem expulsos de Lisboa e do Porto os curiosos, e afastados os oficiais insubordinados, completando: "Liberalidade que espante e justiça por sistema inabalável são os únicos antídotos contra o veneno da revolução".

Mas seu poder duraria pouco. Entre 15 e 16 de maio de 1821 realizaram-se no Brasil as eleições para deputado às Cortes de Lisboa. Poucos dias depois, chegava a notícia de que, em Portugal, a 9 de março haviam sido promulgadas as bases da nova Constituição. Baseado em seu artigo 21, que dizia que só entrariam em execução quaisquer medidas constitucionais relativas ao Brasil depois de votadas pelos deputados brasileiros, o conde achou melhor aguardar que assim se fizesse para adotá-las. Mas os portugueses não apoiariam essa decisão, e, no dia 5 de junho, as tropas se puseram em armas no Rossio. O príncipe aquiesceu ao que pediam e depôs o conde dos Arcos.

Durante todo aquele primeiro semestre, a política do príncipe foi de composição com as tropas portuguesas aqui sediadas, comparecendo a banquetes e bailes promovidos pela oficialidade. Tinha medo do futuro que o aguardava e queria, desesperadamente, ir embora para Portugal, conforme manifestou em carta a D. João datada de 21 de setembro:

> Peço a V.M., por tudo quanto há de mais sagrado, me queira dispensar deste emprego, que seguramente me matará, pelos contínuos e horrorosos painéis que tenho, uns já à vista, e outros, muito piores, para o futuro, os quais eu tenho sempre diante dos olhos [...] (apud VARNHAGEN, p. 137).

O clima esquentara no Rio de Janeiro, naquele mês de setembro. No dia 15, Januário da Cunha Barbosa, pregador da Capela Real, do alto do púlpito, discorria sobre a maneira de se organizar no Brasil um governo perpetuamente livre. Seu sermão seria registrado pelo barão Wenzel de Mareschal[3] em sua minuciosa correspondência com Metternich. Diria ele que, na cerimônia daquele dia, comemorativa do aniversário da revolta de Lisboa, o monge encarregado do sermão se permitirá pregar a Independência sem que tenha provocado nenhuma reclamação (RODRIGUES, p. 140). Januário não era o maior orador do seu tempo. Antes dele, vinham Montalverne e Sampaio. Mas tinha um porte imponente, uma voz cheia e sem aspereza, estilo correto e gosto literário apurado.

Junto com Joaquim Gonçalves Ledo, oficial-maior da Contadoria do Arsenal do Exército, Januário lançava, naquele mesmo dia 15, o primeiro número do *Revérbero Constitucional Fluminense*. Ledo e Januário eram "filhos da viúva". Conhecidos nas lojas maçônicas como os irmãos "Diderot" e "Kant", eram, ao lado do desembargador José Clemente Pereira, então juiz de fora do Rio, as principais figuras da maçonaria na cidade. Os três estavam entre os eleitores da praça do Comércio no episódio de 21 de abril, quando as tropas portuguesas cercaram e invadiram a Assembleia, matando e ferindo várias pessoas.

O Revérbero Constitucional Fluminense era o primeiro jornal politicamente independente que se publicava no Rio. Independente porque, ao contrário dos jornais surgidos no primeiro semestre daquele ano, os redatores do *Revérbero* não estavam comprometidos de forma alguma com o governo. O *Revérbero* durou treze meses, de 15 de setembro de 1821 a 8 de outubro de 1822, passando de quinzenal a semanal em janeiro de 1822. Circularam do *Revérbero* 48 números ordinários e três extraordinários, impressos os primeiros na oficina de Moreira e Garcez, e os dez últimos na Tipografia Nacional.

N.º II.

REVERBERO

CONSTITUCIONAL FLUMINENSE.

1.º DE OUTUBRO DE 1821.

Redire sit nefas.
HORAT. LIV. V. OD. II.

A noticia mais interessante, que de Lisboa nos veio, he a da cordialidade com que o Nosso saudoso Rey jurou no dia 4 de Julho passado as Bases da Constituição Politica da Monarquia; acrescentando de proprio motu, depois das fórmulas prescriptas do Juramento = Isto he verdade, e Eu o Juro de todo o meu Coração. Assellou deste modo o Pacto Social entre Elle e a Nação Soberana, e gravou com letras de diamante no Templo da Immortalidade Seu Augusto Nome á par do grande Affonso e do invicto João I. Tambem não he menos interessante a noticia, de que affastou do seu lado aquelles malvados Conselheiros e Valídos, de cujo vandalismo, ignorancia, e fanatismo, fomos por longo tempo as victimas. O Todo Poderoso purificou a mente do Rey, tocou o seu Coração, encheo-o da luz da verdade, e vigorou o seu braço para descarregar sobre elles o golpe da indignação e da desgraça. Elles havião sido os agentes, que levarão a Nação á borda dos abismos: elles os causadores das atroci-

Foi o *Revérbero* a tuba da facção democrática das oficinas maçônicas. Das suas colunas, ou melhor, das suas páginas, pois não tinha colunas, romperam, armadas e contundentes, as ideias centrais do emancipacionismo, sustentadas, fora, nas ruas e lojas, pelos seus exaltados redatores (RIZZINI, pp. 376-8).

3. "O DESPERTADOR BRASILIENSE"

> *O Príncipe Regente, porém, conhecendo já que de Lisboa lhe não pode vir cousa boa...*
>
> CB, *jun. 1822, p. 456*

O decreto das Cortes de 1º de outubro de 1821 determinava que D. Pedro deveria voltar para Portugal, de onde passaria a viajar incógnito por Espanha, França e Inglaterra, sendo acompanhado por pessoas "dotadas de luzes, virtudes e adesão ao sistema constitucional, que para este fim S.M. houver por bem de nomear". Logo depois desse, foi promulgado outro decreto, pelo qual ficavam extintos os tribunais criados por D. João VI no Brasil desde 1808, o que significava o desemprego para cerca de 2 mil funcionários públicos. A Casa da Suplicação do Rio de Janeiro, pelo mesmo decreto, ficava reduzida a simples Casa de Relação Provincial.

Publicados na *Gazeta Extraordinária* do dia 11 de dezembro, os decretos das Cortes relativos aos tribunais e ao príncipe caíram como uma bomba no Rio de Janeiro. O clamor foi geral. Até então, mesmo os mais radicais como o *Revérbero*[4] mencionavam o vínculo que ligaria eternamente o Brasil a Portugal (1º de outubro de 1821). Tudo mudou com a chegada do correio Infante D. Sebastião no dia 9 de dezembro de 1821, trazendo os decretos.

De um dia para o outro viu-se extraordinariamente alentada a pequena minoria dos clubes que ousaram acenar tão cedo com a Independência e o que se viu de mais extraordinário foi o apresentarem-se alistados, abertamente a declamarem contra as providências das Cortes, centenas de famílias inteiras e, com mais audácia e valor que os brasileiros, os próprios portugueses, empregados públicos ou estabelecidos no Brasil, uns porque viam desde logo a perspectiva de ficarem a meio soldo, outros, proprietários e comerciantes, que não viam na retirada do príncipe senão dissolução, anarquia e saqueio geral (VARNHAGEN, p. 141).

No dia 12 de dezembro de 1821, apareceu, impresso pela Tipografia Nacional, um folheto anônimo intitulado "O despertador brasiliense". Dizia ele ser a resolução das Cortes "ilegal, injuriosa e impolítica" e acusava os portugueses de estarem "a fomentar o cisma". Sugeria aos brasileiros que se dirigissem a D. Pedro expondo-lhe que o país não poderia perder as vantagens e representação de que já gozava. Considerava nula a transferência da sede da monarquia para Lisboa. Argumentava que, se as Cortes reconheciam que a força da nação reside na união de todas as suas partes constitutivas, não deveriam dividir o Brasil e impedir a permanência aqui do príncipe. Pedia ao príncipe que, para o bem do Brasil, não partisse, e concluía:

Vede, ó brasileiros, o que, em tal conjuntura melhor vos convém: se ficardes sujeitos, como dantes, a Portugal, onde seus representantes decidem de vossa sorte sem serdes ouvidos, ou pugnardes pela conservação dos vossos direitos, rejeitando quanto se tem determinado a respeito do Brasil, sem efetiva assistência de vossos deputados, como seria necessário, para se tornarem valiosas essas deliberações. [...] Eis o momento em que deveis decidir-vos. Lançai mão dele: se o perderdes, não podereis jamais reavê-lo, senão com muito custo, ou talvez com efusão de muito sangue.

Hélio Vianna atribui a Cairu a autoria do "Despertador brasiliense". Varnhagen o dá como sendo do desembargador Francisco de França Miranda, com ele concordando Carlos Rizzini. Hélio Vianna alega em defesa de sua hipótese tê-lo encontrado entre os documentos de Cairu reunidos numa publicação existente no arquivo do IHGB. Reforçando essa opinião há ainda o trecho do documento em que o seu anônimo autor afirma: "Animados do amor que sempre consagramos à Dinastia reinante; vimos, em virtude do nosso cargo, implorar a V.A.R. a demora da sua retirada". França, que depois teria grande atuação no grupo andradista, não ocupava naquele momento cargo nenhum e mesmo que ocupasse não seria função de modo a animar alguém a se reportar diretamente ao príncipe regente em matéria de tal gravidade.

Surgiu o "Despertador" num momento bastante difícil, quando D. Pedro hesitava em atender aos decretos de Lisboa, inclusive ao que o mandava voltar à Europa. O "Despertador" aconselhava os brasileiros a desobedecer aos decretos e a conservar a qualquer custo o príncipe no Brasil. Seria mesmo de Cairu esse discurso? Ele, o aguerrido defensor da censura em nome da preservação da ordem, ele que fora criticado por Hipólito justamente por pregar a obediência cega não só ao soberano mas também aos seus funcionários? No entanto, há que se considerar que as atitudes das Cortes naquele momento representavam um retrocesso para o Brasil. E é sabido que, nas vésperas do Fico, o intento de todos os que defendiam os interesses brasileiros era o mesmo: dar combate às ideias que estavam se transformando em leis nas Cortes de Lisboa. No mesmo dia em que circulou o "Despertador", 12 de dezembro, foi dirigida ao príncipe uma respeitosa representação para que não partisse. Ainda estava D. Pedro decidido a obedecer à resolução das Cortes. Intensificou-se a partir de então a campanha para fazer com que ele ficasse.

Um verdadeiro manifesto conclamando os brasileiros à ação apareceria no *Revérbero* do dia 1º de janeiro de 1822, por meio da correspondência do "Sacristão de Tambi ao estudante constitucional do Rio". A intenção do missivista é denunciar que, a se realizar o projeto das Cortes, o Brasil seria privado até dos benefícios que conquistara antes da Revolução do Porto e teria "uma liberdade meramente virtual". Acusava os deputados brasileiros já presentes nas sessões do Congresso em Lisboa de estarem paralisados, sem ação e indagava:

> Mas deveremos nós também ver mudos e quedos lavrarem-se os atos da nossa nunca pensada degradação [...] Para quando guardaremos as nossas representações? [...] Quem cala, consente — é preciso falar e falar muito e com energia (*Revérbero*, 1º jan. 1822).

Para reforçar seus argumentos, o autor cita Malthus, "hoje um dos principais economistas da Europa", que teria dito que o maior motivo das revoluções era a falta de empregos para muitos sujeitos dignos deles. O Congresso português havia proibido a acumulação de funções públicas. O que, à primeira vista, parecera ao missivista atitude das mais coerentes. No entanto, essa sua impressão havia se desvanecido quando lhe disseram que o mesmo Congresso determinara a extinção dos tribunais do Rio de Janeiro e a retirada do príncipe com toda a sua família do Brasil. Ora, argumenta o "Sacristão de Tambi",

> Se a falta de empregos, disse com os meus botões, para muitos dignos deles move as revoluções, como disse o economista inglês, tantos serão os empregados que se apearem, tantos os indivíduos de suas famílias, quanto os descontentes e por isso mesmo inimigos da boa ordem tão sinceramente esperada pelos que juramos a Constituição.

Contra o projeto das Cortes de reduzir o Brasil a um conjunto de províncias administradas diretamente de Portugal e desligadas entre si, usava o mesmo argumento do "Despertador":

> E não se lembram que a desordem e a anarquia reinam sempre nos países onde o ponto central é destruído, onde não existe unidade de ação, nem concentração de poder e de vontade?

A correspondência do "Sacristão de Tambi" recomendava, finalmente, que se solicitasse ao príncipe o adiamento da execução do decreto relativo à sua partida até que os brasileiros apresentassem representação às Cortes em nome da justiça e da segurança do Reino, onde estivesse declarada "a nossa vontade e o nosso quase esquecido interesse".

Mas seria mesmo o decreto determinando que D. Pedro voltasse para Portugal, de onde passaria a viajar incógnito, acompanhado por pessoas "dotadas de luzes", o principal motor da campanha para impedir sua partida. Com o fito de, atingindo seu amor-próprio, fazê-lo desobedecer à determinação das Cortes, trabalharam insistentemente esse tema, tanto o *Revérbero* quanto outros periódicos e panfletos publicados no Rio. *A Malagueta*, jornal de Luís Augusto May, no seu terceiro número, lembrara o que havia predito o abade De Pradt: "o barco que levasse a família real levaria com ele a Independência do Brasil". O documento dos paulistas, publicado na *Gazeta* de 8 de janeiro de 1822, implorava:

> Nós rogamos portanto, a V.A.R. com o maior fervor, ternura e respeito haja de suspender a sua volta para a Europa, por onde o querem fazer vigiar, como um pupilo, rodeado de aios e de espias (ANDRADA E SILVA, p. 224).

Também Hipólito da Costa se referiria ironicamente ao decreto.

> Um príncipe, que pudera ser o vínculo de união entre Portugal e o Brasil, [...] se lhe destinou um desterro disfarçado para viajar, ler a medicina doméstica do Buchanan, sob tutores que as cortes lhe nomearam (*CB*, maio 1822, p. 412).

O dr. Buchanan seria frequentemente lembrado por Hipólito quando se tratasse de ironizar mais essa medida das Cortes contra o Brasil. Quando ele faz a defesa da atitude de D. Pedro, impedindo que entrasse no Rio de Janeiro a Divisão Auxiliadora que viera substituir a de Avilez, justifica-a, entre outras coisas, porque aquela expedição se destinava a "mandá-lo amarrado a Lisboa, para aí aprender a Medicina Doméstica de Buchanan" (*CB*, jul. 1822, p. 483).

Um deputado português teria dito em tom de deboche que D. Pedro haveria de "aprender línguas nas quatro primeiras estalagens que frequentasse", fazendo alusão naturalmente ao estilo do príncipe, frequentador das tascas e das mesas de botequim. Estilo que já era conhecido na Europa. O *Revérbero* tachou esse comentário de indecorosa provocação e exclamou com exagero: "É assim que se fala do jurado herdeiro presuntivo da monarquia!" (nº 8, 11 jan. 1822). Em outro número, o mesmo jornal exalta a adesão de D. Pedro à causa do Brasil, aproveitando para relembrar a determinação injuriosa das Cortes: "O que não quis reconhecer o Congresso composto dos sábios portugueses reconheceu um jovem príncipe que eles queriam mandar instruir em quatro estalagens!!!" (nº 11, 22 jan. 1822).

4. O FICO E A REVOLTA DA DIVISÃO AUXILIADORA

Foi na rua da Ajuda, na casa de José Joaquim da Rocha, que se organizou o movimento pela permanência de D. Pedro no Brasil. No próprio dia 9 de dezembro, dia em que chegaram os decretos portugueses, ele criou ali o Clube da Resistência. Trabalharam com ele seus filhos Inocêncio e Juvêncio, seu irmão, o tenente-coronel Joaquim José de Almeida, e seus amigos, o coronel Luís Pereira da Nóbrega, José Mariano de Azevedo Coutinho, Paulo da Silva Barbosa e Antônio de Meneses Vasconcelos Drummond, e o frei Sampaio, em cuja cela no convento de Santo Antônio também se reunia o clube.[5] O Clube da Resistência comandaria toda a agitação que tomou conta da cidade naquele final de 1821, ofuscando a ação de seus rivais maçons da loja Comércio e Artes. Um manifesto redigido por frei Sampaio, datado de 29 dezembro, pedindo a D. Pedro que ficasse, recebeu, entre os dias 8 e 9 de janeiro, 8 mil assinaturas.

Mas foi Gonçalves Ledo quem orientou o presidente do Senado da Câmara, José Clemente Pereira, para que indagasse a D. Pedro se ele atenderia à solicitação para ficar no Brasil. Em caso de resposta afirmativa, José Clemente mandaria representações às províncias que estavam com o príncipe, a fim de que estas também lhe encaminhassem igual pedido. Frei Sampaio, que também era membro da loja Comércio e Artes, deu conta dessa intenção a José Joaquim da Rocha, que, antecipando-se a Ledo e seus companheiros, enviou emissários a São Paulo e a Minas.

Pedro Dias Paes Leme[6] chegou a São Paulo na noite de 23 de dezembro, sob pesada chuva, dirigindo-se imediatamente ao encontro dos irmãos José Bonifácio e Martim Francisco. Os dois eram membros do governo paulista. Leme entregou carta que lhes enviava José Joaquim da Rocha. Nela, Rocha contava que os patriotas do Rio, animados por ele, José Clemente e Joaquim

Gonçalves Ledo, haviam resolvido estimular as províncias a que representassem ao príncipe pedindo que ficasse. Foi aí que José Bonifácio redigiu a famosa carta, datada de 24 de dezembro e assinada pela junta governativa de São Paulo.

Nela, o príncipe, que a recebeu no primeiro dia do ano de 1822, leu que, caso partisse, "além de perder para o mundo a dignidade de homem e de príncipe, tornando-se escravo de um pequeno número de desorganizadores, teria também que responder, perante o céu, pelo rio de sangue que decerto vai correr pelo Brasil com a sua ausência". Pediam-lhe ainda que não partisse sem ouvir a comissão de representantes de São Paulo que vinha ao Rio insistir para que ficasse. Esse mesmo documento foi enviado no dia 2 de janeiro de 1822 por D. Pedro a seu pai.

Varnhagen acredita que a representação da junta de São Paulo não chegou a contribuir para a resolução do príncipe. Teria sido recebida muito depois de terem circulado no Rio os artigos do *Revérbero* e da *Malagueta* e, principalmente, "O despertador brasiliense". Sobre o papel do documento paulista no Fico, acrescenta ainda o historiador, cuja antipatia pessoal contra os Andrada compõe um capítulo à parte na historiografia sobre a Independência: "Nenhum outro grande mérito lhe cabe mais, que o da energia e veemência da linguagem, se é que essa veemência foi mais profícua que nociva ao Brasil" (VARNHAGEN, p. 150).[7]

Quando o príncipe deu à *Gazeta* extraordinária ordem para que publicasse o ofício da junta de São Paulo, já havia se decidido. No dia 9 de janeiro, concedeu, no Paço, audiência ao Senado da Câmara. Na ocasião, José Clemente Pereira pronunciou discurso redigido por Gonçalves Ledo, pedindo que o príncipe suspendesse a partida, caso contrário antevia grandes males para o Brasil e para a monarquia. Como demonstram os jornais do tempo, a resposta de D. Pedro, naquele que ficou conhecido como o dia do Fico, foi ainda paliativa.

Convencido de que a presença da minha pessoa no Brasil interessa ao bem de toda a Nação Portuguesa e conhecendo que a vontade de algumas províncias assim o requer, demorarei a minha saída, até que as Cortes e Meu Augusto Pai e senhor deliberem a este respeito com perfeito conhecimento das circunstâncias que têm ocorrido (*Espelho*, 11 jan. 1822).

Completava o texto uma recomendação de José Martins da Rocha, pela vereação do Rio, para que o povo sossegasse. Só no dia seguinte foi publicado novo edital com a retificação do texto anterior feita pelo Senado e assinada pelo seu presidente, o juiz de fora da corte do Rio, José Clemente Pereira: "Como é para o bem de todos e felicidade geral da Nação, estou pronto: diga ao povo que fico".

Mas com isso não se conformou a oficialidade portuguesa, que queria por força embarcar o príncipe para Portugal. A cidade entrou em ebulição. No dia 12, o clima era de guerra, com toda a tropa de linha e miliciana do país, incluindo os regimentos dos Henriques e dos Pardos, reunidos no campo de Santana. A estes se juntavam cidadãos de todas as classes, armados como podiam. Entre eles, marchavam roceiros, agregados, negros forros, escravos, frades, eclesiásticos e muitos portugueses, empunhando facas, cacetes, clavinotes, dispostos a enfrentar a Divisão Portuguesa e impedir a ida de D. Pedro para Portugal. Avilez foi ao palácio pedir a D. Pedro que mandasse recolher a tropa brasileira, que ele mandaria para o quartel os da sua divisão. O príncipe ameaçou: mandaria Avilez e suas tropas barra afora. Avilez pediu imediatamente demissão e assumiu o comando das tropas rebeldes. As tropas da Divisão Auxiliadora tomaram então o morro do Castelo. Estavam com Avilez menos de 2 mil homens, enquanto, no campo de Santana, se concentravam mais de 10 mil. Sobre a mistura colorida de povo brasileiro apaixonado, mas desorganizado, que se preparava para enfrentá-lo teria dito Avilez: "Esta cabrada leva-se a pau".

Na madrugada desse mesmo dia 12, o príncipe mandava D. Leopoldina com os dois filhos para Santa Cruz e pedia asilo ao comandante da fragata inglesa *Doris*, capitão Graham, marido de Maria Graham, caso fosse necessário fugir. Na noite do mesmo dia, o príncipe enviou um correio para São Paulo, pedindo tropas. Este lá chegou a 17, e as tropas paulistas marchavam para o Rio em 23. Esperava também tropas de Minas.

Avilez enviou a D. Pedro, no dia 13, um emissário com a proposta de passar suas tropas para a Praia Grande (Niterói). O príncipe concordou. Na Praia Grande as tropas de Avilez ficaram sitiadas, cercadas por mar e por terra por tropas fiéis ao príncipe. No dia 14, a *Gazeta do Rio de Janeiro*, cujo redator era o cônego Francisco Vieira Goulart, publicava mensagem de Avilez ao povo do Rio.[8] O *Revérbero* parodiaria as *Catilinárias* de Cícero para satirizar o general português: "Até quando, ó Avilez, abusarás da paciência do nosso governo? [...] Não temes um povo que o amor da liberdade exalta?".

O ministro da Guerra enviou portaria ao brigadeiro Carretti, imediato de Avilez, no sentido de que embarcasse a divisão nos dias 4 e 5 de fevereiro. Na manhã do dia 9 desse mês, tendo constado ao príncipe que ainda não haviam tomado qualquer providência, mandou intimar a Avilez que, se no dia seguinte, ao amanhecer, não tivesse começado o embarque, "não lhes daria mais quartel em parte nenhuma e mandaria abrir fogo". Partiu finalmente, a Divisão Auxiliadora portuguesa, no dia 15 de fevereiro.

É possível que a Divisão Auxiliadora também tenha sido estimulada a partir pela sensação que causara no Rio de Janeiro a morte, na manhã do dia 4 de fevereiro, do príncipe da Beira, João Carlos, filho de D. Pedro e de D. Leopoldina. O *Revérbero* culpou diretamente a Divisão Auxiliadora. Segundo a sua versão, o príncipe, então com onze meses, teria adoecido em virtude da fuga precipitada da princesa Leopoldina no dia 12. Uma viagem de doze léguas, de São Cristóvão até Santa Cruz, num dia de sol escaldante. O *Revérbero*, no estilo exaltado que fazia a glória dos seus redatores, conclamou os cariocas a vingarem a morte do príncipe:

> Marcharemos ao campo da honra, seremos coroados de louros, vingando a morte do Sereníssimo Príncipe da Beira, nosso patrício, nossa esperança, futuro rei da monarquia portuguesa. Ceifado em flor, vítima inocente da mais escandalosa rebelião (*Revérbero*, nº 15, 12 fev. 1822).

Na verdade, como o próprio D. Pedro relataria em carta a seu sogro, Francisco I, imperador da Áustria, o príncipe da Beira padecia de uma enfermidade congênita, que fora agravada pela viagem. D. Pedro chega mesmo a dizer ao sogro que a morte o havia poupado de uma existência infeliz e marcada pela doença (ANDRADA E SILVA, p. 341, vol. 2).[9]

5. BULAS DO PAPA PARA O IMPERADOR DA CHINA

A campanha dos jornais brasileiros contra as medidas das Cortes foi a primeira grande ação da imprensa brasileira. Ela uniria inicialmente todas as tendências e seria particularmente intensa entre o final de 1821 e o final de 1822: desde Cairu, com seus dois panfletos ("O despertador brasiliense" e "A heroicidade brasileira") e seu *Reclamações do Brasil*, aos jornais de espírito democrático, como *Revérbero*, *Correio do Rio de Janeiro* e *A Malagueta*. A imprensa brasileira foi a grande retaguarda dos deputados que defendiam em Portugal a unidade e a autonomia do Brasil.

O *Correio do Rio de Janeiro*, de João Soares Lisboa, se deteria de forma mais circunstanciada sobre os trabalhos das Cortes em Lisboa e seus reflexos sobre a realidade brasileira. Em seu nº 25 (8 maio 1822), ele comentava a reação do povo quando recebeu, no dia 4 daquele mesmo mês de maio, a notícia de que o parecer da Comissão Especial dos Negócios Políticos do Brasil fora apresentado ao Congresso na sessão de 18 de março.

Segundo conta Lisboa, naquela noite os cariocas iluminaram espontaneamente suas casas, houve bandas de música pelas ruas, grande profusão de fogos em muitos lugares da cidade e abriu-se o teatro para uma apresentação da comédia *As minas de Polônia*. Mas, acrescenta com amargura o jornalista, "Quanto é fácil iludir um povo sincero com palavras ambíguas, parecendo prometer-lhe tudo e tudo fazendo pelo contrário!" (*CRJ*, nº 25, 8 maio 1822).

Antes de tomarem consciência do sentido das conclusões da tal comissão, os "incautos fluminenses", diz Soares Lisboa, deixaram-se possuir pela "doce embriaguez que lhes causou a lisonjeira promessa de ficar entre eles um príncipe que idolatram". Não haviam se dado conta de que aquela concessão não só era temporária, como também vergonhosa. Com ela, D. Pedro ficava reduzido à função de mero governador do Rio.

"Carta escrita por um deputado", talvez Cipriano Barata, revelava que o preâmbulo do tal parecer, cujo autor era um brasileiro, desculpava o Congresso e atacava os brasileiros em geral e seus escritores em particular de um modo bem pouco digno. O projeto não correspondia à vontade de muitos dos membros da comissão (composta por doze deputados, seis brasileiros e seis portugueses). Segundo suas disposições, o príncipe ficaria no Rio, onde não seria instalada junta de governo.[10] Mas mantinham-se as juntas para as demais províncias, subordinadas diretamente a Lisboa, e a extinção dos tribunais, só que feita de forma progressiva. Mesmo esse parecer, tão contrário aos interesses do Brasil, não foi aprovado pelo plenário (*CRJ*, nº 56, 19 jun. 1822).

Do mesmo tom do *Correio* seria o protesto feito pelo *Revérbero*. Diriam os redatores que ficaram como o viajante que vê "subitamente rasgar-se uma nuvem e despejar um raio que rebenta a seus pés" quando, depois de testemunharem o geral contentamento "pelo fabuloso boato, que se espalhara no dia 4 deste mês — 'ótimas notícias, tudo está vencido'", tinham, finalmente, visto o "inverídico, insultante, caviloso e desleal Parecer da Comissão, mais digno de jesuítas do que de sisudos Deputados do Congresso Nacional". O *Revérbero* seria mais contundente na condenação daquele parecer do que o fora Soares Lisboa. Atacaria diretamente os "deputados americanos" que, logo que tocaram aquele "lugar tremendo", se metamorfosearam.

> Já as manhãs do despotismo passaram para os amigos da liberdade, já se dão os nomes de desorganizadores, facciosos, inspirados pelo gênio do mal, aqueles que ousam levantar o véu do Maquiavelismo, e propalar a luz da verdade aos seus Concidadãos, como outrora se dava o de jacobino, Réu de alta traição, e outros tais, do ensanguentado Catálogo dos Déspotas, a quantos se afoitavam tocar no Cetro de ferro da tirania. Temei os presentes dos Gregos, diremos nós, à vista de tantos bens inculcados e nenhum realizado (*Revérbero*, 12 maio 1822).

A parte do parecer que mais chocava, na opinião dos redatores do *Revérbero*, era a que acusava os novos jornalistas surgidos no Rio de venais. Com essa atitude, o Congresso estaria procurando inflamar os povos contra a verdade e contra todos os que a apresentam, fazendo com que ela fosse encarada sempre como "sedição, delírio, atentado contra a Pátria, contra a Nação, contra a felicidade pública, etc.". Esse comportamento do Congresso, no entanto, demonstraria apenas uma consciência assustada e acabaria por despertar uma desconfiança inquieta sobre suas verdadeiras pretensões: "o intento permanente de oprimir os povos, sobre cuja suposta ignorância apoiavam o poder odioso que queriam exercer".

> Quiséramos que nos respondessem os Ilustres Membros da Comissão: quem é mais venal: o que escreve contra a Pátria; ou o que escreve a favor dela? Quem é mais vil, o que diz: Cidadão, alerta: vós sois homens livres, [...] vós sois a porção maior e melhor da Monarquia [...]: não deixeis escapar de vós o Herdeiro da Monarquia [...], ou aquele, que diz: Concidadãos, dormi em paz, vós jurastes estar por tudo que viesse da Europa. [...]
>
> E quem comprou esses escritores? Certamente o Príncipe, que é a quem estes povos desejam e procuram para sua tranquilidade, para a glória do Brasil, logo mentis, e sois dobres, quando aprovais, ou vos dizeis convencidos da franqueza e lealdade de S.A.R. Mas descansai que esses escritores venais só largarão a pena quando virem cimentada a felicidade e soberania do grande Brasil.

Em 16 de fevereiro de 1822, as Cortes portuguesas decidiram suprimir as academias de Marinha e Belas-Artes do Rio de Janeiro, mandando recolher a Lisboa os seus professores. Vilela Barbosa era deputado pelo Rio e chegara naquele dia; chocado com as medidas, protestou, classificando-as de atos ilegais, e requereu, nas sessões de 1º e de 4 de março, que se mandasse sustá-las, mas não foi ouvido. Um novo projeto de relações comerciais foi aprovado. Por meio dele o Brasil voltava às mesmas condições de antes de 1808, sendo restabelecido o monopólio comercial de Portugal. Contra ele protestariam os deputados brasileiros Antônio Carlos Ribeiro de Andrada e seu sobrinho, José Ricardo da Costa Aguiar e Andrada.

Em junho de 1822, as Cortes determinavam o envio de mais tropas para a Bahia. Contra a decisão protestou vivamente o deputado Lino Coutinho, reunindo numa indicação as assinaturas de todos os deputados daquela província. O que de nada adiantou. Ao contrário, contava o *Correio do Rio de Janeiro*, "então é que se soltaram todos os demônios do inferno". A favor da medida teriam votado três deputados do Brasil: o bispo do Pará, um cônego do Maranhão e um deputado do Rio de Janeiro.

A essa correspondência, Soares Lisboa ajuntou algumas notas explicativas. Elas dizem respeito, entre outras coisas, à briga em que estiveram envolvidos Cipriano Barata e o marechal Luís Paulino Oliveira Pinto da França.[11] Este último, nascido em Portugal mas casado com brasileira, homem culto e dono de engenhos de açúcar na Bahia (daí a provocação no final da nota de Soares Lisboa), fora empurrado da escada do Palácio das Necessidades por Cipriano Barata.

Houve um, da Bahia, o Barata que disse abertamente que tudo quanto eles acabavam de decidir para o Brasil eram Bulas do Papa para o Imperador da China pois que nem o príncipe era tolo em obedecer a tais coisas e nem o povo do Brasil em tal consentiria [...] estivemos a ponto de jogarmos a pancada.(1)

(1) Parece que adivinhou! Ora o certo é, que quem tem caráter tem valor. O denodado Sr. Barata, não só lançou escada abaixo o homem dos grandes bigodes, *Ferrabrás de palha* que prometia dizer sempre, *o seu amado Portugal* e nunca *o seu amado Brasil* sua pátria que o sustentou, mas até não duvidou zombar do soberano Congresso! Que tal é o bichinho comedor de açúcar e roedor de livros? (*CRJ*, nº 123, 10 set. 1822).

O episódio aconteceu no dia 30 de abril de 1822, quando Barata, revoltado com o apoio de seu colega da bancada da Bahia,

Luís Paulino, ao envio de tropas para aquela província, depois de esmurrá-lo, empurrara-o escada abaixo, fazendo com que fraturasse umas costelas. Uma testemunha desse episódio singular, pouco simpática a Barata, comparou sua admirável agilidade à de um macaco. E Barata era dez anos mais velho que Luís Paulino (cf. MOREL, p. 83).

O *Correio do Rio de Janeiro* revelava também que fora uma desgraça para Antônio Carlos uma carta muito elogiosa que lhe mandara D. Pedro. As Cortes haviam decidido, então, que tanto a junta de São Paulo quanto a deputação daquela província que viera ao Rio representar ao príncipe para não sair do Brasil fossem consideradas rebeldes e, como tais, processadas. O bispo de São Paulo e a Câmara do Rio, diz a mesma fonte, "escaparam pelo pau do canto" de também serem processados. A carta assinada pelo "Seu Amigo" dizia ainda que:

> O ódio contra José Bonifácio, Junta de São Paulo, *Revérbero, Malagueta, Despertador, Reclamação* (desta cismo eu bem: em verdade é corcunda mascarado!) é tão ativo, que rara é a semana em que deles se não fala no Congresso com acrimônia enfática (*CRJ*, nº 123, 10 set. 1822).

6. DE LISBOA NÃO PODE VIR COUSA BOA

A situação dos deputados brasileiros em Lisboa ficou particularmente precária quando chegou ali a notícia de que D. Pedro decidira ficar no Brasil. Daí em diante, foi se intensificando o clima de hostilidade não só por parte dos deputados como também por parte do povo das galerias, que catalisava assim o ressentimento de todos aqueles anos em que o Brasil estivera à frente de Portugal. Os gritos de "Fora patifes" e de "Morra, morra" vindos das torrinhas tornavam impossíveis de serem ouvidos os discursos dos brasileiros. Suas falas eram suprimidas do *Diário do Governo* que as devia registrar (*CB*, maio 1822, p. 425). Um deputado (que não se identifica), em carta ao *Correio do Rio de Janeiro*, dizia já não poder mais aturar os deputados de Portugal e dava conta do clima reinante na Assembleia:

> A rivalidade já passa a ódio, não só entre os Deputados de Portugal e Brasil, como entre o povo; as folhas já principiam a achincalhar-nos, é visível a aversão que nos têm os brejeiros; em uma palavra a união do Brasil com Portugal é para mim já um prodígio. Hoje, estando a Sessão em meio, interrompeu-a um Secretário e disse que queria apresentar a Carta do Príncipe e a representação do Governo de S. Paulo, todo mundo ficou atento e a cada palavra se redobrava a atenção; do meio da carta por diante, tudo principiou a amarelecer, tudo ficou frio e apatetado, depois de pequeno intervalo de assombroso silêncio, dois deputados quiseram falar porém muitos se levantaram, requereram votos para ser a Carta remetida a uma Comissão: assim se decidiu: foi logo tal o sucesso dos deputados e das galerias que não se ouviu mais coisa alguma, ficaram despovoados os assentos e eu fui um dos que saí para evitar valentias e lá não entrei mais (*CRJ*, nº 56, 19 jun. 1822).

Numa das sessões da Câmara, Antônio Carlos, debatendo com Borges Carneiro, sustentava ser falso que os sucessos acontecidos no Rio de Janeiro brotassem de uma facção de homens sem dignidade ou ladrões, que desejavam continuar a viver às custas da nação. Aqueles acontecimentos, segundo Antônio Carlos, seriam produto da "opinião declarada de todas as três províncias [Rio, Minas e São Paulo], cujos habitantes, especialmente os que figuraram nas últimas transações, possuem tão honrados sentimentos como qualquer dos membros desta Assembleia".

Enquanto Antônio Carlos falava, ele era, com estrondo, chamado à ordem pelos deputados de todos os lados, e nas galerias ouviram-se sinais de desaprovação. No dia seguinte, Antônio Carlos dirigia ao editor do *Diário do Governo* (que se publicava em Lisboa) carta em que sustentava ter sido grosseiramente insultado pelo povo das galerias e que este faltara com o devido respeito à sua pessoa e à província que ele representava. Uma vez que não podia mais exercer livremente os deveres relativos ao seu mandato, Antônio Carlos declarou não se considerar mais deputado.

Poucos dias depois, foram lidas em plenário cartas de quatro deputados do Sul do Brasil, também declarando que não tornariam a tomar parte em nenhuma das deliberações das Cortes até que o espírito público fosse tranquilizado. O presidente da Câmara, no entanto, ordenou-lhes que voltassem, pois não considerava justo motivo para se ausentarem as razões que apontavam.

As Cortes censuraram o príncipe por não ter recebido as forças enviadas ao Rio de Janeiro em substituição às de Avilez. Acusaram-no de impedir a ida dos representantes de Minas Gerais e de não executar as suas leis. A junta governativa de São Paulo foi responsabilizada pelos conselhos dados a D. Pedro, resolvendo-se que seus membros seriam processados. José Bonifácio era o mais visado. Sugeriu um deputado que lhe fossem cortados os proventos de funcionário do governo português. Em defesa das atitudes do príncipe e de José Bonifácio, realçando a correção das atitudes de ambos, manifestava-se de Londres Hipólito da Costa.

No final de setembro, o *Correio do Rio de Janeiro* reproduzia mensagem enviada de Lisboa pelo deputado Custódio Gonçalves Ledo, informando que o Congresso declarara nula a convocação da Assembleia Constituinte e Legislativa do Brasil, decretara também que o príncipe não presidiria qualquer centro de poder Executivo e que nem os militares, nem os funcionários públicos lhe deviam obediência. Seu governo deveria ser só de fato mas não de direito e os que lhe obedecessem seriam considerados traidores e criminosos. O príncipe deveria regressar a Portugal dentro de quatro meses, sob pena de incidir nos dispositivos constitucionais, perdendo os direitos à Coroa. Essa proposta foi apresentada na sessão de 24 de agosto e logo convertida em projeto de lei (*CRJ*, nº 138, 27 set. 1822).

No dia 26 de agosto discursava Antônio Carlos, propondo que, como as províncias de São Paulo, Rio de Janeiro, Minas Gerais, Rio Grande do Sul e outras estavam em perfeita união com o príncipe e este convocara Cortes Gerais e Constituintes para o Rio de Janeiro, fossem declarados nulos os mandatos dos deputados representantes daquelas províncias nas Cortes de Lisboa.

Em princípios de setembro de 1822 estava concluída a Constituição portuguesa e resolveu-se que fosse assinada e jurada por todos os deputados. Reclamaram contra a maior parte dos brasileiros, mas a Assembleia decidiu por votação que todos eram obrigados a jurar e a assinar. Assim procederam 36 deputados do Brasil, entre eles, Araújo Lima, Borges de Barros, Vilela Barbosa, Fernandes Pinheiro e Lino Coutinho. Este, no entanto, arrependeu-se, e oficiou ao Congresso que sua assinatura e seu juramento não importavam o menor compromisso por parte dos seus constituintes.

Os deputados de São Paulo, Antônio Carlos, Feijó, Costa Aguiar e Bueno, e os da Bahia, Francisco Agostinho Gomes e Cipriano Barata, não assinaram nem juraram a Constituição. Juntamente com Lino Coutinho, eles fugiram de Lisboa sem passaportes, no dia 7 de outubro, seguindo a bordo do paquete inglês *Malborough* para Falmouth, na costa britânica.

A fuga logo ficou conhecida em Portugal, porque o piloto da barra, que conduziu o paquete, vendo a bordo brasileiros, reconheceu Antônio Carlos e ouviu também ser falado o nome de

Barata. Convenceu-se mesmo de que eram os nossos deputados quando, já fora da barra, um dos passageiros, com sotaque característico do Brasil, gritou para ele: "Diga lá que agora venham nos pegar!" (nota do barão do Rio Branco em VARNHAGEN, p. 241).

De Londres enviaram ao Brasil dois documentos, um assinado por Antônio Carlos e seu sobrinho, Costa Aguiar, e outro por Barata, Feijó, Lírio Coutinho e Francisco Agostinho. A emissão de dois documentos em vez de um só e a assinatura de Feijó no documento dos baianos já prenunciavam a divisão de campos que só se acentuaria no Brasil até a dissolução da Assembleia em novembro de 1823.

O que foi a atuação dos brasileiros em Lisboa nos trabalhos das Cortes entre 1821 e 1822? Se entre os que lutaram pela Independência podem-se contabilizar alguns heróis, o primeiro lugar dentre eles deveria caber aos deputados brasileiros que, naquela dificílima jornada, defenderam as conquistas brasileiras proporcionadas pelos treze anos que entre nós haviam vivido D. João VI e sua corte.

Lutaram em terra estranha, onde a maioria nunca estivera antes. Enfrentaram um clima de hostilidade em que estava manifesto o ressentimento português contra o progresso e a independência que a antiga colônia havia conquistado. Ressentimento que se manifestava não só durante os debates com os outros deputados, mas também por parte das galerias. Ressentimento que, tendo em vista a inferioridade numérica da bancada brasileira, nem toda ela empenhada na defesa do Brasil, convertia-se diante de seus olhos, e apesar de seus protestos, em leis e decretos cujo único fim era reduzir o Brasil ao estágio em que estava antes de aqui ter vivido o rei.

As medidas implementadas pelas Cortes, vistas com frieza, demonstravam-se totalmente inexpertas, mas a paixão ressentida que as orientava não permitia que se enxergasse, no final do processo que se iniciava, não só a consequente Independência do Brasil, como também a derrota dos que as propunham e a volta do poder absoluto para as mãos de D. João VI, como logo se verificou.

7. "A HEROICIDADE BRASILEIRA" E O CENSOR CENSURADO

Foi sobre a crise que sucedeu ao Fico que Cairu publicou "A heroicidade brasileira". O autor começa seu folheto saudando com vivas ao príncipe regente para logo entrar no seu assunto. E o assunto era a rebelião e expulsão das tropas portuguesas comandadas por Avilez. Cairu as chama de traidoras e compara sua atitude à dos exércitos franceses que invadiram Lisboa. Exalta a coragem de D. Pedro e dos compatriotas:

> A traição esteve à ordem do dia, mas o anjo custódio dos trópicos, excitou a nativa energia dos compatriotas, os quais cheios de brios dos avós, e do amor da Pátria, ostentaram uma atitude militar que aterrou, sob as ordens do herdeiro da coroa, alguns corpos portugueses, (quem o creria!) que desafiaram a honra e o juramento das bandeiras lusitanas. Tomaram estes de noite em negra aleivosia as alturas do Castelo. Mas o telégrafo com uma reviravolta os expeliu do posto usurpado.
>
> O que os franceses em 1807 cometeram à falsa fé, apoderando-se do Castelo de Lisboa, praticaram em 1822, portugueses, que estimávamos por defensores do país, ameaçando bombear e saquear a cidade! [...] E por que causa tal desatino? Porque o Real jovem, esperançado na benignidade paterna e da sabedoria do Congresso, anuiu à petição do povo pelo órgão competente do Senado da Câmara, para ser o protetor deste Reino, não o deixando órfão e desamparado.

O panfleto de Cairu, porém, não foi bem recebido pelo príncipe, logo sendo proibido mediante portaria do desembargador Francisco José Vieira, então ministro do Reino, cargo que ocupava desde 4 de outubro de 1821. Datada de 15 de janeiro de 1822 e dirigida à junta diretora da Imprensa Nacional, a portaria dizia que, tendo o príncipe constatado que

> No escrito intitulado *Heroicidade Brasileira*, se leem proposições não só indiscretas, mas falsas, em que se acham estranhamente alterados os sucessos ultimamente acontecidos, há por bem que a referida Junta suspenda já a publicação do dito papel e faça recolher os exemplares que já estiverem impressos, para que não continue a sua publicação.

Por conta disso a aparição do folheto foi extremamente fugaz. Luís Augusto May, redator de *A Malagueta*, jornal que começara a circular no Rio em dezembro, diria que nunca chegara a vê-lo. May não tinha maiores simpatias por Cairu. Como ele mesmo diz, estava "bem longe de defender os sentimentos, ou expressões da tal *Heroicidade Brasileira*, até pela razão forte de a não ter lido, nem ter tempo para ler". Mas May dizia também estar convencido das sólidas vantagens que bons príncipes e sisudos ministros podem sempre derivar da liberdade de imprensa. Por isso será dele, no nº 5 da *Malagueta*, publicado em janeiro de 1822, o primeiro protesto contra a apreensão da "Heroicidade". A portaria relativa à "Heroicidade" também suspendia o direito ao anonimato, determinando que não se imprimisse nada "sem que o nome da pessoa que deve responder pelo seu conteúdo se publique no impresso". May identificou na portaria expedida pelo ministro interferência na alçada do poder Judiciário. Pois o requisito de serem obrigados todos os escritos impressos a declarar o nome da pessoa que deve responder pelo seu conteúdo

145

era, na sua visão, um suplemento do ministro à lei das Cortes portuguesas de 4 de julho de 1821.

> O Art. iv do Título i da dita lei, limita ao lugar, ano da impressão e ao nome do impressor, a barreira dos dados necessários para se conhecer o responsável por um escrito. O Art. vii, leva toda a responsabilidade às costas do impressor, no caso de se ignorar quem seja o autor, ou editor de qualquer escrito: fica pois evidente que o ex-Ministro exerceu um ato de Legislação quando tomou sobre si ampliar a pré-citada Lei.

Conclui de tudo isso o jornalista que a doutrina da portaria de Vieira não era constitucional. Assim, o caso da "Heroicidade", um panfleto publicado por um censor e apreendido pela censura, esquentou o debate em torno da liberdade de imprensa no Brasil. Debate que só viria a se intensificar com a entrada em cena, cada vez mais frequente, de novos periódicos.

No dia 18 de janeiro de 1822, assumiu o Ministério do Reino e dos Negócios Estrangeiros José Bonifácio de Andrada e Silva, recém-chegado de São Paulo, de onde viera liderando a delegação que vinha pedir ao príncipe para ficar. José Bonifácio já chegou feito ministro. A ideia de sua indicação partira dos seus futuros inimigos, Joaquim Gonçalves Ledo e Luís Pereira da Nóbrega. Ledo o conhecera ainda em Portugal, durante a invasão francesa, quando José Bonifácio liderava o chamado batalhão acadêmico. Ele chegava em meio à campanha contra a Divisão Auxiliadora portuguesa, e sua chegada era aguardada com ansiedade. Tanto que a princesa Leopoldina, que estava com os filhos em Santa Cruz, foi nos dias 16 e 17 até o porto de Sepetiba esperá-lo. José Bonifácio chegou de Santos no dia 18, depois de dez dias de viagem em mar calmo, e, na noite daquele mesmo dia, apresentou-se em São Cristóvão, assumindo o ministério com amplos poderes.

146

Andrada apressou-se em promulgar logo outra portaria, alegando que "algum espírito mal-intencionado poderia interpretar a portaria expedida em 15 do corrente em sentido inteiramente contrário aos liberalíssimos princípios de S.A. Real e à sua constante adesão ao sistema constitucional", e ordenando à junta que não embaraçasse "a impressão de escritos anônimos, pois pelos abusos que contiverem deve responder o autor, ainda que o seu nome não tenha sido publicado, e, na falta deste, o editor ou impressor, como se acha prescrito na lei que regula a liberdade de imprensa".

É por conta dessas circunstâncias que a "Heroicidade" é hoje um documento raríssimo. Hélio Vianna cita vários historiadores que não teriam sequer chegado a vê-lo. Nesse caso está Carlos Rizzini, que disse acerca da "Heroicidade": "Desse escrito não há nenhuma memória. O extraordinário é ter saído da pena de José da Silva Lisboa, um dos deputados da Junta da Tipografia Nacional e infatigável turiferário do poder". Supõe Rizzini que as proposições nele contidas seriam antes inconvenientes do que falsas, pois "a mais não haveria de abalançar-se o cortesão Silva Lisboa, seu redator" (RIZZINI, p. 367).

No final da "Heroicidade", Cairu transcreve grande parte do *Caramuru*, do frei Santa Rita Durão, obra pela qual tinha grande entusiasmo, e conclui, prometendo: "Seremos daqui em diante (como sempre fomos) Fiéis à Nação; mas sempre em guerra aberta com a facção gálica e seu parasítico partido". "Fiel à Nação" seria o pseudônimo que Cairu adotaria daí por diante. Com ele assinaria a *Reclamação do Brasil*, outra publicação que o tornaria o centro de violenta refrega verificada na imprensa do Rio durante a primeira metade de 1822.

Surgida antes da "Heroicidade", a 9 de janeiro de 1822, no mesmo dia do Fico, a *Reclamação* seria publicada em catorze partes semanais, até 23 de maio daquele ano. Nela, diz Carlos

Rizzini, Cairu, "sempre empolado e bajulador", apoiou a resistência aos decretos das Cortes. Mas, no seu último número, "pensando satisfazer o Príncipe, seu constante objetivo", Silva Lisboa atacara a convocação da Constituinte brasileira (RIZZINI, pp. 367-8). Se, de um lado, Cairu esteve realmente sempre empenhado em atender o príncipe, de outro, nem sempre pode ser chamado de empolado e bajulador, como o faz Rizzini. Principalmente na *Reclamação*.

De forma corajosa ele, nos treze primeiros números da *Reclamação*, analisa e refuta os decretos e medidas das Cortes portuguesas contra o Brasil. Era atitude temerária porque o momento era grave, as tropas portuguesas permaneciam em estado de revolta no Rio e D. Pedro ainda hesitava se devia ou não obedecer às ordens que vinham de Portugal. O impacto do primeiro número da *Reclamação*, lançado em momento histórico tão importante, pode ser avaliado pelo seguinte fato:

> Atendido pelo príncipe D. Pedro o pedido do povo, [para que ficasse] tendo os componentes da Câmara Municipal voltado a seu paço, subiu a um monte de pedras existente perto do consistório da igreja do Rosário, à rua da Vala (hoje Uruguaiana), o jovem Inocêncio da Rocha Maciel, filho do líder político e maçônico José Joaquim da Rocha, e em voz alta leu à multidão entusiasmada o conteúdo do referido exemplar (VIANNA, 1945a, p. 381).

Quem era a "facção gálica e o seu parasítico partido" mencionados por Cairu no final da "Heroicidade"? Pelo visto reproduzia-se no cenário da imprensa que nascia no Rio de Janeiro a divisão de campos que marcara a corte de D. João e fizera com que se alternassem no seu ministério os simpáticos à Inglaterra, como o conde de Linhares, Tomás Antônio, o próprio Cairu etc. contra os partidários da França, os condes de Aguiar, da Barca e Galveias.

8. O *ESPELHO* CONTRA O *REVÉRBERO*

Quinze dias depois do lançamento do *Revérbero*, a 1º de outubro de 1821, Ferreira de Araújo, ex-redator da *Gazeta do Rio de Janeiro*, lançava *O Espelho*, jornal que publicaria os artigos mais insultuosos daquele período e no qual D. Pedro escreveria. A primeira polêmica em que o *Espelho* se envolveu foi com o *Revérbero* em torno do "Diálogo político e instrutivo entre os dois homens da roça André Raposo e seu compadre Bolônio Simplício, acerca da bernarda do Rio de Janeiro e novidades sobre a mesma" (Impressão Régia, 1821), panfleto que circulou no Rio de Janeiro em meados de 1821.

Essa foi a primeira polêmica da imprensa brasileira. Ela antecipa a forma que tomarão as polêmicas do período. Além da rivalidade natural dos redatores — competiam os dois jornais pelo minguado público leitor da capital —, já se pode adivinhar ali a diferença de postura com relação aos portugueses que marcará a atuação dos liberais e dos monarquistas. Ledo e seu grupo, do qual faziam parte vários portugueses, tenderão para uma atitude menos radical no que dizia respeito às críticas aos portugueses. Já *O Espelho*, monarquista, atacava os portugueses mas defendia o rei.

A polêmica se iniciou após a publicação no *Revérbero* de carta assinada pelo "Constitucional de fato e de direito" fazendo críticas de caráter generalista ao panfleto. A resposta de "André Raposo" viria no nº 13 do *Espelho* e começava dizendo que as críticas do *Revérbero*, em vez de refutação da doutrina do "Diálogo", nada mais eram do que um "aranzel de injúrias e impropérios" contra a sua pessoa. Diz que escreveu aquele "Diálogo" para "instruir os palradores que leem e não entendem e falam sem saber o que dizem". Sua intenção não é "nem intrigar, nem adular alguém". "André Raposo" também diz ao seu antagonista que sabe

O ESPELHO.

Num. 1.   SEGUNDA FEIRA 1.º DE OUTUBRO DE 1821.   **80 Réis.**

Mr. Guizot, na terceira ediçaõ da sua excellente obra do Governo da França depois da Restauraçaõ, dada á luz em 1820, ajuntou huma Nota, em que diz o seguinte: — " Nada tenho " a accrescentar a cerca de Portugal, senaõ que " a obra está alli consummada plenamente no " que respeita ao jugo estrangeiro, e quanto pó- " de estar para o governo interior em ausencia do " Soberano. Nenhuma revoluçaõ se fez com mais " unanimidade e menos esforço; em nenhuma par- " te brilharaõ em mais bella harmonia a necessi- " dade da independencia nacional, o dezejo de " instituições livres, e a lealdade para com a fa- " milia dos Reis. ,, Estas palavras produzidas pela admiraçaõ do inflammado enthusiasmo, com que huma Naçaõ de Heroes expellio do seu terreno, e do de seus visinhos, o bando de harpias, que ameaçavaõ a sua independencia, parecem profeticas do assombroso acontecimento, que chamou a attençaõ do Universo sobre o Douro e o Tejo quasi na mesma época, em que se publicára o mencionado escrito, e que conta por hum dos seus dias classicos este, em que abrazado no amor da Patria, eu tomo a cansada penna, para sacrificar sobre os altares da liberdade os debeis rasgos de huma imaginaçaõ resfriada.

Naõ encherei estas paginas da pintura taõ energica, como fiel, dos males, que pezavaõ sobre a Naçaõ, repetida em tantos escritos, e até pronunciada com tanta eloquencia em discursos emulos da immortalidade. Em vez de enlutar a minha alma com taõ ingrata recordaçaõ, contento-me em reconhecer que daquella fonte envenenada emanou a nossa actual felicidade. Quando a soberba dos Aulicos tornava insupportavel o pezo da obediencia, quando a desenfreada ambiçaõ occupava o lugar da justiça, e a arbitrariedade venal usurpava os direitos da lei, quando o Cidadaõ, vivendo só para arrastar hum jugo de ferro, naõ saboreava os doces fructos da liberdade, e da segurança individual, e a cada momento receava a invasaõ da legitima propriedade; era necessario que huma faisca electrica tocasse o cadaver da Naçaõ, ou que hum novo Prometheu trouxesse do Céo o fogo capas de animar o que já parecia fria estatua. Bradava o Direito das Gentes que o pacto estava rescizo: que a Naçaõ reentrára na posse de isenções, que condicionalmente cedera: que o Cidadaõ naõ póde dispensar prerogativas inalienaveis pelas Leis da Natureza; e hum gemido da Patria oppressa abalou os animos dos verdadeiros Portuguezes, restituio o elasterio ás molas do Patriotismo, e da velocidade do raio, voou do Doiro ao Tejo, do Tejo ao Amazonas, do Amazonas ao Doce e Prata este espirito Regenerador, que arresta impavido os perigos, e resoluto a morrer ou ser livre, naõ descorçôa com as mais vivas contradições...

Descorçoa!.. E este termo póde jámais applicar-se a Portuguezes!.. Aquelles, que poseraõ a Corôa na cabeça do 1.º Affonço, sustentaraõ-na sobre a do 1.º Joaõ, restituiraõ-na ao 4.º, e seguraraõ-na ao 6.º, destroçando as Aguias victoriosas do Sena, poderiaõ recear alheios estorvos! Quando se vio os Portuguezes lançarem maõ ao arado, e voltarem para traz? Os campos do Salado depoem a sua intrepidez; e Bussaco, Albuhera, Salamanca, e tantas outras apregoaraõ eternamente a sua inabalavel firmeza. Em defeza do Rei, da Patria mésta, prontos a encarar a morte, seus dezejos foraõ coroados, quando o Soberano, que taõ extremosamente amavaõ, conhecendo qual he mais excellente se ser do Mundo Rei se de tal gente, abraçou as reformas necessarias ao bem dos seus subditos; e o Principe, herdeiro das suas virtudes, declarado Campiaõ de Nossa feliz Regeneraçaõ, só procura a prosperidade da Gloriosa Naçaõ, a que pertence. Dia 26 de Fevereiro, fugirás tu jámais da lembrança dos habitantes do Rio de Janeiro!.. Primeiro se esqueceraõ da sua existencia do que dos bens, que entornaste sobre elles!

A enumeraçaõ exacta destes bens, he de certo mui ardua tarefa. Do extremo Antarctico da grande Zona, eu folgo de lançar as minhas vistas a aquelles veneraudos Archontes, que hoje formaraõ o seu assento na Capital do Luso Imperio a esse respeitavel Senado de Heroes, ou de Numes, que felicitaõ a Lusa Monarquia com as Leis mais Sabias. Permitta-se ao meu enthusiasmo espraiar neste momento com pleno desafogo os abundosos sentimentos da minha alma; concorda-se analysar os beneficios, que tem colhido Portugal, o Brazil, todo o vasto Imperio Lusitano, deste Sanctuario da Sabedoria e da Virtude, que attenta exclusivamente á glória, e á prosperidade da Naçaõ, que os constituio seus Representantes.

Bem sei que nos escassos limites de huma folha abranger hum assumpto, que torna mesquinha a mais caudal eloquencia, he querer encerrar o mar em huma concha. Mas eu farei como o Navegante, que para fixar o ponto da partida, naõ considera a longa extensaõ das Costas, e marcando sómente hum ou dois pontos mais notaveis, determina o começo da sua derrota: assim eu contemplarei alguns dos mais assignalados bens, que devemos á Sabedoria das Cortes, para com methodo poder continuar nos seguintes Numeros esta interessante empreza.

Disse excellentemente Benjamin de Constant " que a Constituiçaõ naõ he hum acto de hostili- " dade. He huma acto de uniaõ, que fixa as re- " lações reciprocas do Monarca, e do Povo, e " lhes indica os meios de sustentar-se, de ap- " poyar-se, e de ajudar-se mutuamente ": e o Illustre Deputado, o Senhor Annes de Carva-

melhor que ele o que é uma Constituição e o que é ser constitucional, não obstante aquele denominar-se "Constitucional de fato e de direito" e que os homens honrados de Portugal e alguns dessa corte que o conhecem sabem como ele pensa. E conclui com os desaforos que logo se tornariam marca do *Espelho*:

> V.M. está mais em estado de receber conselhos que de os dar. E a sua refutação não é nada mais que um aranzel de chocarrices, que não se ocupou senão de frioleiras, injúrias e ditérios, fazendo-se digno de ser flagelado com palmatoadas [...]. Roça, 1º de novembro de 1821 (*Espelho*, nº 13, 26 dez. 1821).

"André Raposo" cobraria do *Revérbero* que este, tendo se constituído defensor do povo dessa capital, não a tenha defendido dos ataques que lhe teria feito o *Semanário Cívico da Bahia*. Aquele periódico, sempre citado com acrimônia pelos periódicos publicados no Rio de Janeiro, teria dito, em seus nºs 18 e 19, que não havia no Rio de Janeiro quem soubesse os princípios elementares do Direito e que o rei levara consigo, em seu navio, todos os dinheiros públicos e particulares. Pergunta o *Espelho* ao *Revérbero*: "Por que não refutou insultos e mentiras tão escandalosas?".

Talvez porque a afirmação do *Semanário Cívico da Bahia* fosse verdadeira, estava na boca do povo e era veiculada em quadrinhas do tipo: "Olho aberto/ pé ligeiro/ vamos à nau/ buscar o dinheiro" (BELCHIOR, p. 57). Acusação semelhante reaparecia posteriormente no insuspeito jornal de Hipólito da Costa (pp. 336, 511, 512). Ali o jornalista acusava o conde dos Arcos de ter "dado por justas e liquidadas as contas do tesoureiro-mor, Targini" e passaporte para aquele "se pôr ao fresco". A má fama de Targini também se fixara no espírito popular, e ele aparecia nas quadrinhas humorísticas do tempo: "Furta Azevedo no Paço/

Targini rouba no Erário/ E o povo aflito carrega/ Pesada cruz ao Calvário".[12]

"André Raposo" renega a afirmação demagógica do *Revérbero* de que os portugueses de ambos os mundos não saberiam o que era crime de lesa-majestade ou lesa-nação, porque sempre foram fiéis aos seus reis. Para refutar essa afirmativa, "André Raposo" recupera uma tenebrosa galeria de traidores e criminosos que pontuariam a história de Portugal e do Brasil. O mais interessante nesse texto, além da enxurrada de informação histórica, é a referência a Tiradentes, chamado de "milagroso". Antecipando a criação do mito que, segundo José Murilo de Carvalho, se fixaria no final do século XIX:

> Porém diga-me quem intrigou D. Afonso Henriques com sua mãe? Quem fez a desgraça de Sancho Capello fazendo-o desterrar e morrer fora do reino? Quem acendeu o facho da discórdia entre D. Dinis e Afonso IV? Quem fez morrer D. Inês de Castro? Quem armou o Infante D. Pedro e o fez morrer na infeliz batalha de Alfarrobeira? Quem levou Afonso V a Tangere e Arzilla para o fazer desgraçado e fugitivo em França? A quem matou pela sua própria mão D. João II? Qual foi a causa de se sepultar vivo na Torre de Palmela, D. Garcia de Meneses? Quem envenenou D. João II na vila d'Álvor? Quem fez a desgraça d'El Rei D. Sebastião na África? Quem vendeu o reino a Felipe II? Quem malogrou as tentativas de D. Antônio, Prior do Crato? Quem obrigou a fugir o duque D. Raimundo de Lencastre? Por que mandou o Sr. D. João IV degolar em Lisboa o Duque de Caminha, o Marquês da Vila Real, e o Conde de Armamar? Quem ia abismando Portugal no reinado do Sr. D. José I? Quem pediu a Napoleão rei para Portugal? Por que foi enforcado o Tiradentes milagroso de Minas Gerais? Por que foi feito o Barão de Itanhaém? Quem fez a chamada revolução dos mulatos da Bahia no tempo do Marquês de Aguiar? Por que foram

fuzilados na Bahia o Padre Romano e o infeliz Martins? Que referiram as gazetas da Bahia do fugitivo Marechal Felisberto? Então à vista disto e do mais que fica no tinteiro para outra vez que seja necessário, foram sempre fiéis os portugueses de ambos os mundos? [...] Cá e lá más fadas há!!! (*Espelho*, 26 dez. 1821).

Não empreende o *Revérbero* uma aventura tão alentada quanto o *Espelho* sobre a história de Portugal. Detém-se, no entanto, na figura de Tiradentes, relembrando "a barbaridade de um André de Saia, que obrigou a desventurada mãe e a desconsolada irmã a deitarem luminárias na noite do infausto dia, em que pelas ruas de Vila Rica se hastearam os membros do seu extinto irmão e filho!!!".

A polêmica com o "André Raposo" prosseguirá ainda ao longo de alguns números do *Revérbero*. Tomará conta especialmente do seu nº 12, que saiu numa terça-feira, 29 de janeiro de 1822. É o número de caráter mais humorístico do *Revérbero*. Começa dizendo que "André Raposo" é o "novo meteoro fulminante na órbita do *Espelho*". Descarta os comentários do *Semanário Cívico da Bahia*, dizendo que a doutrina de "André Raposo" é a mesma do *Semanário Cívico*, lembra que todos sabem quem é o *Semanário Cívico da Bahia* e que, portanto, para "palavras loucas, orelhas moucas". E prossegue na linha humorística que preferiu dar a essa última correspondência contando uma anedota:

Certo empresário tinha um preto por nome André, que campava de espertalhão e entendedor. O empresário consultava o tal capadócio sobre as pessoas que poria em cena e mais concurso atrairiam, o André dava o seu voto e o empresário observava à risca: mas eis que à noite ninguém concorria ao teatro! Dizia mui triste o empresário voltando-se para o conselheiro: Vem cá André: tu já viste algum André que não diga asneira?[13]

A este propósito, indaga: "V.V.M.M. serão irmãos ou os Andrés terão oculta simpatia?". Para encerrar, o "Constitucional de fato e de direito" promete "nada mais responder aos Andrés, podendo eles agora afoitamente dizerem o que quiserem". Age assim, diz, por estar persuadido de que aquela discussão em nada interessa ao bem público, principalmente "nesta ocasião em que a Pátria exige dos escritores trabalhos de outra natureza".

Em resposta, o *Espelho* publicaria as "Reflexões do redator sobre o artigo correspondente do nº 12 do *Revérbero Constitucional Fluminense*". Dessa vez, portanto, como talvez também o fosse nas anteriores, quem escreve é Manuel Ferreira de Araújo Guimarães, e o seu tom não é ameno. Começa dizendo que fora o seu mais apurado empenho não dizer uma palavra em desabono dos outros periódicos. Mantivera-se até então firme nesse propósito, mesmo tomando conhecimento de carta contra ele inserta em um folheto e de cabalas privadas. Quis, diz aquele redator, iludir-se com "a mágica palavra intriga", apesar de estar diante das provas mais evidentes. Quando lhe foi entregue a carta assinada por "André Raposo", parcialmente transcrita acima, diz Ferreira de Araújo que pediu ao seu autor que riscasse um parágrafo, em que falava de um dos redatores do *Revérbero*. "Tal era o meu escrúpulo!". Mas,

> Finalmente rasgou-se o véu. Apareceu ali uma diatribe injusta, não provocada, mas cunhada com o selo dos muito sábios redatores!! Mais uma vez provarei com o meu silêncio que conheço perfeitamente a civilidade que deve caracterizar os homens de letras. Não poderei porém tratar da mesma sorte o desprezível réptil, que saindo assanhado do mato, morde uns, abocanha outros e empesta a todos! O desprezo é perigoso em semelhantes casos. Estas sevandijas atacam mesmo quem não as ofende, e querem por toda a parte espalhar o veneno que fabricam no seio! Assim

saltou gratuitamente este escritor (se tal nome lhe compete) contra quem nem levemente o ofendera! Ignorante, atrevido fala em meteoro na órbita do Espelho, [...] caracteriza de frioleiras o que não entende [...].

Esperando que o André (nome que faz toda a sua reputação) responda vitoriosamente aos silvos do réptil, me envergonho de ter sido obrigado a tomar da pena para tão pouco honrosa tarefa (*Espelho*, nº 23, 4 fev. 1822).

Comparando a reação do redator do *Espelho* ao que tão bem humoradamente escrevera o *Revérbero*, esta soa estranha. O *Espelho* começara já a se tornar um jornal semioficial. Superara nesse mister a *Gazeta do Rio de Janeiro*, que, ao publicar a proclamação do general Avilez, caíra temporariamente em desgraça. Nem surpreende, portanto, que o *Revérbero* se limite depois de tão violento ataque a inserir, em seu nº 17, de 5 de março de 1822, um aviso que apenas remotamente pode parecer resposta à diatribe do *Espelho*. Nele, os redatores do *Revérbero* prometem que não vão responder a sarcasmos e invectivas que se lhes façam por questões literárias. E pedem aos que se cansam mandando cartas ao *Compilador*[14] e ao *Espelho* que tomem da pena e lhes escrevam.

9. QUEM ERA O MALAGUETA

O último jornal a surgir no Rio em 1821 foi *A Malagueta*. Tratava-se de um periódico em que o estilo e a personalidade do redator eram tão característicos e predominantes que Luís Augusto May passaria, daí em diante, a ser mais conhecido como "o Malagueta". May não era brasileiro. Nascera em Lisboa em 1782. Sentara praça em 1798, chegando ao posto de capitão de artilharia. Estudara em Coimbra e fizera parte do Batalhão Acadêmico

N.º 1.

DEZEMBRO DE 1821.

×○×○×○×○×○×○×

A MALAGUETA.

Quando se diz á cerca dos Negocios do Estado = que me importa? = deve-se contar que o Estado está perdido.

J. J. ROUSSEAU.

Nem os Compadres de Lisboa, Rio, ou Belém, nem todos os Sacristáes da Monarquia Portugueza, serião bastante para me fazerem retratar a protestação que eu tinha feito de não me arriscar a escrever, em quanto não visse a certeza de ser lido com imparcialidade, ou julgado com indulgencia: mas o que não fizeráo nem Sacristáes, nem Compadres, nem todos os acontecimentos nesta Cidade, desde Outubro do anno passado até agora, vai hoje effectuar a circulação das noticias que acabão de chegar de Portugal.

Eu desejaria poder agora convidar tanto o Filho do Compadre do Rio de Janeiro, como o Amigo Sacristão, para me ajudarem no sen desempenho a safar-me bem da tarefa em que me vou metter; mas como em Allianças he mais o tempo que se perde do que aquelle que se ganha, e como eu desejo antecipar quanto to possa, as disposições, que necessariamente deverão preceder a factura da Governança futura do Rio de Janeiro, por isso me abandonarei a mim mesmo, e aos meus pequenos recursos.

Por Disposições das Cortes Geraes, e Extraordinarias da Nação Portugueza está finalmente decidido, diz a Fama Publica, que as Pessoas Reaes aqui existentes tem de se retirar para Portugal, substituindo-se a Regencia de Sua Alteza Real pela Governança Politica creada pelo modelo da de Pernambuco, ficando extinctos Tribunaes, e mais Simulacros de Authoridade Regio Politica, que havião sido creados por Sua Magestade, ou para melhor dizer pela natureza da Emigração de 1807, e do Quadro que o Mundo Politico offerecia então aos olhos de todo o homem de tacto fino, e despido de prejuizos.

Admittida a existencia das referidas Disposições do Soberano Congresso, poder-se-ha deduzir; que fica evidente a direcção da Força Moral da Constituição a respeito do Brasil; que todas as vistas politicas de D. Luiz da Cunha, e do Marquez de Pombal erão sonhos, e ociosidades; que as theses do Pacto Social, e o desejo de melhorar as Constituições, e Governos de Paizes podem dispensar a sagacidade politica; e a profunda combinação na reunião dos interesses de differentes Povos em hum só

grande, e commum interesse: mas eu vou já deixar circunlocuções, e figuras, para fallar com clareza, e precisão, pois necessito muito que todos me entendão.

Quando Sua Magestade El Rei sahio deste Reino, era tal o estado de alvoroço, perplexidade, e confusão, que resultavão da maneira com que esta mudança se effectuava, que todos os homens sisudos reconhecião que já desde 7 de Março nada se fazia debaixo de hum systema fixo, e concertado de Gabinete: os manejos que tiverão lugar nos principios, e mendo de Abril, para o establecimento do Governo que devia substituir o de Sua Magestade, mostravão evidentemente que nada havia de premeditado; que se lançava mão do pensamento do dia; e que o excesso de boafé em huns, e o extremo de odiosa intriga em outros, tinhão substituido as vezes da firmeza, e do tino. No fim de tudo sobreveio o malfadado dia 22 de Abril, que acabando de encher tudo de terror, e desconfiança, acabava tambem de tirar a todos a possibilidade de raciocinar; bem como as atrocidades de Paris de 1792, e 1793 que aturdindo os pobres Parisienses, erão só entendidas pelo Robespierre que as dirigia.

Era impossivel que na resolução em que Sua Magestade estava de deixar o Paiz, e na consternação Geral que resultava do golpe do dia 22, se podesse tomar alguma deliberação que não fosse insufficiente para a nossa posição melindrosa: Sua Magestade nomeou Regente o Senhor Principe Real, e creou quatro Ministros para as repartições, bem na fórma do antigo quadro, sem mais accessorio algum. Não havia hum só homem de bem que não lastimasse com profunda dôr, e magoa a situação de Sua Alteza Real, que contando apenas vinte e dous annos, se via rodeado de cousas que não permittião esperar-se a ressurreição de força moral, nem a possibilidade de ousar por hum momento a opinião publica, para depois lhe dar sua direcção: entregue por hum lado ás especulações ociosas de Conde dos Arcos, e receoso por outro das convulções dos Corpos de Portugal que levnão, pela maior boa fé da manutenção da Constituição, á involuntaria, mas miserrima, execução das barbaridades do dia 22, não tinhão agora outro expediente a tomar, senão

com José Bonifácio, durante a ocupação francesa. Por decreto de 10 de dezembro de 1810, tornara-se adido ao estado-maior do Exército. Antes disso estivera em Londres, como funcionário da Secretaria da Legação Estrangeira. May seria mais tarde acusado de ter vendido documentos do conde de Funchal[15] a Hipólito da Costa, durante sua temporada em Londres.

É conhecida a antipatia que marcou as relações de Hipólito com Funchal, o embaixador português na Inglaterra. Antipatia que se tornara pública depois de se verificar um episódio desagradável entre os dois, durante recepção oferecida pelo conde, em 1809, em Londres. As tentativas de reprimir a ação do jornalista, intentadas por Linhares e por Funchal, esbarraram no fato de que, como se queixaria este último em carta ao irmão, o duque de Sussex havia "tido a bondade" de naturalizar Hipólito cidadão inglês (RIZZINI, p. 369). Em vários artigos, Hipólito atacou as atitudes de nouveau riche do conde e a sua mediocridade como ministro. No entanto, não faz referências que pareçam vir de documentos secretos sobre Funchal ou suas atividades. Talvez as informações que May tenha lhe passado não fossem mais do que meras fofocas. O mais provável é que May, muito falante, acabasse por levar a Hipólito anedotas sobre a intimidade do conde. De qualquer maneira, mais tarde May seria o primeiro jornalista brasileiro a ter seu jornal comentado no *Correio Braziliense*, e de forma bastante simpática.

Em 1810, May veio para o Brasil trabalhar como intérprete dos trabalhadores suecos da fábrica de ferro de São João de Ipanema, em Sorocaba, São Paulo. Trazia carta de recomendação de D. Domingos Antônio de Sousa Coutinho, o conde de Funchal, para o irmão, conde de Linhares, então todo-poderoso ministro de D. João. Aquela curiosíssima carta foi ditada por Funchal ao portador e é um documento da imagem do jornalista diante de seus contemporâneos.

Escrevo esta carta ditando ao portador, o tenente Luís Augusto May, o qual, além do ofício que já escrevi a seu respeito, deseja esta carta particular com que se te apresente. É natural que escrevendo ele mesmo a carta, eu não diga nem muito bem nem muito mal [...] O conhecimento que tem das línguas inglesa e francesa o habilita igualmente para o serviço civil e militar principalmente se seu chefe o vigiar bem e não o deixar conversar demais (carta datada de 7 set. 1810, apud DOURADO, p. 233).

Funchal também recomenda ao irmão que procure arrancar de May informações sobre sua ligação com pessoas do grupo de Hipólito e que continue a observar seus movimentos no Rio. O conde estava certo de que era daqui que vinham as "poucas vergonhas do *Correio Braziliense*". Sobre o conteúdo da carta de Funchal, Antônio Teles da Silva[16] contaria depois a D. Pedro uma versão anedótica que lhe teria sido transmitida por Hipólito, segundo a qual, na carta, o conde dizia ao irmão:

Meu irmão. Luís Augusto May, portador desta, pede-me que o recomende a Vossa Senhoria. Ele é um doido varrido, mas como também faz caturrices pode diverti-lo nas horas vagas; queira portanto dar-lhe preferência a qualquer outro que esteja nas mesmas circunstâncias (DOURADO, p. 234).

May gostava de um cargo público, de uma condecoração. Era ambicioso. Não pedia pouco. Durante os anos de 1816 e 1817 bombardeou de cartas o marquês de Aguiar, o conde da Barca e Tomás Antônio, ministros de D. João VI. Seu objetivo era manter o direito de promoção nos postos militares, apesar de ter se tornado funcionário civil. Chegou a solicitar, por ocasião da aclamação de D. João VI como soberano do Reino Unido de Portugal, Brasil e Algarves, promoção ao posto de sargento-mor.

Pensando contentá-lo, o governo concedeu-lhe, em fevereiro de 1818, o hábito da Ordem de Cristo. Em 1819, apesar do parecer contrário do conselho militar, May, inconformado, ainda insistia na obtenção do hábito da Ordem de São Bento de Aviz, reservado aos oficiais de terra e mar (cf. VIANNA, 1945a, pp. 503-4). Finalmente conquistou uma pensão por meio de decreto de D. João VI datado de 15 de maio de 1820, "em atenção ao muito préstimo e honra com que tem servido como Oficial da Secretaria de Estado dos Negócios da Marinha" (DOURADO, p. 237).

As confusões do período que antecedeu à Independência, no entanto, encontram-no sem padrinhos. Quando viu seu cargo ameaçado pelas medidas das Cortes portuguesas, May "teve de tirar seus cuidados dos sonhos na sua reforma e aposentadoria" (*Malagueta* extraordinária, nº 1, 31 jul. 1822) e lançou-se "no campo raso da liberdade da Imprensa" com a publicação, em 18 de dezembro de 1821, do primeiro número da *Malagueta*. Não foram, diria ele depois em carta aberta ao príncipe, "manejos de uma recôndita política, nem falsas ideias de merecimento pessoal, que o haviam posto na escabrosa carreira de escritor".

A *Malagueta* contava com o patrocínio do negociante português Manuel Joaquim Portugal de Lima, que doara a May o material tipográfico, viabilizando sua impressão. Resumia-se o jornal a um longo artigo do seu redator, escrito na primeira pessoa, muitas vezes sob a forma de uma carta ao imperador. May tinha a mania de escrever a D. Pedro — nem sempre com muito sucesso, como se verá. Seu estilo era pesado, não só por conta dos enormes parágrafos como também das questões de que tratava. Em geral, ele procurava intervir no debate político, propondo medidas constitucionais. Era culto, familiarizado com os pensadores iluministas. A epígrafe do seu jornal fora extraída, numa atitude ousada para aquele tempo, de Jean-Jacques Rousseau: "Quando se diz acerca dos negócios do Estado: Que me importa? deve-se contar que o Estado está perdido".

A repercussão da *Malagueta* foi imediata. O jornal de May logo se tornou o mais popular na corte, chegando a contar com quinhentos assinantes no Rio de Janeiro. Sua publicação era um ato de destemor de um cidadão comum num cenário em que a imprensa política era comandada pelo poderoso Cairu, pelo coronel Ferreira de Araújo e pelo cônego Goulart, na redação da *Gazeta do Rio de Janeiro*, todos escrevendo com o aval do ministério.

Mesmo a ação de Gonçalves Ledo e Januário Barbosa não tivera um caráter tão temerário. Afinal, eles estavam respaldados pela maçonaria, que tanto fascínio exercia sobre os contemporâneos e que era uma força política. Não é possível esquecer que a própria Revolução Constitucionalista do Porto fora preparada numa loja maçônica. May nunca foi maçom, como declararia mais tarde. Agia por conta própria. Dizia não ser "constitucional por contrato, nem corcunda por inclinação, nem republicano", e alegava ter sido "educado à sombra da Magna Carta e do *Bill* dos Direitos do Homem" (nº 1, 18 dez. 1821).

O tom pedagógico com que a *Malagueta* se dirigia ao príncipe e à opinião pública seria criticado por muitos. Cairu diria, em 1824, que May "era um desses tigres devoradores que se apresentam sob a pele de mansíssimos cordeiros", pretendendo fazer-se passar por "mentor de Sua Majestade". A postura pedagógica que assumira em seu trabalho jornalístico era reconhecida até pelo próprio Malagueta:

> Não faltará nesta Corte quem se conspirara contra o ar de pedagogo de que eu me servia, para pregar aos ministros e, decerto, se o ex-ministro Vieira pudesse servir de exemplo, tínhamos um 2º tomo à supressão da Heroicidade Brasileira.

Seus ataques eram velados. Valia-se do recurso de fazer anteceder a crítica à atitude do adversário de um imenso elogio às suas qualidades pessoais. Além de comentários irônicos sobre a atuação dos ministros, costumava lembrar de forma sub-reptícia a imaturidade de D. Pedro. Dizia, já no seu primeiro número, que não havia um só homem de bem "que não lastimasse com profunda dor e mágoa a situação de Sua Alteza Real, que contando apenas vinte e dois anos se via rodeado de coisas que não permitiam esperar-se a ressurreição da força moral [sic] nem a possibilidade de sustar por um momento a opinião pública". Mais tarde, quando May entrar em confronto direto com os Andrada, lembrará que, desde o primeiro número do seu jornal, já apontara "os graves prejuízos que se seguiram do abandono em que este jovem príncipe se viu, entregue às frioleiras ou charlatanismo de outrem". Era o estilo do Malagueta, cheio de circunlóquios, de observações de duplo sentido, de falsa subserviência, que irritava profundamente seus adversários.

10. O *REVÉRBERO* CONTRA A *MALAGUETA*

Teu inimigo é o oficial do teu ofício.
Espelho, *4 mar. 1822*

Uma fogueira das vaidades fez arder as relações do *Revérbero* com a *Malagueta* em abril de 1822. Por meio dos artigos publicados nos dois jornais naquele mês, fica patente a consciência que os atores dos episódios que resultaram na independência tinham da importância de seu papel para a história do Brasil. Em seu n⁰ 14, o *Malagueta* contava de sua surpresa diante da boa vontade com que sua folha fora recebida. Essa seria, a seu ver, a maior prova de que ninguém nela influía direta ou indiretamente. O que despertará a reação do *Revérbero* é que May se arvorava de ter sido o primeiro a denunciar e conclamar o povo a reagir contra as medidas emanadas das Cortes portuguesas com relação ao Brasil, só admitindo dividir essa glória com "um honrado bacharel que saiu a campo debaixo de quase iguais princípios 12 dias depois" (*Malagueta*, nº 14, 6 abr. 1822).

O primeiro número da *Malagueta* saíra em 18 de dezembro. Dias depois o que circulou no Rio foi o documento dos paulistas, que D. Pedro mandou publicar na *Gazeta do Rio de Janeiro* do dia 8 de janeiro de 1822. Apesar de assinado por vários outros, sabia-se que era de autoria de José Bonifácio. O primeiro número da *Reclamação* de Cairu só saiu no dia 9 de janeiro. A "Heroicidade", também de Cairu, só aparecerá a 14, e May afirmaria nunca o ter visto. Por tudo isso o mais provável é que o "denodado bacharel" a que May se refere seja mesmo José Bonifácio e que já vá na menção lisonjeira à pessoa do ministro exercício bajulatório. Arte em que tanto se distinguiu o redator da *Malagueta*.

Contra a primazia reivindicada pelo Malagueta é que protestou o *Revérbero*. Ressentia-se da injustiça com que "tão estimável redator se esquecia do mérito alheio para patentear o seu", dizia que não invejava a sua glória, mas notava "a sua filáucia" e requeria que ele fosse mais justo. Lembrava o *Revérbero* que, muito antes de dezembro, "quando ainda a pimenteira nem plantada estava" e ainda não se falava na tentativa de recolonização do Brasil e do restabelecimento do monopólio comercial, surgira na praça a "Justa retribuição dada ao compadre de Lisboa (em desagravo dos brasileiros ofendidos por várias asserções que escreveu na sua carta em resposta ao Compadre de Belém pelo filho do Compadre do Rio de Janeiro que a oferece e dedica aos seus patrícios)".[17] Portanto, acrescenta com ironia o *Revérbero*, seis meses antes de *A Malagueta* "frutificar", houve um "ente insignificante, um vulgar escritor", que se atreveu a combater as perigosas doutrinas da recolonização do Brasil, animando-se a responder ao Compadre de Lisboa e aos seus auxiliares de lá e de cá (*Revérbero*, nº 23, 15 abr. 1822).

O panfleto do padre Perereca — que, segundo Sacramento Blake, era colaborador eventual do *Revérbero* — fora enviado para publicação em julho de 1821, quando D. João já partira, mas só saiu impresso em 8 de setembro de 1821, uma semana antes de *O Revérbero* ser lançado. Uma segunda edição foi publicada em 1822. Esta, também vítima dos costumeiros atrasos da Impressão Régia, fora enviada em dezembro de 1821 e só aparecera em fevereiro de 1822. Ao relatar esses fatos, o *Revérbero* insinua que isso ocorrera devido a manobras políticas. Tal hipótese, que parece possível para a primeira edição, é pouco provável para a segunda, de dezembro de 1821, quando todo mundo já estava se pronunciando de forma direta contra Portugal. Até mesmo Cairu, o censor. Por sinal, muito elogiosamente citado no texto do padre. O mais provável é que o padre, como outros que dependiam da disponibilidade da Impressão Régia, tenha tido mesmo que aguardar na fila pela sua vez. Outro padre, Aires de Casal, amargurara-se durante anos, sofrera enormes desgostos para fazer imprimir ali a sua notável *Corografia brasílica* (também citada no panfleto do padre Perereca).

Além da resposta à *Malagueta*, no mesmo número do jornal e na sequência da carta acima aparece um outro texto intitulado: "Duas palavras dos redatores sobre o mesmo assunto", o que leva a crer que o autor do primeiro não era nenhum dos dois redatores, Ledo e Januário, tendo a resposta à *Malagueta* saído talvez da pena do próprio padre Perereca.

O tom do texto dos dois redatores é mais untuoso e político. Relembram, logo no início, a respeitosa estima que sempre consagraram ao redator da *Malagueta*, fundada nas suas apreciáveis qualidades e em serem todos escritores interessados na causa do Brasil. E, muito naturalmente, puxam a brasa para a sardinha do *Revérbero*, lembrando que este, em seu nº 6, datado de 1º de dezembro de 1821, também previra e denunciara o plano de recolonização do Brasil.

Aquele número, acentuam os redatores, não só foi anterior à chegada dos decretos no Rio, o que aconteceu apenas a 9 de dezembro, como também precedeu à publicação do "voto do ilustre eleitor" com quem May repartiu a glória da descoberta. No final, o *Revérbero* convida, em tom elegante e ameno: "Caminhemos a um só fim, Sr. redator. Podemos marchar reunidos e sem nos acotovelarmos. [...] Somos com veras seus amigos, mas também prezamos a verdade e ninguém gosta que deprimam o seu tal ou qual merecimento" (10 abr. 1822).

Encerrando a peleja, a mais gentil e delicada do período, o *Revérbero* publica no seu nº 25, de 30 de abril de 1822, carta de May, "por muitos motivos nosso particular amigo, onde aquele diz que tudo não passou de um *mal entendu*. O *Revérbero* aproveita o episódio para dizer aos seus leitores, em tom pedagógico, que, quando os escritores assim procedem, as contendas literárias expiram logo ao nascer".

11. *O ESPELHO* CONTRA A *MALAGUETA*

Seria contra May que o *Espelho* voltaria suas baterias, depois do episódio entre o *Revérbero* e "André Raposo". Em meados de fevereiro de 1822, o *Espelho* publicava carta de um leitor que se assina "Patriota Constitucional", reclamando do silêncio que todos os redatores dos periódicos do Rio guardaram sobre a cerimônia do dia do Fico. Mencionava explicitamente o *Revérbero*, a *Malagueta* e a *Gazeta do Rio de Janeiro*, apelidada de "Gazeta Ministerial", e o próprio redator do *Espelho*, a quem, segundo o leitor, se devia sempre a relação fiel e exata das festas, procissões, bandos[18] etc. que tinham lugar na cidade (*Espelho*, nº 27, 18 fev. 1822).

Apressou-se a *Malagueta* em responder ao "Patriota Constitucional". Valendo-se do rifão "até o lavar dos cestos é vindima", a *Malagueta* aproveitava para ironizar o fato de que no *Espelho*, em 18 de fevereiro, ainda se estivessem tratando de coisas acontecidas no dia 9 de janeiro. Mas, diz a *Malagueta*, se, como garante o "Patriota Constitucional", o redator do *Espelho* "está de posse de relatar, em grande, quanta festa, procissão, bandos ou batuques que há nesta cidade, como quer ele, no nome do bom senso, que metamos a mão em seara alheia?".

Foi assim que começou a briga do *Espelho* com a *Malagueta*. No nº 30 daquele jornal (1º mar. 1822), saiu outra correspondência endereçada à *Malagueta*. Era do próprio redator, que dizia que, vendo a cordialidade com que a *Malagueta* tratara o "Patriota Constitucional", não esperava que também sobrasse um cumprimento "ao acanhado redator do *Espelho*":

> O senhor ou senhora Malagueta diz que eu estou de posse de relatar em grande quanta festa, procissão, bandos ou batuques há nesta cidade. Folheei logo o dicionário (trabalho que me dá muitas vezes o Sr. Malagueta) e não achei a palavra *batuque*. Fiquei desesperado de que um sábio e sapientíssimo, que não é da terra dos pretos (nem dos macacos) [referência ao fato de May ser português] empregasse um semelhante termo acerca de festas tão solenes, como aclamação, casamentos, batizados e enterros de pessoas reais. [...] Ora pois, senhor sabichão da língua portuguesa (que nos tem brindado com termos tão mimosos) explique, quando houver lugar na sua interessantíssima folha, o que é batuque, [...] para que eu faça ideia assim da palavra como da infinita destreza do Sr. redator.

Com essa crítica, Ferreira de Araújo pretendia dizer que o Malagueta desrespeitara as instituições tradicionais da Coroa, nivelando os solenes "bandos"— as tradicionais e exageradas solenidades que marcavam qualquer aniversário, batizado, casamento, enterro etc. de pessoas da família real — aos "batuques" dos negros.

Na seção de correspondência do número seguinte, Ferreira de Araújo publicava as "Reflexões sobre o nº 8 da Malagueta". A *Malagueta*, segundo o *Espelho*, teria escandalizado os amigos da ordem e da prosperidade nacional e alvoroçado os "tafuis" e pedantes com seus comentários sobre o decreto de 16 de fevereiro que criara o Conselho de Procuradores. A criação do Conselho de Procuradores foi pedida ao príncipe pelo Senado da Câmara do Rio de Janeiro e pela junta governativa de Minas Gerais logo depois da partida da Divisão Auxiliadora. Composto de representantes das diversas províncias, ele formaria, junto com o ministério, o Conselho de Estado do Regente. A ideia surgira na loja maçônica de Gonçalves Ledo. No dia 8 de fevereiro, em sessão pública da Câmara presidida por José Clemente, a proposta foi aprovada. O decreto foi lido em solenidade no Paço, em 26 de janeiro de 1822, por José Bonifácio, seu autor, e marcava as eleições para o Conselho de Procuradores para 18 de abril. Mas, segundo Varnhagen, apareceram tantos pasquins de "abaixo o ministério paulista" que este resolveu adiá-las, sem definir um novo dia para elas. O próprio José Bonifácio daria notícia de alguns desses em carta a D. Pedro:

> É do meu dever, aproveitando a ocasião, dar parte a V.A.R. que aqui tudo está por ora tranquilo, porém, para o dia 18, da eleição dos Procuradores-Gerais, teme, alguma gente medrosa uma nova Bernarda, ou para mudar de Ministros, ou para obstar a eleição. [...] Contra mim puseram dois pasquins esta semana: um dia: "Agora governa o Bachá, daqui a duas semanas onde estará?"; e o outro: "Agora impera o Bachá Paulistano, daqui a dias mandará outro Fu-

lano" este apareceu na Mãe dos Homens. Eu que nada temo, ainda costumo rondar a pé pela cidade, porém com mais cuidado, para não dar caneladas (6 abr. 1822, maço 47, doc. 2128, arquivo MIP).

No preâmbulo do decreto, D. Pedro falava na Constituição que "jurara dar", uma das expressões que evidenciavam as tendências autocráticas do príncipe. Expressões que sempre emergiam em discursos pronunciados em momentos decisivos, provocando sempre grande celeuma. Foi justamente contra aquela expressão que protestara a *Malagueta*, desconfiando da intenção de D. Pedro e de seu ministro, José Bonifácio, de dar ao Brasil uma Constituição, em lugar de convocar eleições para a Assembleia que deveria fazê-la.

O Espelho condenaria a desconfiança da *Malagueta* lembrando a "regra da hermenêutica" que recomenda que se deve sempre estar atento à intenção de quem escreve. Em virtude disso, seria preciso que a *Malagueta* provasse que o procedimento do príncipe tivesse deixado alguma vez de ser constitucional, e que

> achasse meios de fazer denegrir os passos do dia 26 de fevereiro e tantos outros marcados pela sua firme adesão à Constituição, para poder manchar a glória que por suas fadigas lhe pertence. [...] Se pois, as intenções de S.A.R. são puríssimas; se ainda mesmo em casos duvidosos, se deve pender para a melhor parte, conforme a regra, é tresloucado arrojo assanhar-se contra expressões inocentes, entornando sobre elas mortífero veneno, para lisonjear o pequeno bando que, sempre à mira de empolgar a menor ocasião de motejar o governo, aplaude com ambas as mãos os guinchos das aves agoureiras. [...]

O Espelho prossegue em sua resposta violenta classificando as restrições de May ao decreto de "grande motim". Diz ainda que aquele "vivo oficial de secretaria" talvez estivesse querendo verificar o ditado: "O teu inimigo é o oficial do teu ofício", para concluir: "Quantas piores faltas terá ele feito apesar de tão traquejado em vários países e sempre com muita e bem reconhecida agilidade!!".

A acusação de May fora antecedida, como era do seu estilo, do elogio ao ministro que assinara o decreto, José Bonifácio, chamando-o de "uma das três mais bem organizadas cabeças da monarquia portuguesa". *O Espelho* desmascara a farsa e diz que o artigo de May não passa de "despejado atrevimento", ataque direto "que tende a minorar (já que não pode destruir) o justo conceito que o público faz do ministro".

> Quanto ao mais, com que babuja o papel aquele escrevedor, fazem lástima, causam tédio semelhantes lembranças. [...] Largaria da pena já se não conhecesse a manha da raposa, que pretende sanar as suas insípidas asserções com elogios, filhos da lisonja ou do medo a *uma das três mais bem organizadas cabeças da monarquia portuguesa* (que decerto deveria respeitar com mais acatamento), avança que os Cisatlânticos e os Transatlânticos estariam muito dispostos a censurá-lo por ter avançado aquela proposição. Não senhor, os *cis* e os *trans* todos o censuram e censurarão da ondulação, da velhacaria, com que escreve. E asseguro que os senhores deputados de Cortes mudariam de linguagem sobre os talentos do Brasil se tivessem a fortuna de conhecer o sr. Malagueta. [...]

Pretendiam com isso o redator do *Espelho* e, com ele, certamente, José Bonifácio fazer calar ao Malagueta. Essa carta antecipa as tensões que marcarão o período, principalmente a agressiva imprensa que farão os Andrada: o ataque direto e aberto, a guerra de destruição ao adversário para afastá-lo de junto do trono. Além de evidenciar suas intenções autoritárias no que concernia à questão constitucional: o veto do soberano às leis e um projeto de Constituição que saísse do Paço para a Câmara, e não o contrário. Por outro lado, o *Espelho* evidencia o jogo sinuoso do Malagueta, as óbvias tentativas de lisonjear o ministério e seduzir o príncipe, aliadas a uma opção política que tendia para o lado dos radicais da maçonaria sem com eles se confundir.

Três dias depois da publicação desse artigo, o redator da *Malagueta* queixa-se de que estavam saindo na imprensa cartas e reflexões dirigidas a ele que pareciam ter por objetivo aterrá-lo, "fazê-lo esfriar na empresa a que se propusera". Desses papéis, os que versavam sobre a Constituição, o Malagueta garante que levava imediatamente ao conhecimento das autoridades. Quanto aos demais, ele pede aos redatores que, quando quiserem tirar partido das coisas, o façam de um modo decente, concluindo, desafiador:

> Mui particularmente peço ao Sr. redator do *Espelho* que, como militar e homem de honra, deverá ter reconhecido, que o seu nº 27 me deu ocasião de divisar, que ele deseja acreditar-se à minha custa e à custa do público, por quem ele nunca escreveu e por quem eu me tenho proposto escrever, enquanto houver alguma probabilidade de o fazer de uma maneira constitucional e vantajosa para todos (*Malagueta*, nº 9, 7 mar. 1822).

No número seguinte o Malagueta prosseguiria no relato de suas desditas, dizendo que fora ridicularizado e que *Filodemo*,[19] na rua Direita, o *Espelho*, em Paquetá, e a Divisão Auxiliadora, nos seus quartéis, tinham-lhe jurado a pele: "Passei por desorganizador, ultrabrasileiro, estrangeiro, por tudo quanto quiseram, menos aquilo que sou" (16 mar. 1822). Na carta a D. Pedro, formato que assumirá a *Malagueta* nº 14, dizendo-se atemorizado com as reações que o seu jornal despertara, May pede a proteção do príncipe.

V.A.R. não ignora o que se tem vozeado a respeito da *Malagueta*. Até o nº 8 os ultra diziam que me não entendiam; com o nº 8, não houve *corcunda* que me não caísse à perna; e com o nº 10, [...] não houve europeu monopolista que me não quisesse devorar. E os nos 11 e 12 entregaram-me ad libitum, ao corpo da magistratura. Valha-me pois, Augusto Sr., o nº 14, no qual não me dirijo senão a V.A.R., suplicando se digne proteger constitucionalmente a subscrição da minha folha, empreendida em momentos árduos, já pela natureza das circunstâncias, em que o escritor se vê; já pela minha insuficiência, maiormente comparada está com a superioridade dos escritores do dia: mas como meus tópicos são sempre Constituição, União, Tranquilidade, e obediência às Leis, e com estas ao Governo, vou marchar de cabeça levantada, sem receios, sem prejuízos, sem respeitos humanos, e com os olhos fitos em V.A.R. Beija a Sua Augusta Mão, Senhor, O Redator da *Malagueta* (6 abr. 1822).

Deve haver certo exagero na afirmação de May de que os nos 11 e 12 de seu jornal o entregaram ao corpo da magistratura. Não há registro de que ele tenha alguma vez sido processado por conta da *Malagueta*.

Alguns números depois, no entanto, May passava de atemorizado a arrogante e, ironizando o redator do *Espelho*, jornal que, segundo ele, não tem caráter oficial ou ministerial, menciona as "gaudiosas felicitações e parabéns" que lhe haviam dado a *Gazeta* e o mesmo *Espelho* (nº 49). Promete que regulará suas glosas apenas pelos dignos senhores redatores do *Correio*, *Revérbero* e *Reclamação*. Elogia o modo franco e leal com que o redator do *Correio* se oferecera para tratar matérias espinhosas, "sem mira em comodidades pessoais e só com os olhos fitos na Constituição, na boa-fé de S.A.R. e na lei da liberdade da Imprensa". Para não trair a tradição de seu estilo, no entanto, concilia, no final, com os adversários, destacando-lhes os méritos. Diz que o redator da *Gazeta* (naquele momento o cônego Francisco Vieira Goulart) era uma pessoa de reconhecidos conhecimentos e de alta instrução e lembra que o redator do *Espelho* é o periodista mais antigo no Rio de Janeiro (*Malagueta*, nº 24, 11 maio 1822).

A resposta não se faria esperar muito. Viria no nº 52 do *Espelho*, sob o título de: "Uma palavra ao Sr. redator da Malagueta". O redator do *Espelho* diz que, ao fazer o elogio aos periodistas, não se lembrara de que entre aqueles "atletas" se divisava "um periodista de olho vivo, pé firme, orelha direita, tato fino, etc. traquejado em tafularia política, que não pouparia um momento de atacar-nos, quando se julgasse com as costas quentes". Afirma que o *Espelho* não é oficial nem ministerial, mas que o seu redator tem caráter, e admoesta a *Malagueta* a deixar de motejos, recomendando-lhe mais seriedade: "trilhe o seu caminho como lhe aprouver, ou como lhe fizer conta e não salpique de lama os que bonafide, e com vistas francas, dão os passos que permitem suas forças".

Recomenda o *Espelho* aos leitores que, se experimentassem combinar as ideias espalhadas pelos diferentes números da *Malagueta*, verificariam que, se não fosse pela linguagem, seria difícil crer que tivessem sido produzidas pelo mesmo escritor. Aproveita ainda para provocar com questões do vernáculo, lembrando a descrição dos "batuques" e "os gaudiosos e gaudiosas", mencionados no artigo da *Malagueta*. Esta última expressão, diz o redator do *Espelho* não saber a que língua pertence (17 maio 1822).

No final de maio, May ainda respondia ao *Espelho*. Não vestia a carapuça de mau usuário do idioma. Relembraria mesmo as duas expressões com as quais o adversário o ironizara: "batuques" e "felicitações gaudiosas", para falar de outro assunto. O assunto que movimentara a imprensa do Rio em maio de 1822: as duas últimas partes da *Reclamação do Brasil*, de Cairu, em que se faziam fortes críticas à iniciativa de uma "Representação" pedindo ao príncipe Cortes para o Brasil (*Malagueta*, nº 29, 29 maio 1822).

12. REVÉRBERO, ESPELHO E MALAGUETA — OS TRÊS JORNAIS DO SEGUNDO SEMESTRE DE 1821

O *Revérbero*, o *Espelho* e a *Malagueta* surgiram, nesta sequência, durante o segundo semestre de 1821. Diferiam totalmente dos três jornais que haviam aparecido no primeiro semestre daquele ano. Apesar de ainda se desmancharem em reverências diante do príncipe, cada um deles foi publicado por conta e risco de seus redatores e representavam opiniões divergentes sobre a condução do processo político.

O mais verboso dos três jornais — e, também, o mais importante para o processo da Independência — foi o *Revérbero*, com seu estilo grandiloquente, manejando a mais exagerada retórica, onde se misturavam o estilo da oratória sacra do padre Januário com os mais batidos chavões de 1789. A seriedade e o bom nome de Ledo e Januário, o caráter missionário que deram à sua atuação, aliados naturalmente a sua exuberante retórica, contribuíam para o sucesso de seu jornal e da causa que advogavam.

O *Espelho* tinha como redator o único jornalista profissional do Rio de Janeiro. O coronel Ferreira de Araújo vinha de quase dez anos de atuação na imprensa, período durante o qual, além da *Gazeta*, publicara a revista *O Patriota*. Mas Ferreira de Araújo não estava comprometido com os liberais nem se podia dizer que era um valente defensor do Trono e do Altar, como Cairu. Parece que as atitudes assumidas pelo *Espelho* eram mais orientadas por ligações pessoais do coronel com pessoas próximas ao príncipe e, logo depois, com José Bonifácio, do que por uma agenda de princípios políticos bem definidos que ele pretendesse ver aplicados, como era o caso dos redatores do *Revérbero* e da *Malagueta*. É possível até que o *Espelho* já tivesse surgido para atender à demanda por um veículo que se contrapusesse ao *Revérbero*. O fato é que o *Espelho* abrigaria, durante o ano de 1822 e início de 1823, os mais agressivos artigos contra May e contra o grupo de Ledo.

O Malagueta, por sua vez, já chegara ao Rio desacreditado. Ao longo de sua trajetória ele desempenharia os contraditórios papéis de adepto de um projeto liberal, crítico do governo e seu mais constante bajulador. Ao mesmo tempo, em meio aos circunlóquios em que vinham envolvidas suas críticas, havia muito bom senso, pensamentos bastante razoáveis e conhecimento da matéria constitucional. O próprio *Espelho* o chamaria de "sábio e sapientíssimo" antes de criticar as expressões populares ou neologismos que o Malagueta usava com muita tranquilidade.

3. Quando vires as barbas do teu vizinho arder deita as tuas de molho

1. O *CORREIO DO RIO DE JANEIRO* E SEU REDATOR, JOÃO SOARES LISBOA

O *Correio do Rio de Janeiro*, jornal de João Soares Lisboa, surgiu nesta praça a 10 de abril de 1822. Ostentava como epígrafe verso do célebre poeta português Filinto Elísio: "Neste limpo terreno virá assentar seu trono a vã filosofia mal-aceita".

Logo após o seu lançamento, dele receberia notícias na Europa o príncipe de Metternich: "De nouveaux placards parurent, et un journal, le *Courrier de Rio de Janeiro*, se mit à discuter le droit du prince comme régent de créer un conseil d'État" (FIGUEIRA DE MELLO, p. 58). O *Correio* logo se revelaria a folha mais claramente radical do Rio. Questionara, inicialmente, conforme a carta de Mareschal, a criação do Conselho de Procuradores e seria a primeira a pedir uma Assembleia Constituinte para o Brasil.

O estilo popular do jornalista já se revelava no primeiro número, lançado numa quarta-feira. Nele, João Soares diria que o *Correio* se propunha a inserir toda a correspondência recebida,

N.º 1.

80 réis

CORREIO

DO

RIO DE JANEIRO.

Neste vapo terreno
Virá assentar seo throno
A san Philosophic mal aceita.
Filinto Elysio.

QUARTA FEIRA 10 DE ABRIL DE 1822.

Damos principio aos nossos trabalhos em huma época, em que o despotismo lutando em toda a Europa com a liberdade, apenas se pode conjecturar se triunfará a rasão, a justiça, e o sagrado direito do homem, ou a intriga, a perfidia, a impostura, e a escravidão; felizmente para nossos Concidadãos (com quanto prazer o dizemos) doou-nos o Ceo na presente crize hum Rei, bom por caracter, hum Principe liberal até por genio, o que não só torna menos difficultoza a nossa Regeneração Politica, mas até concilia nosso respeito, e cordial amor para com suas inviolaveis Pessoas: debaixo de tão poderosos auspicios nada temos que recear no desempenho de nossos deveres, e faremos por merecer a estima dos homens probos livres de pré uizos, ou egoistas, e de tudo sehão bom, porque tudo do sacrificão ao seu bem estar.

Dissemos em no io projecto = que não tinhamos sufficiente cabedal le luzes para illustrar, e dirigi a punuo publica, mas tinhamos an iz firmeza de caracter, e probide a manifestalla. Em quanto á p ura parte não pouparemos o pouc dal, que temos adquirido. ela s m, e estudo particular dos hom s abio em ma

teriais politicas: em quanto á segun ação basta dizello, he necessario

provallo; nós o provaremos, inserindo com imparcialidade toda a correspondencia, que nos for dirigida, com tanto que não encerre diatribes, e sarcasmos, porque não prostituiremos a nossa Folha a similhante linguagem: argumentar he proprio do homem livre, bem educado; atacar he proprio de quem não teve educação, nem adquirio sentimentos de honra.

Penetrados do mais vivo amor á santa liberdade, sem espirito de partido, e guiados pelos sentimentos do nosso coração, ficamos possuidos, com todos os bons Portuguezes do Brasil, de huma nobre indignação contra os fataes Decretos, que promulgára o Soberano Congresso Nacional em 29 de Setembro proximo preterito. Mui habeis escriptores tem demonstrado os gravissimos prejuizos, que resultavão ao Reino Unido, e principalmente ao Brasil, da fiel observancia de taes Decretos; não podemos com tudo ouvsem horror, que se chame ao Soberano Congresso = j m de or racadora =: he impossivel conciliar o nome de = Deputados da Nação = que forão legitimamente eleitos, com o epitheto de facciosos. Fracção, sign. ea partido, Cabala, que se arroga hum poder, que não t e haverá quem se atrera a da legalidade, com que se act entada a Sobe contanto que não encerrasse diatribes e sarcasmos, porque, acrescentava, "não prostituiremos a nossa folha a semelhante linguagem: argumentar é próprio do homem livre, bem-educado; atacar é próprio de quem não teve educação, nem adquiriu sentimentos de honra".

Em sua folha, Soares Lisboa procuraria dar um sentido claramente democrático aos episódios relativos ao Fico e a outras situações em que D. Pedro fora levado a tomar decisões em virtude da pressão popular. O nº 7 falava da "eleição" de D. Pedro pelo "Soberano Povo" e que o povo tinha representado a D. Pedro que não lhe convinha a execução do decreto que determinava sua partida. Em virtude disso, o príncipe teria concordado em ficar. Soares Lisboa atribuía também ao povo a decisão de criar o Conselho de Procuradores: "Quase ia me esquecendo que o povo tinha autorizado a S.A.R. para reunir junto de Sua Real Pessoa, como Regente, um Conselho de Procuradores Gerais" (*CRJ*, nº 7, 17 abr. 1822).

A 22 de abril de 1822, numa segunda-feira, o nº 11 do *Correio*, depois de lembrar que no ano anterior as tropas de Avilez haviam invadido a Assembleia e atacado os eleitores reunidos na praça do Comércio, lançou a campanha pela instalação de uma Assembleia no Brasil. O seu veemente artigo terminava com a frase que se tornou célebre e foi muitas vezes repetida: "Representemos ao nosso Regente que queremos porque precisamos já, já, já: Cortes, Cortes, Cortes". O *Correio* foi, no Rio de Janeiro, o jornal que esteve à frente dos acontecimentos que resultaram na aclamação de D. Pedro como imperador do Brasil, a 12 de outubro daquele ano. Soares Lisboa foi também um dos que, com mais determinação, defenderam a cláusula do juramento prévio e combateu o direito de veto, granjeando, por meio dessas campanhas, a definitiva inimizade de José Bonifácio.

Por causa da impetuosidade com que criticara as medidas

das Cortes portuguesas, Soares Lisboa teria de se defender da acusação de ser partidário da volta ao antigo regime. Ele buscaria respaldo para sua posição no prestigiado Hipólito da Costa, cujo "jornal sempre se tem manifestado com imparcialidade a favor da liberdade e da boa ordem". Soares Lisboa diz que suas críticas ao novo sistema não significam aprovação ao sistema passado e transcreve longos trechos do *Correio Braziliense*, em que se expressam ideias semelhantes às suas como prova inequívoca de que "não é terrorista, nem edifica castelos de vento, quando atribui ao Congresso erros indesculpáveis em sua política relativa ao Brasil" (*CRJ*, nº 31, 15 maio 1822).

João Soares Lisboa afirmava que pessoa alguma influía sobre os seus escritos e que, apesar de conhecer de perto alguns ministros de Estado, desde que se tornara redator não falara a qualquer um deles. Tentariam, seus dois grandes inimigos da última fase, o *Tamoyo* e a *Sentinela da Liberdade à Beira do Mar da Praia Grande*, acusá-lo de vira-casaca e de ter passado a escrever após ver frustrado o pleito a um cargo público, acusações caluniosas que a própria situação do jornalista cuidava de desmentir. Contra ele, de fato, não pesavam acusações de venalidade ou conivência de qualquer espécie. Os adversários nada mais encontraram para dizer dele senão que era gordo, esfarrapado, louco varrido, inconsequente, contraditório e que seu jornal era a folha do "sans-culottismo".

Quando lançou o *Correio*, já morava no Brasil havia 23 anos. Considerava-se, por isso, mais brasileiro do que português. Lúcia Bastos Neves o classifica entre os jornalistas que eram também negociantes. Ela descobriu que Soares Lisboa, em 1818, obteve matrícula como comerciante de grosso trato na Real Junta do Comércio, a partir de declaração de que ele "se achava estabelecido com créditos e fundos proporcionados para o giro de seu negócio tendo, além disso, instrução suficiente de Comércio e Escrituração Mercantil" (NEVES, 1992, p. 91).

Seus adversários, no entanto, procuravam levantar a suspeita de que não eram dele os escritos publicados no *Correio*. Possivelmente por conta de sua modesta ocupação e de seus poucos estudos. Ao contrário da maioria daqueles com quem debatia, não tinha curso superior, não estivera em Coimbra. Viera de Portugal muito moço. De vez em quando, derrapava no vernáculo. Caíam-lhe na pele os adversários mais ilustrados. Exemplar desse tipo de perseguição a João Soares Lisboa é a carta publicada no nº 97 (22 out. 1822) do *Espelho*:

> Lendo no *Correio Extraordinário do Rio de Janeiro* de 17 do corrente o eloquentíssimo discurso do ilustríssimo Sr. Desembargador Juiz de Fora, fiquei aturdido com a seguinte frase — "lugar *iminente* que V.M.I. ocupa como chefe do Império Brasílico". Pensei logo que era erro de imprensa e procurei nos seguintes *Correios* a emenda e como não a achei, desejo saber se deve ler-se *eminente* ou *iminente*, ou se com efeito sou eu o enganado. Como este objeto não é indiferente, rogo a V.M. publique esta no seu *Espelho*, a fim de solicitar uma resposta que me instrua.

Ao que Clemente Pereira no nº 98 (25 out. 1822) do mesmo jornal se apressaria em responder:

> Senhor redator: Queira V.M. responder ao seu correspondente Constante — que a palavra — iminente — que se lê no impresso da fala que tive a honra de dirigir a S.M.I. no fausto dia 12 do corrente está no seu original — eminente. — Sou &c. José Clemente Pereira.

Soares Lisboa não tinha colaboradores e usava do plural, "nós", segundo disse, apenas por imitação de outros escritores. Lamentava a falta de correspondência entre o grande número "de varões ilustres e sábios escritores" que existiam no Rio e que podiam, servindo-se da sua folha, esclarecer o público com as suas luzes.

Numa ocasião em que a autenticidade das cartas que publicava no *Correio* foi posta em dúvida, convidou quem quisesse conferir as assinaturas reconhecidas por tabelião, na tipografia, ou em sua casa, que ficava na rua da Vala (hoje Uruguaiana), junto ao nº 61 da Ouvidor. As cartas de seus leitores, ao contrário da maior parte das publicadas nos outros jornais, parecem mesmo autênticas. Impregnadas de chavões, onde se repetem as referências à liberdade, aos direitos do cidadão, contra o despotismo, ordenadas em parágrafos onde a pouca prática da escrita se denuncia no uso de um português rude aliado a um palavreado pretensioso, elas formam um curioso documento da difusão do ideário da Revolução Francesa nos trópicos, no início do século XIX.

Soares Lisboa pecava pelo excesso de franqueza, de paixão, da fé com que mergulhou na campanha nacional. Havia mesmo uma certa ingenuidade na forma como se dirigia e se expunha ao seu público. Em tudo o que escrevia, Soares Lisboa distinguia-se por uma transparência, que estava ausente dos escritos de May, por exemplo. Seus interesses, as pequenas coisas que reivindicou, tudo é revelado. Soares Lisboa não tem nada a esconder. Num simples anúncio de mudança de gráfica, ele faz questão de informar ao leitor:

> De hoje em diante poderão os Srs. nossos correspondentes procurar-nos na Tipografia de Manuel Joaquim da Silva Porto e onde fazemos nossa mais frequente residência por estarmos interessados na dita tipografia e encarregados da sua direção e administração (*CRJ*, nº 31, 15 maio 1822).

O que levava um jornalista a declarar estar interessado numa tipografia? O mesmo motivo que o levava a dizer que tivera a honra de beijar a mão de S.A.R., quando fora pretendente a um cargo em uma secretaria de Estado ("onde jazem descansando nossos requerimentos documentados sem resultados"), mas que depois que passara à redação de sua folha renunciara, "sem estímulo, nem prevenção", a todas as pretensões ministeriais.

Seu temperamento era tal como descrevera no seu estilo tosco. Querendo dizer que não estava submetido a nenhum partido ("Não somos servil de partidos"), acrescentava não saber "ser lisonjeiro", sendo o seu um "caráter estoico" ("estoico" tem aqui o sentido de verdadeiro, espontâneo), do qual talvez se tornasse vítima caso reinasse o despotismo por não o poder contrafazer (ao tal caráter estoico).

Não se pode, lendo atentamente seu jornal, concordar com a afirmativa de Carlos Rizzini de que João Soares Lisboa era o jornalista que melhor escrevia no seu tempo. Seus melhores artigos, ele escreveria em 1823 da prisão. Aí, de fato, o próprio caráter dramático da situação que vivia, aliado à sua natureza apaixonada, daria beleza às suas composições. Não se pode, igualmente, concordar com Otávio Tarquínio de Sousa quando se refere a Soares Lisboa como o "trêfego jornalista". Ou com o embaixador da Áustria no Brasil, Mareschal, quando, em uma das tantas cartas que mandou ao conde de Metternich, cita um panfleto, inspirado pelos Andrada, onde se pedia a expulsão do "imbécile rédacteur du *Courieur*" (FIGUEIRA DE MELLO, p. 122). Havia muito de preconceito, não só político, mas também social, na avaliação que os contemporâneos faziam do jornalista.

Era um apaixonado. O tom de seus discursos era febril, direto, vibrante. Não fosse por isso ele poderia ser considerado, tal como José Bonifácio classificara Ledo e Januário, apenas um repetidor "dos mais cediços lugares-comuns da retórica de 1789"

(SOUSA, 1945, p. 143). Visionário, Lisboa não se detinha ante o perigo. Ia lançando bandeiras e colecionando inimigos, parecendo não se dar conta do quanto se tornava odiado. Muitos de seus textos lembram a Comuna de Paris. E gostava de entremeá-los com versos do tipo: "Qu'importe à l'homme libre un sceptre,/ un diadème?/ S'il marche égal aux rois/ il est roi de lui même". O rei de si mesmo dirá: seremos vítimas, porém nunca escravos. A história cuidaria de fazê-lo cumprir essa sentença.

2. LISBOA CONTRA LISBOA

O primeiro número extraordinário do *Correio do Rio de Janeiro* saiu em 23 de maio de 1822. Falava da parte 13 da *Reclamação do Brasil*. As duas últimas e polêmicas partes da *Reclamação* seriam dedicadas à "Representação do povo do Rio de Janeiro", que, apesar de só ter sido encaminhada a D. Pedro no dia 23, já circulava pela cidade desde o dia 20. João Soares Lisboa teria especial orgulho de ter sido um dos que colheram as 6 mil assinaturas de populares do Rio que endossavam o documento. Era contra essa "Representação" que Cairu escrevia as partes 13 e 14 de sua *Reclamação*.

Afirmando ter visto um exemplar cheio de assinaturas, Cairu chamava a "Representação" anunciada no *Correio* de projeto "anticonstitucional e incendiário, de sedição popular, o plano mais anômalo, cerebrino e extravagante que se é possível imaginar nas atuais circunstâncias". Dizia ter sido uma atitude precipitada o envio de cópia daquele documento para o rei, em Lisboa.

> Onde está o nosso juramento às bases da Constituição? [...] Assim se muda cada mês, ou semana de opinião e resoluções, como de modas e em matéria tão momentosa de alteração de governo?

Assim tacitamente se revogam os poderes dados aos nossos deputados nas Cortes?[1] [...] Se em breve chegar de Lisboa a notícia de que o Supremo Congresso reconhecera a nossa justiça e nos dá plena satisfação, como poderão olhar para si sem horror os fautores e impulsores da "Representação"? [...] A requerida assembleia é mera farsa e paródia da que perdeu a França.

O número extraordinário do *Correio* era totalmente destinado a combater Cairu e suas ideias expressas na penúltima *Reclamação*. A análise do documento de Cairu era feita por meio de carta assinada pelo "Constitucional Regenerado". Dizia Soares Lisboa que recebera a carta na véspera, por volta das três horas da tarde. "Estando à mesa, concluindo a necessária refeição", após a chávena de café e a pitada de rapé, tivera "para *toast* a *Reclamação do Brasil*, parte XIII" acompanhada da carta. Começava o "Constitucional Regenerado" fazendo o elogio de Cairu, lembrando que ele se distinguira na carreira literária pelo muito que tinha escrito, "bem e mal":

> Este homem, que tem adquirido o nome de sábio, deseja que a sua opinião dite a "Ordem do dia" e porque assim não aconteceu, ressentiu-se e lançou-se na arena para combater o passo mais nobre e mais heroico, dado pelo ilustre povo desta cidade, quando, pelo órgão do Senado da Câmara, pretende levar uma representação ao Nosso Augusto Regente. [...] Ainda bem que todos conhecemos o homem: servil, teimoso, adulador, cheio de vaidade, de velhice, e [...] — tudo isto são moléstias, contra as quais os talentos vêm a valer de pouco.[...] O Ilustre Reclamador tem mais de 60 anos, a sua cabeça é biblioteca, porém biblioteca em desarranjo: ali bom e mau está tudo misturado: são fornadas.

Muitos outros leitores do *Correio* escreveram naqueles dias contra o redator das *Reclamações*. No n° 40 (28 maio 1822), um leitor assinando-se "O Brasiliense", depois de elogiar o *Correio* por conta de suas críticas ao "Reclamador", diz que este nunca o enganara e sempre tivera a certeza de que ia acabar deixando cair a máscara. Zomba do vestuário de Cairu, dizendo que pouco se podia esperar "de um homem que sai para a rua calçado com uma meia branca e outra preta e levando por gravata ao pescoço a meia preta que faltava na perna que ia de branco". Identifica por trás dos "trabalhos reclamatórios deste senhor" a pretensão de fazer voltar o sistema monárquico absoluto. Com o pedido de Cortes para o Brasil o projeto de Cairu teria sofrido um duro golpe. Por isso é que ele andava "a vomitar pestíferos venenos contra os colaboradores da petição":

> O Senhor Reclamador hipócrita e egoísta não duvidaria agora assanhar os inimigos do Brasil, os ultraeuropeus, soprar a discórdia, semear a anarquia, para que entre o afã dos dois litigantes, aproveitasse o terceiro, isto é, o despotismo, ídolo do seu coração. [...] Quem dissera que um jovem de 23 [referência a D. Pedro] daria lições de liberalismo a esta cáfila de presumidos togados, que pensavam achar na verdura da sua idade o mais alto [sic] para o seu despotismo!

No número seguinte, também na seção de correspondência, um outro leitor, assinando-se como "Constitucional Fluminense", ironiza o autor das *Reclamações*. Diz que se admitisse "transmigração", apostaria que morrera algum dos redatores do *Compilador* e que sua alma estaria agora ocupando o cérebro do autor das *Reclamações*. Mas recusa-se esse leitor a consentir que se aliste "no número de escritores venais o Patriarca da literatura". E prossegue dizendo:

> Os anos também influem não pouco para os seus desacertos e os melhores bestuntos se transtornam. [...] Seus destemperos têm a

refutação em si mesmos. Não sejamos ingratos a um escritor brasiliense que só delira por efeito da demência, e não de malícia ou vontade, e tratemos de obstar o seu eminente descrédito fazendo-o recolher com a possível decência a um dos cubículos da Santa Casa de Misericórdia (*CRJ*, nº 41, 29 maio 1822).

Outro leitor, com o mesmo estilo e assinando-se "Aprendiz de Horácio", chama o autor das *Reclamações* de "biblioteca bolorenta" e acha que o *Correio* tem razão em combatê-lo, pois o "Conciliador, Reclamador e Desorganizador" seria um mau homem. Por isso o "Aprendiz de Horácio" discorda do "Constitucional Fluminense" da carta anterior e opõe-se a que se dê ao autor da *Reclamação* "o nome de mentecapto e de demente":

> Não senhor, não é assim, ele está em perfeita saúde; nem a meia preta no pescoço em ar de gravata prova demência; prova sim que nesta ocasião estava distraído. O homem é hipócrita, é egoísta, isto creio eu. Também me inclino ao que diz o *Revérbero*, que o homem é anticonstitucional, porque não quer Cortes nem cá, nem lá; porém avanço mais, o homem é cruel porque quer guerra civil. [...] Ele é raposa muito astuta, quer ver se ainda tornam as coisas ao sistema corcovático e apesar de se conhecer pó e cinza, inda espera reclamar pelo Despotismo.
>
> [...] PS: Falando-se um dia destes à minha vista a respeito do redator da *Reclamação do Brasil* dizendo-se que é muito erudito, que tem memória extraordinária, respondeu um meu amigo que bem se lhe poderá pôr na sepultura, quando morrer, este epitáfio: Aqui jaz N de gloriosa memória esperando pelo Juízo! (*CRJ*, nº 48, 7 jun. 1822).

Ainda em meados de junho prosseguiam os ataques do *Correio* contra o autor das *Reclamações*. Um leitor faz inicialmente o elogio de João Soares Lisboa, dizendo que ele, no seu excelente jornal, estava pondo à mostra as calvas dos déspotas e opressores da humanidade, a fim de que a nossa pátria não se enganasse com eles. Diz que o "Fiel à Nação", pseudônimo adotado por Cairu desde a "Heroicidade", mais pareceria fiel "ao despotismo, egoísmo e a tudo que termina em ismo". Chama de frenéticas e desprezíveis as doutrinas propagadas nos periódicos daquele, lembrando sua decrepitude, seus delírios continuados e ataques vertiginosos. Esse correspondente diz ainda que Cairu teria "deitado a livraria abaixo" tentando influir nas leis que se estavam fazendo, sem nada conseguir (*CRJ*, nº 54, 17 jun. 1822).

O que caracteriza e dá uma certa unicidade às campanhas contra Cairu é que as críticas são quase sempre antecedidas pelos louvores à sua sabedoria e vetustez. Mais tarde o *Sylpho*,[2] antes de dar início à peleja com o redator do *Atalaia*,[3] dizia que ele era ilustre por seus conhecimentos e venerável por sua idade. A cultura de Cairu aparece na correspondência inserida no *Correio*, com sinal negativo, com o mesmo valor das atitudes dos homens de corte descritas pelos "Compadres da Roça" nos panfletos do período. Os jornais do grupo de Ledo, e mais tarde José Bonifácio, preferem desvalorizar o estilo do jornalista, tachando-o de confuso e dizendo que suas ideias, "a muito custo, se tiram do caos de suas composições". O *Sylpho* se encomendava

> a todos os santos da sua devoção, pedindo-lhes luz e tino, para, sem perigo do seu entendimento, sair do inextricável labirinto didático, aonde, ao invés de instruir o autor da Atalaia aos leitores, os enreda, levando-os a empuxões por emaranhadas selvas de confusa dialética (apud *Atalaia*, nº 13, ago. 1823).

Até José Bonifácio produziu versos (ruins, como todos os que deixou) contra Cairu. Neles ironiza seus complicados e sisudos textos de economia e também faz referência à idade do escritor:

Fração de gente, charlatão idoso, / Que abocanha no grego, inglês, hebraico, / Mas sabe bem a língua do cabinda / E o pátrio bororó e mais o mouro, / Que escreve folhetos a milhares, / Que ninguém lê, porque ninguém o entende, / Por mais que lhe dê títulos diversos (apud VIANNA, 1945, p. 402).

A velhice do jornalista era um recurso de mão dupla. Tanto poderia ser invocada como sinônimo de sabedoria e ponderação quanto indicativa de senectude. Sempre que o atacassem, Cairu invocaria o respeito que deveria merecer a idade provecta. Ele manejava com muita competência a imagem de sábio e respeitável ancião para valorizar seus argumentos. No primeiro número do *Conciliador* apresenta-se como "um sincero mas inválido veterano ao serviço do Estado" em cuja cabeça "alvejavam cãs" e que pretendia falar de forma "humilde, baixa e rude". Por conta da prática de ensino da História e de sua experiência de mundo se considerava, no entanto, "com alguns conhecimentos da ordem civil que forma a constituição da sociedade". Quando o *Revérbero* o chamou de "velho decrépito", ele fez questão de reproduzir o insulto para incluir a esse propósito a máxima: "os atenienses falavam muito em virtude mas só os lacedemônios a praticavam". Atenienses aí mencionados como democratas, assim como eram os redatores do *Revérbero*. Acusaria o *Sylpho* de empenhar-se em "desacreditar-lhe a velhice" e faria questão de revelar no *Atalaia* que havia sido chamado de "soldado idoso que mal tem no recanto solitário o seu cãozinho que a ninguém morde".

3. CAIRU CONTRA A FACÇÃO GÁLICA

Em julho, Cairu começaria a responder aos ataques que sofrera por parte do jornal de João Soares Lisboa. Publicaria, entre os dias 16 e 23, em quatro partes, o *Memorial apologético das Reclamações do Brasil*. Pretendia com isso apresentar "as razões boas ou más que fizeram peso na cabeça de um demente, como dizem os serafins da seleta confederação" (no caso, o *Correio* e o *Revérbero*), levando-o a produzir a *Reclamação* nº 14.

Cairu menciona as muitas invectivas de que fora alvo. Revela que o "Correio de Más Novas", como a partir de então chamaria o jornal de João Soares Lisboa, o teria perseguido "até à sombra do anonimato". Fazia referência, assim, ao direito de anonimato garantido por lei aos jornalistas. Em geral, era tacitamente respeitado entre adversários na imprensa. Só quando o debate ultrapassava os limites da civilidade é que o nome do antagonista era revelado. O *Espelho* seria pródigo em fazê-lo. O *Correio* nunca escreveu, com todas as letras, o nome de José da Silva Lisboa, dando-o como autor das *Reclamações*. Mas Cairu era, no meio intelectual da cidade, a pessoa mais conhecida, e não era difícil para ninguém reconhecê-lo como autor daquele documento.

Diz Cairu no *Memorial apologético* que seu intuito fora sempre "buscar o justo meio entre os excessos". Ele considerava não estar o Brasil em circunstância que legitimasse seu rompimento civil com Portugal. Classifica de a mais tenebrosa intriga a sugestão que fizera o "escritor do *Correio*", em seu nº 62, de que ele escrevera a *Reclamação* nº 14 sob instigação alheia. Bastaria, como estímulo para produzi-la, acrescenta, saber que a "Representação" fora obra "dos corifeus da cabala antebrasileira, de um sexteto de demagogos aspirantes à ditadura". Não se surpreende com a presença entre estes de José Clemente Pereira, presidente do Senado da Câmara, pois a sua fala, na cerimônia do dia 23 de maio, tinha cláusulas tão fortes e não menos exorbitantes que as daquela "Representação". Amante da boa ordem, respeitador das hierarquias, ficara "atônito", fora de si "e como que ferido por um raio" quando lera a agressiva inquirição do *Revérbero* ao príncipe acerca da Assembleia: "Queres ou não queres? Resolve-te, senhor!".[4] E fora movido pelo espanto diante daquela arrogante onipotência que publicara a *Reclamação* nº 14. Considera os ataques contra ele dignos de seus autores, e por estar certo de que "injúrias não são razões, nem sarcasmo valem argumentos", prescindira até aquele momento de responder àqueles "repentinos estadistas". Dirigindo-se a estes e referindo-se aos rituais da maçonaria, concluía, ameaçador:

> Iludi-vos, ó arquitetos de ruínas, o Brasil já não está em tempo de engana-meninos, nem se assombra com fantasmagorias de câmaras escuras.

Além do *Memorial apologético*, Cairu lançaria, a 23 de julho, dia em que apareceu a última parte do *Memorial*, outro documento rebatendo as provocações dos adversários. Este tinha o título mais objetivo de "Falsidades do *Correio* e do *Revérbero* contra o escritor das *Reclamações*".

Seu tema aqui é também a "Representação" e os "insurgidos aretinos" que, "se inculcando diretores da opinião pública, constitucionais *non plus ultra*", não passavam de "aristarcos" e apenas por "espírito de partido" haviam lançado na praça o tal documento. Sobram ainda, ao longo do texto, muitos outros epítetos contra o grupo de Ledo: "ídolos do dia", "mimosos da plebe", "ditadores". Sobre o *Correio*, Cairu promete não se estender, porque, segundo diz, já estava conhecido o caráter e o modo de vida daquele "libelista" cujo periódico não passaria de "veículo diário de geral injúria". Conta, a propósito dos ataques que sofria do *Correio*, uma anedota:

> Certo ministro de estado estrangeiro, sendo atacado por um linguarudo em impresso libelo difamatório, perguntou-lhe por que

dissera tanta falsidade. Ao que respondeu o escrevedor: É necessário viver. A isso replicou o ministro: Não vejo precisão.

Cairu garante que nunca teve o menor influxo na marcha do governo e que ninguém mais do que ele execrava o despotismo e almejava uma Constituição adaptada às circunstâncias do país. Afirma que sempre distinguiu a nação do Congresso. Até porque este nunca chegou a estar completamente reunido. E sempre distinguiu o Congresso do partido que nele estava influindo sobre os negócios do Brasil e ocasionando os decretos que nos prejudicavam. Reconhecia as Cortes de Lisboa como a suprema autoridade constitucional da nação, mas lastimava que, por suas resoluções impolíticas, tenham perdido a nossa confiança. Mantinha assim a mesma política de combate às Cortes e de apoio ao príncipe.

Ele, que se autodenomina o "Reclamador", ao contrário dos "filosofistas da Era, que variam e giram a cada rumo da agulha conforme a variação do dia", era imóvel em seus princípios como o cabo da Boa Esperança. Retomando o tema do "justo meio entre os excessos", Cairu confessa que tem receio de inovações súbitas e totais, principalmente quando dizem respeito ao regime nacional:

> Estou pela regra — às vezes o ótimo é inimigo do bom. Da minha parte evitarei merecer o epitáfio de um inglês: Estava bem, quis estar melhor. Chamei médico. Morri.

No mesmo panfleto, Cairu ataca o redator do *Revérbero*. Curiosamente o faz no singular. Todo o Rio de Janeiro sabia que os "reverberistas", como os chamavam, eram dois: Ledo e Januário. Não é possível, pelo texto de Cairu, precisar a qual dos dois especificamente se refere, até porque, segundo eles mesmos diziam: o que um escrevia o outro revisava, e "vice-versa".

O reverberista se mostra provecto no magistério da cadeira cabalística e um dos missionários da propaganda da incendiária galomania. Ele está iludindo o vulgo com falsos dogmas do paradoxista de Genebra [...] para constituir o povo no mais feroz dos tiranos. Até o título do seu periódico é de péssimo agouro por excitar terríveis ideias associadas da Revolução Francesa e das hórridas práticas que descrevem os seus historiadores. [...] Protesto contra o catecismo jacobínico desse insurgido Père Duchesne,[5] que tanto alucinou e perdeu o vulgo da França.

Em agosto, depois que Cairu já publicara os panfletos-respostas aos ataques que sofreram as suas *Reclamações*, Januário da Cunha Barbosa, em carta que assinou com as suas iniciais, intitulada "Reflexões de um dos Redatores dirigidas ao Sr. Fiel à Nação", diria que era com o maior pesar que seus redatores se viam obrigados a apanhar "a luva que aquele atleta lhes lançara", e, porque reconheciam a superioridade de suas forças, contentar-se-iam em aparar seus golpes. Admirara-se apenas que um "escritor sisudo", que por isso mesmo deveria dar o exemplo da moderação e da "decência ou literária ou civil", se desmanchasse em "palavras insultantes contra quem nunca o ofendera":

> E faz-se tão palpável o seu intento de desacreditar no público com indignos sarcasmos, a quem dera em público [...], provas do seu respeito à sua consumada literatura e honrosa velhice, que, sabendo aquele Fiel à Nação que são dois os Redatores do periódico por ele anatematizado, desfecha todos os seus furiosos golpes contra um deles, que até estava fora da cidade [...], e que por isso não poderia colaborar na análise da Reclamação 14 de 23 do dito mês. [...] Mas como vejo que a mim se dirige muito particularmente o Sr. Fiel à Nação, o público deve agora desculpar-me o responder a quem publicamente me insulta.

Diz ainda que estavam longe de pensar que o autor da *Reclamação do Brasil*, "aquele que ouvia os gritos do Corcovado, e de todas as mais pedras contra as Cortes de Lisboa"; que chamara seus membros de "Constitucionais do Inferno", viesse a arrancar a máscara "que a tantos outros ainda cobre" e fosse o primeiro a praticar a determinação da lei que obriga todos os cidadãos a declarar-se por um partido:

> Sim, declarou-se anticonstitucional; declarou-se ser ainda aquele mesmo que já outrora pedira ao redator do *Amigo do Rei e do Povo* que lhe mostrasse o pacto que ele tinha feito com o seu Rei e quem era ele para fazer convenções com o seu soberano [...]. Qual é a consequência óbvia que se tira deste procedimento? Não quer Cortes cá nem lá. 14 de agosto, J.C.B. (*Revérbero*, nº 13, 20 ago. 1822).

Os redatores do *Revérbero* acusavam Cairu de querer a volta do antigo sistema e se propunham a provar, por meio da análise das *Reclamações*, que fora ele o primeiro a incitar o povo à rebelião. Porque o resultado se mostrara diametralmente oposto aos seus desejos, agora protestava. A evolução do enfrentamento de Cairu com a chamada "facção gálica" tivera como elemento deflagrador a "Representação do povo do Rio de Janeiro", que pedia a convocação de uma Constituinte brasileira. Nos ataques contra Cairu foi mais intensiva a campanha do *Correio*. Mas também menos consistente do ponto de vista da argumentação. Era a manifestação mais espontânea e menos elaborada do sentimento do redator e das pessoas a ele vinculadas. Para estas o *Correio* foi, no Rio de Janeiro, ao lado de outros pequenos e efêmeros jornais como o *Volantim*, a única porta aberta à expressão de seus sentimentos cívicos.

É contra o *Revérbero* que Cairu vai desenvolver uma análise da sequência dos acontecimentos com lucidez e propriedade. Mesmo quando ataca com invectivas e vitupérios é para realçar a semelhança do discurso dos redatores do *Revérbero* com as ideias para ele odiosas do "paradoxista de Genebra" (um dos muitos apelidos que dava a Rousseau), mas mesmo assim, expressão de um pensamento elaborado, ao contrário do *Correio*, que seria apenas "o veículo da geral injúria".

4. CAIRU BARRADO NA ELEIÇÃO

Em virtude das opiniões que defendera na *Reclamação* nº 14, no dia 21 de julho de 1822, o importante e conceituado inspetor--geral dos estabelecimentos literários teve sua entrada impedida na sessão eleitoral da paróquia de São José quando se apresentou para votar para a Assembleia Constituinte.

Bem que o Cairu previra os desgostos que o esperavam. Muito antes disso, numa carta dirigida a D. Pedro, ele pedira que o liberasse do dever de comparecer à sessão eleitoral de sua paróquia no dia 11 de junho, onde se dariam as eleições dos procuradores-gerais do Rio. Cairu revela que tinha receio de ali comparecendo correr perigo de vida ou de afronta. Dentre as razões alegadas para seus receios estavam a efervescência popular e a campanha de difamação que contra ele promoviam os periódicos *Malagueta*, *Correio* e *Revérbero* depois da publicação da sua *Reclamação do Brasil* nº 14. Refere-se também a uma carta anônima que lhe teria sido remetida pelos oficiais do quartel-general, que diz não poder mostrar por conta da indignidade do seu conteúdo.

Não há registro de que Cairu tenha sofrido algum constrangimento naquela eleição. Ele receberia, logo em seguida, 231 votos, suficientes para fazer dele um dos eleitores que escolheriam os deputados para a Assembleia. Mas quando Cairu compareceu para exercer este último direito, foi impedido pelo presidente da mesa, que alegou como justificativa que o cidadão José da Silva Lisboa atacara a "Representação" de 20 de maio,[6] chamando-a de "plano anômalo, cerebrino e extravagante". Todavia, explica o juiz daquela paróquia em carta publicada no *Espelho*, o público desculpara a imprudência de Cairu em vista de suas cãs e por conta de seus "serviços literários", e votara nele para eleitor. Mas Cairu voltara a emitir a mesma opinião na véspera das eleições para deputado. Apesar do respeito que sempre consagrara ao profundo saber do escritor, o presidente daquela junta, tomando por base as instruções que determinavam que podiam votar apenas as pessoas "sem nenhuma sombra de suspeita e inimizade à causa do Brasil", tivera de ceder "à imperiosa necessidade" de proceder daquela maneira. E, para "não ofender nem levemente à sua delicadeza" (de Cairu), aquela autoridade "suspende a pena", e dá por concluída "a odiosa tarefa", encerrando assim essa curiosa carta (*Espelho*, n⁰ 77, 13 ago. 1822).

Sobre o episódio, Cairu publicara, a 7 de agosto, o panfleto intitulado "Protesto do Diretor de Estudos contra o acordo da junta eleitoral da Paróquia de S. José excluído do direito de votação para eleitor dos Deputados da Assembleia Geral". Classifica ali aquele ato de "censura de direito, proscrição política e excomunhão civil". Lembra que, desde 1808, fizera do Rio sua pátria adotiva e que aqui recebera de D. João o título de conselheiro. Mas que, quando comparecera para votar, fora alvo dos "gritos dos apostados para desacreditarem os mais probos e instruídos deste Reino". Volta a atacar o "despotismo da gentalha", que considera a pior espécie de tirania, e repete alguns dos seus bordões: "Os meus deméritos são verdade e velhice [...] Eu já quase nas raias da eternidade".

5. PRIMEIROS JORNALISTAS PRESOS

Quando vires as barbas do *teu vizinho arder, bota as tuas de molho.*

Malagueta, 1º maio 1822

Em 10 de julho de 1822, um leitor do *Correio do Rio de Janeiro* denunciava que o padre José Pinto da Costa Macedo, que nos jornais usava o pseudônimo de "Filodemo",[7] se encontrava injustamente preso, jazendo havia 35 dias "em um quarto fechado". Contra ele, segundo aquele missivista, haviam dito "cobras e lagartos (sem prova satisfatória) em certo periódico desta cidade (de que eu sou assinante por interposta pessoa)". O correspondente cita o alvará de 5 de março de 1790, que determinava que nenhum réu podia ficar retido "em segredo" por mais de cinco dias, e que em caso algum alguém poderia ser lançado em masmorra estreita, escura ou infecta, "pois que a prisão deve só servir para guardar a pessoa e jamais para a flagelar".

Também um militar se queixaria de estar preso injustamente. Em carta datada de 20 de abril de 1822, Luiz Antônio Cau contava que no dia 17 de março, à noite, estando doente em sua casa, fora ali preso e conduzido para a fortaleza da Conceição. No dia 20 do mesmo mês foi intimado pelo auditor Furtado de Mendonça a responder a um conselho de guerra, "acusado de escrever notas difamatórias contra generais e secretários de Estado". Removido depois para a ilha das Cobras, Cau reclamava da prisão, argumentando: "Não sabe o Sr. Mendonça que eu, ou qualquer outro português está autorizado para combater opiniões até das Cortes e que ainda mesmo personalizando seus ilustres membros não são eles atacados?" (*CRJ* nº 28, 11 maio 1822).

Contra Cau apareceria no nº 53 do *Correio* (15 jun. 1822) um documento assinado por várias personalidades, entre elas o frei S.

Paio e Domingos Alves Branco Muniz Barreto. Em resposta o mesmo jornal publicaria o seguinte apelo relativo ao mesmo caso:

Queira por bondade sua e a favor da Humanidade oprimida transcrever no seu jornal o seguinte: Abusa-se da Liberdade da Imprensa em $4^{\underline{o}}$ grau infamando ou injuriando o Congresso Nacional ou o Chefe do Poder Executivo. Quem cometer este delito, provado que seja, tão claramente como a luz do meio-dia, será condenado em treze meses de prisão e cem mil-réis em dinheiro (Artigos $n^{\underline{os}}$ 12 e 13 da Lei da Liberdade da Imprensa).

À vista pois desta Lei, que é quem deve julgar tais abusos, sendo anteriores ao Decreto de S.A.R. [de 18 de junho], cujo efeito não pode ser retroativo; roga-se aos Srs. Assinantes do requerimento que gira impresso nesta cidade contra o encarcerado e horrivelmente perseguido Capitão Luiz Antônio Cau, hajam de declarar: em qual dos artigos da citada Lei está compreendido o mencionado caso? [...] 11 de julho de 1822 (*CRJ*, $n^{\underline{o}}$ 78, 17 jul. 1822).

Cau ficaria preso ainda por algum tempo. Em junho, seu irmão escrevera para o *Correio* pedindo pela sua liberdade ($n^{\underline{o}}$ 55, 18 jun. 1822); mas, ainda em agosto (21 ago. 1822), o *Correio* anunciava que, junto com o $n^{\underline{o}}$ 106 do jornal, distribuía-se grátis aos subscritores uma demonstração justificativa do capitão Cau.

Em abril, foram também presos os redatores do *Compilador Constitucional Político e Literário Brasiliense*. Esse jornal, editado inicialmente apenas por José Joaquim Gaspar do Nascimento, teve, do sexto número em diante, a colaboração do paulista João Batista de Queirós. Lançado a 5 de janeiro, o *Compilador* duraria até 26 de abril de 1822, publicando-se dele quinze números. Segundo Rizzini, partira de José Bonifácio a ordem para que se lhes fosse fechada a Tipografia Nacional. Também recomendara o ministro ao intendente de polícia que coibisse os escritos incendiários dos redatores do *Compilador*. Ao contrário do que se poderia esperar, os demais redatores não se solidarizaram com o destino daqueles jornalistas.

Na véspera de sair seu último número, o *Compilador* foi assunto de uma nota de Manuel Joaquim da Silva Porto. Os redatores daquele periódico teriam se queixado de que, tendo exigido de Silva Porto a impressão da sua folha, exigência baseada em promessa que aquele impressor lhes tinha feito, ele lhes faltara com a palavra. Diz Silva Porto: "Devo assegurar ao ilustrado público que os Srs. Redatores alteram viso à verdade. Porquanto havendo-lhes eu sempre dito: veremos, não é a mesma coisa que dizer-lhes: sim" (*CRJ*, nº 14, 25 abr. 1822).

Dias depois, o mesmo jornal publicava uma carta comentando boato que corria pela cidade. Dizia-se que um dos redatores do *Compilador* fora preso numa masmorra da fortaleza da Barra, "onde só ao meio-dia tinha luz para escrever". Segundo a mesma fonte, de lá ele fora embarcado num navio francês a fim de ir aprender na França, "às custas da Nação, o sistema Lancasteriano".[8] O sócio, por sua vez, teria sido procurado durante alguns dias por soldados na tipografia de Garcez, onde se imprimiram os últimos números do *Compilador*. Tendo mudado de casa durante aqueles dias, quase que em seu lugar e "no sagrado de sua habitação", era o novo inquilino vítima "de não sei que mau tratamento que àquele destinavam dois outros desgraçados que naquele santuário o iam atacar!" (*CRJ*, nº 24, 7 maio 1822).

Corria também na cidade que Queirós, o sócio mais jovem, é que era o incendiário. "Se o era, porque não tenho lido o tal papel", explica o leitor, sabia apenas que Nascimento era um homem doente, e, não podendo continuar a tarefa sozinho, convidara o outro para sócio. Revelando uma nascente fé nas novas instituições, acredita o mesmo correspondente que se tivesse sido constatado que "aquele menino abusava da liberdade da Imprensa, as nossas autoridades o teriam chamado à face da lei". E, se as autoridades tivessem discrepado das leis, já teriam sido arguidas pelos periodistas e algum jornal teria falado no assunto.

A essa carta responde o redator do *Correio*, dizendo ser, de fato, verdade que Queirós fora mandado guardar em uma Fortaleza e depois despachado para a França. Mas o fora a pedido, pois, segundo diz maldosamente Soares Lisboa, "ele andava incomodado da cabeça; não consentia chapéu sobre ela". Queirós também tinha, para esse fim, recebido dinheiro do governo como ajuda de custo, e, por isso, era necessário que fosse, ou o repusesse. "Não querendo fazer uma coisa nem outra, devia ser obrigado a uma delas; daqui concluímos que o governo passado cometeu um erro em escolher o Queirós e o atual dois, a saber: confirmar o despacho, mandar-lhe dar dinheiro e obrigá-lo a que fosse sem se despedir."

De fato, João Batista de Queirós era mestre de primeiras letras, e em 1819 oferecera-se como pensionista do Estado para ir à Inglaterra ou à França aprender o método Lancaster. Ainda em 1821, Queirós tentava partir nessa missão, sendo obstado, segundo dizia seu requerimento, "porque ainda havia muitos inimigos das Luzes". Pleiteava, assim mesmo, o pagamento de atrasados a que se acreditava com direitos. D. Pedro não lhe autorizou a viagem, por inoportuna e por falta de dinheiro do Tesouro Público (NEVES, 1992, p. 86, e VIANNA, 1945a, p. 237). Queirós agora partia finalmente, ainda que deportado, e ficaria pela Europa até 1824, retornando depois da outorga da Constituição.[9]

Com relação ao outro redator, diz Soares Lisboa que Nascimento não fora procurado para se lhe "maçar o corpo mas sim para lhe darem uma apupada ou coisa que o parecesse" e "nos consta que teve algum efeito". Porém, acrescentava: "como se poderá imputar isso ao governo ou mesmo a qualquer Autoridade Constitucional?", indaga João Soares, e acrescenta: "Aquele colaborador não anda oculto, nem se queixou como deveria ter feito, ao tribunal competente".

João Soares Lisboa voltaria a citar os redatores do *Compilador*, dias depois, comparando-os a Cairu e à sua *Reclamação* nº 14. Diria que sempre olhara "os perversos, incendiários e estultos escritos" daqueles redatores com o "desprezo que merecia a sua crassa e suprema ignorância". Na ocasião em que toda a cidade comenta as perseguições de que eram vítimas os redatores do *Compilador*, o redator do *Correio* diz que não o faz porque aquele periódico havia terminado e ele era pouco afeiçoado a fazer "anatomia em cadáveres, cujo vapor pode nausear" (*CRJ*, nº 1, 29 maio 1822).

Pode ser que tivesse razão o correspondente do *Correio* ao explicar o fato de os dois redatores do *Compilador* não terem encontrado "patrono à sombra da Lei", como uma consequência de terem aqueles "fogueteiros chamuscado a todos" no último número do jornal. Aquele foi, segundo a *Malagueta*, "apenas uma solene descompostura, em ar de desforra geral, que os redatores queriam tomar de todo o Rio de Janeiro". Denotando, porém, melhor visão sobre o que aqueles fatos antecipavam, o próprio Malagueta abre o nº 21 com uma epígrafe que atribui a Horácio: "Quando vires as barbas do teu vizinho arder, bota as tuas de molho" (1º maio 1822). Parecia estar adivinhando o que o destino lhe reservava.

Registra o Malagueta que no nº 20 do *Diário do Rio de Janeiro*, que circulara naquele mês, fora publicado um aviso dirigido a um dos redatores do *Compilador*, suscitando a curiosidade dos leitores mais atentos. Tal aviso coincidia com os boatos que o correspondente do *Correio* narrara acima. Por esses boatos, diz a *Malagueta*, "veio a conhecer-se que ele se vira obrigado a refugiar-se e a mudar de domicílio para se subtrair a uma retribuição que talvez fosse justa num país aonde não houvesse Leis".

May aproveita o ensejo para cobrar que, enquanto a lei das Cortes portuguesas de 4 de julho de 1821, no que diz respeito ao estabelecimento dos jurados, não tivesse plena exequibilidade, o governo definisse os procedimentos a serem adotados pelos magistrados em casos relacionados a escritos incendiários. O resultado da falta de uma legislação precisa era, segundo May, que não havia nada que servisse de freio aos escritores, "a não ser o medo de alguma maçada de pau".

A falta de solidariedade dos jornalistas com os redatores do *Compilador* se devia ao caráter mais radical daquele periódico. Cairu, em sua "Defesa da *Reclamação do Brasil*", diria que os redatores do *Compilador* haviam tentado difamá-lo chamando de "desmazelada e babélica" a imprensa nacional e atribuindo ao fato de serem "desprotegidos" de Cairu o não terem conseguido imprimir dois números do jornal por semana. Para arrematar, disseram também que não sabiam a que nação era fiel o autor das *Reclamações*, mas que ele demonstrara ser fiel ao despotismo e infiel ao juramento que prestara às bases da Constituição.[10] Cairu, por sua vez, acusa os "zoilos", como chama os redatores do *Compilador*, de defenderem em seu jornal

a utilidade da viagem de S.A.R. à França (menina dos seus olhos) onde ainda há tanta gente que espera com ansiedade pela vinda do novo Messias, filho do dragão corso, assassino do Duque d'Enghien,[11] um dos últimos esteios da real família.

O *Compilador* também teria dito que, apesar de na França só existirem regicidas, a viagem do príncipe teria um caráter pedagógico, pois assim ele ficaria sabendo a que perigos se expõe quem desobedece à opinião pública. Em vista dessa ousada e curiosa proposição, indaga Cairu:

Isto é de compilador ou de conspirador? [...] De que opinião pública fala? A dos Robespierres, Marats e outros corta-cabeças do pandemônio de Paris que fizeram o assassinato jurídico de Luís XVI?

Os redatores do *Compilador* foram os primeiros jornalistas a sofrer perseguições por parte do ministro José Bonifácio, com a aprovação de D. Pedro. A falta de solidariedade dos demais redatores para com os do *Compilador* se devia também às opiniões deles acerca de D. Pedro. Ninguém no Rio tivera, até então, a coragem de se manifestar daquela maneira. O *Compilador* rompera assim o pacto silencioso que unia toda a imprensa do Rio em torno de D. Pedro, o qual ninguém atacaria.

6. UM PROCESSO CONTRA O REDATOR DO *CORREIO*

João Soares Lisboa também não contou com a solidariedade de Gonçalves Ledo quando se viu envolvido na intriga que contra ele armaram os validos do príncipe, Berquó e Gordilho,[12] coadjuvados por dois elementos do grupo andradista, José Joaquim da Rocha e José Mariano de Azevedo Coutinho. Ledo fez mesmo questão de inserir no próprio jornal de Soares Lisboa uma nota declarando nada ter a ver com a contenda "heroico/ridícula" travada entre Lisboa e Berquó (*CRJ*, nº 70, 8 jul. 1822).

O *Correio do Rio de Janeiro* publicou, em seu nº 62, uma edição extraordinária relatando, de forma circunstanciada, o episódio. Trata-se de documento ímpar na nossa história. Esse número do jornal, datado de 27 de junho de 1822, causou tal impressão que um exemplar, junto com um resumo detalhado do seu conteúdo, foi enviado a Metternich pelo barão Wenzel de Mareschal (FIGUEIRA DE MELLO, p. 78).

Soares Lisboa nos dá ali uma mostra do importante papel que tiveram a intriga e os intrigantes nos acontecimentos políticos do Rio de Janeiro de 1822. No seu caso, como se verá, concretizou-se o que Stendhal disse na *Cartuxa de Parma*: "O homem que se aproxima da corte compromete a sua felicidade, se é feliz, e, em todo caso, faz depender seu futuro das intrigas de uma criada de quarto". A felicidade de Soares Lisboa começou a ser comprometida nos episódios que envolveram os criados do futuro imperador, o próprio e seu poderoso ministro, José Bonifácio de Andrada.

Na noite do dia 29 de maio de 1822, João Soares Lisboa e Joaquim Gonçalves Ledo conversavam na tipografia de Silva Porto, onde se imprimia o *Correio*. Foi Ledo quem alertou ao colega sobre o boato que corria na cidade de que José da Silva Lisboa fora levado a escrever a *Reclamação* nº 14, por instigação de Berquó, Gordilho, Rocha e Mariano, atendendo a um desejo do príncipe. Enquanto conversavam, chegou o marechal Miguel Lino de Morais,[13] velho conhecido de Soares Lisboa, que pediu para falar-lhe em particular. Vinha, segundo disse, da parte de Berquó, mas o recado que trazia era do príncipe. D. Pedro queria desfazer os boatos que ligavam seu nome ao documento publicado por Cairu.

Após a saída de Lino de Morais, Ledo insistiu com Soares Lisboa reafirmando sua convicção de que D. Pedro era contra a instalação de uma Assembleia no Brasil. Para tirar a limpo essa questão foi que Soares Lisboa resolveu enviar ao príncipe carta em que cobrava dele uma posição clara. A carta de Soares Lisboa, em seus momentos mais fortes, dizia:

> Senhor, falemos claro, ou V.A.R. quer representação Nacional no Brasil, ou não quer? No 1º caso, pode V.A.R. contar com um defensor denodado de seus direitos; no 2º, não posso servir a V.A.R., e atrevo-me a afirmar-lhe que perde o Brasil para sempre. [...] Nunca V.A.R. verá escrito meu de servilismo; deixei de ser vassalo,

não voltarei à escravidão; se os portugueses se deixarem avassalar, deixarei de ser português, e buscarei em terra estranha a augusta Liberdade [...] (30 maio 1822).

Enviada a D. Pedro como confidencial a carta foi usada por Berquó e Gordilho para abrir processo contra o jornalista por crime de injúria atroz. No nº 86 do *Correio*, dia 27 de julho de 1822, um sábado, ele comunicava ao seu público que, mais ou menos às onze horas da manhã do dia 21, fora notificado de que deveria comparecer ao paço da Casa da Suplicação no dia 29, pelas nove horas da manhã. Declarando-se prontíssimo a obedecer à lei e provar a falsidade das acusações, Soares Lisboa promete aos seus leitores que lá compareceria sem advogado e que tornaria público o processo.

No mesmo dia em que foi notificado, o jornalista procurou em casa o ministro José Bonifácio e lhe ponderou que "parecia desairoso que uma carta confidencial dirigida a S.A.R. diretamente, servisse para sobre ela se formar corpo de delito em um Tribunal de Justiça". Conta que foi tratado com grande consideração e bondade por parte do Andrada, tendo este lhe dito estar satisfeito com a sua conduta.

D. Pedro, que, como era seu costume nesse tempo, se encontrava na casa de José Bonifácio, saiu à sala e autorizou Soares Lisboa a publicar a carta no *Correio*, acrescentando nota em que diria que ele, príncipe, não "tem amigos, nem validos, quando se trata da causa da Nação". Recomendou ainda ao jornalista que dissesse ter ele autorizado a publicação da carta apenas para conhecer os intrigantes, pois, se "forem meus criados, quero imediatamente separá-los de mim por indignos". Os criados indignos, como se verá, não só ainda prestariam muitos serviços dessa natureza ao príncipe, como serviriam de biombo a outras indignidades.

No dia em que Soares Lisboa deveria comparecer ao paço da Suplicação, o *Correio* (nº 87, 29 jul. 1822) publicou carta de leitor solidário, cuja mão "treme de horror" ao escrever, diante da "negra calúnia" com que se pretendia "denegrir a carreira literária" do redator, chamando-o de inimigo da prosperidade do Brasil, "talvez por ser o primeiro que nele pedisse Cortes". Acreditava que o *Correio* fora apelidado de "Correio de Maroteiras" talvez "por ensinar [sic] abusos que se cometem", e comentava um anúncio publicado no "Diário de Vendas e Compras" (o *Diário do Rio de Janeiro*) contra Soares Lisboa. Apesar de a escrita desse admirador de João Soares Lisboa, que assina com as iniciais J. O. C., ser especialmente incompreensível, sua carta sugere que Gordilho exigira do jornalista uma retratação pública ("declaração com última brevidade") sobre o que dissera na carta endereçada a D. Pedro. Perguntava finalmente J. O. C.: quem autorizava "a qualquer classe de cidadão exigir de outro uma declaração senão por meio da lei?".

Esse primeiro processo contra Soares Lisboa nunca foi a júri. Informaria ele, em 18 de agosto de 1823, que o caso ainda estava para ser julgado "pelos Meritíssimos", concluindo com pessimismo: "estamos certos de que nos farão o obséquio de costume".

7. O *ESPELHO* EM DEFESA DO APOSTOLADO E CONTRA JOÃO SOARES LISBOA

O primeiro ataque do *Espelho* contra João Soares Lisboa teve por motivo uma carta inserta no *Correio do Rio de Janeiro* contra o Apostolado. O Apostolado da Nobre Ordem dos Cavaleiros da Santa Cruz foi uma organização secreta, surgida em 2 de junho de 1822, que se reunia nas salas do então Quartel do Comando das Armas, na rua da Guarda Velha, hoje Treze de

Maio. Na sua inauguração estiveram presentes onze pessoas, e D. Pedro foi escolhido por unanimidade seu arconte rei. O síndico do Apostolado era o famoso e temido major Nunes Vidigal,[14] comandante da Guarda Real de Polícia, antigo oficial do esquadrão da Guarda dos Vice-Reis, que, nessa qualidade, fora a Minas buscar os presos da Inconfidência. Do Apostolado diria, em setembro de 1823, Cipriano Barata:

> É uma conspiração universal contra o gênero humano [...] para favorecer o governo absoluto em Nápoles e depois trazida para o Rio de Janeiro por um italiano e adotada pelos senhores Andradas, para restaurarem o governo realista tirânico e lançarem cadeias à sua Pátria, com a condição de serem eles os grandes e poderosos.[...] Uma sociedade ou clube de espiões, espalhados pelas nossas províncias, com ocultas correspondências e em benefício do Ministério [...] (apud RANGEL, p. 73).

Segundo Alberto Rangel, o italiano mencionado por Barata seria Antônio Alexandre Vandelli,[15] genro de José Bonifácio. Cipriano Barata, no entanto, revela que o Apostolado teria sua origem num caderno envolvendo máximas e cerimônias de certa sociedade secreta da Itália que José Bonifácio teria arrebatado das mãos do sardo Joseph Stephano Grondona. Modificando-as a seu jeito, o Andrada constituíra a sociedade do Apostolado, destinada, segundo Barata, a embalar o absolutismo.

Grondona, no entanto, publicaria, em 1823, "O conselho da boa amizade", panfleto onde atacava violentamente o Apostolado. Dizia ali que seus leitores estranhariam, sabendo que não era "infecto da epidemia Apostolar", que ele tratasse com tanto desembaraço "os segredos, fins e alvo do Apostolado". Mas, quase corroborando a revelação de Barata, dizia falar "cheio de conhecimento de causa". Grondona, tal como o Barata, identifica o

Apostolado com a Santa Aliança e o absolutismo. Varnhagen atribui ainda a Grondona a autoria de outros dois panfletos: "Oração fúnebre ao cadafalso do Apostolado" e "Duas palavrinhas acerca do veto". Dos dois não se conhece cópia. Mas pelos títulos bem se pode imaginar-lhes o conteúdo. De qualquer maneira, como se verá, Grondona manteria sempre uma relação ambígua com os Andrada, e seu jornal seria acusado de ser apenas mais um veículo das ideias daqueles.

O Apostolado se propunha a promover "a integridade, independência e felicidade do Império Constitucional", opondo-se tanto "ao despotismo que o altera, como à anarquia que o dissolve". José Bonifácio assumira a chefia do Grande Oriente, após a transformação do Clube da Resistência em loja maçônica, a Nove de Janeiro, liderada por José Joaquim da Rocha. Na ocasião declarara-se iniciado no estrangeiro e fizera gestões junto a Hipólito da Costa no sentido de que o Grande Oriente do Brasil fosse reconhecido na Inglaterra. Mas quando aumentaram as diferenças entre José Bonifácio e Gonçalves Ledo, que era o primeiro vigilante, os Andrada resolveram criar o Apostolado, reunindo gente das mais variadas extrações: militares, sacerdotes, funcionários, magistrados, negociantes, agricultores etc. Como disse Alberto Rangel: "Adversários dos Andradas é que lá não se encontrariam".

Cipriano Barata vinculava a origem do Apostolado diretamente ao surgimento da Santa Aliança: os soberanos da Europa haviam dado grande apoio à maçonaria para que os auxiliasse na queda de Napoleão. Com a derrota do corso, os mesmos soberanos, assustados com o incremento da maçonaria, se uniram, formando a Santa Aliança, destinada a favorecer o absolutismo e a dar combate "à inocente sociedade dos Franco-maçons". Na Galícia, forças simpáticas à Santa Aliança teriam organizado a Sociedade Apostólica, com o fito de dar combate à Constituição espanhola, de inspiração maçônica (VIANNA, 1945, p. 475).

A relação que Grondona estabelece entre o Apostolado e a Santa Aliança se baseia nas mesmas suposições da que faria Barata. Grondona revelava que a doutrina do Apostolado é a mesma propagandeada pelo frei Sampaio e pelos redatores do *Reclamador*, *Espelho* e *Diário do Governo*:

> Existe nesta Cidade, debaixo do especioso título de Apostolado, a mais monstruosa destas Sociedades, que atualmente trabalha, ocupando-se unicamente de matérias políticas, e até ousadamente [...] nela mais são os Judas que os mesmos Apóstolos, [...] a desorganizadora e servil doutrina dogmático-política, que no Apostolado se professa, cuja é a mesma que sem proveito, foi repetidamente pregada pelos Frades Sampaio, e Soledade,[16] pelos periodiqueiros do venal *Diário do Governo*, do sujo *Espelho* e do versipele *Reclamador*...
>
> A existência deste Apostolado é de certeza matemática e ninguém ignora o local das suas sessões. [...] Os nomes dos Apóstolos e do Mestre deles são tão na boca de todos, que até julgo desnecessário aqui o repeti-los por lista nominal. [...] Notório a todos é o seu antiliberal-inconstitucional fim.

O Apostolado foi fechado por D. Pedro, na noite de 16 de julho de 1823, mesmo dia em que foi demitido o ministério Andrada. À frente de um piquete de cinquenta soldados, o imperador invadiu a sede, decretando seu fechamento e confiscando-lhe os papéis. A causa, segundo foi contado no jornal de Grondona, fora uma carta anônima que o barbeiro Plácido,[17] pessoa da Domitila, declarou ter recebido naquele dia. A tal carta teria sido escrita em alemão e denunciava que estaria em curso no Apostolado uma conspiração contra o imperador:

> E será problemático o que se sabe até dos moleques, que S.M.I. quando mudou o Ministério último, recebeu uma carta anônima,

a qual lhe foi entregue pelo tal Plácido, que o anunciou até no Diário do azeite e do vinagre? (*SPG*, nº 19, 7 out. 1823).

As sociedades secretas haviam sido proibidas por D. João VI, mediante alvará de 30 de março de 1818. Com base nisso o *Correio* denunciaria, por meio de carta de leitor anônimo, a formação de uma nova ordem intitulada "a insigne Ordem dos Cavaleiros da Santa Cruz", composta de grandes dignitários pertencentes à seita dos "Maçons Pedreiros-Livres" e um "pequeno número de proteus anglo-maníacos".[18]

> O governo tem, a nosso ver, rigorosa obrigação de mandar proceder contra o denunciante para dar conta de seus consócios Maçons, ainda mesmo que estejam incorporados em nova associação de Cruzada, e isto pela razão poderosa de ser expressamente proibido por Lei a admissão de sociedades secretas, principalmente Maçônicas, em todos os domínios portugueses. A impunidade ou tolerância de semelhante denúncia, indicaria tácita aprovação do Governo (*CRJ*, nº 83, 23 jul. 1822).

A partir da publicação dessa carta, João Soares Lisboa e seu jornal se tornariam o principal alvo dos ataques do *Espelho*. Logo "O Inimigo dos Marotos"[19] publicaria ali uma carta ao "Senhor redator, suposto do *Correio do Rio* e intrépido Constitucional, porque lhe faz conta". Diz ali que João Soares Lisboa ouvira a expressão "proteus anglomaníacos" de José Pedro Fernandes, que seria "digno colaborador desse patife periódico". "O Inimigo dos Marotos" identifica o Apostolado com a maçonaria, dizendo que ela, a maçonaria, é uma ordem liberal, e que muitos dos mais altos graus fazem parte da nova ordem. Prorrompe numa enxurrada de ofensas violentas contra João Soares Lisboa, nominalmente citado:

É ordem de gente limpa e não de Fernandistas pingões [...] Tem princípios mais liberais que os do Sr. redator *in nomine* que, antes do dia 26 de fevereiro, nunca ouviu falar e quando ouviu, nunca soube, e mesmo hoje não sabe o que seja Constituição, e diz a palavra pelo ouvir dizer, sem lhe ajuntar outra ideia que não seja o poder dizer impunemente em papel borrado ofensas a Deus, à Nação em geral, e a cada uma em particular; saiba pois que a Constituição é aquela lei fundamental feita pelos legítimos representantes do povo, e à qual todos ficam sujeitos; mas para o Sr., que marcha fora das leis, deve ser o azorrague que o há de zurzir e a todos os seus apaniguados. [...] Claro está pois que não é para montar o despotismo, mas sim para montar e ferrar as esporas no Sr., nos do seu partido faccioso e nos traidores do Brasil, que lhe têm dado que comer e vestir. [...]

O Sr. há de ferver em pulgas e os seus conselheiros. Se a chama peste [à ordem do Apostolado], para dar a entender que queremos despotismo, respondo que não somos como o Sr. João Soares Lisboa, que ainda é Lisboa no Rio, bem me entende, Bicudo apesar de ser rombo, e testa de ferro desses atrapalhadores da Causa Brasílica. Faz bem em ser testa de ferro, porque a tem de [...] física e moralmente falsificada sobre alicerces de chumbo, e de servilismo fernandista [...] e ainda mais certo é que não há de entrar para a nossa nobre Ordem, porque nela não se admitem senão homens sábios, honrados e liberais por princípios e não pingões pedantes, pedaços d'asno, ou asnos inteiros, nem Marotos pés de chumbo, como é o sr. inchado, bazófio, e suposto redator; bem conhecido por quem é: O Inimigo dos Marotos (*Espelho*, 19 jul. 1822).

A explicação para a origem da expressão "pés de chumbo" para designar os portugueses inimigos da causa do Brasil quem dá é o próprio João Soares Lisboa:

Pés de chumbo foi uma chalaça inventada pelos jaquetas para distinguir os indivíduos da Divisão de Portugal dos das Tropas do Brasil: esta chalaça subiu das jaquetas a grandes condecorações como acontece a muita gente, e é proferida por pessoas que se julgam conspícuas, não sei com que consciência. Depois que saiu a Divisão tem tido, e continua a ter variadas acepções: uns dizem que designa indistintamente todos os Portugueses nascidos na Europa; outros, que todos aqueles que, sem a mínima reflexão, não aprovam tudo quanto se faz no Brasil, quer sejam Europeus, quer sejam Brasileiros (*CRJ*, nº 89, 31 jul. 1822).

O *Correio* repudiaria a aproximação feita pelo "Inimigo dos Marotos" entre os maçons e o Apostolado, ressaltando o caráter democrático da maçonaria em oposição ao aristocrático da organização andradista:

Fala em Maçons! Os Maçons, pelo que tenho lido e ouvido, são puramente constitucionais, francos e pouco afeitos a distinções mundanas; e os cavaleiros noturnos, ou cousa que o valha, pretendem, segundo a fama, remoçar no Brasil a rançosa e encarquilhada Aristocracia; porque os inimigos da Integridade Nacional pejados de vaidade, na esperança de um dia figurarem na Câmara dos Lordes e Senhores, estão por quantas caraminholas lhes pintam (*CRJ*, nº 89, 31 jul. 1822).

O homem acusado pelo "Inimigo dos Marotos" de ser o alter ego de Soares Lisboa era José Pedro Fernandes, oficial-maior da secretaria do Senado. Em resposta às ofensas que sofrera, ele publicaria enérgica declaração negando que fosse colaborador do *Correio*. Diz ali que aquele que ousa atacar às escondidas não passa de um traidor e de um infame e que será a sua primeira e última resposta sobre aquele assunto. Estava sendo "muito resumido", diz, mas promete ao "Inimigo dos Marotos" que se ele se desmascarasse, manifestando o seu nome, seria mais extenso (*Espelho*, nº 72, 26 jul. 1822).

Aquele mesmo número do jornal incluía outra correspondência que mencionava José Pedro Fernandes de maneira negativa. Tratava-se de um relato sobre a escolha dos eleitores à Assembleia Nacional Constituinte, verificada no dia 21 de julho em duas freguesias, São José e Candelária. Assinada por "Duende", a carta conta que, no momento em que o presidente da freguesia de São José ia propor os nomes dos secretários e escrutinadores, de acordo com o que ordenavam as "Instruções" decretadas pelo príncipe no que se referia às eleições, levantara-se João Caetano, um "tripeiro",[20] morador na rua Direita, onde tinha uma loja de ferragem. Era de outra freguesia mas fora mandado, segundo o autor da carta, por "João Soares Lisboa e Cia., protetores das eleições diretas".

João Caetano levantou-se para protestar, dizendo que o povo é quem devia decidir sobre aquela matéria, e não o presidente. O presidente, por sua vez, argumentou que as instruções determinavam que ele procedesse daquela maneira. Não havia acabado de falar quando se levantaram alguns de entre o povo, gritando: "Fora faccioso, fora maroto, fora que não é da freguesia". E puseram-no para fora. "Mais que sensibilizado dou os pêsames ao Sr. João Caetano e a quem lá o mandou", diz com ironia o correspondente do *Espelho*.

Na freguesia da Candelária, segundo o mesmo relato, ocorreu coisa semelhante. A confusão ali se devia ao fato de, faltando um nome para escrutinador, um cidadão propor: "Aqui está o Sr. José Pedro Fernandes, seguramente muito capaz". Mal acabara de proferir esse nome, conta o narrador, o povo começou a gritar: "Fora bicudo, fora maroto, fora patife, é indigno de ser escrutinador, saia para fora". Não tivera ele outro remédio senão "sair pelo seu pé", para não sair "carregado às costas depois de ter as costas carregadas de lenha". O mesmo que havia feito a moção argumentou, depois, que propusera o nome de José Fernandes porque ele já fora escrutinador da outra vez. A isto teria respondido o povo: "Por isso mesmo, fora, saia este maroto".

> Muito desconsolado fiquei quando vi acontecer isto ao "Amante Leitor", e ainda mais penalizado me senti por ter o Brasil perdido o seu Fernandes, que tendo estado por um triz a sair eleitor e parece que, por uma unha negra está a sair deputado, e que, seguindo os passos do Fernandes [21] das Cortes de Lisboa, que dizem ser o seu diretor e censor a priori das cartas que escreveu no Correio, faria a sua e a nossa desgraça. Dizem que o Sr. João Soares Lisboa levara alguns iguais vivas e também que foram acompanhados por aplauso geral dos moleques. Não sei isto ao certo, mas é de esperar que lhe aconteça, porque quase todos que vêm buscar lã saem tosquiados, haja visto ao Sr. Compilador, de quem tomou o estilo: o que sabemos é que aonde foi votar não quiseram a sua lista por temerem o porte caro de carta trazida por tal Correio. [...] Duende.
>
> P.S. Quando houver de publicar a lista dos eleitores terei o gosto de publicar também no seu *Espelho* a dos não eleitos, no número dos quais hão de infalivelmente entrar os 3 beneméritos acima nomeados, fora os da sua cafifa, que gozarão da mesma honra.

O "Inimigo dos Marotos" e o "Duende" eram a mesma pessoa, e essa pessoa era D. Pedro de Alcântara, chefe do Apostolado, príncipe regente, às vésperas de se tornar imperador do Brasil. Os originais desse último artigo constam dos arquivos da família imperial em Petrópolis e revelam que o texto é ainda mais longo e descreve também as eleições na paróquia de Sacramento. Escrito com a letra de D. Pedro, baseava-se certamente no relato de algum dos seus validos. A ameaça de espancamento ao aliado de João Soares Lisboa e a referência ao destino do *Compilador* dão conta do estilo do príncipe no lidar com os adversários. Ao mesmo tempo, a alusão ao deputado das Cortes de Lisboa, Fernandes Tomás, revela os seus sentimentos, naquela conjuntura, com relação à Assembleia portuguesa. A agressividade para com os portugueses, patente nas expressões "tripeiro", "bicudo", "maroto", só evoluiria daí por diante nos outros artigos escritos pelo príncipe naquela primeira fase de sua atuação na imprensa.

José Pedro Fernandes talvez não soubesse quem era o "Inimigo dos Marotos" e o "Duende" até fazer publicar a carta no *Espelho*, onde o convidava a revelar-se. De qualquer maneira, aqueles seriam os únicos números em que o seu nome seria mencionado. Seu objetivo de negar qualquer ligação com o agora desgraçado João Soares Lisboa deve ter sido plenamente atingido. A partir dali, um destino bem diverso do daquele jornalista o aguardava. Em agosto do ano seguinte, seria nomeado oficial da Secretaria do Império e viria a se tornar, mais tarde, membro do Conselho do Imperador e comendador da Ordem de Cristo. Para isso devem ter contribuído os inúmeros cantos, odes, elogios, hinos e homenagens que escreveu para D. Pedro (BLAKE, pp. 117-8).

O *Espelho* continuaria sua campanha contra João Soares Lisboa. Ele seria ironizado de maneira mais agressiva e violenta em carta assinada por "Aristarco", que faz um trocadilho entre o nome do cardeal Testa Ferrata e a expressão "testa de ferro". Diz "Aristarco" que, se não soubesse pelos últimos correios da Europa que aquele cardeal ainda vivia, juraria que João Soares Lisboa era herdeiro do seu nome e até "da dureza de casco que tanto distingue essa Eminência". Não seria fácil encontrar na grande família do gênero humano, diz o *Espelho*, uma testa mais ferrada do que a do referido "Suado Lisboa".

O som da verdade apenas retine; mas a verdade o não convence; a argumentação mais forte esbarra-se naquela testa; os assistentes do combate aplaudem a vitória daquele que o suplanta, mas o Sr. Suado (ou Soares como quiser) torna a aparecer de pé no campo, sacode os bolsos da casaca e diz à boca cheia que não ficou vencido. [...] Ele diz em público que é o autor do que escreve, mas todos conhecem que ele é o Marfório do Rio de Janeiro, tronco de estátua mutilada, que apresenta ao público de dia os papéis que de noite se vão ali depositar. A desigualdade do estilo, não para melhor, mas sempre para pior, mostra bem que a panela é mexida por muitos (*Espelho*, nº 74, 2 ago. 1822).

Propõe o *Espelho* que o jornal de João Soares deixe de se chamar *Correio* para passar a se chamar de "Catraia". Nome, a seu ver, mais apropriado, porque os "Correios" normalmente trazem as novidades da política, as deliberações das Cortes, os negócios de gabinetes, mas o *Correio* de Soares Lisboa seria apenas "o condutor do lixo, da espuma e do vômito dalguns *petits philosophes sans façon*".

Houve quem lembrasse entre nós, se o sr. Soares descenderia em linha reta do incomparável Sargento Aníbal Antônio Quebrantador, um dos heróis que Le Sage introduz no seu *Diabo coxo*, porque ninguém é mais estrondoso em arrotar, mais forte em espumar, nem mais pequeno em argumentar. Como aquele sargento, o Sr. Soares desafia as almas do outro mundo, mas há quem diga pela boca pequena que para se não avistar com as deste, corre o ferrolho todas as noites entre elas e a sua pessoa.

O *Espelho* menciona também um ofício no valor de 30 mil--réis anuais de renda que Soares teria dito que cedera a Gordilho.[22] Esclarece o redator que aquilo era calúnia, pois Gordilho nada receberia pelo seu ofício de guarda-joias do príncipe, e que fora exigido de Soares Lisboa declarar qual era esse ofício, mas que

> tal é o medo que tem das almas deste mundo que por ver um "sob pena de..." com reticências, esqueceu-se de dar a resposta e disparou a chorar como um coitado, pensando que lhe viriam sobre as costas todos os armazéns de lenha da Prainha, ou que lhe pretenderiam pôr as tripas ao sol. Não seja tolo, ninguém quer manchar as mãos; como os Ministros da Justiça não lhe querem mandar correr os banhos, para se casar com a viúva da Prainha, vá guardando o fogo sagrado com as vestais da Rua da Vala e não mude de casa; porque mesmo o senhor é uma vala, onde se lançam todas as imundícies da imoralidade pública.

A partir daí, o tema é a carta, publicada no nº 62 do *Correio*, que João Soares Lisboa dirigiu ao príncipe, motivando o processo movido contra ele por Gordilho. Diz o *Espelho* que João Soares dera ali a entender que D. Pedro estava em circunstâncias melindrosas e que, para poupá-lo de ameaças existentes apenas na imaginação do redator do *Correio*, este se oferecera para ser o defensor dos direitos do príncipe. Em que posto poderia o defensor voluntário servir, pergunta "Aristarco":

> Acaso no de tambor-mor para mandar rufar as caixas no momento do ataque? Que bela figura não faria o Sr. Boliza com o bastão na mão! Pretenderia defender a S.A.R. com a sua pena? Não duvidamos, porque para escrever com presunção ele deixa ficar as penas de molho na caldeira de água benta e sentando-se a borrar papel, julgando que os seus escritos produziram tanto efeito como as peças de artilharia.

A carta de Soares Lisboa, apelidado aqui também dc "Sr. Boliza", teria sido "concebida na hora da loucura, da febre delirante e enviada pelo orgulho e pela presunção" e era a mais decidida prova "do seu sans-culottismo", o testemunho mais evidente de que ele tinha intervalos de lucidez, porque na verdade não passava de um louco varrido e louco sem pilhérias:

> Conheça-se, Sr. Arre Boliza; V.M. não é escritor, não é coisa alguma na República literária, é um triste Rocinante, um miserável porta-freios, vá arrastando a sua perna, sempre na companhia dos bon vivants, que lhe fazem roda: S.A.R. tem em sua defesa a opinião dos bons cidadãos, o amor do povo em geral, que o adora, e que não mudará de ideia, apesar de que V.M. grite, e regrite, apesar de que lhe mostre em cópia fiel o que diz a infame Segarrega, ou o que escrevem os Caus, os Caens, os Cains, os canhões da turba faminta onde o Sr. figura como Doutor Pança.

Sugere o *Espelho* que Soares Lisboa procure um outro ofício. A alusão à modéstia da origem do jornalista vem nas coisas que se lhe oferecem como opção: "um armarinho com agulhas dá para viver, um botequim viajor também deixa ir passando o dono e o rendeiro; um caniço não é má lembrança". Mas se quiser escrever, completa, fazendo mais uma alusão à suposta loucura do jornalista: "diga-nos se virá, ou não El-Rei D. Sebastião, se a Porta invadirá os países do ferrolho". Sugere ainda que ele vá dar auxílio a Madeira, na Bahia, ou engraxar as botas do Sr. Fernandes Tomás. Mas que deixe em paz, *"per omnia secula seculorum"*, ao ajudante general Gordilho e a Berquó, cujas reputações seriam "invulneráveis", cuja "adesão à causa" seria "firmíssima" e "cujo zelo por S.A.R. era público":

> Saiba por fim dos fins, que o povo, o intrépido, o imaculado povo desta cidade, nunca se ajuntará ao seu partido, porque tem a última certeza de que quando V.M. diz: "sustentar a causa", o verbo

sustentar perde a sua significação própria, e na sua boca sustentar é arrasar; destruir, não deixar pedra sobre pedra, nem sobra de edifício.

8. DIRETAS JÁ!: O PRIMEIRO JORNALISTA NO TRIBUNAL

Quando se tratou de apresentar ao príncipe a "Representação" pedindo Cortes para o Brasil, divergiram seus autores sobre se deveriam ser diretas ou indiretas as eleições para a Assembleia. Por isso julgaram útil que cada um dos assinantes declarasse, depois do seu nome, a sua opinião. João Soares Lisboa tinha, em virtude dessa decisão, avisado ao público que o requerimento estava na tipografia para quem quisesse se manifestar a respeito. Foram colhidas cerca de 6 mil assinaturas, tendo a maioria escolhido a primeira opção.[23] Por isso, quando o príncipe decretou que as eleições para a Constituinte seriam indiretas, Soares Lisboa, para usar a feliz expressão de Rizzini, subiu a serra e escreveu: "Quem autorizou S.A.R. para mandar o contrário daquilo que lhe representaram os povos desta província?" (RIZZINI, p. 397). Em virtude dessa interpelação, Soares Lisboa teve o dissabor de concluir o nº 70 de seu jornal com a seguinte nota:

> Tínhamos há pouco acabado de escrever as linhas que acima ficam e eram duas e meia da tarde quando fomos intimados pelo escrivão do Crime da Corte e Casa de Suplicação para, em 24 horas, escolhermos de 24 ilustres cidadãos, 8, que devem ser nossos juízes de fato sobre uma acusação que de nós fez o Procurador da Coroa, França, por causa do nº 64 do nosso periódico (*CRJ*, 8 jul. 1822).

Era o que preceituava o decreto do Conselho de Estado[24] sobre os crimes de abuso da liberdade de imprensa. O decreto, lançado a 18 de junho, justamente durante a intriga em que João Soares Lisboa se vira envolvido, fora escrito sob medida para o jornalista. Na sessão do dia 16 de junho de 1822, o conselheiro José Mariano propôs que se levasse a juízo João Soares Lisboa pelas criminosas doutrinas que veiculava no *Correio do Rio de Janeiro*. A isso opuseram-se Gonçalves Ledo e Lucas Obes. Seguiu-se um debate, findo o qual ficou decidido que Ledo[25] preparasse um decreto para a imprensa. O decreto, sob forma de portaria, foi aprovado na sessão de 18 de junho. Por ele, abandonavam-se as sanções relativas aos abusos contra a religião, os bons costumes e os indivíduos. Permaneciam as relativas aos abusos contra o Estado, "admitido ao réu a justa defesa que é de razão, necessidade e uso".

Dizia o governo pretender com isso evitar que os inimigos da ordem propagassem pela imprensa "doutrinas incendiárias e subversivas, princípios desorganizadores" que poderiam vir a causar a destruição do "sistema que os povos deste país escolheram". Acrescentando que aquele decreto não pretendia "ofender à liberdade bem entendida da imprensa", determinava que o corregedor do crime da corte ficava a partir de então nomeado juiz de direito nos casos de abuso da liberdade de imprensa. E que este nomearia, para os casos que se apresentassem e a requerimento do procurador, "vinte e quatro cidadãos escolhidos entre os homens bons, honrados, inteligentes e patriotas, os quais serão juízes de fato, para conhecerem da criminalidade dos escritos abusivos". Desses vinte e quatro jurados, o réu poderia recusar dezesseis.

Os oito restantes porém procederão ao exame, conhecimento, e averiguação do fato, como se procede nos Conselhos Militares de investigação. Determinada a existência de culpa, o juiz imporá a pena. E porquanto as leis antigas a este respeito são muito duras e impróprias das ideias liberais dos tempos em que vivemos, os Juízes de Direito regular-se-ão para esta imposição pelos artigos doze e treze do título segundo das Cortes de Lisboa de quatro de junho de 1821, que mando nesta cívica parte aplicar ao Brasil. Os réus só poderão apelar do julgado para a minha Real Clemência (*CRJ*, nº 59, 22 jun. 1822).

Antes do julgamento, já se manifestavam os fiéis admiradores de João Soares Lisboa. No dia 9 de julho, um deles escrevia lembrando que, como aquele seria o primeiro júri brasileiro, tinha de "fazer época". Apostava, otimista, que não seria manchada a "aliança da liberdade", condenando-se como "subversivo do sistema constitucional brasílico" um dos "cidadãos que primeiro levantou a voz pela sua solene emancipação; exceto se tiver por juízes homens interessados em aniquilar este mesmo sistema, o que nunca é de supor [sic]" (*CRJ*, nº 71, 9 jul. 1822).

Para estimular Soares Lisboa a prosseguir na luta, "Um brasileiro, muito brasileiro sem mania", exortava-o a que continuasse a ser "intrépido, firme, franco e liberal" como vinha sendo até então e lembrava que o público contava com ele como "sustentáculo dos seus inauferíveis direitos". Soares Lisboa não podia desmerecer o conceito em que o tinham, pois fora o primeiro que clamara por Cortes no Brasil e um dos colaboradores para a magna "Representação" de 20 de maio.

O julgamento de João Soares Lisboa, primeiro jornalista a ser processado com base na Lei de Imprensa no Brasil, contribuiu para aumentar-lhe o prestígio. Levado a júri em 1º de agosto, Soares Lisboa foi absolvido. Atendendo a pedidos, o jornalista prometeu publicar o processo, ao qual chamou de "troféu da vitória que no templo da Imortalidade colocaram os nunca assaz louvados Juízes de Fato: os Jurados". Comemorou a absolvição dizendo que ela era uma demonstração de que "o Brasil é o país da liberdade" e que no Rio de Janeiro não existe mais o despotismo, nem a arbitrariedade e que "já não treme a mão do escritor imparcial" (*CRJ*, nº 93, 5 ago. 1822).

Enquanto finalmente se prostitui o jornal do servilismo, e o Diário das compras e vendas, aos sarcasmos, diatribes e calúnias mais impudentes; retomaremos a carreira em que marchávamos, e da qual nos desviou um acontecimento não esperado.

Seu jornal se viu recheado de cartas de cidadãos identificados com as suas ideias. O próprio episódio do julgamento e da lisura com que fora realizado era para Soares Lisboa uma demonstração da inteireza do regime liberal que se estava implantando. Um leitor assinando-se "Um homem que pensa livremente" congratula-se com todos os "cidadãos constitucionais" pelo bom êxito do seu processo e indaga: "Que seria da liberdade da Imprensa, dessa pedra angular do edifício constitucional, se V.M. fosse condenado? Quem mais se atreveria a escrever com franqueza?" (*CRJ*, nº 92, 3 ago. 1822). No número seguinte, outro leitor escrevia:

Tive notícia, por um íntimo amigo meu, do resultado que teve a causa pela qual fora V.M. citado perante o Tribunal de Jurados. Parabéns portanto a V.M., parabéns ao Brasil por gozar as primícias das novas saudáveis Instituições, vendo imparcialmente administrada a justiça em favor de um cidadão. É seu venerador:
Um homem que pensa livremente.

Mais entusiasmado ainda se mostrava o "Amigo da Verdade", que compara João Soares Lisboa a May, acreditando que este último parara de escrever por força das pressões do *Espelho*. Suposição que era infundada, como veremos a seguir.

Minha alma exulta de prazer por ver já o resultado do tribunal dos Jurados da Liberdade da Imprensa [...] não se aterre com esses escritos em que o pretendem caluniar, e mormente nesse chamado neutral *Espelho* em que o seu autor, e seus consócios, pretendem eclipsar, não só a sua carreira, mas a de todos os escritores liberais, como o fez com um dos nossos Campeões da Liberdade, o digno Redator da *Malagueta* (*CRJ*, nº 95, 7 ago. 1822).

O triunfo da instituição dos jurados, em sua estreia, é o tema de quase todas as cartas que exaltam o sucesso do julgamento de Soares Lisboa. Ao que parece, aquele primeiro júri, ao absolver Soares Lisboa, por todos conhecido como um homem sem padrinhos influentes, era a prova maior da eficácia das instituições liberais e de que uma nova ordem estava de fato se instaurando.

Nessa linha, o "Firme Constitucional" diz que nunca se lhe esqueceram as palavras do seu defunto avô: "quem não deve não teme", agradece a Deus "por tanta graça" e não vê senão "transportes de alegria em todos os verdadeiros constitucionais" pelo bom êxito do processo de João Soares Lisboa. Mas louva também aos "justos cidadãos, juízes de fato, pela Constitucionalidade com que julgaram" aquela causa (*CRJ*, nº 94, 6 ago. 1822). "Hierpino, Brasileiro Adotivo", faz um elogio ainda mais caloroso à integridade do júri e ressalta sua importância no estabelecimento da instituição no Brasil:

Ah! este primeiro júri faz muita honra aos seus ilustres membros pela sua imparcialidade, retidão e modo de proceder. Faz também, pelos mesmos motivos, muita honra à Nação. A inocência sempre triunfa... Mas que! não, nem sempre... não lhe valeu a inocência, ou nulidade dos crimes arguidos. Valeu-lhe sim. Quer que lhe diga? Valeu-lhe sim (eu lho digo, ainda mesmo sem saber se V.M.

quer que lhe diga) valeu-lhe a integridade dos juízes (*CRJ*, n⁰ 98, 10 ago. 1822).

Mas há quem ainda veja de forma crítica a situação dos direitos civis naquele momento. Outro leitor compara a situação de Soares Lisboa com a de Cairu. Em tom satírico ele acusa Soares Lisboa de ser inimigo do Brasil, um divulgador de doutrinas contrárias à opinião pública, que, por esse motivo, havia experimentado "o rigor da lei fluminense contra a liberdade da imprensa". Aqui corrige, com ironia, o leitor: "Digo, contra os abusos da liberdade da imprensa". Recomenda por isso a Soares Lisboa que, se quiser evitar novos dissabores, seja amigo do Brasil como o autor das *Reclamações*:

> Siga o exemplo deste venerando, que chamando facção à requisição dos direitos do Brasil, chamando *cerebrina deliberação*, etc. pregando sempre incoerente e inconsequente, como se vê de seus impressos não é acusado ao Tribunal, porque escrever contra o Brasil e contra os mais legais passos que se tem dado não é crime, é virtude desembargatória, e tudo fica provado pelo Espírito Santo.[...] O bom é ser contraditório [...] (*CRJ*, n⁰ 101, 14 ago. 1822).

Enquanto o *Correio* comemora, o *Espelho* argumenta contra a absolvição de seu maior desafeto. Alguém que se apresenta sob as iniciais de J. P. desenvolve uma longa e judiciosa crítica à Lei de Imprensa, a partir da análise dos elementos da acusação a João da Silva Lisboa.

O autor da carta afirma que não pretende fazer acusações ao redator do *Correio*; esclarece que não é procurador da Coroa, nem parte imediatamente ofendida. Mas tem interesse em que as doutrinas do *Correio* não se propaguem como verdadeiras em virtude da absolvição do seu autor e da imparcialidade ("que se deve acreditar") dos senhores jurados. Os jurados absolveram o jornalista por não acharem aplicação do fato à lei. J. P. desenvolve seu argumento, citando trechos do artigo de Soares Lisboa que deu origem ao processo:

> "E perguntaríamos nós quem autorizou a S.A.R. para mandar o contrário daquilo que lhe representaram os povos desta província?" Quem não vê que esta pergunta envolve a asserção de que S.A.R. fez o contrário daquilo que lhe representaram os povos? O redator não pergunta se S.A.R. fez, pergunta a razão por que o fez e por mais subterfúgios que os antibrasileiros procurem, nunca acharão quem não esteja convencido que a pergunta envolve a afirmativa. Sendo assim (o que ninguém pode negar) qual era a primeira coisa a averiguar senão se a afirmativa do redator de que S.A.R. decretou as eleições indiretas, tendo-lhes os povos pedido as diretas é ou não verdadeira? (*Espelho*, nº 77, 13 ago. 1822).

A resposta do *Correio* viria por meio de carta assinada apenas como "Anônimo". Aquele correspondente diz que J. P. teria formado seus argumentos a partir da "Representação" datada de 20 de maio. Aquele papel, diz o defensor de João Soares — talvez um advogado —, não foi feito por todos os cidadãos do Rio, "ele foi redigido, escrito e mandado ao tipo por seis cidadãos". O que conferira à "Representação" um caráter de vontade popular não fora o título que seus autores lhe deram, "mas sim o ser este papel publicamente abraçado pelo povo", e o ter este firmado suas assinaturas sobre ele. Indaga o "Anônimo" ao sr. J. P. se 6 mil não seria um número suficiente para representar o povo da província do Rio de Janeiro. Pelas mãos do redator do *Correio* passaram aquelas assinaturas. "Ele viu 6000 quase todas a favor da direta [...] e eis aí por que ele pronunciou a asserção afirmativa sem incorrer em crime [...] e foi muito legalmente absolvido":

Porque está inquestionavelmente provado, ou que a asserção afirmativa é verdadeira ou que, se era falsa, o Redator não podia advertir que o era; e por isso não existe culpa segundo esta regra: para qualquer um ser reputado delinquente é necessário, que quando praticou a ação, porque o condenam, ao menos pudesse conhecer que ela era criminosa (nº 110, 26 ago. 1822).

Mas era agosto, estávamos na véspera da Independência, e o debate se voltaria para o formato da futura monarquia brasileira, o tipo de legislativo que a regularia e os limites da ação do príncipe regente. Ainda em meados de julho, antes mesmo das eleições para a Câmara, o *Correio* publicara um artigo de seu redator sobre a questão do direito de veto do Executivo às leis propostas pelo Legislativo.

Diz Soares Lisboa ter percebido que "uma espécie de melancolia" se apoderara da maior parte dos que se haviam manifestado pela "eleição direta". Desgostosos, aqueles cidadãos pretendiam omitir-se nas eleições. Soares Lisboa considera tal procedimento verdadeira calamidade pública:

> Se deixarmos os que seguíamos esta opinião, a nossa causa, causa da Nação, entregue aos inimigos do sistema, aos indiferentistas, o mesmo que egoístas, ou aos menos vigilantes, qual será o resultado? Teremos sim representantes, mas da escolha dos anglomaníacos, ou servis. E que se pode esperar dessa qualidade de gente? Um único meio há para obstar, ou remediar esse mal e é sacrificar cada um dos bons cidadãos o seu justo ou injusto ressentimento a bem da causa pública, do interesse geral, do seu próprio interesse da liberdade (*CRJ*, nº 77, 16 jul. 1822).

Soares Lisboa acredita e procura convencer seus seguidores de que os "anarquistas" pretendem a volta do despotismo e planejam implementar o veto absoluto e a Câmara de Nobres. Ele ataca o veto absoluto, dizendo:

> Veto absoluto, quer dizer, um homem que, em virtude da sua soberana vontade, destrói o que fazem 100, ou mais homens, não por vontade sua, mas por convicção de que aquilo é o que melhor convém à Nação; e há de um homem só porque a Nação lhe conferiu o título, e atribuições de rei, ficar sendo onisciente e ter melhor discernimento do que 100 ou mais homens? [...] Um rei que tiver veto absoluto é déspota, e os déspotas raríssimas vezes deixam de ser tiranos; [...] mas graças às luzes do século em que vivemos, os povos reconhecendo seus inalienáveis e imprescritíveis direitos, reassumiram e vão reassumindo a soberania que lhes compete (*CRJ*, nº 77, 16 jul. 1822).

A seu ver, a Câmara de Nobres, formada por deputados que assim o seriam por direito de nascimento, bastando para isso ter mais de 25 anos e saber escrever o nome, seria o sustentáculo dos déspotas. "Criados no luxo e abundância", continua Soares Lisboa, esses deputados "não se incomodam a frequentes estudos e, máquinas com movimentos, seguem as insinuações do rei; cujo despotismo lhes convém sustentar por interesse próprio". A combinação mais desfavorável ao povo, na visão de Soares Lisboa, era a do veto absoluto, com duas Câmaras e iniciativa de leis por parte do ministério:

> Concluímos recomendando de novo a nossos concidadãos a boa escolha de eleitores sem prevenção de classes, qualidades, nascimento, ou empregos; a melhor escolha é a firmeza de caráter, adesão ao Sistema de "Representação" Nacional, Independência Política do Brasil, União a nossos Irmãos de Portugal, sustentando como já dissemos o timbre nacional: Religião, Lei, Rei.

1. *A placidez desta cena não corresponde ao relato das testemunhas: o embarque da corte portuguesa para o Brasil teria ocorrido de forma apressada e sem nenhuma organização.*

2. D. João VI retratado por Debret.

3. Uma das figuras mais notáveis da Corte de D. João VI, Antônio de Araújo e Azevedo, o conde da Barca, trouxe no porão do navio a gráfica que daria origem à Impressão Régia.

4. D. Pedro por volta dos dezoito anos, em uma das imagens menos conhecidas do então príncipe real.

5. *D. Leopoldina foi a grande aliada dos brasileiros no processo da Independência. Nesta imagem, a princesa real desembarca no Rio de Janeiro.*

6. Neste detalhe de litografia, o mesmo episódio da imagem anterior é retratado em um tom bastante diferente: aqui, o rei e os príncipes reais aparecem como verdadeiras caricaturas.

7. Curiosa cena de bailado em que os protagonistas são D. Pedro e D. Leopoldina, em recepção na Quinta da Boa Vista.

8. Hipólito da Costa, o primeiro jornalista brasileiro.

9. Censor da Impressão Régia, José da Silva Lisboa, o visconde de Cairu, foi também o maior panfletário da Independência.

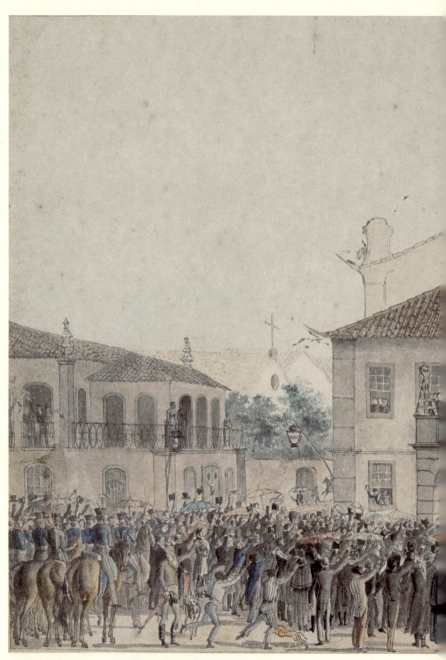

10. O juramento prévio da Constituição portuguesa, feito por D. Pedro em 26 de fevereiro, marcou o início das agitações que dominaram o tumultuado ano de 1821.

11. O cônego Januário da Cunha Barbosa publicava com Joaquim Gonçalves Ledo o Revérbero Constitucional Fluminense, *jornal que teve papel decisivo no processo da Independência.*

12. Joaquim Gonçalves Ledo fez da maçonaria a ponta de lança do processo da Independência.

13. Opositor de Ledo na maçonaria, José Joaquim da Rocha, amigo dos Andradas, foi o criador do Clube da Resistência, que teve papel fundamental no Fico.

14. José Bonifácio é, sem dúvida, a maior figura da história da Independência. De personalidade apaixonada, não hesitou em usar a força para deter os adversários.

15. D. Pedro foi à fragata União dar um ultimato ao general Jorge Avilez: ou ele partia com a Divisão Auxiliadora para Portugal ou o príncipe ordenaria que se abrisse fogo contra os seus navios.

16. *Juiz de fora do Rio de Janeiro e presidente do Senado da Câmara, José Clemente Pereira, aliado do grupo de Gonçalves Ledo, esteve em primeiro plano em muitos dos episódios da Independência.*

17. O leque comemorativo da Independência traz um busto de D. Pedro, feito a partir de um desenho atribuído a Debret. As bandeiras homenageiam aqueles que se uniram para impedir a ida de D. Pedro para Portugal: "*Vivão os Brasileiros/ Vivão os Fluminenses/ Vivão os paulistas/ Vivão os mineiros*". Na fita, a homenagem a D. Pedro, "*o Salvador da Pátria*".

18. *A cena da Independência teve inúmeras representações, como esta litografia anônima, mas nenhuma delas se aproxima do que de fato aconteceu. As margens do Ipiranga assistiram a uma cena bem mais sóbria do que a retratada no mais célebre quadro sobre o tema, de autoria de Pedro Américo.*

19. D. Pedro foi aclamado imperador do Brasil em 12 de outubro de 1822, em meio a grandes disputas entre o ministro José Bonifácio e o grupo da maçonaria liderado por Joaquim Gonçalves Ledo.

20. *Quando, em 1º de dezembro de 1822, D. Pedro foi coroado imperador do Brasil, o poder estava concentrado nas mãos de José Bonifácio, que, no início de novembro, tinha aberto uma devassa contra a maçonaria e mandado fechar os seus jornais.*

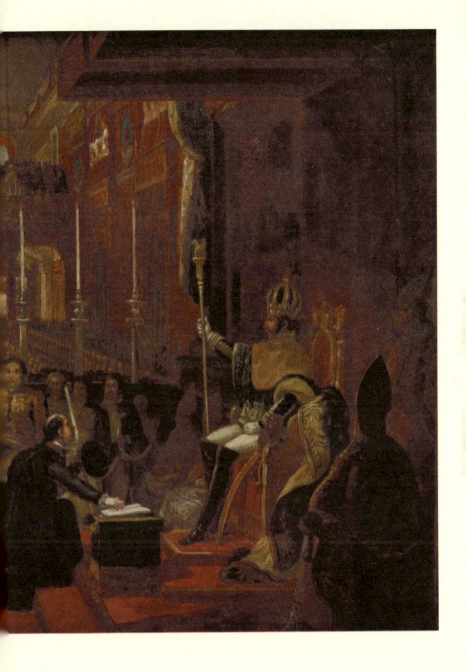

21. *Frei Sampaio — ou S. Paio — foi um dos padres jornalistas da Independência. Sofreu repreensão da maçonaria por ter defendido em seu jornal ideias contrárias ao pensamento liberal que a orientava.*

22. Cipriano Barata, o mais radical dos jornalistas da época. Seu jornal, Sentinela da Liberdade, *publicado em Pernambuco, era reproduzido em outros jornais do Rio de Janeiro.*

23. Martim Francisco, o caçula dos irmãos Andrada, foi ministro da Fazenda no gabinete de José Bonifácio. Depois da queda do ministério Andrada, sua atuação na Constituinte, ao lado de Antônio Carlos, esteve na origem do fechamento da Assembleia por D. Pedro I.

24. Antônio Carlos era o mais radical dos irmãos Andrada. Esteve preso na Bahia por envolvimento na Revolução Pernambucana de 1817. Nas Cortes portuguesas, defendeu com denodo os interesses brasileiros e foi um dos que se recusaram a assinar a Constituição portuguesa.

25. D. Pedro organizou um exército para retomar o trono — que D. Miguel, seu irmão mais novo, havia usurpado — e devolvê-lo à filha, D. Maria. Entrava novamente em Portugal e em sua história, depois de mais de 25 anos de ausência, no papel de herói.

26. D. Pedro depois do 7 de abril de 1831. Uma imagem bem diferente das que se conhecem nos livros escolares brasileiros.

Se, para o governo, era difícil achar pessoas preparadas para ocupar os cargos da administração pública, a fim de preencher os claros que a partida da família real deixara no quadro da elite política brasileira, maior dificuldade teriam os liberais em achar pessoas que preenchessem todos os requisitos. Daí a amplitude do leque de candidatos que Soares Lisboa recomenda aos seus leitores. A única condição seria a clara adesão ao sistema de representação nacional, ou seja, ao modelo constitucional liberal e à causa da independência política do Brasil. O mais, "união com nossos irmãos de Portugal", e o timbre nacional: "Religião, Lei, Rei", são apenas a mais pura demagogia do tempo.

João Soares Lisboa via o príncipe como um concidadão a quem as circunstâncias deram o lugar de símbolo da unidade nacional. Normalmente dirigia-se a ele, em seus escritos, com respeito, seguindo as regras do protocolo. No final de julho de 1822, seu entusiasmo parecia andar em baixa. Comentando um panfleto — "escrito em frase pitoresca ou heroico-ridículo" — cujo título era o "Pelotiqueiro desmascarado", ele rebateu as críticas que ali se fizeram contra o polêmico nº 62 do *Correio*. O tom com que se refere ao príncipe nessa resposta em que reinterpreta as acusações do "Pelotiqueiro" sugere que Soares Lisboa identificava o dedo do regente por trás das perseguições que estava sofrendo. Ele relembra ali as acusações de que fora vítima por parte de Gordilho, principalmente a de que pretenderia ser o defensor do príncipe. Nas indagações que insere no final, está patente a sua mágoa com relação ao modo como D. Pedro procedera com ele no caso da carta que motivara o seu primeiro processo:

> Encrespando-nos de que somos Proteu por querermos figurar de defensores em público *dos Direitos do Povo, e por de trás, dos Direitos do Príncipe!* [...] Como podem semelhantes perversos con-

ceber a ideia de que S.A.R. havia de ordenar-nos em segredo uma traição ao povo? Pois já não é este aquele mesmo príncipe, a quem os portugueses erigiram o trono em seus corações? Já ele se faz digno de serviços públicos, particulares e em segredo? Será ele capaz de abusar desse segredo? (*CRJ*, nº 83, 23 jul. 1822).

4. Quando o rei é Frederico, todos os que o rodeiam são Frederico também

1. MAY, A "REPRESENTAÇÃO" E O *RECLAMADOR*

Quase que May, o redator da *Malagueta*, também esteve entre os que assinaram a "Representação". No tempo em que se fez o documento, suas relações com o redator do *Correio* eram as mais afetuosas possíveis. Tanto que, no nº 27 (22 maio 1822) de seu jornal, ele publicou carta de João Soares Lisboa, datada do mesmo dia em que foi divulgada a "Representação": 20 de maio de 1822. Junto com a carta, Soares Lisboa enviava cópia do documento e pedia que May o analisasse na *Malagueta*:

> No dia 16 do corrente em que se fez a última conferência e discussão sobre o projeto da Representação que se pretende apresentar ao público para, no caso de merecer aprovação, ser levada pelo Senado da Câmara à presença de S.A.R. foi V.M. procurado para dar o seu parecer e ajudar a esta empresa, mas desgraçadamente aconteceu não vir V.M. à cidade, e por isso tivemos o desprazer de não ouvi-lo em sessão, para a qual contávamos com V.M. tanto

mais certo, quanto de bom grado se tem prestado ao serviço da Nação, já no campo da honra, já no gabinete ministerial da Marinha e já na Redação da sua interessante folha Malagueta.

A *Malagueta* publicou, junto com essa carta, uma resposta curta, com a mesma data, agradecendo a delicadeza de Soares Lisboa e dizendo o quanto aspirava a continuar a merecer sua boa opinião. Mas acrescentava de forma enigmática que o "grande passo" que haviam dado deveria ser acompanhado de disposições que evitassem o mal dos "dois ou vinte centros". Mal que, a seu ver, poderia vir tanto de Lisboa quanto "de qualquer fina política de qualquer gabinete europeu, africano, asiático, ou americano". Sinuoso como era de seu feitio, May podia estar se referindo tanto à fragmentação do Brasil que fora proposta pelas Cortes portuguesas, mas que também estava nos planos da Santa Aliança, quanto ao fato de que a criação de uma Assembleia no Brasil significava a existência de dois centros de poder na mesma nação portuguesa, abrindo a porta para a temida separação.

Só no número seguinte May se detém sobre a "Representação", fazendo seu elogio e comparando-a com o "Grande Ato dos Estados Unidos de 1776". Acreditava que a "Representação" iria repercutir nas províncias que ainda não haviam aderido ao ato de 9 de janeiro de 1822. Lembrava que, por ocasião da convocação do Conselho de Procuradores-Gerais das Províncias, ocorrida três meses antes, o Malagueta fora "vítima da infelicidade" de não ter estado de acordo com o método adotado para sua convocação e com as atribuições estabelecidas para os procuradores. Mas a opinião pública no Rio de Janeiro havia se manifestado a favor do conselho e, completa ele, a *salus populi* o obrigara a baixar a cabeça. Agora é May quem sugere um papel para os procuradores nessa nova empresa:

Se eles já estão nomeados por algumas províncias, quem impede que se tire deles uma grande utilidade, servindo eles mesmos de órgãos da vontade de suas províncias neste nosso caso, em que precisamos testemunhar claramente às províncias que não é a volubilidade Ateniense ou Francesa, como parece querer inculcar o venerando e ilustre redator da *Reclamação* no nº 13; que não é um lance de precipitação revolucionária, que dita o expediente da Representação do Povo do Rio de Janeiro, mas sim o firme e inabalável rasgo preparatório para a fixação de uma coisa moral, ou física, que obre imperiosamente sobre todo o Império português, para obstar ao quebrantamento da sua integridade, ou ao menos, em última, lastimável instância, que impeça a divisão nas províncias deste Reino (*Malagueta*, nº 28, 25 maio 1822).

May critica as respostas "em prosa e verso, em alta e baixa linguagem" dirigidas ao "venerando redator" das *Reclamações* que apareceram na praça e classifica de infeliz a divergência com aquele escritor. Se todos continuassem a fazer guerra ao "reclamador", diz ele, haveriam "de conseguir suscitar o espírito de contradição de muitos, que hão de procurar dar aos 2 ditos nos [da *Reclamação*] um realce que eles não merecem".

Temiam os liberais que as críticas de Cairu pudessem lançar descrédito sobre o ato do Senado da Câmara que endossara a "Representação" ou que prejudicassem a imagem de "homens maduros" e de "sisudos constitucionais" de seus autores. Temor que May considerava infundado. Ele duvidava que as opiniões dos escritores sobre aquela matéria pudessem afrouxar a cooperação das províncias: "Opiniões discutem-se e apura-se a verdade das coisas". Achava que, antes pelo contrário, mediante essas divergências é que as províncias poderiam reconhecer o quanto o Rio de Janeiro "desfruta os bens do Palladium Constitucional: a Liberdade da Imprensa". E, de maneira extremamente sensata, concluía o redator:

Pois, tanto a *Malagueta* em fevereiro, como a *Reclamação* em maio, combateram opiniões do dia em sentido contrário; esta, do povo; aquela, do ministério, sem que disto resultasse, nem sequer um só ato incivil, ou grosseiro, salvas as chalaças de Filodemos.

A reação de Cairu se deveria à sua pretensão de sempre "ditar a Ordem do Dia", e, como não fora ouvido antes sobre aquela matéria, reagira. Lembra o Malagueta que se Cairu não fora ouvido, era porque não havia necessidade de ouvir ninguém. A "Representação" se justificava pelo concurso e aprovação geral de todos, comprovados por meio das assinaturas. May atribui à relação que mantém com o redator do *Correio* o ter sido consultado de maneira informal, atitude que seria impossível de adotar com Cairu. Este era um "togado", pessoa à qual a gente só se dirige formalmente:

> Porém, falemos claro, o digno Sr. Redator do Correio, que julgou bem, pelo conceito e amizade que lhe devo, dirigir-se a mim com a sua carta; em nada podia, nem devia influir em que se ouvisse o Venerando Autor da Reclamação, que por isso mesmo que Sr. Togado, tinha quem devesse lembrar dele como Homem Sábio, Velho, e Togado, que nunca dispensam formalidades, nem sequer "uns com os outros".

2. MAY E O PRIMEIRO "RACHA" NO MOVIMENTO POPULAR

> *Cria boa fama e deita-te a dormir.*
> Malagueta *extraordinária, nº 1, 31 jul. 1822*

A *Malagueta* extraordinária nº 1, lançada em 31 de julho de 1822, assinala o rompimento de May com João Soares Lisboa e o grupo que assinara a "Representação". De forma bastante maneirosa ele se volta contra os antigos parceiros, ataca diretamente o redator do *Correio* e pretende negar qualquer identidade com os autores daquele documento. May faz uma retrospectiva dos acontecimentos políticos, relembrando que a *Malagueta* surgira quando os decretos das Cortes portuguesas, de setembro do ano anterior, enchiam o Rio de Janeiro de "confusão, ceticismo e ameaças de anarquia". Momento em que Filodemo e o *Espelho* pensavam ambos da mesma forma, ou seja, quando apenas os muito radicais e os muito conservadores ainda apoiavam as medidas das Cortes. May destaca o papel da imprensa liberal naquela conjuntura:

> A 22 de abril, aparecera o *Correio* nº 11, que chamando 3 vezes por Cortes no Brasil e com 3 Já, repetiu em outro tom o que o sábio *Revérbero* nº 6 tinha dito em frase mais encoberta, ainda nos tempos em que o *Espelho* abraçava o Sá e tomava a bênção a Carreti.

May diz também que, por meio da *Malagueta* nº 13, já sugerira a realização de assembleias primárias e que estas seriam, a seu ver, o grande e legítimo recurso contra as medidas de Portugal:

> O Correio transplantou esta planta, que não só não murchou, mas até foi produzindo ramalhadas e flores tão rapidamente, que muitos desconfiados observadores chegaram a hesitar se a fruta corresponderia à prodigiosa primeira vegetação.

Apesar de reivindicar a autoria da ideia de criação de uma Assembleia brasileira, May pretende, nessa edição extraordinária da *Malagueta*, eximir-se de responsabilidade na forma como a ideia fora levada adiante. Com esse propósito diz que, no dia 23 de maio, nada sabia, nem soube do que se pretendia fazer, só tomando conhecimento dos fatos pela carta do redator do *Correio* inserida na *Malagueta* nº 27. Segundo sua versão, o redator das *Reclamações* estaria mais a par do que se passava do que ele. May alega que fora enganado por Soares Lisboa e que "seu convite amabilíssimo" não passara de tentativa de engodo, pois Cairu, aqui chamado de "o Ilustre Conselheiro Lisboa", teria tido, antes dele, acesso ao texto do documento para sobre ele formar opinião.

> O que bem se colige pelo aviso taful da carta do *Correio*, feito nas antevésperas, como ainda mais pelas antecipadas produções de nºˢ 13 e 14 da *Reclamação*, que necessariamente demonstram, que se soube (e dias antes) em casa do nosso Venerando Reclamador, qual era o objeto da Representação. [...] O Ilustre Conselheiro Lisboa era demasiadamente circunspecto para pegar na pena e escrever as *Reclamações* 13, e 14, sem se informar.

Finalizando a primeira parte do longo texto que compõe esta *Malagueta* extraordinária nº 1, May, valendo-se de expressões que parece ter tomado emprestadas a Cairu, diz "que continua o perigo em progressão". Classifica de "proteísmo, volubilidade ateniense" a "censurável ligeireza com que se pretende agora afligir dois colaboradores da Grande Causa do dia 23 de maio, se é que aquele ato teve outros colaboradores que não fossem o juízo, e o claro entendimento de S.A.R.". Possivelmente os tais colaboradores seriam os mencionados Soares Lisboa e José Clemente, presidente do Senado da Câmara e juiz de fora no Rio de Janeiro.

A "Representação" estava sendo vista agora como um ato subversivo ou, de alguma forma, criminoso, e May parece tentar eximir Soares Lisboa de responsabilidade em sua autoria, usando o desairoso argumento da inferioridade social e cultural do jornalista. Defende Soares Lisboa, segundo diz, porque o desgosta vê-lo ser combatido com acrimônia por todos os "rabiscadores" em cena. O redator do *Correio*, mesmo que "tivesse potentes colaboradores ou um fundo de vasta instrução e generalidade científica que ele mesmo declara não ter", e que era tanto mais evidente pela frequente e volumosa inserção de cartas alheias em seu jornal, lutaria em franca desvantagem. Entre as cartas publicadas pelo *Correio*, acrescenta May, "cumpre que todos saibam, não existe uma só que seja minha".

> Se o redator do *Correio* teve culpa em ser *colaborador* (já não sei bem o que esse termo quer dizer) do Juiz de Fora e do Senado, então teve a culpa o Ministério em *colaborar* com a sua acessão e sancionar com ela o que o Juiz de Fora mandou informalmente fazer na Tipografia do Porto e, de todos 3, veremos que quem tem menos culpa é o que tem menos extensibilidade de caráter e menos responsabilidade.

Em seguida May analisa o nº 62 do *Correio*.[1] Classifica-o de lastimável e considera impulso natural próprio de um príncipe ("a quem a baixa e sórdida intriga deve necessariamente ser desconhecida") mandar apurar um fato que, à primeira vista, poderia comprometer a sua "Régia Constitucionalidade". Pede aos leitores que analisem com cuidado os temas ("perigosas quixotadas") com que o *Correio* pretendia confundir o povo. Refere-se ao já aqui mencionado artigo de Soares Lisboa, alertando os eleitores contra algumas das questões que emergiriam do debate em torno da Assembleia: as duas Câmaras; o veto absoluto e a iniciativa de leis para classificar de incendiária a atitude do jornalista ao levantá-las naquele momento, quando ninguém estava especulando acerca delas, pois ainda não se sabia "de que elementos se comporá a Assembleia".

May aproveita para fazer o elogio do príncipe, dizendo que fora ele quem concedera a liberdade de imprensa, quem reduzira as próprias despesas e rendimentos e quem quisera a Assembleia. Em contrapartida, acrescenta, referindo-se talvez a Cairu (de quem se dizia ter três empregos), não seria ele quem receberia vinte ordenados e quem "barulharia" as eleições.

> O que há de bom há 7 meses é d'Ele; o que há de mau não é d'Ele; e todas estas verdades quem vo-las diz, leitores, talvez pela última vez, é o redator que era da *Malagueta*, que foi.

Talvez May escrevesse sob o embalo da reação que em Lisboa tiveram as Cortes com relação ao decreto do príncipe criando a Assembleia. Talvez escrevesse por conta da mesma suposição que Ledo confidenciou a Soares Lisboa na tipografia Silva Porto: de que o príncipe era contra a instalação da Assembleia. Talvez o fizesse ainda sob o influxo de José Bonifácio, este sim ocupado em engodá-lo com a promessa de uma comissão no exterior.

Durante o ano de 1822, May esteve negociando com o Andrada o lugar de agente diplomático do Brasil em Londres ou em Washington. Em 15 de junho de 1822, em carta a Metternich, Mareschal registrava os boatos que corriam acerca da nomeação de agentes diplomáticos do Brasil para diversas capitais da Europa e da América e identificava três dos indicados: May, para Londres, Biancardi para Washington e Correia da Câmara para Buenos Aires (SOUSA, 1952, p. 410).[2]

No dia 7 de junho, May suspendia a publicação da *Malagueta*, avisando aos seus assinantes, pelo *Correio do Rio de Janeiro*, que assim o fazia por "motivo de serviço nacional". Explicou a natureza deste serviço na *Malagueta* extraordinária n⁰ 1, publicada em julho de 1822. Relembrando o rifão: "cria boa fama e deita-te a dormir", May atribui o convite que recebera para aquela comissão no exterior a uma "opinião favorável" a seu respeito. Teria sua indicação alguma influência direta ou indireta de Hipólito? De qualquer maneira, por perceber, segundo disse, a influência da *Malagueta* naquela indicação, o jornalista tomara a iniciativa de suspendê-la. May pretende rebater boatos de que deixara de publicar a *Malagueta* por pressão ou influência do governo. Este, segundo May,

> até tinha reconhecido que seu redator professa a mais estrita adesão a Sua Majestade e a S.A.R., para quem se acha constituído (por circunstâncias que ainda não estão no conhecimento de muitos) na obrigação de prestar todo o serviço Constitucional que estiver ao alcance de suas forças.

May pretende rebater boatos que corriam na cidade de que sua comissão "era uma peta, uma invenção premeditada" para impedi-lo de escrever. Quando esses boatos surgiram May não se dera ao trabalho de os combater e logo a eles se ajuntou um outro: o de que "se ele se cala, é porque lhe faz conta". No sentido de que, se não os contestava, é porque os boatos eram procedentes. Segundo o Malagueta, quem estivera à testa dessa campanha fora Soares Lisboa, que teria publicado no *Correio* uma carta, protestando contra o fim da *Malagueta* e atribuindo-o a forças estranhas. May diz que, "zangado", deu-a como de algum espertalhão, "que quisesse fazer a corte à minha custa a algum Ministro, com a mesma sem-razão com que talvez este me quisesse dar a mim por autor dela". Mais tarde, soube que seu autor era o padre Lessa.[3]

May não foi para Londres nem para Washington. Segundo consta do violento artigo contra ele publicado no nº 120 do *Espelho* (10 jan. 1823), a questão que o indispôs com o Andrada foi a do valor dos proventos do diplomata. May perdeu a embaixada por excesso de cupidez. Durante as negociações azedaram-se de vez suas relações com José Bonifácio. Em dezembro de 1822, sem chegar a um acordo com o ministro, May já desistira da pretensão. Mais tarde, João Soares Lisboa acusaria José Bonifácio de ter mantido um jogo indecoroso com May, "nomeando-o para uma dessas comissões que não se verificou porque disseram ao ministro [...] que o dito May era do clube dos radicais em Londres" (*CRJ*, nº 50, 30 set. 1823).

3. A INDEPENDÊNCIA

No dia 14 de agosto de 1822, D. Pedro partiu à frente de uma comitiva com destino a São Paulo. Ia apaziguar os ânimos que sucederam àquela que ficou conhecida como a "bernarda" de Francisco Inácio. Foi aí que se usou, garante Pedro Calmon, pela primeira vez o nome "bernarda", expressão alusiva às matinadas dos frades bernardos e que teria seu uso generalizado a partir dos motins que aconteceram depois de 1820 (CALMON, 1971, p. 1530).

O episódio paulista dizia respeito à política interna daquela província, mas atingia diretamente a José Bonifácio, pois fora consequência da divisão que se dera na junta que governava São Paulo, da qual fazia parte seu irmão, Martim Francisco. O governador João Carlos Augusto Oyenhausen, instigado pelo juiz de fora José da Costa Carvalho, junto com o brigadeiro Francisco Inácio de Sousa Queirós, tomou partido contra Martim Francisco e o brigadeiro Manuel Rodrigues Jordão.

Em abril de 1822, quando D. Pedro estava em Minas, José Bonifácio o inteirara das intrigas paulistas e recebera como resposta a ordem de chamar o governador de São Paulo ao Rio de Janeiro. Para os adversários paulistas, significava a entrega do poder aos Andrada. Em 23 de maio, divulgada a notícia, os partidários de Francisco Inácio, com a tropa do seu comando, convocaram a Câmara e depuseram Martim Francisco e o brigadeiro Manuel Rodrigues Jordão. Martim Francisco e Jordão saíram da junta e de São Paulo, acrescenta Otávio Tarquínio. Por imposição dos sediciosos, o primeiro seguiu para o Rio, e o segundo, para Santos.

A D. Pedro, "o povo e a tropa da cidade de São Paulo" representaram contra "o orgulho, o despotismo e as arbitrariedades do coronel Martim Francisco Ribeiro de Andrada". José Bonifácio respondeu a esse golpe militar com o decreto de 25 de junho, em que mandava estabelecer outro governo e, em seguida, determinou a subida do marechal Cândido Xavier de Almeida e Sousa, de Santos para São Paulo, com a força ali existente. Francisco Inácio e Oyenhausen se submeteram. D. Pedro encarou a bernarda de Francisco Inácio como um desafio à sua autoridade, deu a Martim Francisco o Ministério da Fazenda (4 de julho) e resolveu visitar a província para aquietá-la em favor dos Andrada. Em 13 de agosto instituiu D. Leopoldina regente provisória e, no dia seguinte, partiu para São Paulo (SOUSA, 1952, pp. 417-8).

Da comitiva que deixou a Quinta da Boa Vista com D. Pedro faziam parte Luís de Saldanha da Gama, depois marquês de Taubaté, que fazia as vezes de secretário de Estado, o secretário privado Francisco Gomes da Silva, o Chalaça, o alferes Francisco de Castro Canto e Melo, um camarista e dois criados. No caminho, a eles se juntaram o tenente-coronel Joaquim Aranha Barreto Camargo e o padre Belchior Pinheiro de Oliveira, sobrinho de José Bonifácio.

Nas diversas cidades paulistas por onde passaram, o príncipe e sua comitiva foram homenageados, e outras pessoas a eles se juntavam. D. Pedro foi recebido em São Paulo com grandes solenidades a 25 de agosto, ficando ali até 5 de setembro, quando desceu à Vila de Santos. Às quatro horas da tarde do dia 7, se encontrou na colina do Ipiranga com o correio da Corte, Paulo Bregaro, enviado pela princesa.

Antes de partir para São Paulo, D. Pedro recebera cartas onde se relatava discurso de Borges Carneiro, em que aquele deputado português perguntava a seu respeito: "Que tal o rapazinho?". E de Xavier Monteiro, que dissera ser necessário pôr embargos ao príncipe na sua "carreira tão criminosamente encetada". Teve também a notícia de que o Brasil ganhara novos brios por conta de sua atitude no episódio das duas divisões portuguesas, a de Avilez, expulsa em fevereiro, e a de Maximiliano, que chegara logo em seguida e fora por ele impedida de desembarcar. A impressão de Varnhagen, baseada no texto do *Manifesto do príncipe regente aos governos e nações amigas*, passado por José Bonifácio ao corpo diplomático em 6 de agosto, é que, quando viajou para São Paulo, o príncipe já estava resolvido a declarar a Independência (VARNHAGEN, p. 208).

O navio *Três Corações* partira de Lisboa no dia 3 de julho e chegara ao Rio a 28 de agosto com novas resoluções das Cortes para o Brasil. Elas determinavam que o príncipe deveria permanecer aqui até a publicação da Constituição que se fazia lá; davam os nomes dos secretários de Estado que haviam sido nomeados pelo rei para servir junto ao príncipe; determinavam que fossem eleitas e instaladas juntas governativas nas províncias onde ainda não existissem e que fossem investigadas as causas que haviam impedido os deputados de Minas de seguirem para Lisboa. Por meio delas também ficava anulado o decreto de D. Pedro de 16 de fevereiro, convocando procuradores para as províncias do Brasil. Mandavam as Cortes verificar a responsabilidade do ministério do Rio de Janeiro, não só por aquele decreto, mas também por outros atos de sua administração considerados subversivos. Ordenavam, finalmente, que fossem processados os elementos da junta de São Paulo signatários da "Representação" de 24 de dezembro.[4]

D. Pedro recebeu essas determinações às margens do Ipiranga, junto com algumas cartas. De Lisboa, escrevia Antônio Carlos Ribeiro de Andrada relatando as últimas atitudes das Cortes e dizendo-lhe que estavam ali reunidos "inimigos de toda ordem e que não poupavam a real pessoa de V.A.R., de envolta com os ataques ao Brasil". A carta apaixonada de D. Leopoldina rogava: "É preciso que voltes com a maior brevidade; esteja persuadido, que não é só o amor, amizade que me faz desejar, mais que nunca, a sua pronta presença, mas sim as críticas circunstâncias em que se acha o amado Brasil; só a sua presença, muita energia e rigor, para salvá-lo da ruína. As notícias de Lisboa são péssimas". A essas palavras da futura imperatriz, seguiam-se as do ministro do Reino, que ficaram para sempre na história: "Senhor, o dado está lançado e de Portugal não temos a esperar senão escravidão e horrores. Venha V.A.R., quanto antes e decida-se [...]".

A remessa da correspondência de D. Leopoldina e de José Bonifácio fora decidida na reunião do Conselho de 2 de setembro. José Bonifácio recomendou ao correio Paulo Bregaro: "Se não arrebentar uma dúzia de cavalos no caminho nunca mais será Correio. Veja o que faz". Paulo Bregaro percorrera as cem léguas do caminho, chegando a São Paulo num sábado, pela manhã, 7 de setembro. De lá partiu, acompanhado pelo major Antônio Ramos Cordeiro, com destino a Santos, para onde já seguira o príncipe. Este, informado de que chegara correio do Rio, resolvera retornar a São Paulo. O encontro se deu no alto da colina próxima ao riacho Ipiranga.

O padre Belchior dá um testemunho com detalhes bem pouco glamorosos da situação fisiológica de D. Pedro naquele momento decisivo de nossa história. Diz ele que D. Pedro, "afastado por uma disenteria que o obrigava a todo momento a apear-se para prover", ordenara que a guarda de honra o precedesse. Ao chegar ao alto da colina do Ipiranga, encontrou-se com Paulo Bregaro, de cujas mãos recebeu os ofícios e cartas enviados, e mandou que o padre Belchior os lesse em voz alta.

Depois de ouvi-los, tremendo de raiva, arrancou de minhas mãos os papéis e, amarrotando-os, pisou-os, deixou-os na relva. Eu os apanhei e guardei. Depois, abotoando-se e compondo a fardeta, pois vinha de quebrar o corpo à margem do riacho do Ipiranga, agoniado por uma disenteria, com dores, que apanhara em Santos, virou-se para mim e disse: "E agora, Padre Belchior?". E eu respondi prontamente: "Se V.A. não se faz Rei do Brasil será prisioneiro das Cortes e talvez deserdado por elas. Não há outro caminho senão a Independência e a separação".

D. Pedro caminhou alguns passos, silenciosamente, acompanhado por mim, Cordeiro, Bregaro, [Paulo] Carlota [seu criado particular] e outros em direção aos nossos animais, que se achavam à beira da estrada, dizendo-me:

"Padre Belchior, eles o querem, terão a sua conta. As Cortes me perseguiram, chamam-me com desprezo de Rapazinho e de Brasileiro. Pois verão agora quanto vale um Rapazinho. De hoje em diante estão quebradas as nossas relações; nada mais quero do governo português e proclamo o Brasil para sempre separado de Portugal!"

Respondemos imediatamente, com entusiasmo:

"Viva a liberdade! Viva o Brasil separado! Viva D. Pedro!"

O Príncipe virou-se para seu ajudante de ordens (Tenente Canto e Melo) e disse: "Diga à minha guarda que eu acabo de fazer a Independência completa do Brasil. Estamos separados de Portugal". O Tenente Canto e Melo cavalgou em direção a uma venda, onde se achavam quase todos os dragões da guarda e com ela veio ao encontro do príncipe, dando vivas ao Brasil independente e separado, a D. Pedro e à Religião!

Diante de sua guarda, disse então o príncipe: "Amigos, as Cortes portuguesas querem escravizar-nos e perseguem-nos. De hoje em diante nossas relações estão quebradas. Nenhum laço nos une mais". E, arrancando do chapéu o laço azul e branco, decretado pelas Cortes, como símbolo da nação portuguesa, atirou-o ao chão, dizendo: "Laço fora, soldados. Viva a Independência, a liberdade e a separação do Brasil!". Respondemos com um viva ao Brasil independente e separado e um viva a D. Pedro!

O Príncipe desembainhou a espada, no que foi acompanhado pelos militares, os paisanos tiraram o chapéu. E D. Pedro disse: "Pelo meu sangue, pela minha honra, pelo meu Deus, juro fazer a liberdade do Brasil".

"Juramos", responderam todos. D. Pedro embainhou a espada, no que foi imitado pela guarda, pôs-se à frente da comitiva, e voltou-se, ficando em pé nos estribos: "Brasileiros, a nossa divisa de hoje em diante será Independência ou Morte!" (apud RODRIGUES, pp. 250-1).

Cerca de 38 pessoas assistiram a essa cena, que se deu às quatro e meia da tarde do dia 7 de setembro de 1822. O grupo seguiu para São Paulo, antecedido por Canto e Melo, que no caminho ia anunciando a boa nova. Entrou D. Pedro ruidosamente em São Paulo com sua guarda, que gritava vivas à Independência e ao príncipe. À noite houve uma sessão memorável na Casa da ópera, quando foi executado o "Hino da Independência", com música de D. Pedro sobre letra de Evaristo da Veiga, "Brava gente brasileira" (RODRIGUES, p. 251).

A viagem de D. Pedro a São Paulo teria consequências definitivas para o seu destino e o do Brasil. Ali teria início sua ligação com Domitila de Castro Canto e Melo,[5] que se prolongaria por sete anos. Ligação que o afastaria no plano pessoal tanto de D. Leopoldina quanto de José Bonifácio, e que, por conta do caráter corrupto e medíocre da futura marquesa de Santos, acabaria por afastá-lo também dos interesses brasileiros.

Na noite de sábado, dia 14 de setembro, D. Pedro estava de volta ao Rio. No dia 17, o presidente do Senado da Câmara do Rio de Janeiro, José Clemente Pereira, mandou espalhar pela cidade cópias da circular dirigidas às outras Câmaras, determinando que se preparassem as solenidades da aclamação para o dia 12 de outubro, aniversário do imperador.

A Independência trouxe junto com ela a exacerbação dos sentimentos cívicos. A 10 de outubro de 1822, o *Correio* publicou um decreto do príncipe definindo as cores brasileiras como o verde da casa de Bragança e o amarelo da casa de Lorena, a que pertencia a imperatriz. Muitos preparativos foram feitos para a grande festa da aclamação. No dia 11, edital do Senado da Câmara convidava todos os "homens bons" que serviram naquela casa, assim como todos os cidadãos que quisessem concorrer para coadjuvar na festa da aclamação. O clima de empolgação que marcou o acontecimento pode ser medido pelos vários anúncios no *Volantim* oferecendo fitas verde-amarelas ou outros adereços para o grande dia.

> Vendem-se fitas cor de ouro com a legenda Independência ou Morte, a doze vinténs cada uma nas lojas de fazendas da Rua da Quitanda, casa nº 40 e nº 84 e nº 58 e nº 10 por trás do Hospício e na Rua da Cadeia nº 58 (nº 23, 27 set. 1822).

> Na mesma casa [loja de Paulo Martim] acha-se uma porção de miçangas e fitas verdes e amarelas próprias para laços da Nação Brasílica (nº 30, 5 out. 1822).

> Qualquer senhora que queira parecer na Corte no faustíssimo dia 12 e não tenha ainda feito as suas disposições, achará dois ricos bandós, um verde e outro azul claro, bordados de prata, em casa de Madame Wirt, modista francesa, na rua do Ouvidor, nº 135 (nº 32, 8 out. 1822).

No mesmo jornal um autor anônimo, de extração e estilo popular, saudava emocionado nem tanto a aclamação de D. Pedro como imperador, mas antes a Constituição que se iria fazer.

Mais vale antes que nunca,
É bem antigo o refrão.
Por outro, não menos velho,
Tardou, mas arrecadou
a nossa Constituição.
Tudo o nosso nome canta,
Respira tudo prazer
Té minha rouca garganta,
Afeita sempre a gemer.
Hoje, alegre, a voz levanta

(nº 51, 30 out. 1822).

Por meio de decretos datados de 18 de setembro foram instituídos o tope, as armas e a bandeira nacional. As palavras do decreto que instituiu o tope nacional não atribuíam as cores às duas casas reais, mas diziam antes, com amável simbolismo: "verde de primavera e amarelo de oiro". Jean-Baptiste Debret desenhou a bandeira. Em campo verde, um losango amarelo traria no centro um novo escudo: a esfera de ouro, com dezenove estrelas de prata representando as províncias, encimada pela coroa real, orlada a esfera ainda com um ramo das duas riquíssimas produções do Brasil, o café e o tabaco. Tudo isso foi definido na reunião do Conselho de Estado do dia 16 de setembro de 1822. A ideia de estrelas, diz Pedro Calmon, de inspiração evidentemente norte-americana, era concessão ao federalismo irreprimível, e visava conciliar a unidade nacional com a autonomia por elas pugnada. Por meio do símbolo, as instituições arcaicas heraldicamente combinavam com as republicanas. Assim híbrido começava o império, conclui esse autor (CALMON, 1971, p. 1537).

Foi numa sessão do Grande Oriente, acontecida em 7 de outubro, que foi aprovado o título de "primeiro Imperador e defensor perpétuo do Brasil", proposto por Domingos Alves Branco. Assim, tanto a ideia da proclamação de D. Pedro como imperador quanto a da solenidade da aclamação foram, segundo Varnhagen, obra da maçonaria.

Por trás do cenário de confraternização crescia a rivalidade entre José Bonifácio e os membros do chamado partido liberal. Poucos dias antes da aclamação, D. Pedro, iniciado no primeiro grau da liturgia maçônica, prestando juramento com o nome de Guatimozim, fora elevado ao grau de grão-mestre da maçonaria em cerimônia para a qual José Bonifácio não fora convidado. No discurso com que saudou D. Pedro, Domingos Alves Branco Muniz Barreto, fazendo alusões quase diretas ao ministro, falou dos ciúmes daqueles "que pretendem desvairar-vos dos trilhos" e do "despotismo" que os mesmos pretendiam estabelecer. Concluía pedindo ao príncipe para apartar-se de "homens coléricos e furiosos" e para atalhar todo "o ulterior progresso da intriga".

José Clemente Pereira enviou a 21 de setembro circular às Câmaras da província do Rio de Janeiro comunicando-lhes que o ato de aclamação seria no dia 12 de outubro e mencionando o juramento prévio que o imperador prestaria à Constituição que a futura Assembleia Constituinte iria elaborar. Quando José Bonifácio soube da inclusão dessa última cláusula, pressionou a Câmara Municipal do Rio a não formular essa exigência no dia da aclamação. Ameaçou mesmo mandar prender José Clemente se a cláusula fosse mantida. A 10 de outubro já fazia sentir sua fúria contra o Grande Oriente, mandando dispersar à força, por meio de Miquelina, Porto Seguro e outros agitadores, os maçons que se dirigiam ao Senado da Câmara para deliberar se devia ou não o imperador prestar juramento prévio à Constituição. Os partidários do juramento prévio não conseguiram entrar no edifício, e o carro de José Clemente foi atacado a pedradas, escapando este de ser atingido por competência do boleeiro.

4. FREI SAMPAIO, ENTRE O APOSTOLADO E A MAÇONARIA

Fazia parte das tradições da monarquia absoluta a distribuição de títulos de nobreza nas datas históricas. Por isso, causou estranheza que depois da festa da aclamação a *Gazeta do Rio de Janeiro* publicasse apenas nomeações de alguns desembargadores e a concessão de alguns hábitos de Cristo e de Aviz. A causa seria a reação que provocara uma insinuação nesse sentido surgida no *Regulador*, jornal que era publicado por frei Sampaio. Era tão radical e conhecida a posição dos maçons com relação à distribuição de títulos de nobreza que José Bonifácio se utilizou dela para armar um ardil contra Gonçalves Ledo, a fim de perdê-lo junto ao imperador. Ledo, um dos que mais se batiam contra o surgimento de uma aristocracia nas fraldas do novo regime, foi convidado para ir ao paço no dia 4 de outubro, ocasião em que D. Pedro lhe ofereceu o título de marquês da Praia Grande. Recém-eleito deputado pelo Rio de Janeiro, Ledo recusou. O imperador irritou-se e destratou-o, ameaçando impedi-lo de assumir a cadeira. O próprio Ledo contaria o episódio por carta, datada do 16 de outubro seguinte, a Pedro de Araújo de Lima:

> O Conselheiro José Bonifácio, sabendo que, ainda no ano passado, era eu republicano e que agora trabalho por uma monarquia constitucional, sem nobreza outra senão a dos sentimentos, certo teve parte neste convite, que reputo ofensivo à minha dignidade. Imediatamente agradeci a S.M. a honra que me dava e pedi-lhe que me permitisse recusar o título nobiliárquico, dizendo-lhe que não o merecia e não o desejava. Interveio o Conselheiro com estas palavras: "Ora, Sr. Ledo, é um prêmio aos seus serviços no jornal e na Maçonaria, em favor da Independência" (ALBUQUERQUE, pp. 299-300).

O *Regulador* surgira em 29 de julho de 1822, com o nome de *Regulador Luso-Brasileiro*, passando, com a independência, quando já ia no nº 11, a ser apenas "brasileiro". Duraria até 12 de março de 1823 e era seu redator, além de frei Sampaio, o oficial da Secretaria de Estado dos Negócios Estrangeiros, Antônio José da Silva Loureiro. Mas o nome que apareceria e que receberia todas as críticas seria o de frei Sampaio. Ele foi um dos religiosos que mais destacada atuação tiveram na Independência. O barão Wenzel de Mareschal se impressionara com um dos sermões a que assistira na Capela Real em agosto de 1822, onde o *Te Deum* fora precedido de um sermão "où l'on prêcha la souverainité du peuple au lieu de la morale de Jésus-Christ". Ali, segundo Mareschal, se ouvia com mais frequência citar Guilherme Tell e George Washington do que os evangelistas. Nesse estilo falava também frei Sampaio. Em sermão pronunciado na Capela Real a 7 de março de 1822, ele somaria a sua voz à de todos os que se manifestavam contra as medidas das Cortes portuguesas visando retrogradar o Brasil ao estágio colonial.

> Ó! Deus, tu conheces que o meu interesse sobre a glória do Brasil não nasce de pretensões nem de vistas particulares, e por isso é merecedor de tua aprovação; dirige, portanto, minhas ideias; que elas, saindo dos pórticos do templo, se espalhem por todas as províncias deste continente, e que vão ao longe mostrar os sentimentos do Brasil, na época atual, em que se fazem esforços para que ele retroceda da mocidade ao estado da infância: vejam os legisladores o que somos, para que, mudando de planos, concordem no que de justiça e de necessidade absoluta devemos ser. Senão... Ó Deus! (RODRIGUES, p. 141).

Frei Sampaio era também conhecido como um excelente redator. Completava seu orçamento atuando como *ghost writer* de padres menos ágeis na escrita (RODRIGUES, p. 142). Foi ele o autor do texto da representação de 8 mil fluminenses, encaminhada a D. Pedro em 29 de dezembro de 1821, decisiva para o Fico. Na descrição de um comerciante francês que o conheceu, frei Sampaio era muito popular e falava fluentemente o francês. Misto de mundano e religioso, frei Sampaio tinha a categoria de um arcebispo, andando sempre acompanhado de um séquito de quatro outros frades. Schlichthorst também o ouviu pregar no convento de Santo Antônio e o recorda como um "homem rotundo, grandioso, cheio de liberdade na oração e no trato" (RODRIGUES, p. 142).

O *Regulador* era impresso às custas dos cofres públicos e, quando de seu lançamento, o ministro José Bonifácio expediu cartas às províncias recomendando sua assinatura. Quando começou a publicá-lo, frei Sampaio era já então o secretário da primeira das palestras em que se dividia o Apostolado, justamente a denominada "Independência ou morte". Foi por meio das folhas do *Regulador* que pela primeira vez veio a público, como o revela o trabalho de Mariana Corrêa Vaz da Silva, a versão do Projeto de Constituição Monárquica discutido e elaborado no Apostolado. O *Regulador* foi, portanto, naquela fase, o grande porta-voz das ideias políticas de José Bonifácio, com quem compartilhava o entusiasmo pela monarquia.[6]

> Desde o primeiro número, Frei Sampaio defendeu, no *Regulador*, a pessoa do Imperador, assim como a Monarquia Constitucional, o veto absoluto, o senado vitalício; atacando, por outro lado, o partido da oposição, o sistema republicano, a ditadura e o despotismo da maioria, a Revolução Francesa e as repúblicas da América (SILVA, 1981, p. 61).

O primeiro alvo do *Regulador* foi o redator do *Correio do Rio de Janeiro*: "Que mudança tão sensível!", exclamava, dizendo-

-se admirado de ver o jornal seguir linha diversa da que o seu redator inicialmente se propusera:

> O homem amigo do governo e do povo, que julgava faccioso aquele que espalhava doutrinas vertiginosas entre governantes e governados, que desejava ver todos os cidadãos reconciliados, não é o mesmo que agora se desencadeia furiosamente contra o Augusto Chefe do Poder Executivo do Brasil, constituído na sua folha, como alvo dos mais escandalosos insultos (*Regulador*, nº 3, 7 ago. 1822).

Insinuando, como faziam outros jornais, que tal mudança se devia à suposta loucura do jornalista, continuava, em tom de blague, indagando se devia perguntar aos viajantes da máquina aerostática[7] se o haviam encontrado no mundo da lua conversando com os pré-adamitas, e encerrava propondo-se a provar, "na presença do povo do Rio de Janeiro", que "o *Correio do Rio de Janeiro* era inconsequente e contraditório".

A resposta do *Correio* viria, como quase sempre, na seção de cartas, talvez com intenção de provocar José Bonifácio, e era assinada por "Um descendente de Tibiriçá". Tibiriçá, o guerreiro índio convertido por Anchieta que defendera a vila de São Paulo do ataque de outros índios, fora o nome que José Bonifácio escolhera adotar no Apostolado. A carta diz que o tamanho (quatro páginas) e a intensidade dos ataques contra Soares Lisboa publicados no *Regulador* eram evidências de que se pretendia levar o jornalista "à parede". Isso se deveria ao fato de Soares Lisboa ser o que mais sustentava as bases da Constituição e ter denunciado a relação do redator do *Regulador* com os chamados "Clubes extramuros", numa referência ao Apostolado (*CRJ*, nº 104, 19 ago. 1822).

Quando o *Regulador* surgira na praça, diz Soares Lisboa,

tivera a suspeita de que se tratava de órgão de partido ministerial. Fundamentara-a sobre um artigo publicado naquele jornal, onde se dizia explicitamente que o seu intento era "defender o atual Ministério". Suas suspeitas tinham aumentado quando soube que um dos colaboradores, Antônio José da Silva Loureiro, estava despachado oficial de secretaria ("não obstante a abundância que há deles") e que o padre Mestre Sampaio, a quem chama de "jesuíta", "esperava Mafra", no sentido de que o frade aspirava a se tornar bispo (*CRJ,* nº 109, 24 ago. 1822).

Mas os artigos do *Correio* eram moderados diante da grande provação experimentada por frei Sampaio na sessão do Grande Oriente, em 15 de setembro, a última de que participou. Apesar de alto e forte, o frade era extremamente medroso, a ponto de nunca andar só, particularmente à noite. De modo que deve ter sofrido muito naquela sessão, quando foi acusado de pregar no seu periódico ideias antiliberais, contrárias às da maçonaria:

> Foi exposto por um I∴ que as doutrinas políticas espalhadas na atualidade pelo periódico intitulado *Regulador,* impresso sob nossa proteção, em vez de ser órgão de nossas opiniões, conforme os princípios adotados, era subversivo desses mesmos princípios constitucionais jurados nesta Aug∴ Ord∴, pretendendo infundir no povo doutrinas aristocráticas.

Em sua defesa, o frade, que no Apostolado chamava-se Claudiano, declarou que o artigo que provocara essa reprimenda não fora escrito por ele, recebera-o "de pessoa a quem devia respeito e consideração e a quem não havia podido recusar essa publicação". Apesar de ter omitido tratar-se de texto provindo de correspondência, prometia que, no próximo número, que já estava redigido, mostraria sua verdadeira opinião, e que

As opiniões que havia transcrito no periódico de que era redator não foram jamais as de sua íntima convicção, chamando em testemunho da verdade, desta sua asserção, as doutrinas que, apesar de ameaças contra a sua mesma existência, não duvidava propalar publicamente do púlpito e em particular perante todos os irmãos.

Frei Sampaio ouviu em seguida uma admoestação na qual se lembrava o quanto ele se desviara dos deveres de um bom maçom e de um brasileiro amante da verdade, "marchando fora dos traços da esquadria e do compasso, abrigando debaixo de seu bom nome opiniões contrárias aos verdadeiros interesses da Nação brasileira". No entanto, em vista da docilidade com que frei Sampaio enfrentou essa inquirição, o presidente convidou todos os irmãos a que esquecessem o escândalo e dessem nele o abraço e o ósculo fraternal.

A questão da maçonaria contra frei Sampaio tivera por base a publicação no *Regulador* da opinião de vários publicistas franceses e ingleses favoráveis às prerrogativas reais, particularmente ao veto absoluto. No ano seguinte, o *Diário do Governo* publicaria correspondência em que deixava claro que a razão que motivara o rompimento da maçonaria com o redator do *Regulador* fora a defesa que este fizera do veto absoluto:

> Tem sido pedra de escândalo para certa classe de gente, e mesmo motivo de grandes questões as atribuições que se devem dar ao nosso imperador e até já vimos os demagogos insultarem da maneira mais vil e baixa os redatores do *Regulador* por terem em seu periódico sustentado que S.M.I. deve ter o veto absoluto e não suspensivo (*DG*, 12 jun. 1823).

José Bonifácio opor-se-ia frontalmente ao juramento prévio e defenderia até o final do seu ministério o direito de veto absoluto para o imperador, entendendo que a Constituição deveria ser sancionada por ele. Essas questões estiveram na origem do rompimento definitivo do ministro com a maçonaria, liderada por Ledo. O episódio envolvendo o frade, o *Correio*, o ministro e a maçonaria despertara também no governo o receio de que alguma atitude sua pudesse dar a impressão de que pretendia estimular aspirações aristocráticas, contrariando as províncias do Norte, onde se notavam aspirações mais democráticas. Daí não terem aparecido na *Gazeta*, depois da aclamação, novos barões e viscondes.

5. A HORA E A VEZ DE SOARES LISBOA

O *Correio do Rio de Janeiro* criticara a falta de transparência dos negócios da pasta da Fazenda, da qual era titular o irmão mais novo de José Bonifácio, Martim Francisco. Dera como exemplo a falta de informações sobre o destino dado ao empréstimo de quatrocentos contos de réis feito a negociantes do Rio a 4 de agosto de 1822, um mês depois da posse de Martim Francisco. Também acusava o ministério e o Conselho de Estado de estarem dormindo. Em resposta o *Espelho* publicaria correspondência que começava com adágios populares: "Preso por ter cão; preso por não ter cão. Palavras loucas, ouvidos moucos", indagando a propósito deste último: "convirá isto neste tempo?". E continuava:

O papel circula; os inimigos exultam; os carcundas achincalham, os timoratos desanimam e os resolutos temem. Não será este o resultado de dar por paus e por pedras? [...] Mas como o Correio sabe tudo, talvez nos diga — o Conselho de Estado e o Ministério tomaram ópio e têm sono largo; mas assim mesmo é preciso que, usando de todo o seu saber, declare o tempo por que dormiram, segundo a quantidade de ópio que tomaram. [...] Fiscaliza o Ministro uma repartição por onde passam carros e carretas e que já passa em pro-vérbio *da Alfândega até os ratos andam gordos* — gastou o Ministro o tempo em bagatelas, é mole, está dormindo!? Se isso é moleza, não sei o que seja atividade (*Espelho*, nº 93, 8 out. 1822).

O mesmo missivista, "Manuel Coerente", enviaria outra car-ta ao *Espelho* sobre o assunto, enaltecendo a atuação de Martim Francisco no que dizia respeito à Alfândega e lembrando que, antes dele, "os trapiches dos depósitos eram os pinhais do Azam-buja". Essa carta só apareceria em novembro, quando a Bonifácia estaria em pleno curso.

No dia 19 de outubro, o *Correio do Rio de Janeiro* saudara o imperador, chamando-o de "Pedro Luso-Brasileiro" e narrando episódio em que D. Pedro teria dito: "Entre amigos, não há o que temer". Diante disso, indagava o eufórico redator do *Correio*: "E como há de ter inimigos, quem se esforça quanto pode por mos-trar que de todos é amigo?". Seu entusiasmo se devia justamente ao fato de, no dia da aclamação, não terem sido concedidos títu-los e outras mercês. Para ele essa era uma prova dos sentimentos democráticos do príncipe. Iria ainda mais longe Soares Lisboa, publicando em sua folha que D. Pedro, ao aceitar o título de im-perador, teria afirmado:

> O Brasil pretende e deve ser livre para ser feliz e, se os povos ma-nifestarem geral desejo de serem republicanos, não acharão em mim oposição; antes farei quanto puder para que o consigam e eu me contento em ser seu concidadão (SOUSA, 1952, p. 477).[8]

Mas foi a passagem em que exclamava: "Eis o homem sin-gular! Eis o Pedro 1º sem 2º! Eis o puro democrata!!!" que, se-gundo contaria Mareschal, "excitèrent la colère de S.A.R.". O "Pedro 1º sem 2º" (no sentido de que depois dele viria a República), o verdadeiro democrata, o homem que diria que se os brasileiros quisessem uma república ele aceitaria tornar-se um simples cidadão ainda estava para nascer. Aquela camisa era apertada para um governante que, como disse Otávio Tarquínio de Sousa, estava convencido de que, como príncipe, como herói, lhe estava reservado um destino excepcional. Logo se pronunciaria o *Espelho* contra a saudação de Soares Lisboa, inquirindo sobre o seu real sentido:

> Como estou no caso de confessar a minha ignorância, desejo também que se me explique a causa por que S.M.I. é puro democrata e é intitulado no mesmo periódico por Pedro 1º sem 2º. A ignorância e a malícia apanham palavras, convém clareza e verdade. Sr. Redator, expliquem-se estes oráculos e veremos se são de Apolo ou de Plutão. Alerta, brasileiros! (*Espelho*, nº 97, 22 out. 1822).

Em virtude dessas palavras, Soares Lisboa foi intimado a comparecer, no dia 21 de outubro, perante o intendente-geral da polícia, João Inácio da Cunha. Ali, obrigaram-no a assinar um termo pelo qual ficava proibido de escrever. Ele foi também intimado a deixar o país "nas primeiras embarcações que deste porto se fizerem à vela". Soares Lisboa teria de cumprir essas determinações dentro do exíguo prazo de oito dias.

Era só a coroação de um processo de enfrentamento que se iniciara desde que surgira o *Correio do Rio de Janeiro*. Processo que se tornara explícito a partir das críticas do jornal ao Apostolado e que atingira o ápice com os protestos de Soares Lisboa contra as eleições indiretas (o que já lhe valera um processo). No contexto em que o jornalista estava sendo intimado a deixar o país pesavam também sua intransigência e a do grupo a que estava ligado nas questões interdependentes do juramento prévio do imperador à Constituição e do direito ou não de veto deste sobre as leis.

O artigo de Soares Lisboa, chamando D. Pedro de democrata, também estimulou José Bonifácio a tomar outras providências contra o grupo dos que assinaram a "Representação" de 20 de maio pedindo Cortes para o Brasil. No dia 20 de outubro, o intendente de polícia determinava que o padre Antônio João de Lessa fosse viver a vinte léguas da capital. O padre Lessa, eleitor de Cantagalo, um dos que assinaram a "Representação", sofrera, em julho, críticas do *Espelho* e as rebatera valentemente por meio do mesmo jornal, dizendo: "Não me bato com sombras. O meu nome e a minha pessoa não se escondem. Se a causa que o move é a da Pátria, descubra-se. Se é por vis intenções, não existo" (*Espelho*, nº 73, 30 jul. 1822).

Além do padre, dois coronéis e vários oficiais ligados à maçonaria foram mandados para fora em várias comissões. Foi aberta uma devassa baseada no boato de que Ledo e os demais tramavam um golpe para derrubar o ministério. Essas medidas, entre outras tomadas pelo gabinete de José Bonifácio, logo após a aclamação, tirariam o brilho da estreia de um império que se pretendia constitucional. O próprio Mareschal estranhou tais atos levados a cabo "sans procès, sans forme quelconques" (SOUSA, 1952, p. 477). No dia 22, o embaixador austríaco, que morava vizinho a Bonifácio, o encontrara exultante, dizendo que a atitude adotada pelo governo era a que merecia um partido para o qual não devia haver paz nem trégua (SOUSA, 1945, p. 196).

No dia 23 de outubro, já não saiu o *Correio*, e nova portaria ordenava ao intendente que tratasse pessoalmente de descobrir e processar, com todo o rigor das leis, os "perversos" que urdiam "tramas infernais, não só contra os honrados amigos do imperador, como até contra a preciosa vida do mesmo senhor". Concluía a portaria ordenando ao intendente, João Inácio da Cunha, que, até o dia 12 do mês seguinte, deveria deixar sua casa no Catumbi e vir morar no centro da cidade, para, "com mais energia e prontidão, dar todas as providências necessárias, para descobrir os perversos e esmagar os conluios". E acrescentava:

> Quando a Pátria está ameaçada por traidores solapados, não valem chicanas forenses e só deve reinar a lei marcial: cumpre, finalmente, que V.S., reservando para outra ocasião os dinheiros da polícia, reservados para objetos menos importantes, os empregue na conservação de bons agentes e vigias.

A "cobra ia fumar", como se diria no Brasil de muitos anos depois. Já no dia 21, D. Pedro, num bilhete que começava com o vocativo: "Meu Ledo", mandava suspender os trabalhos das lojas maçônicas enquanto durassem as averiguações. A reação foi imediata, e, como diz Varnhagen, "ferveram os pasquins". Diante das queixas e clamores o imperador recuou e mandou suspender as perseguições. Já no dia 25, em bilhete para Gonçalves Ledo, usando o mesmo vocativo, ele dizia que naquele dia haviam sido concluídas as averiguações e que na segunda-feira os trabalhos das lojas maçônicas deveriam retomar o seu antigo vigor.

D. Pedro também reconsiderou a deportação de Soares Lisboa. Ou porque correra a notícia de que havia uma representação assinada por oitocentas pessoas em favor do jornalista (SOUSA, 1852, p. 479), ou porque este fora a ele pedir clemência. O fato é que, em ofício datado de 30 de outubro, Mareschal diria que "le redacteur du Courier reste et pour le moment, ce parti est triomphant" (FIGUEIRA DE MELO, p. 120). Soares Lisboa contaria mais tarde que, findo o exíguo prazo que lhe dera o intendente, fora ao imperador pedir a revogação da ordem. D. Pedro lhe teria dito: "É necessário cumprirem-se as ordens do Governo. Nada lhe custa fazer uma pequena viagem. Vá e volte e continue a escrever".

O mais provável é que tenha sido mesmo o pedido do jornalista que influiu no ânimo de D. Pedro. As oitocentas assinaturas e as demais tentativas da maçonaria de, manifestando-se contra o ministério nas reuniões do Conselho de Procuradores, criar um movimento de opinião que levasse o príncipe a demitir o ministro paulista surtiram efeito contrário. Ao que parece, o feitiço virou contra o feiticeiro e, segundo carta de Mareschal, diante das pressões, D. Pedro ameaçara Ledo "de le faire enterrer vif" (SOUSA, 1952, p. 479).

No dia 27, José Bonifácio, conversando em sua casa, disse casualmente a um dos que o visitavam que o imperador aceitara a sua demissão, o que se tornaria público dentro de dois ou três dias. Para reorganizar o ministério, D. Pedro consultou-se com o próprio José Bonifácio, tendo ido à sua casa duas vezes durante aqueles dias. Entre os dias 29 e 30 não cessaram as visitas de partidários à chácara de Vasconcelos Drummond, no Caminho Velho de Botafogo (atual Senador Vergueiro), para onde se retirara o ministro demissionário. Logo que a notícia correu, seus amigos, notadamente o capitão-mor José Joaquim da Rocha e o velho procurador-geral José Mariano de Azeredo Coutinho, iniciariam a campanha pela permanência do ministério Andrada.

A mobilização no sentido de pedir ao imperador a reintegração dos Andrada tomou a tarde e a noite do dia 29. Capitaneavam-na José Joaquim da Rocha e seu irmão, o coronel José Joaquim de Almeida, que mobilizava os oficiais da guarnição. José Mariano colheu assinaturas entre os demais procuradores-gerais. Foi ele quem pediu no Senado da Câmara, reunido em vereação ordinária, a volta do ministério Andrada. Diante do clima tenso que marcou essa reunião, o presidente do Senado, José Clemente Pereira, viu-se obrigado a fugir.

Os vereadores atenderam ao apelo de José Mariano. A ata daquela sessão diz que o povo esperava que D. Pedro "houvesse de apartar desta cidade todos os indivíduos que tinham concorrido para a desunião do governo". Naquela mesma tarde, uma manifestação popular em frente à casa de José Bonifácio, no Rossio, reclamava sua volta ao governo. Ali o foi procurar também o imperador, para pedir que reconsiderasse sua decisão. Um grupo de partidários correu até à chácara para dizer a José Bonifácio que o imperador estava em sua casa. José Bonifácio e Martim Francisco voltavam a cavalo para o Rossio, ladeados por admiradores, quando, por volta das cinco e meia da tarde, na altura da Glória, o grupo se encontrou com o imperador e a imperatriz, que vinham ao seu encontro.

Apeou-se então o imperador e abraçou a José Bonifácio, dizendo-lhe: — "Não tinha eu previsto que o povo se oporia?" Prorromperam em vivas entusiásticos os circunstantes e, separando-se o Imperador, seguiu José Bonifácio mui acompanhado até à Praça da Constituição[9] onde tinha sua residência da cidade.

Reintegrado ao ministério, com todas as honras e ainda maiores poderes, José Bonifácio, ao lado do imperador, gritou para a multidão: "Viva Pedro I, II, III, IV!" numa referência ao "Pedro 1º sem 2º", "puro democrata", que provocara a perseguição ao jornalista do *Correio* João Soares Lisboa.[10] A cobra ia fumar.

6. A BONIFÁCIA

No dia 29 de outubro, circulou por toda a cidade uma proclamação que foi distribuída no teatro na noite seguinte. Atribuída a Martim Francisco, dizia ela que os "vis carbonários que pugnavam pelo republicanismo, abusando da boa-fé do Imperador, haviam (pérfidos!) ousado derramar a discórdia e desgostar os anjos tutelares Andradas, para os fazer retirar do ministério". O ataque mais violento recaía sobre Ledo, considerado o líder da suposta cabala e chamado de "monstro, vil, pérfido". Dizia que Ledo saudara em cerimônia da maçonaria ("infernal rito") o decreto das Cortes portuguesas de 29 de setembro de 1821 que determinava a volta do príncipe para Portugal. Pedia que o príncipe fechasse os clubes e fizesse com que retornassem "os Franklins brasileiros [os Andrada] para o seu lado".

Os do Grande Oriente não tiveram como reagir ao triunfo dos Andrada. Sua volta por cima selou a desgraça dos adversários. No novo gabinete não haveria lugar para os aliados de Ledo. Perderam o Ministério da Guerra e viram assumir a Intendência de Polícia um fiel seguidor de José Bonifácio, o desembargador Francisco da França Miranda, membro do Apostolado, que presidirá a devassa dos acontecimentos de outubro de 1822. Nesse contexto, diz Varnhagen, os Andrada "nada mais receavam nem da Maçonaria, nem da Imprensa, nem da Coroa humilhada e desprestigiada" (VARNHAGEN, p. 254).

A 2 de novembro foi aberta a devassa que passou à História com o nome de Bonifácia. Acusava de crime de "inconfidência ou conjuração, ou demagogia" a Ledo, Januário, José Clemente, Nóbrega, o padre Lessa e a João Soares Lisboa, entre outros, este último como responsável pelo jornal da conspiração. E, no dia 4 de novembro, o intendente de polícia publicava editais "convocando todos os cidadãos honrados e zelosos da tranquilidade pública a virem à sua casa delatar quanto soubessem".

Joaquim Gonçalves Ledo, temendo pela vida, pois sofrera ameaças de morte, seguiu para o cais dos Mineiros disfarçado de negra, com um cesto na cabeça, na noite do próprio dia 30 de outubro. De lá, tomou um bote que o levou à Praia Grande e foi se esconder na fazenda de seu amigo Belarmino Ricardo de Siqueira,[11] em São Gonçalo. Depois esteve em Araruama, de onde fugiu para Buenos Aires protegido pelo cônsul da Suécia, Lourenço Westine, que era seu amigo.

No dia 2 de novembro, Gonçalves Ledo escrevia ao imperador na qualidade de procurador da província do Rio de Janeiro, requerendo que se lhe instaurasse processo. Falava de manifestação feita contra ele que não louvaria "dando-lhe o nome de popular" e a descrevia como uma daquelas que, "com horror e espanto", se ouvia falar que aconteciam nos governos puramente democráticos. Uns "poucos indivíduos da mais baixa plebe", diz ali, dirigindo-se ao Senado da Câmara, "com vozes tumultuárias e maneiras descompostas", lhe teriam feito caluniosas increpações. "Não é no Largo de São Francisco de Paula que se apura a verdade, que se exercita o foro, açulando a plebe contra o cidadão indefeso", reclamava Ledo.[12]

Com relação à existência de um partido republicano, mencionado na proclamação anônima distribuída no teatro na noite do dia 30 de outubro, ele requer que apresentem o corpo de delito sobre o que assenta aquela "nojosa e negra inculpação". Ledo reclama a execução da lei e reclama ainda, para cuidar de sua defesa, a imunidade que lhe garantia a eleição para deputado à Assembleia Geral do Brasil. Lembra e valoriza o papel de José Clemente, também citado naquele panfleto.

Como é que tendo o presidente do Senado feito os maiores serviços públicos, endereçados à Aclamação de V.M. até o dia 12 de outubro; como é que, sendo V.M. pessoalmente testemunha dos que eu lhe fiz a esse respeito; como é que não lhe tendo (recorro ao seu alto testemunho) feito jamais a menor prática de intriga, nem soltado uma palavra que atacasse pessoas venerandas; como é que não abusando nunca do acesso que a bondade de V.M. franqueava ao meu emprego; como é, digo, que surpreendendo a boa-fé de V.M., conseguimos derramar cizânia e discórdia e tornar-nos fautores de uma nova forma de Governo, contrário ao mesmo em que havíamos trabalhado e de que fui eu quem deu a V.M. a primeira felicitação? Basta só o acusar? Basta só o vociferar?

Fazia bem em se esconder Gonçalves Ledo. Seus bens foram confiscados no dia 4 de novembro, e, no dia 11, José Bonifácio recomendava, em ofício reservado ao intendente-geral de polícia, que era absolutamente necessário que se prendesse o réu Gonçalves Ledo. Mesmo que para tanto fosse necessário usar de violência ou se valer de recursos extraordinários ou de representantes estrangeiros:

> V.M. fará o impossível, se for preciso, para o apanhar de qualquer forma. Disso dará conhecimento aos seus auxiliares sendo que gratificará quem o descobrir pagando-se um conto de réis, se for homem livre ou a carta de alforria, se for escravo.

Logo foram presos Luís Pereira da Nóbrega, Januário da Cunha Barbosa e José Clemente Pereira. Nóbrega, o primeiro a ser encontrado, da fortaleza de Santa Cruz, para onde fora recolhido, ainda escreveu um folheto destinado aos baianos, recomendando que proclamassem a Constituição de Portugal, pois temia que, diante do quadro de arbitrariedades com que se inaugurava o império, o país ficasse sem nenhuma Constituição (VARNHAGEN, p. 261). Januário foi preso no dia 7 de dezembro, quando voltava de uma missão oficial a Minas. No dia 11 de dezembro, José Clemente escreveu ao imperador uma carta extremamente subserviente, refutando as acusações, negando o vínculo com Ledo e eximindo-se da responsabilidade na exigência do juramento prévio do imperador à Constituição (RODRIGUES, pp. 46-7). Pretendia, com isso, livrar-se do exílio e ficar recolhido às suas fazendas, de onde prometia não sair. De nada adiantou, todos os três foram deportados para o Havre, partindo no dia 20 de dezembro no bergantim francês *La Cécile*.

A portaria de 11 de novembro que estendia a devassa a outras províncias falava que ela fora motivada pela descoberta, no dia 30 de outubro, da existência de uma "facção oculta e tenebrosa de furiosos demagogos e anarquistas". Estes, com o único objetivo de "se exaltar aos mais lucrativos empregos do Estado", ousaram caluniar a constitucionalidade do imperador e de seus mais fiéis ministros, ao mesmo tempo que, "com a maior perfídia, se serviam das mais baixas e nojentas adulações, para pretenderem iludir a vigilância de S.M.I. e do governo".

João Soares Lisboa partiu para Buenos Aires. Ele faria, no ano seguinte, uma análise da devassa pela qual fora processado, na qual denunciava que a tal "Associação de conspiradores contra o governo e Ministério, ou por outra, Bonifácia de 30 de Outubro de 1822", não passara de uma "mascarada" promovida pelos Andrada para se conservar no ministério contra a vontade de S.M.I., "ou, pelo menos, contra suas disposições". Descreve o que foi a reunião do Senado da Câmara da qual resultou a volta dos Andrada ao ministério:

> Aquela reunião do dia 30 foi presidida pelo espírito de partido e facção; porque nela se vociferou desacerbadamente contra diversos cidadãos beneméritos só porque não eram afeiçoados aos Andradas, a quem se prodigalizaram as anomalias de Franklins e Colberts, ao mesmo tempo que de outros se pediam as cabeças!!! (*CERJ*, nº 7, 23 jul. 1823).

Foram os Andrada, diz Soares Lisboa, junto com os seus apaniguados e comensais, os promotores daquela tumultuária e facciosa reunião popular. Os que participaram dessa reunião é que deveriam ser, na sua opinião, os verdadeiros réus, por terem perturbado a ordem e se mostrado rebeldes aos mandados do imperador, caluniando seus concidadãos. Para disfarçar o caráter subversivo daquela manifestação que pedia sua volta ao ministério, os Andrada inventaram a existência de uma conspiração, ou "facção de demagogos", contra o governo e o ministério.

Os "demagogos", segundo Soares Lisboa, promoveram uma única "Representação", a de 23 de maio, que se teria concluído com tranquilidade se não fosse a *Reclamação* nº 14, que a decrepitude do Sr. José da Silva Lisboa fez publicar naquele dia".

Soares Lisboa inocenta um a um os implicados na devassa: Ledo, Nóbrega, José Clemente, Januário e o padre Lessa (a quem chama de o "Catão Lessa"). Revela que este, na data em que escrevia (23 jul. 1823), para escapar ao processo, continuava foragido, e lembra a injustiça da prisão do comerciante português Manuel dos Santos Portugal, venerável da maçonaria.[13] Diz que a maçonaria fora dissolvida por ter repreendido ao "Proteu Frade" (frei Sampaio), que por conta disso ela vinha sendo injuriada com os epítetos comuns de "carbonarismo, sans-culottismo, jacobinismo" etc. etc., e seus membros vinham sendo presos e perseguidos.

7. ENTRE BUENOS AIRES E O RIO, PROSSEGUE A BONIFÁCIA

No dia 7 de janeiro de 1823, o jornal *Diário do Rio de Janeiro* publicava este curioso anúncio de escravo fugido:

Fugiu, na noite de 3 do corrente mês de janeiro a Zeferino José Pinto de Magalhães, um pardo escuro de nome Marcelino, baixo, rosto comprido, desencarnado, bastante feio e muito carrancudo, pouca barba e suíças até abaixo das orelhas, com pouco cabelo, cabelo da cabeça bastante crescido, levou as roupas seguintes, em mangas de camisa, colete e calças pretas, tudo muito sujo e sem chapéu, o seu modo de falar é muito persuasivo e claro e diz a todos que é escravo do Excelentíssimo Ministro de Estado Sr. José Bonifácio de Andrada, qualquer pessoa que o encontre, roga-se-

-lhe o queira mandar conduzir à Rua do Rosário nº 104, aonde se lhe dará boas alvíssaras.

No início daquele ano de 1823, até mesmo um pobre e sujo escravo fugido sabia que a pessoa mais importante e temida na corte do Rio de Janeiro era o ministro José Bonifácio de Andrada. Nem todo o poder reunido nas mãos do grande ministro, no entanto, o impediria de exercer pequenas e cruéis vinganças contra seus adversários. Característica flagrante de sua falta de generosidade para com os adversários derrotados seria a publicação no *Espelho* do vilancico satírico de 38 estrofes de versos quebrados, cuja autoria é atribuída a ele por Varnhagen. Intitulado "O fim da impostura", repleto de trocadilhos e alusões, o poema traça a trajetória de Ledo, começando com uma descrição caricatural de seu aspecto físico, passando em seguida à trajetória política. Repetem-se aqui as acusações da devassa que atribuíam a Ledo a pretensão de ter conspirado apenas para se "exaltar aos mais lucrativos empregos do Estado" e sua aspiração a títulos de nobreza. Relembrando a acusação que já se fizera contra Ledo de que ele teria, num primeiro momento, saudado o decreto das Cortes determinando a partida de D. Pedro para Portugal, diz que este que hoje veste "verde veludo" (a cor do Brasil) antes saudara os "ímpios mandatos dos branco azulados" (cores de Portugal).

Com ar altivo,/ com rosto ledo,/ Já vi, no cume d'alto penedo,/ Subir da lama/ Um figurão,/ Gritando ao mundo:/ Constituição./
Tosco semblante;/ Figura informe;/ Grosseiros atos;/ E ventre enorme,/ De frescos títulos/ Empanturrado,/ Olhava o mundo/ Todo pasmado.
Porém amante/ Da novidade,/ E impaciente/ De liberdade,/ Já no fenômeno/ Não estranhava/ A incoerência,/ Que apresentava: [...]
Dizia a gente/ Cheia de assombro:/ Eis um Atlante/ Que no seu om-

bro/ O céu político/ Sustentar há de,/ Fazendo a nossa felicidade./
Eis um filósofo,/ Eis um planeta,/ Que, iluminado/ De luz secreta,/
Reverberando/ *Um fulgor claro,/ Dissipa as trevas/ Do mundo ignaro.* [...]
Porém, seus passos/ Bem observando,/ E seus clamores/ Analisando,/ Em pouco tempo/ O conheceu,/ E horrorizada/ Estremeceu./
Do falso Franklin/ Viu na doutrina/ Um Sila, um Mário/ Um Catilina,/ Um Robespierre,/ Um Cromwell novo/ Árbitro déspota./ De um livre povo.
Viu, que os intentos/ Desse embusteiro/ Eram, de todos/ Ser o primeiro,/ E que a nobreza/ aborrecia,/ Só porque nobre/ Já se não via.
[...]
Viu que, da intriga/ Nos labirintos/ Ele envolvendo/ Homens distintos, os afastava/ Com mil desgostos,/ Para dos mesmos/ Entrar nos postos.

Na apoteose final o sumo Jove, junto à sua Lucina, que não seriam naturalmente outros que não D. Pedro e D. Leopoldina, falavam: "Acabe o reino/ das imposturas,/ só tenham prêmio/ Virtudes puras;/ Torne a meu lado/ Quem mereceu/ Amor da terra, / Graça do céu". A essas vozes divinas se juntariam "as vozes festivas, de alegres vivas" do mundo contente, dando o seu aplauso e dizendo "ao triste monstro: Tão cedo/ Não tornas ímpio,/ A seres ledo" (*Espelho*, nº 107, 26 nov. 1822).

Também João Soares Lisboa, logo depois de partir para Buenos Aires, era atacado por meio do *Espelho* na já mencionada carta de "Manuel Coerente". Referindo-se ao "Correio das Más Novas", ou "Correio de Eterno Esquecimento", "Coerente" lembra os insultos que "vomitava o partido" contra o ministério. A menção a um "partido" é tentativa de dar veracidade à acusação de que Soares Lisboa, Ledo, José Clemente e todos os que com eles estavam associados formavam um partido de tendência republicana. Seus colaboradores, "por desgraça", segundo a mesma fonte, ainda estariam por perto, não obstante a vigilância do ministro, "incansável em promover a felicidade geral" (*Espelho*, nº 105, 18 nov. 1822).

No mesmo jornal, uma carta de excelente qualidade de humor, cheia de expressões e gírias do tempo, cujo original, constante do arquivo do Museu Imperial, comprova ter sido escrita por D. Pedro I, atacava João Soares Lisboa. Sob o pseudônimo de "O Espreita", ele diz que Soares Lisboa havia ido para Buenos Aires "para estar às sopas de Ledo". Ledo, segundo o "Espreita", tinha ali apenas onde dormir e, por ser "mais constitucional democrata" do que Soares Lisboa ("o que custará a ser"), não consentiu em manter em sua companhia um "carcunda" que no Brasil passava por ser republicano.[14]

> Posto isto, [Ledo] disse, com o seu ar de Sabedoria Congressual: Ó João, vai à tábua, que me não podes servir por tolo e carcunda. O pobre Soares meteu a viola no saco e engoliu pela goela de pato a pírula [sic]; mas sendo arquivelhaco, espalhou que o imperador o mandara chamar e assim partiu de Buenos Aires para aqui aonde jaz na Cadeia pelo pecado adamítico, segundo ele diz, porque sustenta a sua inocência (*Espelho*, nº 141, Suplemento, 25 mar. 1823).

Mas a intenção do "Espreita" era, principalmente, divulgar a carta de Buenos Aires, assinada pelo redator do *Correio* e endereçada ao militar Joaquim Rodrigues da Costa Simões, em Montevidéu. Nela, Lisboa fazia comentários críticos acerca da frase de D. Pedro em sua coroação, quando jurara defender a Constituição: "se esta fosse digna do Brasil e dele". Esta carta complicou a vida de Soares Lisboa quando, finalmente, ele e seus companheiros suspeitos de conspiração contra o governo foram a julgamento. Quem a publicou, no entanto, não revela como tal correspondência lhe chegara às mãos. Provavelmente teria sido interceptada por Antônio Manuel Correia da Câmara,[15] cônsul do Brasil em Buenos Aires, nomeado por José Bonifácio em maio de 1822.

Ledo, Soares Lisboa e Correia da Câmara abrigavam-se em Buenos Aires sob o teto de José Rodrigues Braga, que, segundo Rizzini, tinha a casa aberta para todo brasileiro que por lá aparecia. Correia da Câmara fora acolhido por Braga quando chegara a Buenos Aires vindo de Nova York, em 1819. Chegara em tal estado de pobreza que Braga tivera de pagar-lhe a passagem para que pudesse desembarcar. Respondendo, mais tarde, a acusações que contra si levantara Correia da Câmara junto ao ministro José Bonifácio, escreveu Braga que seu único crime fora o de socorrer brasileiros:

> Em apoio desta verdade será forçoso diga o cônsul Câmara se, quando carregado de misérias e acaso increpado até de crimes, sem apoio algum nesta cidade, em 1819, não fui eu quem, com mão generosa lhe franqueei auxílios, a quem tinha direito como um desgraçado que, arrependido dos seus extravios, vinha desde os Estados do Norte a buscar aos pés do trono o perdão com que pode enfim entrar na Pátria (RIZZINI, p. 368).

Diz Carlos Rizzini que Correia da Câmara era pouco instruído e que os seus ofícios diplomáticos a José Bonifácio são um modelo acabado de inépcia. Num deles, relembrava o tempo em que o ministro, "bem oposto às vistas [de Ledo], me recomendava escrevesse eu contra os carbonários [...]". Revelando assim que fora por instigação de José Bonifácio que publicara no Rio, pela Imprensa Nacional, entre 23 de março e 26 de maio de 1822, os oitos fascículos de sua *Correspondência turca interceptada a um emissário secreto da Sublime Porta residente na corte do Rio de*

Janeiro. Abusava tanto do termo "carbonário", dentro do qual cabiam todos os adversários dos Andrada, que acabaria por ser assim apelidado.

No final do ano de 1822, com a chegada de Soares Lisboa e Gonçalves Ledo, Câmara viu aumentadas suas obrigações. Deveria agora espionar as atividades e tentar obter a extradição dos exilados. Representou aos comandos militares de Montevidéu e da Colônia, pedindo que vigiassem Ledo e Soares Lisboa, e pediu ao governo argentino a expulsão dos dois. Muito desprestigiado, Correia da Câmara não alcançou seu intento.

Em ofício ao ministro, confessaria o fracasso dizendo que ali, em Buenos Aires, não era capaz de conseguir "nem a apreensão de uma escrava fugida a um português do Salto" (RIZZINI, p. 369). Atribuía seu desprestígio a Ledo, dizendo que "a chegada deste miserável a Buenos Aires indispôs mais do que em qualquer outro tempo, contra o nosso governo os antigos inimigos do Brasil". E completava: "É incrível o número de amigos que aqui tem esta desprezível e estúpida criatura" (p. 383).

A dois de janeiro de 1823, surgia o *Diário do Governo*, publicação da Imprensa Nacional que vinha substituir a *Gazeta do Rio de Janeiro*, desaparecida no final de 1822. Havia muito tempo que os redatores dos periódicos que circulavam no Rio de Janeiro pediam a criação de um *Diário do Governo*. A *Malagueta* o reclamara seguidas vezes. Bem como os redatores do *Revérbero*. Achavam talvez deficiente a *Gazeta*, que não era um jornal diário, nem exclusivamente governamental. Mas quando, finalmente, o *Diário do Governo* foi lançado, nem o *Revérbero* nem a *Malagueta* existiam mais. E o *Diário*, apesar do nome, segundo denunciaria a *Sentinela da Praia Grande*, era ainda um empreendimento de particulares.

Sendo um estabelecimento particular, parece-me lhe deveria ser interdito este impróprio título, até para que as Nações Estrangeiras, as quais ignoram que chamando-se "do governo" não o seja, e que aqui as palavras não têm a mesma acepção que tem nas outras partes, não caiam no engano de acreditar que todas as diferentes monstruosidades que têm aparecido sejam mandadas inserir efetivamente pelo Governo (*SPG*, nº 2, 7 ago. 1823).

O *Diário do Governo*,[16] em sua primeira fase, faria eco às agressões que Ledo, Soares Lisboa e outros dos perseguidos pela Bonifácia sofreriam no *Espelho*. Inicialmente os ataques contra Ledo e seus amigos tinham o caráter mais formal de notas oficiais, em cujo estilo já se denunciava a influência do ministério. No dia 10 de janeiro, o *Diário do Governo* publicava documento da Câmara da Vila de Parati. Era a ata da sessão extraordinária realizada no dia 6 de dezembro, que se fizera para tratar dos "procedimentos execrandos" do procurador-geral do Rio de Janeiro, Joaquim Gonçalves Ledo:

> Rogamos a V.M.I., que tomando em consideração os motivos em que se fundamenta o acordo do povo desta vila, se digne de remover o mencionado Joaquim Gonçalves Ledo da honrosa procuradoria, que não soube exercer dignamente (*DG*, 10 jan. 1823).

Justificava a medida radical com o conhecimento de que Ledo havia decaído na opinião e confiança do povo não só por se ter descoberto no dia 30 de outubro que ele era autor de um projeto contra o sistema de governo, como também pela irreverência e falta de decoro com que teria tratado o imperador na "Representação" de 2 de novembro.[17] Ao longo dos primeiros meses daquele ano de 1823, também publicariam no *Diário do Governo* cartas de igual teor as Câmaras das vilas de Cabo Frio, Nova Friburgo, São João de Macaé.

No dia 23 de janeiro, o jornal dava notícias de Ledo e Soares Lisboa em Buenos Aires. Dizia que Ledo, em 30 de outubro, "vendo seus planos conhecidos, tendo inteiramente decaído da opinião pública e mordido pela sua consciência", implorara ao imperador licença para retirar-se para a Inglaterra, o que lhe teria sido concedido por meio de portaria datada de 6 de novembro. Diz ainda que, passados alguns dias, Ledo teria obtido do imperador que seu passaporte em vez de ser para a Inglaterra fosse para qualquer porto da Europa. Todavia, acrescenta:

> Ledo desaparece furtivamente, surge em Buenos Aires sem passaporte e por conseguinte fugido, e vai reunir-se ao exaltado demagogo antibrasileiro Lisboa, nas vizinhanças do Brasil! (*DG*, 23 jan. 1823).

Diz ainda que os planos de Ledo seriam baldados, pois o governo brasileiro estaria atento e não perdia de vista aquele "mau cidadão que, iludindo o povo e o monarca, vai por fim coroar o seus delitos pondo-se em um país vizinho para melhor infestar o Brasil com suas correspondências". A carta era também um recado ao governo de Buenos Aires, que seria "mui político e honrado" para assistir sem reagir às "manobras pérfidas de foragidos que folgam em comprometer governos amigos". A intenção do missivista parecia ser a extradição de Ledo, com sua subsequente prisão ou sua expulsão para a Europa, onde deixaria de ser uma ameaça tão próxima. Ledo, no entanto, permaneceria em Buenos Aires até novembro de 1823.

De mesmo espírito seria a carta assinada pelo "Pedrista" que apareceria no *Espelho* de 4 de fevereiro de 1823. Dizia ali que Ledo ("de sempre odiosa memória"), aquele "monstro com figura humana", teria fugido para "se associar com o seu antigo companheiro Lisboa, certamente com fins sinistros". Repetia o que já fora publicado no *Diário do Governo*: que Ledo teria pedido licença ao imperador para se retirar para a Europa e "agora ressurgia em Buenos Aires". O "Pedrista" afirma que, tendo assim procedido, Ledo teria incorrido nas penas impostas pelo alvará de 6 de dezembro de 1660, que dizia: "Todo o que sair para fora do Reino sem passaporte fica desnaturalizado ipso facto". Esse alvará, segundo informa a mesma carta, teria sido mandado observar por outro, datado de 25 de junho de 1760, que também criou a polícia. A lei, insiste o autor da carta, não pode deixar de ser posta em execução pelas autoridades constituídas, "sempre vigilantes em punirem réus de crimes atrozes":

> Poderão levar a mal a execução desta lei a cáfila de seus consócios que, segundo me dizem, lhe dão uma pensão para ele escrever, naturalmente contra aqueles a quem ele prestou as mais baixas adulações, persuadido de que esse era o meio de tirar partido na época atual: de tanto é capaz a alma vil! (*Espelho*, 4 fev. 1823).

O *Regulador Brasileiro*, jornal de frei Sampaio, também lançaria uma chuva de insultos contra Gonçalves Ledo. O texto fala "no ex-L. e l. em toda a extensão da palavra. Verificou-se o que esperávamos", acrescenta, "o *Correio do Rio de Janeiro* convertido em pampeiro de Buenos Aires nos mostra a bílis do infame L.". Ledo, em Buenos Aires, teria dito que o império do Brasil estaria tal qual um navio que, a pano solto, corria em direção às pedras em que haveria de se desmantelar:

> É fácil de entender que o infame não lançaria esta praga sobre o Império, se não fosse obrigado pelo povo a sair com a sua máscara do lado de S.M. Imperial, porque no excesso de seu orgulho pedantesco ele se julgava a personagem mais interessante à conservação da Monarquia (*Regulador*, nº 29, 5 fev. 1823).

Ledo tinha de fato fama de pedante. Era tão orgulhoso que, segundo um contemporâneo, não conhecia a cor do chão. O *Regulador* lamenta ter de ocupar-se ainda daquele "infame", cujo caráter viria denegrir o jornal. Mas se via obrigado a fazê-lo após ter visto uma carta em que Ledo o insultava pessoalmente. O *Regulador* — que, até então, segundo diz, teria ostentado a maior moderação diante dos ataques mais atrevidos —, em vista do prosseguimento das diatribes de Ledo, promete pagar o trabalho "em boa moeda". Sairia do silêncio, ainda que um tão "miserável pedante, hipócrita constitucional, desmedido aristocrata" não valesse a pena do combate e que fosse fazer-lhe honra pô-lo em cena:

> Passou o tempo das reticências, das palavras contadas, dos equívocos, não há mais instantes a perder. Vamos pois ao homem, se é que os monstros com figura racional devem ser contados na linha do gênero humano (*Regulador*, nº 29, 5 fev. 1823).

Ledo também seria atacado na série intitulada "Cartas políticas", publicada no *Diário do Governo*. Eram cartas fictícias, na mesma linha de outras surgidas naquele período. Tinham um tom literário e pretendiam, como a maioria delas, criar a ilusão de terem sido redigidas por alguém de uma outra cidade que, morando no Rio, escrevia a um conterrâneo chamado "Joaquim". A série iniciava-se com as clássicas intenções pedagógicas do tempo, mas rapidamente enveredava pelo ataque aos inimigos dos Andrada. O estilo era duro, seco, sem muitas firulas. As cartas talvez fossem escritas por Martim Francisco, que, tal como José Bonifácio, não tinha um estilo muito agradável. Dos três irmãos, o escritor mais talentoso seria mesmo Antônio Carlos.

A carta de nº 3 rasgava elogios ao povo do Rio de Janeiro, contrapondo-o ao povo português. Baseado nessa imagem idealizada do carioca, fazia uma narrativa bastante peculiar e quase inverossímil dos acontecimentos de 30 de outubro:

Lembra-te do que te escrevi [...] sobre o desenvolvimento do caráter do povo do Rio de Janeiro na última crítica cena da deposição de todos os ministros de Estado. Sem burburinhos, em 24 horas, subscreveu a capital toda para a reintegração de José Bonifácio e Martim Francisco. [...]

Depois, passando em sege o Desembargador José Clemente, um dos autores daquela trama, querendo um do povo atirar-lhe com lama, outro lhe suspendeu o braço: então o imprudente disse com ira: — Aquele é um traidor. E o prudente lhe respondeu: — É um traidor, mas respeite a beca com que vai vestido. E só estas palavras bastaram para desarmar-lhe o braço. [...]

Nota mais que tendo sido a deposição de todos os cinco ministros e tendo-se este povo interessado unicamente pela restituição dos dois irmãos contra quem se tinha armado a cabala Ledina, logo que trouxeram em triunfo os Andradas e lembram-se das conhecidas virtudes de Caetano Pinto, [...] e não se lembraram dos outros ministros, um dos quais reputavam nulo e o outro além de nulo era discípulo que tinha jurado a doutrina de seu mestre Ledo.

Prosseguia assim a Bonifácia sua ação contra os adversários, valendo-se agora dos dois únicos jornais que ainda circulavam no Rio (além do anódino *Diário do Rio de Janeiro*): o *Espelho* e o *Diário do Governo*. Perderiam um aliado em março, quando o *Regulador Brasileiro*, de frei Sampaio, encerraria sua carreira. Em compensação, em maio, a eles se somaria o *Atalaia*, de Cairu. Até julho de 1823, esses jornais iriam competir na intensidade com que combateriam os adversários do gabinete Andrada.

Esse tipo de imprensa de situação, agressiva, persecutória, valendo-se dos recursos comuns aos pasquins e aos então chamados libelos difamatórios, foi inaugurado no Brasil durante a gestão do ministro José Bonifácio. O estilo, os Andrada levariam para os jornais que fizessem posteriormente. E, ainda por muito tempo, conforme depoimento de Evaristo da Veiga e de outros observadores, os jornais do governo, nos momentos de exacerbação dos ânimos, enveredariam pela senda das agressões e dos insultos.

8. O CÔNEGO GOULART NA IMPRENSA DO RIO

O primeiro redator do *Diário do Governo* foi o cônego Francisco Vieira Goulart, que, nesse posto, apenas dava continuidade à atividade que exercia anteriormente na redação da *Gazeta do Rio de Janeiro*. Esse curioso personagem estreara na imprensa brasileira com a publicação do aqui já citado *O Bem da Ordem*, folha que, segundo Rizzini, fora subsidiada pelo governo. Pouco se sabe sobre Vieira Goulart. Sacramento Blake diz que ele foi cônego da Capela Imperial, que lecionou humanidades em São Paulo, que também foi sócio da Academia Real das Ciências de Lisboa, que era bacharel por Coimbra, que foi diretor da Biblioteca Pública no Rio de Janeiro, até sua morte em 1839, e que organizou a *Folhinha de Algibeira* para o ano de 1823, em formato in-16º e, segundo Blake, outras que se lhe seguiram.

Devia ser um homem cultíssimo e de uma variada gama de conhecimentos. O cônego revela, por exemplo, no nº 8 do *Bem da Ordem*, que fora encarregado dos trabalhos econômicos da província de Minas Gerais. Demonstrando sofisticados conhecimentos de demografia, apresenta mapas da distribuição da povoação brasileira e discute questões de estatística. Blake registra como de sua autoria uma *Memória*, publicada no ano de 1836, sobre os defeitos do sistema de pesos e medidas que se estava adotando no Brasil (BLAKE, vol. 3, pp. 133-4). Lúcia Bastos Neves diz que Goulart foi, a partir de 1812, diretor do Laboratório

Químico do Rio de Janeiro, e que, posteriormente, teria sido nomeado naturalista para a capitania de São Paulo (NEVES, 1992, pp. 84 e 86).

No penúltimo número do *Bem da Ordem*, o cônego travaria curta polêmica com Manuel de Araújo Ferreira Guimarães, a quem substituiria logo depois, como redator da *Gazeta*. A *Gazeta* publicara carta assinada pelo "Luso Constitucional" criticando o *Bem da Ordem* por ter elogiado os legisladores franceses que organizaram a Constituição monárquica de 1791 (*Gazeta*, nº 39, 16 maio 1821). O que Goulart diria ser uma inverdade, aproveitando para prevenir a todos os "Lusos Constitucionais e não Constitucionais" que podiam continuar a escrever o quanto quisessem pró ou contra o *Bem da Ordem*, que ele não se importaria. Iria antes seguindo seu caminho enquanto Deus ajudasse e

> enquanto vir que o público dá aceitação ao meu trabalho, porque nem o quero perder inutilmente, nem que o Estado faça com a sua impressão despesas baldadas, que pode aliás empregar em objetos de outra monta (*Bem da Ordem*, nº 9, s. d.).

Mas nesta chave, dizia Goulart não pretender incluir o colega redator da *Gazeta*, Manuel Ferreira de Araújo Guimarães. E, com a polidez que marcaria sempre as polêmicas de que participasse, ele completava:

> Quando porém assim me escuso de responder a reflexões ociosas de gente superficial que lê e não atenta ao fim para que se escreve, estou bem longe de compreender neste número ao preclaro e exímio professor da Real Academia Militar, que tão dignamente preenche as funções do Magistério de que é encarregado, quanto com especial acerto desempenha a árdua tarefa de redator da Gazeta desta Corte, o qual, suposto que não tenha a honra de conhe-

cer individualmente, conheço contudo de sobejo pelo renome do seu saber e por algumas composições de não pequeno merecimento e importância que se têm aqui publicado. Mas por isso mesmo, que formo alto conceito da vastidão de seus conhecimentos científicos e literários, mais me admiro que não fizesse deles o devido uso na Análise Gramatical e filosófica do primeiro parágrafo do nº 7 do Bem da Ordem; resultando daqui dar-lhe uma interpretação contrária aos sentimentos do seu autor e o que ainda é mais, à sucessão analítica das ideias (*Bem da Ordem*, nº 9, s. d.).

Seguia-se a esta gentilíssima carta uma série de reflexões sobre os aspectos gramaticais do tal parágrafo. É possível que sua publicação tenha coincidido com a substituição na chefia da redação da *Gazeta* de Ferreira de Araújo por Goulart. De qualquer maneira, o cônego continuaria a se reportar a Ferreira de Araújo, como sempre, e como era de praxe então, como o ilustre redator do *Espelho*.

As mesmas maneiras polidas persistiriam quando debatesse com o redator do *Correio do Rio de Janeiro*. Já em abril de 1822, pouco depois de lançado aquele novo periódico, o cônego comentaria de forma direta e incisiva algumas das proposições ali insertas sem descurar da polidez. Quando, no mês seguinte, publicasse a "Reposta à análise que o Ilmo. Redator do *Correio do Rio de Janeiro* se dignou fazer em seu nº 22 às nossas reflexões, sobre algumas proposições do nº 7 do seu excelente periódico", o faria no mesmo tom com que se reportara a Ferreira de Araújo no *Bem da Ordem*.

> Feitos os cumprimentos de parte a parte entre os escritores, que se não conhecem individualmente, [...] mas que bem longe de se odiarem, como desgraçadamente acontece entre oficiais do mesmo ofício, se estimam reciprocamente como colaboradores da mesma interessante tarefa (*Gazeta*, abr. 1822).

Tratava-se apenas de corrigir as expressões mais fortes de João Soares Lisboa, que, apesar das negativas, traíam o seu sentimento democrático. O aristocrático cônego conduz suas críticas com elaborada argumentação e maneirismos característicos de um homem de sociedade.

Logo depois, no entanto, seria a *Gazeta* que publicaria, em anexo aos seus números 82 e 87, de 9 de julho e 20 de agosto daquele mesmo ano, as respostas do marechal Miguel Lins de Morais e de Gordilho às acusações que lhes fizera Soares Lisboa no tão explosivo nº 62 do *Correio*. Acabava-se o tempo das reverências e dos rapapés. É possível que o cônego tenha estranhado a nova atmosfera. Mas sobreviveu, e sua atuação como redator prosseguiria ainda no *Diário do Governo* até 20 de maio de 1824, quando o jornal mudaria novamente de nome, passando a se chamar *Diário Fluminense*.[18]

Goulart, na verdade, dividia as atribuições de redator do jornal com outros redatores que eram substituídos à medida que mudava o rumo dos negócios do governo. O encerramento da publicação do *Regulador* empurrou frei Sampaio, que já se revelara um eficiente porta-voz das ideias do grupo andradista, para a redação do *Diário do Governo*. Ele ali já estava em julho de 1823, como revela em carta dirigida ao deputado Cunha Mattos,[19] onde diz, em tom de farsa, que não ganhava por aquele seu trabalho:

> Não escrevo comprado; a única oferta que tenho recebido por este trabalho foi um par de meias bem grossas e bem sujas de tabaco, que o meu velho soldado de Bragança me entregou como dádiva do seu coração e da sua pobreza (*DG*, 16 jul. 1823).

Sampaio e Goulart foram, portanto, colegas durante aquele período, talvez se alternando na chefia da redação. Uma carta do próprio Goulart publicada no *Diário do Governo* é bastante reveladora de como era o movimento dentro da redação do *Diário*. A carta de Goulart pretende esclarecer alguém que, assinando "Brasileiro às Direitas", enviara-lhe declarações ameaçadoras, supondo ser ele o responsável pela chefia da redação. Goulart diz que não governa nem dirige a folha e explica como funciona a seleção de textos para publicação:

> Sendo ordenado por portaria de 31 de dezembro, que se publicou no *Diário* de ontem, que as matérias que entrassem no *Diário do Governo* fossem dirigidas a e revistas pelo Sr. Moutinho, em consequência disto toda a correspondência que aparecia na Tipografia, ou casualmente vinha à mão do redator Goulart era enviada pelo agente do *Diário* ao Sr. redator Paiva, para a levar à revisão; vindo a matéria revista a entregar aos compositores, sem que as mais das vezes fosse vista pelo redator Goulart, se não depois de composta, quando revia a folha, que ia entrar no prelo, como todos sabem (*DG*, nº 25, 30 jul. 1823).

Eram aí mencionados dois elementos do grupo andradista: Antônio José de Paiva Guedes de Andrade e Luís Moutinho de Lima Alves e Silva. Moutinho era oficial da Secretaria de Estado dos Negócios Estrangeiros e, em agosto do ano anterior, fora nomeado encarregado dos negócios do Brasil junto ao governo dos Estados Unidos, com o salário anual de dois contos e 400 mil-réis. O emprego que May, o redator da *Malagueta*, quase levara. Deve ter sido por isso que Moutinho deixou de publicar, em 8 de agosto daquele ano, *O Papagaio*. Ao que parece, Moutinho também não chegou a assumir o cargo, porque, em 15 de janeiro de 1823, foi nomeado cônsul-geral do Brasil nos Estados Unidos Antônio Gonçalves da Cruz.[20]

Antônio José de Paiva Guedes de Andrade, o outro redator

mencionado, aparecera episodicamente como autor de algumas cartas publicadas no *Revérbero* e de uma outra longa carta dirigida ao redator da *Malagueta*. Parece ter sido homem de grande erudição, tendo empreendido a tradução da *Jerusalém libertada*, de Tasso, e de outras obras dos clássicos latinos. Foi membro do Instituto Histórico e, quando morreu, em 1850, Manuel de Araújo Porto Alegre fez-lhe o elogio fúnebre. Paiva foi demitido logo depois da queda do gabinete Andrada, passando, em seguida, para a redação do *Tamoyo*. Depois que Antônio de Paiva Guedes foi demitido da redação do *Diário do Governo*, publicou no *Tamoyo* uma longa carta com o título: "Por que foi demitido o ex-redator do *Diário do Governo*".[21] Antes disto, como veremos, se envolveria nas tantas disputas que o governo de José Bonifácio travaria com a ala mais radical da Assembleia.

5. Quem não tem padrinho morre mouro

1. A ASSEMBLEIA CONTRA O *DIÁRIO DO GOVERNO* — UMA BATALHA

A Assembleia Geral Constituinte e Legislativa do Brasil inaugurou seus trabalhos em 3 de maio de 1823.[1] Na noite daquele dia, D. Pedro leu discurso em que José Bonifácio achara por bem inserir a polêmica frase já pronunciada na coroação. Para evitar que acontecesse no Brasil o que se verificara na França com as constituições de 1791 e 1792, a nossa deveria merecer a aprovação imperial. "Aceitarei e defenderei a Constituição, se for digna do Brasil e de mim" fora a fórmula então usada por D. Pedro e que agora se repetia.

Logo no início dos debates, o padre Andrade Lima, deputado por Pernambuco, manifestou estranheza diante dessas palavras, que classificou de ambíguas. Elas pareciam dizer que a Assembleia podia prestar-se a elaborar um código que não fosse digno do imperador e do Brasil. O *Diário do Governo* comentaria, por meio de um correspondente, que se assinava "Um das galerias", dizendo custar a crer que pessoas de boa-fé pudessem ver nas palavras do imperador o menor motivo de receio, e indagava:

> Que proveito se tira de semear desconfianças, que pelo contrário, se infelizmente existem, tanto convinha agora remover? Que queriam esses deputados, que S.M.I. dissesse? Que estaria por tudo quanto eles quisessem, fosse ou não útil à Nação e por conseguinte, ao mesmo senhor? [...]
> Por pouco que se reflita sobre os discursos dos que fingem assustar-se das ingênuas palavras de S.M.I., conhecer-se-há que é desses sectários da celebérrima e vergonhosa cláusula do juramento prévio. [...] Sou, Sr. Redator: Um das Galerias (*DG*, nº 107, 14 jun. 1823).

Cairu também era deputado. Ocupava como suplente a cadeira de outro baiano, Cipriano Barata, de ideias políticas opostas às suas. Barata se recusara a assumir o mandato. Preferira ficar no Recife, agitando as massas com a sua *Sentinela da Liberdade na Guarita de Pernambuco de Onde Grita: Alerta!*, depois mais conhecido como a *Sentinela* do Barata, para se distinguir de outras. Por meio do *Atalaia*, jornal que publicaria entre maio e setembro de 1823, Cairu daria combate às atitudes de seus colegas mais radicais. Desenvolvendo o mesmo argumento do *Diário do Governo* com relação às reações dos deputados ao discurso de D. Pedro, ele escreve com seu estilo característico:

> Alguns deputados ostentaram liberdade da moderna alquimia de extrair veneno do mel da fala de S.M.I. (segundo em réplica disse o Ministro dos Negócios do Império) só porque o Príncipe da Nação também usou da sua inata liberdade, declarando que fazia o Aceite da Constituição se fosse digna do Brasil e de si, para não se submeter ao jugo de ferro do juramento prévio. Tal e qual o que a Cabala Pedreiral maquinou impor-lhe (*Atalaia*, nº 4).

Cairu referia-se à réplica de José Bonifácio a Andrade Lima. O ministro estranhava que "do mel do discurso de S.M.I. se destilassem [sic] veneno". Era só o começo dos enfrentamentos que marcariam as relações de D. Pedro com a Assembleia. Logo na inauguração dos trabalhos estabeleceu o regimento interno que o imperador "entrasse descoberto no Salão de Sessões". Depois de intensos debates, no dia 10 de junho ficou finalmente resolvido que o imperador, "vindo à Casa das Sessões, entre com todas as insígnias próprias da Realeza e com toda a pompa".

O clima dos debates prometia esquentar. No mesmo pronunciamento em que condenou os que criticaram o discurso do imperador, José Bonifácio declarou "à face da Assembleia e à face do povo: Não concorrerei para a formação de uma Constituição demagógica, mas sim monárquica, e serei o primeiro a dar ao imperador o que realmente lhe pertence". Bonifácio queria uma Constituição que desse ao Brasil, segundo disse, "aquela liberdade de que somos capazes, aquela liberdade que fez a felicidade do Estado e não a liberdade que dura momentos e que é sempre a causa de terríveis desordens" (SOUSA, 1988, pp. 25-6).

Um projeto para anistiar os presos e perseguidos da Bonifácia apareceu logo na sessão de 5 de maio e provocou intenso debate. Com ele emergiram as denúncias de perseguições aos jornais e aos seus redatores e do clima de medo instaurado pelo ministério. O padre Alencar, na sessão de 9 de maio, exclamava:

> O Rio de Janeiro de onde saíram tantos papéis liberais, até aquela data [30 de outubro de 1822] estava reduzido ao *Diário das Vendas*, ao do *Governo* e ao *Espelho*. Os escritores de maior nomeada estão deportados ou presos; os espíritos aterrados; muita gente timorata, desconfiada e vacilante; teme-se, desconfia-se do despotismo, o desgosto é geral (SOUSA, 1988, p. 29).

Joaquim Manuel Carneiro da Cunha, deputado pela Paraíba, chegou a dizer que havia medo de escrever a favor da liberdade, porque os escritores eram presos ou deportados:

> Não existe liberdade de fato, embora exista de direito, porque os escritores liberais, que escreviam no Rio de Janeiro, calaram-se, desapareceram; e todos sabem que uns foram deportados, outros presos, e que denúncias, devassas inquisitoriais, perseguições e terrores agrilhoam o pensamento de quem intenta escrever livremente.

Em resposta, alguém, assinando-se "Anglo-Brasileiro", publicou no *Diário do Governo* carta onde dizia que era falso que não houvesse mais liberdade de imprensa no Brasil. Xingava de hipócritas e aduladores do povo os chamados "Regeneradores". Diz que os chefes destes eram os mesmos em qualquer lugar: negociantes falidos, militares reformados, padres e "homens de leis a quem não resta nem prática nem vergonha":

> Tais quais, Srs. Redatores, os que acabamos de ver figurar nos trabalhos revolucionários de Ledo e Cia. É coisa célebre, que desde o tempo de Judas, o demo quando quer levar algum grande plano avante pega-se com algum desalmado padre (*DG*, 12 maio 1823).[2]

O *Diário do Governo* combateu intensivamente o projeto de anistia para os presos e exilados "por motivo de opinião sobre a causa do Brasil". Por meio de carta do "Amigo da Ordem", diz que o projeto era injusto, perigoso e inútil, além de ser uma usurpação de poderes do judiciário, cuja marcha iria paralisar, e do Executivo, de quem roubava a melhor das atribuições. Argumentava a esse propósito que, logo depois da Independência, foi franqueada a saída do país aos que não eram a seu favor. Muitos teriam ido embora, mas outros preferiram ficar. Os que ficaram e procuraram minar a forma de governo, promovendo no meio do povo a intriga e a cizânia, foram considerados réus de lesa-nação.

Ora, conceder uma anistia a tais indivíduos é plantar no seio da Nação o germe da anarquia, pôr em perigo a segurança pública e, em vez de firmar o edifício social, abalá-lo até os alicerces. E para isto não foi decerto convocada a Assembleia (*DG*, nº 112, 21 maio 1823).

Na mesma linha "O tal das galerias" publicaria carta em que também se contrapunha ao projeto de anistia. Na sua opinião, as pessoas poderiam alegar que as penas haviam sido muito rigorosas, porém indagava: "Mas que importa que as penas sejam rigorosas? Que importa que excomunguem, esfolem e fritem os carbonários, se proibindo a lei as sociedades secretas, nenhum de nós quer ser carbonário?". Era evidente a intenção do *Diário do Governo* de atacar e insuflar seus leitores contra a Assembleia:

Quando nós vimos arrancar, ainda que por um só momento, da Sagrada cabeça do nosso adorado imperador, aquela coroa que o amante povo tão espontaneamente lhe deu; quando ouvimos pedir a abolição das leis contra as sociedades secretas em tempos tão críticos, como os de agora, para que os maçons degenerados nos possam ir carbonizando, sem medo do castigo, até terem reduzido a cinzas a nós e ao nobre edifício, que acabamos de erigir; quando ouvimos propor descaradamente uma anistia para as pessoas cujo castigo foi pedido pelas assinaturas de oito mil dos principais habitantes desta cidade, e solenemente ratificado por todas as câmaras da província. É tempo, me parece, de desconfiar das intenções sinistras, não digo da Assembleia como corpo, mas sim de alguns dos membros dela (*DG*, nº 114, 23 maio 1823).

Essa carta, assinada "Olhe que eu também sou dos da galeria", concluía dizendo que não era o povo que estava mudado, que era volúvel. Há aqui uma estratégica mudança de pessoa na frase seguinte: "Nós", diz ali, "ainda amamos, amaremos e defenderemos o Imperador contra inimigos internos e externos". O objetivo da mudança é o sedicioso fecho do parágrafo: "Quanto à Assembleia, nós lhe teremos todo aquele respeito de que ela se mostrar merecedora". Era claramente uma reutilização do mesmo pensamento do imperador na coroação e na abertura da Assembleia. Quem o manifestava agora era alguém que se dizia "das galerias". Pretendiam, com isso, os redatores do *Diário*, naturalmente seguindo a orientação do ministério, criar uma identificação direta, sem intermediários, entre D. Pedro e o povo:

> Nós ali mandamos os nossos deputados simplesmente para fazer, de concerto com o nosso pai comum, o Imperador, certas leis para o nosso mútuo governo e não para escravizar o monarca e tiranizar o povo, como fizeram as Cortes de Lisboa. [...] Como então pode ter entrado na cabeça de alguém que nós agora queremos mandar ou que temos mandado homens quaisquer para desfazer o que então fizemos?! Eu sempre pensei e ainda não tenho mudado de parecer que ter-se-iam cortado muitas inúteis e odiosas discussões dando ao princípio uma carta como fez o Rei de França, que marcasse os limites, desde já, dos três poderes, e que assim tirasse todos os obstáculos à imediata discussão dos objetos tendentes à felicidade e prosperidade do Brasil.
>
> Se no mundo há monarca que jamais teve ou que ainda tem o direito indisputável de dar semelhante carta, é o nosso.

O autor desta carta se identificaria em outra, publicada no dia 5 de junho. Era o padre-mestre Guilherme Paulo Tilbury, nascido na Inglaterra e professor de inglês de D. Pedro I. Seria também, até o 7 de abril de 1831, professor de seus filhos. A reação a sua carta foi violenta e expressa logo no dia seguinte ao de sua publicação. Mais tarde o padre Tilbury revelaria que a carta escandalizara alguns deputados e que, por isso, ele estava sendo processado.

De fato, na sessão de 24 de maio, dia seguinte à publicação da carta do padre, vários deputados protestavam contra o *Diário do Governo*, que, segundo eles, "agredia indevidamente a alguns deputados que não votavam com o ministério" (VARNHAGEN, p. 89). Eram especialmente mencionadas a já citada série de "Cartas políticas" e as assinadas por "Um das galerias" e pelo "Anglo- -Brasileiro".

Logo alguém que se assinava "T.F.G."[3] revelava, por meio do *Diário*, que se estava alistando gente para participar dos júris que começavam a se formar em função dos processos abertos contra os autores das cartas publicadas no *Diário do Governo*. Os redatores do *Diário* haviam sido notificados pelo desembargador Duque Estrada de que deveriam informar à justiça o nome dos autores das cartas.

A esse propósito diria Cairu que tinham causado uma sinistra impressão as reiteradas ordens da Assembleia para que se remetessem ao juízo de jurados os autores anônimos das várias cartas insertas no *Diário do Governo* e a ordem dada ao redator do *Diário* para que declarasse o verdadeiro nome dos autores das cartas:

> Porventura era decoroso à Assembleia descer do seu Alto Predicamento para esquadrinhar argueiros de cartas anônimas insertas no *Diário do Governo*, que não tinham influxo algum na legislação e polícia, quando aliás a opinião pública censurava escritos impressos correntes com devassidão no vulgo, cujos autores, em seu próprio nome, tiveram a curiosidade de oferecer na Assembleia onde foram distribuídos aos Deputados, que só depois repeliram

com conhecimento do conteúdo, sem que sendo tão incendiários se remetessem aos jurados? (*Atalaia*, nº 5, 28 jun. 1823).

Um correspondente que se assinava "Brasileiro às direitas" tentou intimidar o cônego Goulart, no sentido de fazer com que ele apresentasse artigos ou cartas anônimos que haviam sido enviados à redação daquele periódico. A isso responderia o cônego:

> [...] os Srs. que têm enviado as cartas do *Brasileiro às direitas*, ou como quer que sejam, podem procurá-las em outra parte e não na mão deste último redator, que não governa nem dirige essa folha e menos pode responder por papéis, de que não tem notícia; estando por isso bem longe de temer ameaças de ninguém, quando o testemunho da própria consciência o não argui de faltar aos seus deveres e à confiança que todo o cidadão deve ter na proteção do Governo e o põe ao abrigo de tais ameaças, que não podem ser realmente feitas senão por algum brasileiro às *avessas* (*DG*, nº 25, 30 jul. 1823).

O próprio *Diário* faria a defesa de seus aliados. Um "Provinciano" escreve para dizer que os autores das tais cartas não haviam reprimido a Assembleia nem seus membros, mas só expressado seus sentimentos "com moderação e com decência". E indagava: "E se tais escritos são tão inocentes e tão justos qual seria a razão por que determinou a Assembleia que fossem chamados a jurados alguns dos seus autores?".

Curiosamente, com a instauração da Assembleia, houvera uma inversão de papéis. De repente até mesmo Cairu se revelava um defensor das liberdades civis, notadamente a da imprensa. "Temos sistema de terror!", exclamava, indagando em seguida: "como é que não estando ainda julgadas as bases da Constituição haveria de se arvorar no Pão de Açúcar a bandeira vermelha da Intolerância de opiniões e da infalibilidade da Assembleia?". Parecia adotar agora as ideias antes preconizadas por Hipólito da Costa, pelo *Revérbero* e pela *Malagueta* sobre a censura: "Por que não se deixa a verdade lutar com a falsidade em solitário duelo sem padrinhos?". Era posição diametralmente oposta à que adotava como censor. Cairu era agora quem reclamava a lei:

> E onde está no Brasil a Lei Reguladora da Liberdade da Imprensa e punitiva dos abusos, sendo certo e notório, que nunca se imprimiu alguma por ordem superior na Tipografia Nacional (onde só tem fé oficial a Legislação impressa pelo Decreto de sua criação) e nem se mandou observar a arrepiada e inexequível Lei das Cortes sobre este objeto (sendo servil cópia da de Espanha) e por isso jamais foi remetida pelo expediente às Secretarias de Estado, Chancelaria-Mor do Reino e mais repartições do estilo? (*Atalaia*, nº 5, 28 jun. 1823).

Em virtude das cartas que publicou no *Diário do Governo*, em setembro o padre Tilbury foi levado a julgamento. O objeto da acusação foi a carta assinada "G.P.T." e inserida no *Diário do Governo* nº 124, em que o padre assumia a responsabilidade sobre outra carta publicada no nº 114 do mesmo diário. Ele foi julgado com base na lei que deveria regular os abusos da liberdade de imprensa, e que, segundo Cairu, ainda nem mesmo existia em sua plena acepção. Atuou em sua defesa o velho desembargador e tradicional aliado dos Andrada, José Mariano de Azevedo Coutinho. Em carta ao *Correio do Rio de Janeiro*, alguém que se assina "Seu Constante Leitor" diz que o padre "foi absolvido pela defesa do Sr. Dr. Mariano, que naturalmente, pela fama do seu saber, influiu no juízo dos seus condescendentes companheiros". O padre Tilbury trouxe a sua defesa por escrito. Nela defendia as mesmas ideias que motivaram o processo:

> Que a Nação Brasileira nada tinha conferido ao Imperador, que já não possuísse antes, como Delegado de seu Augusto Pai [...] O

povo tinha demitido de si, e conferido ao seu Augusto Imperante toda e qualquer porção de Soberania que podia possuir, sem outra condição alguma que a de dar-lhe uma Constituição, que podia mui bem ser uma Carta dada ao arbítrio do Imperante, como fez Luís XVIII, ou uma Constituição, como fez S.M.I., cedendo ao Povo, pelo seu decreto de 3 de junho, uma certa porção da Soberania para nomearem Deputados para sua formação. Que o Povo nenhum direito tinha de per si, só eleger Deputados, e só o tinha de suplicar ao Príncipe Regente de o fazer. [...] Que esta súplica [...] é uma evidente prova da falta de Soberania do Povo [...] Que a Assembleia ainda se achava formando o Pacto Social, isto é, o contrato entre o Imperador e a Nação, pacto vulgarmente chamado Constituição, e que aquele contrato ainda não estava sancionado por ambas as partes e que por isso a doutrina de sua carta não podia considerar-se ataque contra o sistema adotado, e que portanto lhe era livre emitir sem crime suas opiniões pela Imprensa.

Também seria levado aos jurados Antônio José de Paiva. Ele assumira a autoria de algumas das cartas que tanta consternação causaram na Assembleia. Compareceu ao conselho de jurados no dia 19 de junho. Diria ali que não assumira a responsabilidade pelas cartas por ser testa de ferro de "sabe Deus lá quem" e sim por achar que "nada havia de misterioso em um redator do governo responder pelas doutrinas políticas que aparecessem no seu papel" (*DG*, 2 jul. 1823).

2. O *CORREIO DO RIO DE JANEIRO* — SEGUNDA DENTIÇÃO

Este periódico há de continuar diário em números extraordinários até o fim do corrente mês, e abre-se subscrição mensal para ser entregue diariamente nas casas dos Srs. subscritores. Preço da subscrição: 1$600 por mês. Quem quiser subscrever dirija-se à Cadeia, onde atualmente reside o Redator (*CRJ*, 28 jul. 1823).

Tão logo começaram as perseguições da Bonifácia, João Soares Lisboa partiu para Buenos Aires. Voltou pouco depois, num barco americano, e desembarcou no Rio a 17 de fevereiro de 1823. Foi imediatamente preso. O *Diário do Governo* do dia 22 seguinte ironizava o regresso do jornalista com um trocadilho envolvendo o nome de seu aliado: "O redator do falecido *Correio* que houve nesta Capital chegou mui 'ledo' de um passeio que foi dar a Buenos Aires". O anônimo, que se assina "Admirado das coisas deste mundo", manifestava sua indignação com a volta do jornalista:

> Porventura aquele demagogo não foi mandado retirar do país pelas autoridades a quem está confiada a segurança pública? [...] Um homem que não pode deixar de estar pronunciado na devassa última, atreve-se a pôr aqui o seu pesado pé! (*DG*, 22 fev. 1823).

Depois de instalada, no início de maio de 1823, a Assembleia Constituinte e Legislativa do Brasil, João Soares Lisboa enviou-lhe um apelo no sentido de que fosse aliviado dos ferros[4] e transferido para a fortaleza da Conceição ou ilha das Cobras. Acreditava que em algumas delas teria melhores condições para escrever. Relembrava sua trajetória desde que começara a publicar o *Correio do Rio de Janeiro*, reclamava o reconhecimento de que se achava merecedor e reparação para a injustiça de que estava sendo vítima:

> Desde 10 de abril de 1822, eu fui a fortaleza rude, mas inabalável, onde meus concidadãos fizeram tremular a bandeira da liberdade;

em 22 do mesmo abril soltei o grito de independência do Brasil, em 12 de outubro cantei com os meus concidadãos a graciosa exaltação de D. Pedro ao imperial e constitucional trono; este dia foi a véspera da minha queda e comigo caiu a liberdade de Imprensa. Deportado indefinidamente, voltei a acolher-me ao abrigo desta soberana Assembleia, paládio das seguranças individuais e nacionais; enganei-me no meu cálculo, tombei no abismo do cárcere! A lei não me aparece e eu desconheço meu perseguidor (petição de 24 maio 1823, anais do Parlamento, apud RIZZINI, p. 158).

Da prisão é que, a partir de 24 de maio de 1823, Soares Lisboa voltaria a publicar o *Correio do Rio de Janeiro*. Este seria impresso na tipografia Torres, que ficava, providencialmente, na rua da Cadeia, nº 111. A irônica situação de um jornalista preso pelo que havia escrito em seu jornal abrir subscrição para voltar a escrevê-lo diretamente da cadeia onde cumpria pena é uma contradição típica do turbulento período da Independência.

Soares Lisboa denunciava, por meio do *Correio*, as péssimas condições em que viviam os presos. Revelava que estavam detidas junto com ele algumas pessoas que haviam assinado um impresso com o título de "Resposta à Carta assinada pelo Sr. Amigo da Ordem", inserto no *Diário do Governo* nº 12. Jaziam ali esquecidas, sem esperança de obter sentença que as absolvesse ou condenasse. Junto com ele, na mesma sala chamada "livre",[5] estavam dezesseis presos do Estado, sem sentença, tendo alguns mais de nove meses de prisão, quase todos detidos por "vergonhosas e ridículas frioleiras".

Esta pequena amostra de violências, despotismos e injustiças é só relativa ao pequeno departamento da chamada sala livre, a qual é livre de cômodos, de limpeza e de entrarem e saírem com facilidade corpos de gente habitados por almas piedosas que se dignem visitar os encarcerados; porque os guardas ou chaveiros, com razão, se enfadam pelo moto contínuo de abrir e fechar a grade, e por isso conservam as visitas batendo à porta, algumas vezes 1/4 de hora, e tomando no enquanto ativíssimo álcali volátil amoniacal, por ser naquela grade o lugar urinatório. [...] Ora se na parte livre se acham tantos cidadãos tão atrozmente oprimidos; o que acontecerá no xadrez e enxovias desta mesma imunda prisão, nos calabouços, e subterrâneos da Ilha das Cobras?!!![6]

Voltara melhor escritor do que fora. Seus artigos, nessa última fase do *Correio*, ferem com uma nota dramática, sem os exageros retóricos do *Revérbero* e do próprio Lisboa da primeira fase. É extremamente tocante a forma como descreve a sua condição de grilheta e exalta o amor à liberdade e a fé nos princípios que o levariam às trincheiras da revolução:

Apesar de que os ferros causem a quem geme debaixo de seu peso, uma espécie de embrutecimento e tornem o homem sensível, um estúpido ou autômato, contudo, a recordação do motivo que nos conduziu a arrastar grilhões, e que é conhecido de todos os nossos concidadãos, amigos, e inimigos, ser o, talvez demasiado, amor da bem entendida Liberdade, se é que no desejo deste precioso tesouro, pode chamar-se excesso ao que escrevemos na primeira parte de nosso periódico (*CERJ*, nº 1, 24 maio 1823).

O nº 1 do *Correio Extraordinário* falaria dos motivos que levaram seu redator a regressar ao Brasil. Diz Soares Lisboa que "foi por força de gênio e caráter" que, desejando prosseguir em seu "projeto", continuar sua "carreira", ele voltara de Buenos Aires. Soares Lisboa voltara também por confiar na própria inocência, por prever um resultado favorável para o seu processo e por preferir a prisão à "liberdade em terra estranha". Historiava os fatos que resultaram na sua prisão, dava conta do estado em que se encontrava, vivendo da generosidade dos amigos que realizavam subscrições para sustentá-lo na cadeia, onde se encontrava "arrastando grilhões, gemendo sob o peso dos ferros",

> [...] quase privados da comunicação de nossos amigos. Tributamos a estes o maior reconhecimento de gratidão pela generosa e voluntária subscrição com que se prestaram e se nos tem oferecido para nossa subsistência na prisão, cuja morada preferimos à liberdade em terra estranha (*CERJ*, nº 1).

Acreditava que acabaria por chegar "o tempo de se respeitar a observância da Lei". Esperava vê-la sendo efetivamente aplicada não só em relação aos seus escritos passados, mas também os presentes e futuros, pois se oferecia aos concidadãos para continuar suas atividades jornalísticas, não obstante o termo que assinara na polícia de não voltar a escrever. E, temerário como sempre, aproveitava para atacar o ministério, dizendo esperar que não voltasse o tempo de se observarem mais pontualmente as ordens ministeriais do que as leis.

Soares Lisboa refuta a velha e frequente suspeita de que não era o verdadeiro autor dos seus textos. Pretende provar que quando se propusera a redigir um periódico o fizera de moto próprio, nunca tivera colaborador, e a prova é que agora escrevia da prisão, onde estava só, quase incomunicável, separado de seus amigos "demagogos", dos quais se dizia que seu jornal servia de órgão. Diz que seu objetivo sempre foi promover

> a união do Brasil, sua Independência e liberdade, desmascarando o despotismo que se apresentasse, debaixo de qualquer capa, forma ou figura; pois que seria o cúmulo da estupidez recusar obe-

diência a despotismo Europeu e curvar a cerviz ao Despotismo Brasileiro (*CERJ*, n⁰ 1).

Soares Lisboa acreditava que o dia 3 de maio (inauguração da Assembleia) marcava "o feliz termo da arbitrariedade Ministerial". Fora este "o poderoso móvel" que o impelira "a lançar mão da pena", para dar conta de seus sentimentos à soberana Assembleia Constitucional e Legislativa do Brasil e aos seus concidadãos, retomando a atividade jornalística. Pouco ou nada lhe importava que os "corifeus do servilismo" o acusassem ante o ministério e que este se "enojasse" porque ele não lhe dirigia "ditos de abjeta, mas sempre apetecida adulação e lisonja". Promete que vai deixar em silêncio a causa de sua deportação, para não agravar "uma ferida que ainda tem remédio". E acrescenta: "Os males ainda que graves e merecidos, de alguns cidadãos, tornam-se nulos e devem ser lançados no esquecimento, quando se trata do bem da Pátria". Volta novamente a defender, com o mesmo entusiasmo, os direitos do homem, a liberdade legal dos povos, o bom governo e a Assembleia Constituinte:

> Estávamos e sempre estaremos, na firme persuasão de que não podia nem devia ser indiferente a nenhum Cidadão, qualquer que fosse o seu estado, o bom ou mau regime da Sociedade a que pertencia, e de que fazia integrante parte e por isso, com os olhos na lei, respeitando o sistema de governo adotado pela Nação, consultávamos nossa consciência, e o que ela ditava por convicção de nossa alma, escrevíamos sem rebuço (*CERJ*, n⁰ 1).

Continuava em campanha contra o poder de veto para o imperador, lembrando que agora quem decide se o chefe do Poder Executivo deve ter veto absoluto, suspensivo, temporário ou nenhum é a Assembleia. Envereda, em seguida, pelo mesmo caminho que o levara ao exílio e à prisão. Como súdito da nação, dizia Soares Lisboa, cumpria ao imperador obedecer aos representantes de sua soberania, não só agora, mas sempre que eles se achassem reunidos:

> Parece-nos que não passou ainda pela imaginação de nenhum homem cordato, que a Soberana Assembleia Constituinte e Legislativa do Brasil, apesar da plenitude de poderes de que se acha investida pode aniquilar a Nação, destruir a Religião de nossos pais, ou nomear outro Chefe do Poder Executivo, excluindo ao Sr. D. Pedro (*CERJ*, nº 1).

Soares Lisboa ia ainda mais longe ao indagar: "Se admitirmos a hipótese, ainda mesmo destituída de todo o fundamento, que a Assembleia decretasse uma Constituição que não agradasse ao Sr. D. Pedro e que ele recusasse aceitá-la, o que tornamos a repetir, julgamos possível, mas não provável; como obrigá-lo?". Não existe, continuava Soares Lisboa, direito que obrigue nenhum cidadão a ligar-se a um pacto social que lhe não agrada. Soares Lisboa não esclarece no entanto como se resolveria o impasse, caso o imperador não achasse a Constituição digna do Brasil e dele.

Termina dizendo que não duvida de que existam homens tão "frenéticos e preocupados" que atribuam ao ministério ou ao Poder Executivo "capacidade" para cometer um atentado contra a Assembleia. Joga nesse argumento, como se diz, com pau de dois bicos, pois acrescenta que esse modo de pensar, além de ser um insulto à capacidade dos ministros, "não obstante as arbitrariedades e deportações que têm praticado sem motivo que os justifique, é um absurdo contra o senso comum de todos os homens". Soares Lisboa quer dizer que a recusa de D. Pedro em aceitar a Constituição seria um absurdo tal a que ele só seria levado por obra do ministério. Sobre as consequências de tal medida, alerta o jornalista:

> O que fariam os povos das províncias, tendo a certeza de que se tinha tornado ilusória a convocação de seus representantes? [...] E como exultariam de júbilo e prazer os acérrimos declamadores nas Cortes de Lisboa? (*CERJ*, nº 1).

Claro que o *Diário do Governo* não deixaria sem resposta um artigo tão provocativo num momento em que parecia clara a posição do ministério. Da mesma maneira que o juramento prévio constituíra-se no móvel da Bonifácia, agora a questão que empolgava os ânimos era a do veto absoluto. Ela já estivera na origem do rompimento da maçonaria e de todo o grupo chamado de liberal com frei Sampaio por conta de ter ele publicado no *Regulador* artigo em que a questão do veto era enfocada de forma positiva.

Para combater as ideias de Soares Lisboa expressas nesse primeiro número extraordinário de seu jornal, o *Diário* publicou carta assinada com as iniciais "T.F.G.", que, "por não temer as consequências de sua carta", informava que morava na rua da Cadeia, nº 65. Aquele correspondente comentava, com indignação, o fato de Soares Lisboa ter dito que D. Pedro era um súdito da Assembleia. Diz "T.F.G." que Lisboa escrevia daquela maneira porque pensava ter as costas quentes. Como, acrescentava, presentemente trazia a barriga, por conta de uma subscrição que um "'soberano da Nação' fizera por lhe doer ver um súdito seu comer na caldeira da Santa Casa com os outros súditos do nosso Imperador". A ironia ficava por conta de chamar de "soberano da Nação" o deputado que tivera aquela iniciativa e da referência à atitude do democrata em não querer partilhar a refeição dos demais presos.

Soares Lisboa manteria, nessa última fase de sua atuação na imprensa do Rio, a coerência de suas opiniões. Em setembro denuncia a "falsidade" com que o *Atalaia*, em seu nº 12, atribuía ao imperador a declaração da Independência, "quando", acrescentava Soares Lisboa, "todo o mundo sabe que os povos do Brasil [...] resolveram declarar-se Nação independente". "Repare", dizia mais adiante, "na falsidade dos motivos da nossa Independência inventados pela vaga imaginação da mesma *Atalaia*". Segundo Soares Lisboa, atribuindo ao imperador a Independência do Brasil e dizendo que este a teria promovido pelo interesse da realeza, o *Atalaia* o estaria apresentando com os mesmos sentimentos dos déspotas da Europa (*CRJ*, nº 29, 4 set. 1823).

3. QUEM NÃO TEM PADRINHO MORRE MOURO

> *Me convenço mais de que as leis são papel escrito, ou teias de aranhas, onde as moscas se enredam, mas que os animais maiores facilmente rompem.*
>
> CRJ, *n º 11, 13 ago. 1823*

Em julho de 1823, o *Diário do Governo* publicava carta datada de 16 de junho e remetida da imperial cidade de São Paulo, onde o *Correio do Rio de Janeiro* era chamado de pestilento, órgão dos *sans-culottes*, e seu redator, de incendiário. A carta lembrava que Soares Lisboa fora deportado pela "saúde pública", mas que regressara de Buenos Aires ainda mais "atrevido e desobediente":

E jaz nessa cadeia, vomitando desgraçadamente a desunião, a anarquia, o incêndio e o mortífero veneno, para cujo fim ele mesmo confessa no seu diabólico *Correio* se ter arrojado a regressar, sendo a tuba infernal, que de Buenos Aires sopra o pérfido Ledo (*DG*, jul. 1823).

O objetivo dessa carta era relembrar a que Soares Lisboa, "este falso Jano de duas caras", enviara de Buenos Aires ao militar Joaquim Rodrigues da Costa Simões, que estava em Montevidéu. Na carta, Soares Lisboa informava ao amigo sobre a presença de Ledo em Buenos Aires e denunciava as prisões de José Clemente, Nóbrega e Januário:

> Aqui se acha o deputado que foi nomeado para a Assembleia do Brasil, Joaquim Gonçalves Ledo: fugiu, porque o quiseram prender como tinham feito com o Ministro de Estado Nóbrega; o presidente do Senado José Clemente e o padre Januário da Cunha Barbosa, que era redator do periódico *Revérbero*. O crime destes homens é igual ao meu, isto é, são Constitucionais, porém os servis fazem-lhes o crime de republicanos.

A carta de Lisboa foi publicada para tornar conhecido seu comentário acerca da coroação do imperador. Soares Lisboa criticara o fato de D. Pedro ter jurado defender a Constituição: "se esta fosse digna do Brasil e dele". Com a ênfase que costumava pôr em tudo o que escrevia, o jornalista indagava a propósito desse "porém" inserido no juramento do imperador: "Quer dizer que se lhe não agradar a Constituição mandará fuzilar os que a fizerem!!!". O reaparecimento dessa carta na imprensa visava ao julgamento dos envolvidos na devassa que levou o nome de Bonifácia. A carta do redator do *Correio*, apesar de posterior ao crime de que eram todos acusados — conspiração visando solapar o sistema de governo instaurado —, foi inserida no processo e disso resultou ser Soares Lisboa o único réu condenado pela Bonifácia.

O resultado do julgamento dos indiciados na Bonifácia apareceu a 5 de julho de 1823. Todos os acusados foram absolvidos por falta de provas, à exceção de Soares Lisboa. O jornalista foi condenado a dez anos de prisão e a pagar 100 mil-réis para as despesas da Relação, além das custas do processo. Fora condenado com base na carta, estranha ao processo, que enviara de Buenos Aires a Montevidéu. Soares Lisboa não se conformará com essa injustiça e recorrerá da sentença.

No nº 3 da segunda fase do *Correio*, o jornalista ainda tinha esperanças de, fazendo chegar seus clamores ao trono, obter revogação da sentença. Dizia-se uma vítima do despotismo ministerial. Não fora processado por causa da doutrina do seu periódico, mas sim porque os ministros teriam se sentido ofendidos porque revelara seus abusos:

> Nós nunca vimos nosso processo e ignoramos a acusação que nos fizeram falsas testemunhas; não produzimos defesa; nosso curador não inquiriu de nós cousa alguma; nunca o vimos, nem conhecemos; e verificou-se em nós o rifão: Quem não tem padrinho morre mouro (*CRJ*, nº 3, 12 jul. 1823).

Apesar de todo o empenho, Soares Lisboa constatou, em 29 de julho de 1823, que conseguira apenas transformar sua pena de prisão para degredo de oito anos e reduzir o pagamento das despesas com a Relação para 50 mil-réis, além de ter de arcar também com as custas do embargo. Reagirá a esta última sentença dizendo:

> Recusamos a graça ou redução que fizeram os Meritíssimos e, se não fora o receio que temos de os escandalizar, havíamos dizer-lhes quatro graças pesadas, como por exemplo: que eram homens sem caráter, pejo, nem vergonha e ladrões mais terríveis que salteadores de estrada; porém não o fazemos por estarmos na prisão.

[...] Para fora do Império?! Menos isso; tenham paciência os Meritíssimos em nos aturar por mais algum tempo [...] contenta-se [o Redator] com a primeira, [sentença] se não houver outro remédio (*CRJ*, nº 9, 26 jul. 1823).

Em setembro, Soares Lisboa ainda acreditava que a sentença pudesse ser revista. Comentando o atraso em que se encontrava o processo dos últimos réus da Bonifácia, revelava que ouvira um juiz dizer "que tal demora lhes fazia conta. Capaz será esse", dizia Soares Lisboa, "de se persuadir que a Bonifácia há de ter aniversário e com o mesmo sucesso que teve em seu nascimento". O jornalista tinha esperanças de que o atraso se devesse à descoberta de falhas no processo e que estas fariam com que o Desembargo do Paço concedesse revista de sentença. Suas esperanças foram baldadas. A 7 de outubro, os "demagogos" implicados no processo do ano anterior foram julgados inocentes e considerados livres de culpa e de pena, menos o redator do *Correio*. Diante disto, Soares Lisboa protestaria, indignado, por meio das páginas de seu jornal:

E então os Meritíssimos são, ou não são ladrões piores que salteadores de estrada? Roubaram-nos a liberdade e a justiça ou não? Como escaparemos deste labirinto? Os criminosos eram 14, o Redator do Correio, João Soares Lisboa, era o 6º na escala; os 8 que se lhe seguiam estavam inocentes, os 5 primeiros também, como diabo se arranjou o negócio de maneira que o Processo e tudo quanto nele se incorra fez crime, e grande crime a um só? [...] Ou os Juízes foram comprados a favor dos outros e são Réus por se deixarem subornar ou julgaram com escandalosa parcialidade e são Réus por infringirem pena sobre quem não tinha crime!!! (*CRJ*, nº 60, 11 out. 1823).

4. D. PEDRO E O "CALMANTE DO MALAGUETA"

Muita coisa acontecera desde que circulara no Rio, em julho de 1822, o último número da *Malagueta*. Número que marcara o rompimento de May com João Soares Lisboa e onde May revelava que era candidato ao cargo de secretário dos Negócios do Brasil nos Estados Unidos.

Em agosto, fora nomeado para a vaga Luís Moutinho, redator do *Papagaio* e reconhecido membro do grupo andradista. Depois vieram os turbulentos meses de setembro, outubro, novembro. Em dezembro de 1822, Luís Augusto May fizera correr o boato de que voltaria a publicar a *Malagueta* e que nela pretendia atacar o governo. Antes que realizasse esse intento, May foi alvo de violento artigo publicado no *Espelho* nº 120, de 10 de janeiro de 1823.

Intitulado "O calmante da e no Malagueta", o artigo contava as negociações em torno da frustrada nomeação de May. José Bonifácio convidara May para ocupar o cargo de oficial-maior da Secretaria dos Negócios Estrangeiros em Washington, com 400 mil-réis para as despesas. Oferta recusada pelo jornalista, que achara o valor muito baixo, pois "não se sujeitava por bagatelas, já não duvidando ser comprado por mais alguma quantia". D. Pedro interviera prometendo-lhe, afora o "ordenado, ajuda de custo suficiente para o transporte, além dos três quartéis adiantados", como era o costume.

De nada se lembra, de nada se lembra, porque o interesseiro de nada se lembra, senão do seu interesse. Mas apesar de tudo, disse que aceitava o lugar e que estava pronto, para ver se pilhava a pechincha. E, depois de oito dias, apresenta uma nota cheia de todo o metodismo, matonismo, pedindo mais quantos e quantos que andaria por seis mil cruzados, segundo dizem. Todos os dias, apesar de cansar as bestas em ir à casa e gastar os sapatos na escada do Excelentíssimo Sr. José Bonifácio, indo lisonjeá-lo o mais possível, para ver se apanhava a dita quantia. Mas como o reto Ministro lhe dissesse que, se quisesse ir lhe daria três mil cruzados só, em cima do ordenado do lugar que lhe tocava como gratificação, teve a desgraça de tocar na tecla que move toda a máquina Malaguetal. Eis que, de repente, vai começar, segundo anunciou, porque ele nada diz que se não saiba, a desacreditar o Ministério todo, para ver se promove a desordem (*Espelho*, nº 120, 10 jan. 1823).

Sem meias palavras, o autor da carta diz que sua intenção é patentear ao público o caráter do "esturdíssimo, esturradíssimo, constipadíssimo, matoníssimo, politiquíssimo e cacholíssimo" autor de um periódico, cujo nome é de uma pimenta, malague-ta, "ou por outra p. que o pariu (a ele)". Os ataques se alternam em torno dos mesmos temas: a ambição, a incompetência, a cupidez, a bajulação e outras falhas de caráter atribuídas ao re-dator da *Malagueta*. Referindo-se aos eternos pleitos de May junto ao governo, revela que ele, no tempo do ministro Tomás Antônio de Vila Nova Portugal (chamado aqui de "Estrompa-dor-mor da Nação"), ia todos os dias à chácara de São Cristóvão beijar a mão de D. João VI, "fazendo mil cortesias de cabeça abaixo, a ponto de lhe poderem chamar o Doutor Côncavo", e relata seu dia de trabalho como funcionário público. Diz que May, logo que entra na secretaria, faz uma profunda cortesia em "rodízio" a todos os presentes. Em seguida, dá uma circulada por entre as mesas dos colegas, para bisbilhotar-lhes os papéis, "quase dando com o nariz em cima deles". Limpa o suor com o lenço e, como sempre alega estar constipado, tem justificativa para usá-lo amarrado à cabeça.

Depois, senta-se no seu lugar, escreve duas palavras, põe a pena, bate com a mão na testa, pega no lenço, limpa o suor desgrenhando muito o cabelo, mete o lenço na algibeira, levanta-se, dá quatro passeios pela sala, conta duas histórias e meia à desfilada, chega ao pé do Oficial Maior, diz-lhe que está constipado, mete-se na sege, vai para casa, chega à casa, toma o timão, põe um barrete branco como de Manuel Alves no entremez de Manuel Mendes, e principia a passear na varanda, cogitando como há de dizer mal do Ministério. Eis aqui como este impostor ganha a sua vida, desperdiçando o tempo e percebendo ordenado e emolumentos da Secretaria, porque nunca falta ao ponto.

O "Calmante" também alude ao "papel" que May ameaçara publicar, onde denunciaria as medidas despóticas do ministério, como, por exemplo, as que causaram a saída de "Ledo e Cia.". Lembra o autor do "Calmante", em tom ameaçador, que o mesmo poderia ter acontecido ao próprio May, "se o bom povo do Rio de Janeiro tivesse requerido a S.M.I." que mandasse também junto com a "súcia" a ele e ao seu amigo Bivar, a quem quis "meter a cara" para ser secretário de Estado.

Se for verdadeiro o que diz esta carta, May teria intercedido junto aos ministros por Diogo Soares da Silva de Bivar.[7] Bivar era português da Estremadura e descendente de D. Rodrigo Díaz de Bivar, o famoso El Cid Campeador, de Castela. Homem culto, bacharel em Direito pela Universidade de Coimbra, Bivar teve a infelicidade de hospedar em sua casa, em Abrantes, o general francês Andoche Junot e de ter sido por ele conservado no cargo de juiz de fora daquela província portuguesa.

Expulsos os franceses, Bivar foi condenado à pena de degredo em Moçambique, mas acabou indo parar na Bahia, onde, protegido pelo conde dos Arcos, tornou-se redator do periódico *Idade d'Ouro do Brasil*, o segundo criado no Brasil e que duraria de 1811 até 1823. Em fevereiro de 1821, "já restituído à liberdade com todos os direitos, honras e prerrogativas", Bivar foi nomeado censor por D. João VI, vindo residir no Rio de Janeiro. O artigo do *Espelho* conta que o Malagueta teria pedido por Bivar a todas aquelas pessoas que podiam falar mais de perto ao imperador. E menciona as chicotadas que Bivar teria levado ainda em Lisboa, por conta de sua aliança com os invasores franceses:

> Creio que por se não lembrar já que a pele que possuía em tal parte não é a mesma que agora tem depois da saída de Junot, visto ter levado uma formidável roda de açoites no pelourinho em Lisboa, como foi público por traidor à Nação, como o pode provar a cidade inteira, os quais produziram o grande milagre das carnes mortas passarem a carnes vivas. E o Sr. Malagueta é íntimo amigo dele, como de todos os marotos, nem por isso se lhe podendo aplicar o ditado — diz-me com quem vives, dir-te-ei as manhas que tens — porque elas já eram anteriores à íntima amizade Bivaresca.

A parte mais forte do artigo vem com a descrição detalhada de aspectos físicos e morais do Malagueta, que não seria alto nem baixo:

> Os pés não lhe fazem muita honra, as canelas são bem esburga-dinhas, não tem ovas; barrigas de pernas foram-se; os joelhos furam as calças, e são alguma coisa metidos para dentro; as coxas por fora não parecem más, se são macias haja vista ao Conde das Galveias; os entre médios tais quais; barriga não tem, está pegada às costas; o umbigo tem um buraco tamanho que lhe pode sair um carro carregado de capim; o peito não mostra grande forta-leza apesar de resistir às grandes pancadas que lhe dá com a mão; os braços têm muita habilidade; e as mãos ainda muito mais [...]; o pescoço é de esganarelo, tem um nó tamanho que nem o de

uma amarra de nau; a cabeça tem muito que contemplar, dá por minuto mais vezes com ela para trás e para diante do que um sino de qualquer igreja pode dar de badaladas tocando a rebate um dia inteiro; os queixos são bem esburgadinhos; as faces têm duas covas (ó que covas!); a língua é um radical badalo; os beiços acompanham a sobredita; o nariz mostra bem a razão do amor que lhe teve o Conde das Galveias; os olhos inculcam ter lombrigas; a testa tem suas protuberâncias que, segundo o Dr. Gall, umas mostram ter memórias, outras não ter reflexão alguma, ser estouvado, e outras ser um sórdido interesseiro; o cabelo é semiestrangeiro; como a fala; na calva pode-lhe fazer exercício um batalhão com seus piolhos à mistura, para marcarem os pontos do alinhamento; em suma, no físico do Sr. Malagueta está descoberto o moto contínuo.

Foi o conde das Galveias,[8] que substituiu Linhares no Ministério da Guerra, quando este morreu em 1812, quem nomeou May oficial da Secretaria de Estado dos Negócios da Marinha.[9] Sobre as preferências sexuais do conde dá testemunho Santos Marrocos, como de fato amplamente conhecido:

É de espantar e de enojar o vício antigo e porco deste homem que a V. Mercê não será estranho; pois sendo homem e casado, desconhece inteiramente a mulher e nutre sua fraqueza com brejeiros e sevandijas. Por causa deste vício, em que está mui debochado tem padecido muitos ataques que o paralisam totalmente; mas ele confessa que não pode passar sem a sua diária! (MARROCOS, p. 78).

Se, na primeira parte da carta, ao falar das coxas do Malagueta, de cuja maciez quem poderia dar testemunho seria o conde das Galveias, e do nariz que teria feito a alegria daquele conde, já está explicitada a intenção de atribuir um caráter de ligação homossexual à amizade de May com Galveias, na segunda parte a linguagem se torna francamente direta e ainda mais chula. Ali, com o intuito de aclarar a memória do jornalista para benefícios que teria recebido de terceiros, em meio ao rol aparece a indagação: "Não se lembra do lugar fedorento do Conde das Galveias, largo como a porta de uma cocheira, onde teve a distinta honra de aprender (e por agradecimento ter dado um beijo) os movimentos seguidos napolitanos e a tática fradesca, política, filantrópica, egoística e econômica?".

Esta notável peça jornalística, talvez única no seu estilo publicada no Brasil, é atribuída por muitos historiadores a D. Pedro I. E, de fato, quem ousaria escrever de maneira tão desabrida num cenário onde as leis ainda estavam por se fazer e onde jornalistas estavam sendo julgados por abuso da liberdade de imprensa? Quem já pesara a mão em outros artigos contra adversários do gabinete Andrada? Só o príncipe se abalançaria a tanto. É bem o seu estilo, presente em suas cartas, nos outros artigos que publicou e no anedotário que se criou em torno dele.

Otávio Tarquínio (1952, p. 528) e Carlos Rizzini (p. 392) atribuem a D. Pedro I a autoria do "Calmante". Hélio Vianna, em seu estudo *D. Pedro I, jornalista* (cf. VIANNA, 1974, pp. 362-78), atribui a autoria a Antônio Teles.[10] Teles, no entanto, em correspondência a D. Pedro, negaria veementemente essa acusação que lhe fora feita pelo Malagueta. Numa carta quase toda dedicada a fazer comentários maliciosos sobre May, ele diria:

> O que lhe não perdoo, é dizer ele também que dei golpes à moralidade com a carta que ele diz que eu publiquei. Quem não tiver a carta à mão há de supor que eu ensinei a furtar moças, etc. (Viena, 25 de setembro de 1824. Arquivo Museu Imperial, maço 51, documento 239).

É possível que May acusasse Antônio Teles para não atacar diretamente o imperador. Teles escrevia com muita liberdade e bom humor a D. Pedro, mas jamais alcançaria os mesmos baixos níveis das cartas do imperador a ele dirigidas. Exemplar do estilo de D. Pedro é este trecho de carta endereçada ao mesmo Teles, datada de 27 de janeiro de 1825, em que dá conta da eleição do Malagueta para a Assembleia, dizendo que "é de esperar que esse louco vá remetido da Assembleia para a Santa Casa". Na carta, D. Pedro também aproveita para comentar a reação entusiástica que um retrato seu provocara entre as moças das Cortes europeias:

> Como não tenho o caralho do Padre Martinho para poder daqui foder lá essas meninas que tanto gostaram do meu retrato (o que eu não quereria pois não gosto de merda e tenho cá coisa boa que é genitivo de Castro, tirando-lhe o [ilegível] que é cunhada de quem você sabe) (Arquivo do Museu imperial, coleção D. Pedro I, manuscrito).

O "Calmante do Malagueta" é um texto grosseiríssimo, mas, no entanto, tem seus momentos de grande humor: a descrição do dia de trabalho do burocrata May, de suas pequenas espertezas, é impagável. Mesmo a primeira menção a um possível caso dele com o conde das Galveias tem a sua graça. É de um total desrespeito à memória do admirável diplomata, amigo do conde da Barca, ambos cultíssimos, de maneiras afrancesadas, que certamente não deviam agradar a um príncipe que, como o descreveria mais tarde um estrangeiro, tinha os modos de um moço de estrebaria.

De qualquer maneira, os originais do "Calmante" não constam dos arquivos de D. Pedro, no Museu Imperial. O que não serve de prova de que ele não o tenha escrito. Diante das reações que provocou, não é improvável que lhe tenha dado o mesmo destino que deu às cartas da marquesa de Santos.[11]

May não reagiu. Ou melhor, reagiu de acordo com o seu estilo: foi ao imperador solicitar uma reparação. Obteve de D. Pedro a promessa de que faria publicar no *Diário do Governo* uma nota de repúdio ao artigo do *Espelho* e foi promovido, a 23 de abril de 1823, de simples oficial a oficial-maior graduado, o posto mais alto do funcionalismo do tempo, "em atenção à sua probidade, inteligência e bons serviços". Imaginaram talvez o imperador e seu ministro calar assim a boca do jornalista tão sensível a esse tipo de graça.

5. *A MALAGUETA* EXTRAORDINÁRIA Nº 2 E SUAS DEVASTADORAS CONSEQUÊNCIAS

> *E declaro, muito especialmente, que eles levavam espadas nuas e paus grossos que eu vi, e com os quais perpetraram em minha pessoa o massacre que constou de grande primeiro golpe de espada que foi aparado no castiçal, e na mão esquerda, e do qual resultou o aleijão e ferida aberta que ainda hoje conservo, de mais cinco golpes ou cutiladas, maiores e menores, na cabeça, que se me deram enquanto as luzes se não apagaram, além de dez ou doze contusões violentas no pescoço e corpo, de que resultou também o aleijão do dedo índex da mão direita (trecho do "Protesto feito à face do Brasil inteiro" por Luís Augusto May, 31 mar. 1824).*

Por volta das oito horas da noite do dia 6 de junho de 1823, Luís Augusto May acabava de mandar servir o chá, em sua casa, à estrada de São Cristóvão, nº 75,[12] ao padre Luís Lobo Saldanha e ao cirurgião José da Silva Callado. Pairava uma certa tensão no ar. É que o anfitrião aguardava, desde o começo da tarde, a prometida visita do todo-poderoso ministro do Império e dos Negócios Estrangeiros, José Bonifácio de Andrada e Silva. Ao que parece o ministro já o procurara à uma da tarde, estando ausente May e sem que este soubesse o motivo da visita. Retornaria o ministro, conforme prometera? Com que propósito a personalidade mais importante do império o visitaria em casa?

Tinha seus motivos para inquietar-se o jornalista. Depois de aguardar, sem sucesso, por três meses, a publicação da nota de D. Pedro contra "a publicação suja do *Espelho* de 10 de janeiro", May lançara *A Malagueta* extraordinária nº 2. Nela, sob a forma de uma longa carta dirigida a D. Pedro, bem no seu estilo sinuoso, lembrava a nota prometida onde ficaria demonstrado que o governo não tomara parte alguma naquela ofensa que a "todos pareceu ter saído debaixo dos auspícios de Alta Proteção". Agradecia certa mercê reparadora do "mal que outros haviam feito", obviamente referindo-se à promoção, e acusava diretamente aos Andrada, relembrando "os excessos que se seguiram da derrota de Ledo".

A noite em que May e seus amigos esperavam por José Bonifácio era a do dia seguinte ao da publicação dessa edição da *Malagueta*. Dessa vez, no entanto, os atingidos resolveram mudar a fórmula do "calmante". E no lugar do ministro, quem apareceu mesmo foi um bando de embuçados — quatro, cinco ou mais, diferem os relatos — armados de cacetes e de espadas que perpetraram no Malagueta aquilo que na linguagem da época se chamava "assassínio". O jornalista foi salvo, segundo Varnhagen (p. 292), "pela presença de espírito de uma preta" que se lembrou de apagar a luz. O padre se escondeu debaixo do piano e May conseguiu, segundo ele mesmo contou no "Protesto feito à face do Brasil inteiro", beneficiando-se da escuridão, fugir dos agressores e refugiar-se na chácara de um outro padre seu vizinho, Serafim dos Santos (VIANNA, 1945a, p. 513).

A repercussão do atentado contra o Malagueta foi imediata. Na Assembleia Constituinte, o deputado Carneiro da Cunha classificou o episódio de "insulto funesto e trágico". May virou mártir do jornalismo nascente — eterna referência a ser agitada por outros jornalistas menores que ousavam comparecer ao "campo raso da liberdade da imprensa". Como em seu discurso lembraria o deputado Carneiro da Cunha:

> Se aquele que primeiro pegou na pena para defender nossos direitos e no tempo em que existiam as baionetas de Avilez nesta Corte, é assim recompensado, invadindo-se e profanando-se o santuário da sua casa, para o assassinarem mesmo no seio de sua família, como se pode esperar que outros sejam poupados? Que terrível e nova forma de jurados se levantou agora no Rio de Janeiro! Decerto não será menos funesta ao Brasil do que foi à França a Comissão de Salvação Pública do tempo de Robespierre (apud RIZZINI, p. 393).

Soares Lisboa publicaria no *Correio Extraordinário* nº 2 a notícia sobre o atentado que sofrera o Malagueta, revelando que aquele "inaudito sucesso" assustara o seu editor a ponto de ter lhe devolvido o manuscrito daquele número. Lisboa aproveitava para ironizar o projeto ministerial de se fazer adotar no Brasil a Constituição inglesa justo no momento em que o que se assistia por parte do governo eram, além da supressão da liberdade de imprensa, deportações, devassas inquisitoriais, prisões sem sentença. Para os demais jornalistas o atentado a May também se fixou como exemplo da intolerância e do desrespeito à liberdade de imprensa. A ponto de *O Sylpho*, ao rebater ataques da *Sentinela da Praia Grande* contra os portugueses e europeus, questionar:

> O honrado Redator da *Malagueta*, segundo a generalidade que faz a *Sentinela* e seus condignos correspondentes, também é *chumbado...* porque é europeu. [...] Este *chumbado* pois, em prêmio por ter

aberto a defesa dos direitos dos brasileiros sempre com denodo e nas crises mais arriscadas, passou pela afronta de lhe irem à casa, em lugar de jurados, conjurados, que lhe abriram a cabeça e as mãos (*Sylpho*, nº 23, 22 out. 1823).

Referia-se ao *Diário do Governo*, que, até o nº 130 (14 jun. 1823), não só não comentou o episódio, como ainda publicou carta atacando a *Malagueta*. O tendencioso artigo pretendia atribuir a May, pelo fato de ser português, sentimentos contrários à Independência. Acusava May de ter tentado desacreditar a Martim Francisco e à Assembleia. Reproduzia uma expressão que May teria usado em seu artigo — "facções escolásticas" — para, no mesmo estilo com que de vez em quando o satirizava o *Espelho*, perguntar:

> Sabe V.M. o que são facções escolásticas? Aposto que não, pois que o conheço pessoalmente e sei que fora de papaguear algum inglês ou francês e ter de cor alguns fúteis e vãos sons, nada mais sabe (*DG*, nº 130, 14 jun. 1823).

Dizia a carta que May fora a favor do Fico mas que desaprovara o 12 de outubro, "com a Aclamação unânime de S.M.I., e execrara o 1º de dezembro, dia da coroação de D. Pedro, como o fizeram todos os inimigos públicos e encobertos do Brasil. Não eram brasileiros os que, escutando seus insultos, que "não descortinassem no insípido embrulho de suas inépcias, calúnias, contradições e estúpidas asneiras, o verdadeiro alvo a que miram as suas sinistras e danosas intenções". O *Diário* também nega a supressão da liberdade de imprensa pelo gabinete Andrada e cita como exemplo maior a situação de Soares Lisboa, que escrevia livremente contra o ministério, ainda que da cadeia. May teria atribuído ao ministério responsabilidade nos rumos que tomaram o *Espelho* e o *Diário do Governo*. Em tom de agressiva ironia, o "Brasileiro" indagava:

> Bravo, apóstolo da liberdade da imprensa! É lícito a algum governo prevenir a publicação de misérias, quando a lei prescreveu a censura prévia? Queria V.M. que se desse ao *Espelho* um destino que este fosse perverso e que fosse o governo que lhe desse? Caluniador descarado, devias pensar mais no que escreves, se querias escapar das estreitas contas, que tens de dar por teus crimes diante da lei. [...]
>
> Todavia repares que não toco na sua vida privada, contentando-me tão-somente com apontar a confusão, e desarranjo da sua cabeça, e maldade do seu coração, quanto aparece de sua *Malagueta* (*DG*, nº 130).

Dois números depois, o jornal trazia outra carta contra o Malagueta. Dessa vez incluía uns versinhos que diziam: "Que demônio há tão danado/ que não tema a cutilada/ do fio seco da espada/ do terrível Malagueta?". Essa carta traz as iniciais de Antônio José de Paiva, assinando-se como "Redator". Fala do longo e profundo silêncio em que May se mantivera, coisa que "muitas pessoas estranharam por conhecerem a sua natural atividade e propensão para censurar tudo quanto se diz e se pratica". Em tom de ironia, fala dos conhecimentos de May, de seu tato fino para as questões políticas, e diz que ele aliava sentimentos republicanos à defesa da causa dos portugueses:

> E de semelhante oposição de princípios e de sentimentos políticos em o mesmo homem o que pode afirmar-se é ser ele jurado inimigo do independente Brasil, ao qual tenta e tentou deprimir em todas as épocas, sacrificando para tão louvável fim a sua pena ora a um, ora a outro partido (*DG*, nº 132, 16 jun. 1823).

Outra carta assinada pelo "Europeu chegado de novo", e publicada no *Diário do Governo* de 21 de junho de 1823, tratava da *Malagueta* ainda sem mencionar o atentado. Começava logo indagando quando se apagaria a vergonha de que estavam cobertas algumas tipografias do Rio pela publicação de impressos "tão ridículos, como indignos de uma Nação que procura aparecer aos olhos da Europa com o caráter de polida e moralizada".

Pretendia expressar a visão negativa que um estrangeiro tirara da leitura do jornal de May: "Porque há liberdade de imprensa dirá alguém que é permitido aos doidos furiosos, ou de lúcidos intervalos, pegarem na pena para escreverem e darem à luz os delírios de sua razão desmiolada?". O "Europeu" conta que estava no seu barbeiro, quando este trouxera embrulhando as navalhas *A Malagueta* extraordinária nº 2. No mesmo tom de farsa prossegue o "europeu escandalizado":

> Confesso-lhes genuinamente que, na Europa, fazendo eu uma grande ideia dos honrados e briosos brasileiros, nunca supus que eles fossem capazes de sofrer na sua associação um gênio tão atrabiliar como o autor daquela folha. [...] o Malagueta quer que acordem todos os escritores, tão incendiários como ele, para fazerem guerra aos honrados escritores do partido da moderação e da santa causa do Brasil.
>
> Como um verdadeiro mono, que não pode se ver no Espelho sem o quebrar, atira-se contra o *Espelho* Constitucional desta Corte, injuriando o honrado brasileiro, redator daquela folha; pragueja contra as boas doutrinas de Frei S. Paio, que é o mesmo que blasfemar do que escrevem atualmente na Europa os melhores pugnadores do sistema monárquico misto; cai sobre os redatores do *Diário do Governo*, e joga a cabeçadas contra estas *Sentinelas* inimigas dos demagogos. [...] Este herói é o superlativo dos pedantes, o genitivo dos escritores e o vocativo dos tolos (*DG*, 21 jun. 1823).

Só a 18 de junho o *Diário do Governo* falaria da "atroz assuada" em que fora atacado e gravemente ferido no interior de sua casa o oficial-maior da Secretaria dos Negócios da Marinha. A carta dizia respeito, na verdade, à portaria publicada no mesmo *Diário*, em que se mandava abrir devassa para investigar o atentado. Essa portaria, diria o "Observador", era mais uma prova do quanto o governo se esmerava em garantir a segurança do cidadão e do quanto se horrorizava "ao aspecto de fatos nefários [sic], que tendem nada menos do que a uma feroz anarquia, se acaso a impunidade desse azo a vinditas particulares". Receava o "Observador" que, impressa como estava, a tal portaria pudesse correr mundo prejudicando a imagem do Brasil lá fora. Parecia estranho ver no *Diário do Governo* uma carta em defesa de May. E de fato era. Logo seu autor revelava que o problema da tal portaria era não revelar as circunstâncias que precederam o atentado:

O Oficial Maior de que se trata é o redator da *Malagueta*. [...] nunca pegou na pena que não fosse para censurar e falar mal de tudo, até que finalmente, na véspera de sua nunca assaz sentida catástrofe, saiu com uma *Malagueta Extraordinária*, em que o sábio autor excedeu-se a si mesmo. [...] Os nossos deputados, ministros de estado, procuradores de província, magistrados, os outros escritores, etc. etc., tudo, tudo caiu debaixo da língua viperina do redator; até mesmo [...] é atacada a Nação brasileira por um a quem ela paga!!! Os brasileiros são chamados mulatos e caboclos e as principais famílias do Império são tratadas por peões fidalgos!! Era pois muito e muito natural que um tal escritor provocasse a cólera de imensos indivíduos menos fleumáticos do que eu (*DG*, 18 jun. 1823).

O atentado de que foi vítima o Malagueta foi atribuído aos Andrada e contribuiu para a queda deles do ministério. João

Soares Lisboa diria a propósito: "Não digo que José Bonifácio foi o autor de tão negro crime, porém, tanto peca o ladrão como o consentidor" (*CRJ*, nº 81, 6 nov. 1823). A verdade é que ninguém ousava pronunciar o nome do outro principal suspeito: o próprio imperador. Na Câmara, o deputado Antônio Carlos Ribeiro de Andrada, irmão de José Bonifácio, discursaria sobre o episódio dizendo: "É público e todo o mundo sabe quem foram os assassinos do Malagueta". Mas, apesar de desafiado por Soares Lisboa, o deputado não denunciou os supostos autores do atentado.

Otávio Tarquínio de Sousa acha que o mais provável é que a ideia do atentado tenha partido mesmo do imperador. Segundo aquele autor, se havia matéria a respeito da qual D. Pedro não admitia a mais insignificante reserva era a da limitação dos seus poderes pela Constituinte. Não admitia também que lhe recusassem o direito de só aceitar a Constituição se a julgasse digna do Brasil e dele. O artigo, embora tivesse por alvo principal os Andrada, também comentava aquela passagem de seu discurso que tanta polêmica já causara:

> Ah! Senhor! Eu digo a V.M.I. e diga-o V.M.I. ao Brasil inteiro: Trabalhemos todos para ser dignos uns dos outros, e conseguiremos todos fazer o Brasil grande. [...] Não há necessidade de agitar paixões: nem V.M.I. tem emulação da Assembleia, nem ela de V.M.I. O todo é igual a todas as suas partes. Todas as partes iguais ao todo. As partes isoladamente tomadas são iguais entre si mas isto não quer dizer que V.M.I. é igual a um deputado, a dois, dez, trinta ou cem, mas quer dizer que no estado em que está o Brasil, não se poderá consumar a Constituição sem todos os poderes trabalharem de comum acordo ao Princípio (instalação lhe chamo eu) da Constituição (*Malagueta* extraordinária, nº 2, 5 jun. 1823).

Diz Varnhagen que José Bonifácio soube do atentado dois dias depois e que, além de Pais Leme (de cujo bolso caíra uma carta a ele endereçada), haviam tomado parte na agressão Berquó e Gordilho, membros da camarilha inseparável do imperador. A tal não se aventurariam sem a anuência do chefe.

Em carta a Metternich, Mareschal é positivo a este respeito: o atentado contra o Malagueta fora obra do imperador. May, no "Protesto", publicado em março de 1824, desmentiu o boato de haver sido desafiado ou ameaçado por José Bonifácio na tarde do dia da agressão. E, finalmente, em 1832, inocentou, na Câmara dos Deputados, os Andrada. Do exílio, Bonifácio falaria com amargura sobre o episódio, reforçando, em texto particular, a suspeita contra D. Pedro:

> Com que fingimento me não quis o Imperador assegurar que não aprovava o dirigir a imprensa, que era justo e constitucional deixar reclamar contra os Ministros. É prova que já então projetava derribar o Ministério e aviltar os homens que lhe tinham posto a coroa na cabeça: mas quando o doido do May escreveu contra ele prorrompeu na atrocidade que todos sabem (SOUSA, 1952, p. 526).

O atentado também deu lugar a uma onda de humorismo que fez do Malagueta a personagem mais visada pela sátira do período. O jornal de João Soares Lisboa publicou quadrinha que dizia: "Chamam servis os Andradas,/ é calúnia, é falso é peta./ São liberais de matar,/ que o diga o Malagueta". Outro jornal ironizava o drama do jornalista: "Caro Malagueta meu,/ O mundo pasmado está/ Do pouco que se vos dá/ Do muito que se vos deu!!!" (VIANNA, 1945a, p. 516). Antônio Teles da Silva, que soube do atentado na Europa, escreveria de lá a Vasconcelos Drummond em 29 de setembro daquele ano: "O caso é que o May sempre tinha que ir parar no hospital ou por doido ou por maçado" (DOURADO, p. 236).

De qualquer maneira, a vítima, para não trair a tradição,

obteve do imperador, por causa do atentado, uma aposentadoria por invalidez, mantendo o privilégio do exercício da função. Aposentado a 7 de fevereiro de 1824, como lembra Hélio Vianna, só em 31 de março redigiu o "Protesto". E, neste, orçou os danos que sofrera em decorrência do sinistro em dois contos e 300 mil--réis. Teria recebido também indenização em dinheiro? É o que sugere Cairu:

> É tal qual consta de seus insultantes escritos; mas tem desculpa; porque esta é a sua pedra filosofal; e está já na posse de descompor e insultar o gênero humano; levar pancadas e pedir indenizações assaz lucrativas!!! Não é mau negócio, assim ele dure por muitos anos!!! (VIANNA, 1945b).

Em junho de 1823, o *Espelho* encerrava suas atividades. Sofrera muitos desgastes naqueles quase dois anos de existência, quando dera abrigo aos mais agressivos artigos até então publicados na imprensa. Perdera com isso a credibilidade e, com o lançamento do *Diário do Governo*, no início daquele ano, vira migrar para lá os redatores anônimos que antes frequentavam suas páginas. Queixando-se de perseguições, melancolicamente se despediu o redator do outrora poderoso *O Espelho*:

> A fortuna de nascer neste país mimoso da natureza, a sorte de uma alma capaz de desprezar os insultantes ataques da inveja, ou da malícia, produziram desejos de servir à minha Pátria que infelizmente foram estorvados pela rudeza do meu engenho e pela escassez dos meus talentos. [...] Penas molhadas no mais negro veneno derramaram injúrias, desentoadas vozes excitadas pelo furor expressaram calúnias; aqui me diziam vendável e se ensurdeciam às instâncias de mostrarem o preço; ali me criminavam de ter feito um dano superior ao de cem batalhões inimigos [...] Em

lugar de razões, em lugar de provas, apareceram baldões e sarcasmos, petulantes e insulsos [...] (*Espelho*, nº 168, 27 jun. 1823).

6. RADICAIS DE PERNAMBUCO CONTRA ABSOLUTISTAS DO RIO

Somos indomáveis, e ainda nos jactamos de pisar sobre os ossos dos companheiros de Nassau.

CRJ, *nº 74, 28 out. 1823*

Em dezembro de 1822, quando chegou ao Brasil depois da sensacional fuga de Lisboa, Cipriano Barata preferiu ficar no Recife, pois a Bahia estava em guerra contra o imperador. Lá, começou a publicar em 9 de abril de 1823 a *Sentinela da Liberdade na Guarita de Pernambuco*, jornal de província que mais repercussão teve no Rio de Janeiro daquele período. Já em seu nº 4, o *Correio Extraordinário do Rio de Janeiro* publicava trechos dos nᵒˢ 2 e 3 da *Sentinela da Liberdade*. Neles, Barata comentava a situação dos liberais no Rio:

Quanto ao Rio de Janeiro, a Corte segue os passos de todas as Cortes, com alguns descontos próprios do tempo presente: o que há de mais notável é a perseguição geral, que abala tudo com uma devassa de inconfidência, e o despotismo descarado do Ministério: muito principalmente porque a Imprensa está de todo presa, etc.: por agora é o que podemos dizer, acordando o Imperador com dois gritos de alerta! alerta! (*CERJ*, nº 4, 16 jul. 1823).

Antes da *Sentinela*, Barata publicara um folheto apócrifo que trazia o imenso título de "Análise ao Decreto de 1º de dezembro de 1822, sobre a criação da Nova Ordem do Cruzeiro: com algumas notas. Ilustração ao Brasil e ao Nosso Imperador e Senhor D. Pedro I, oferecida ao público pelo Desengano". Seria por "Desengano" que o folheto de Barata, que teve enorme repercussão, se tornaria mais conhecido. O jornalista atacava a Ordem do Cruzeiro com que fora agraciado. Recusara a honraria por acreditar que ela simbolizava a criação de um "Império Aristocrático". Ideia que desenvolveria naquele panfleto onde diz que os brasileiros "estavam escarnecendo das macaquices da Sagração":

> Os Ministros querem fazer o Novo Império continuação do governo velho. Não é preciso ser muito perspicaz para penetrar esta verdade; até fizeram ungir, isto é, untar com azeite ao Imperador e inventaram uma pantomina de Cerimonial, chamado Sagração (*risum teneatis amici*) a fim de renovarem a irrisória e insulsa ideia de que o poder do Imperador vem de Deus [...] (apud *Atalaia*, 6 ago. 1823).

Tal como Soares Lisboa o fizera no primeiro número extraordinário do *Correio*, Barata diz que o imperador "é obra" dos brasileiros e estes determinaram que ele, "como criatura sua, eleito, aclamado e conservado tão-somente por graça do povo, se conforme com os seus votos e vontade". No nº 5 da *Sentinela*, dissera: "sinto que não se deve consentir que o nosso Imperador seja Generalíssimo". As tropas, na sua concepção, deveriam estar sujeitas unicamente às Cortes. Barata questionava também o direito do imperador de sancionar todos os decretos promulgados pelo Congresso, mesmo os primeiros, quando ainda não estavam divididos os poderes. Se D. Pedro pretendesse fazê-lo, comprovaria ter a intenção de

> Arrogar a si ou usurpar o poder soberano do povo, que lhe não pertence e mesmo pôr-se diante do soberano Congresso. Ser mais

poderoso que ele e, ficando assim o mesmo Congresso dependente dele ou para melhor me explicar ficando ele absoluto e as Cortes sem efeito. [...] Ele bom juízo tem para conhecer que se acaso por desgraça as suas tropas insensatas e desenfreadas obrem com o Soberano Congresso ir tudo quanto Marta fiou; que as províncias em tais apertos hão de retomar os seus poderes e direitos e as coisas hão de seguir outra estrada. [...] (*SLGP*, nº 46, apud *SPG*, nº 24, 18 out. 1823).

No "Manifesto à Bahia", Barata elogiava a Constituição de Portugal, exceto na parte que dizia ser "alfanje amolado contra o Brasil", ressaltando que seus "arquitetos" haviam conseguido com ela decepar a autoridade real a ponto de a constituir "fera sem unhas, domesticada e presa". Barata recomendava que os brasileiros não deveriam aceitar senão uma Constituição liberal, nos moldes das bases juradas ainda quando o projeto era o das Cortes de Lisboa. Esse fora o ajuste que as províncias haviam feito com o Rio de Janeiro. Ele denunciava que os ministros do Rio pretendiam que o Brasil engolisse à força uma Constituição que "com muito artifício se tem talhado déspota".

Em vários artigos, Barata condenará o estado "de lástima" da corte do Rio de Janeiro. Dizia ele que, no Rio, não só ninguém podia falar sobre coisas do governo e do sistema constitucional, como também não se podiam ler livros ou jornais que contivessem ideias liberais. "Eis aqui", concluía, "o porquê no Rio de Janeiro só se escrevem folhetos cheios de servilismo como o que se chama *Regulador*". Os ministros se achariam cercados por 6 mil baionetas:

Parece-me que o Rio de Janeiro vai por vaidade e filáucia arruinando os nossos negócios e largando fogo ao ressentimento do Brasil [...] a fim de se tornarem as províncias colônias do Rio de Janeiro; [...] que o Rio de Janeiro fique uma Corte corrompida, cheia de Tribunais e sanguessugas como a antiga; que o nosso Imperador conserve o nome de Constitucional na aparência, e que na realidade seja uma continuação da passada Dinastia Bragantina no Brasil; que o Despotismo renasça debaixo de nova vestimenta, ou máscara (*CRJ*, nº 30, 5 set. 1823).

Reclamava Barata também contra os impostos que a corte aplicara às demais províncias. "Por que há de a Bahia ou Pernambuco dar dinheiro ou pau-brasil para o Banco do Rio de Janeiro?", indagava. Um banco que, segundo ele, o governo dirigia como um cofre particular, pois, como era o imperador quem comandava as tropas, a todo instante podia extorquir dele a soma que quisesse. E completava: "Que diabo de banco é este, que tem absorvido tanta urcela, tanto pau-brasil, tanto diamante, além dos 35 contos de réis mensais e está exaurido e quebrado?" (*CRJ*, nº 32, 9 set. 1823).

O primeiro jornalista a escrever no Rio contra as ideias de Barata seria Cairu. Ele dirá que mal pudera crer nos próprios olhos quando lhe chegaram às mãos as folhas da intitulada *Sentinela da Liberdade na Guarita de Pernambuco*. Ouvira dizer que esta era da lavra do ex-deputado Barata. "Se tal é qual se diz esse renegado, digo que as suas papeladas da nova imunda escola veterinária, são receita mais pestífera que as balas corruptas do Levante."

Cairu não sabia que Barata era também o autor do "Desengano" que circulara como se na Bahia houvesse sido impresso, mas sem indicação do nome da tipografia. O que, segundo Cairu, dá "veemente indício de forja". Ele se propõe a refutar as teses defendidas pelo suposto autor daquele panfleto e pelo Barata na *Sentinela*, enumerando as vantagens das Constituições que adotaram o sistema de duas Câmaras, o direito de veto e a iniciativa de leis para o monarca:

Um e outro escritor são evidentemente dois demagogos tranca ruas e Apolos de botequins e Lojas Maçônicas, que se arrogam a onipresença de fazerem e desfazerem Constituições, e darem ou tirarem reinos ou impérios, tratando indistintamente de Déspotas as Testas Coroadas, como se estivessem nas monarquias bárbaras de Ásia e África. Ambos levam a sua temeridade ao arrojo de até ameaçarem ao Imperador e à Assembleia com a Insurreição do Brasil se, na Constituição esperada se estabelecerem duas Câmaras e se se der ao Poder Executivo a Iniciativa das Leis e o Veto absoluto, a exemplo das principais nações constitucionais. Sem dúvida é opróbrio literário refutar a tais impostores mas a predominante ilusão popular obriga a desbaratar o Barata, e confundir o Anônimo, antes de tudo com o estudo das mais louvadas Constituições em que se adotaram tais expedientes (*Atalaia*, 28 jun. 1823).

Barata disse que se fosse adotado o veto absoluto não existiria Constituição de fato e o Brasil cairia novamente no despotismo. O veto absoluto, acrescentava, era um "escárnio" para com as Cortes, um "verdugo" para com os povos. Os brasileiros, dizia ainda, estavam com os olhos abertos e as armas na mão para defender seus direitos e organizar com sabedoria a Constituição que os haveria de reger, apesar dos "viciosos elementos da abominável Aristocracia". Esse discurso receberia uma resposta igualmente exaltada e no melhor estilo de Cairu:

> Assim falavam os anarquistas da França, que enforcavam nas lanternas das ruas aos que, com injuriada humanidade, bradavam terem a culpa da Aristocracia da Nobreza, Aristocracia da Riqueza, Aristocracia da Literatura; mas logo se viram as Setembrizadas, as afogaduras, e as mais horribilidades do despotismo da gentalha e da soldadesca, que a História não mostra em outra nação culta (*Atalaia*, nº 11, 13 ago. 1823).

Cairu continuaria, por meio dos números seguintes do *Atalaia*, a combater as ideias do panfleto apócrifo do Barata contra a Ordem do Cruzeiro. Ele não tem a menor dúvida de que o autor do "Desengano" pertence à seita empenhada em destruir o Trono e o Altar e conclama todos os compatriotas que desejem a estabilidade do império do Brasil a que oponham com seus escritos um cordão sanitário aos princípios defendidos pelo "Desengano". Identifica no panfleto o cunho da "Pedreirada pela insolência com que ataca não só o Governo Imperial, mas também o cerimonial".

Barata rebateria logo os ataques da imprensa do Rio. Tinha natural predileção por Cairu, a quem conhecia bem. Eram ambos baianos e sessentões. Os decanos da imprensa brasileira do tempo. Valiam-se ambos de um estilo de escrita grandiloquente, eivado de fórmulas repetitivas em que se realçavam os adjetivos considerados ofensivos de parte a parte. Os dois detinham uma veia humorística que se mostrava muito eficaz quando utilizada para dar combate aos adversários.

Barata acusava Cairu de venal, corcunda, cultor do despotismo e criticava o estilo de sua escrita. Mais descompromissado com a erudição e numa linha mais popular, concluía o comentário com uns versos "em linguagem de negro", em que se valia da prosódia característica dos escravos africanos ainda não de todo familiarizados com o uso do português:

> Quanto ao redator da *Atalaia*, só admira o descaramento com que este desembargador vende a sua pena. Infame; tu já estás às bordas da sepultura e não te pejas de querer ser escravo? O que nos vale é que este escritor já treslê e todos conhecem o estilo dos corcundas. Anda, vilão, fomenta o partido do despotismo; ao menos acharás em Pernambuco o antídoto da tirania.
>
> Seu estilo é embrulhado, obscuro e cheio de caduquice; tu excitas o riso e eu te falo em linguagem de negro:

Pai Zuzé da Sirva Liziboa, Preto Véio, tu faze coza de molecage; vá timbora toma sura de teu sinhô. Tu eze escravo que dize muito mentira, não tem mazi remédio! Oia a cara diere! Sem vergonha! Cruzu! agoa sagrada! (*SLGP*, n⁰ 36, 3 ago. 1823, apud MOREL, p. 105).

Cairu acreditava que o Brasil se salvaria e ganharia credibilidade se tivesse sabedoria para manter unido o império. Isso só aconteceria se fosse adotado aqui um sistema constitucional de acordo com o das grandes potências constitucionais da Europa, com as quais, dizia ainda Cairu, era do nosso interesse manter as mais amigáveis relações políticas e mercantis. O exemplo que deveria ser seguido pela monarquia no Brasil seria, na sua visão, o dos ingleses, onde o rei o é "pela graça de Deus":

> É pois do evidente interesse do Império do Brasil que a sua nova Constituição tenha, nos pontos capitais políticos, a mais aproximada analogia com a do Reino Unido da Grã-Bretanha e Irlanda, a fim de dar confiança aos industriosos e capitalistas ingleses, para entrarem no serviço da marinha brasileira e virem fazer estabelecimentos; na certeza de que acharão semelhante atmosfera constitucional, com perfeita segurança de suas pessoas e propriedades e tolerância civil de sua Comunhão religiosa, tendo além disso a vantagem de viverem no ameno clima da Terra de Santa Cruz (*Atalaia*, n⁰ 6, 7 jul. 1823).

No entanto, dizia ele, seríamos "perdidos e odiados" se resolvêssemos adotar a divisa de "liberais da moda" apenas por temer o apodo de "servis da realeza", como eram chamados os advogados do veto absoluto. Ele atacava a "facção efêmera que ergueu a estátua da soberania do povo para nos arrojar à anarquia gálica, ou à barbaridade etiópica, perdendo o fruto do trabalho das Três Idades das Colônias" e acenava com o perigo da revolução, relembrando os acontecimentos de 1817:

Eu trairia a causa do Brasil, e do Império do Equador se não demonstrasse, ao menos superficialmente, as patifarias e falácias de tais escritos, que tendem a reproduzir no paraíso da América as hórridas cenas do falido Martins da Revolução de 1817! (*Atalaia*, nº 13, 28 jul. 1823).

Cairu pretende denunciar o caráter incendiário das ideias expressas na *Sentinela de Pernambuco*, tais como as embutidas na sentença: "Talvez os Bourbons andem em busca do bem merecido castigo". Para tanto vai se utilizar de adágios populares como os que dizem: "Quem quiser ver o vilão, meta-lhe a vara na mão" e "Não peças a quem pediu. Não sirvas a quem serviu". Ele teme a influência que aquelas ideias possam vir a ter na corte, principalmente porque "a Fênix renascida do *Correio Extraordinário do Rio de Janeiro*" as vinha reproduzindo, e não só engrossava o bando dos admiradores do "atrabiliário" Barata, como também afirmara que havia na corte uma grande turma de liberais que o aplaudiam e o chamavam de "Hercúleo Campeão da bem entendida Liberdade".

Sempre me arrepiou o rebuliço e asqueroso inseto do mesmo nome, que é salteador de livros e vive de tinta de escrever, nutrindo-se do veneno vitriólico, que morta ficaria até a língua de um drago. À vista disto, gritem, até que arrebentem os imitadores de galinhas de Guiné, que dia e noite estrujem os ouvidos com altissonante e aspérrima nota negral, atordoando as cabeças fracas de cabeçudos e descabeçados, que nos querem arrojar à cafraria (*Atalaia*, nº 13, 18 ago. 1823).

Naturalmente que, tão logo circularam no Rio os primeiros números da *Sentinela* do Barata, o *Diário do Governo* também reagiria. No nº 1 (pela nova numeração adotada a partir de julho de 1823), frei Sampaio lançou a sua *"Sentinela* no alto do Pão de Açúcar", série de artigos cujo objetivo era dar combate às ideias da *Sentinela de Pernambuco*. Em pauta estavam os mesmos pontos polêmicos que desde agosto de 1822 haviam sido colocados por João Soares Lisboa: o direito de veto, o comando da força armada, a iniciativa de leis para o Executivo e a criação de duas Câmaras em vez de uma. Enfim, era a mesma campanha dos liberais no sentido de impor limites ao poder do imperador. Tentativas de evitar o absolutismo, de assegurar que o regime que se instaurasse no Brasil fosse uma monarquia constitucional garantidora do poder do Legislativo:

> Um escritor incendiário, um brasileiro estragado pelo veneno das ideias ultraliberais, lança no meio dos seus concidadãos, os archotes da destruição e da anarquia [...] A Sentinela julga que por se mostrar rebuçada, com o respeito aparente consagrado ao Imperador poderá arrastar mais facilmente ao seu partido aqueles que ouvem os seus brados. É um belo modo de respeitar o Imperador dizer que se lhe não dê nem veto, nem o direito da iniciativa de leis, nem se consinta em duas câmaras, nem se deixe à sua disposição a força armada (*DG*, jul. 1823).

Os artigos do frade tinham um tom pedagógico. Propunham-se a dissecar o pensamento do Barata e revelar suas fragilidades. No dia 16 de julho de 1823, frei Sampaio ironizava os alertas com que o Barata costumava encerrar seus artigos, pedindo que ele não aterrorizasse os seus concidadãos com a ideia de Câmaras aristocráticas, mas que, ao contrário,

> lhes faça ver que esta Câmara não é mais do que uma fração do corpo legislativo, que sendo admitida há de ser por eleição livre do povo, e que todo o cidadão benemérito há de ter entrada nesta Câmara (*DG*, 16 jul. 1823).

O *Diário do Governo* publicaria correspondência dirigida ao deputado Carneiro da Cunha e assinada pelo "Fraga Francisco de Sampaio, Ex-redator do defunto *Regulador*", na qual o frade se defendia das acusações que se estavam fazendo na Assembleia contra o *Regulador* e assumia francamente que seu principal alvo agora era o autor da *Sentinela de Pernambuco*:

> Viva, Ilmo., vou limpar a minha espingarda para fazer *Sentinela* no Pão de Açúcar contra o Demagogão de Pernambuco, o novo Belzebu, não das moscas, mas das baratas (*DG*, 15 jul. 1823).

Em carta que começava com o vocativo "Meu Reverendo", Soares Lisboa pedia ao padre que não atacasse com sarcasmos a quem não o tinha provocado. "A que vem chamar ao Redator da *Sentinela da Liberdade* Demagogão? Confessando que ele é o ídolo das províncias do Norte?", indagava, acrescentando: "Não repara que nisso ataca os povos daquelas províncias reputando-os estúpidos?" (*CERJ*, nº 5, 19 jul. 1823).

O jornalista registrava, com bom humor, que "fazia-lhe grande obséquio o *Diário do Governo*" chamando-o de "astuto Redator do Correio e ao seu jornal de órgão dos sans-culottes, cáfila malvada, cobras, lobos carnívoros, trapos e farrapos, etc.". Na verdade, o *Diário do Governo* chamara-o não só de astuto, mas também dissera que Soares Lisboa era bem conhecido pela "duplicidade do seu caráter" (*DG*, nº 27, 1º ago. 1823). O jornalista se vingaria quando, referindo-se à queda do gabinete Andrada, mencionasse o silêncio em que esperava ver o "Reverendíssima *Sentinela* do Pão de Açúcar, até que se saiba o que querem os novos Ministros" (*CERJ*, nº 10, 28 jul. 1823). Três números depois, voltava ao ataque contra o frade, dizendo: "o Demagogão que Apostolarmente gritava do Pináculo do Pão de Açúcar, desertou" (*CERJ*, nº 13, 16 ago. 1823).

No começo de outubro de 1823, o *Diário do Governo* indagava: para que o *Correio* pregava verdades abstratas, "ótimas em cérebros escaldados", mas impossíveis de serem postas em prática, "a não ser para incendiar a baixa plebe?". O *Correio*, por sua vez, já começara a publicar a série de cartas intitulada "De Pítia a seu amigo Damão, sobre o espírito anticonstitucional, revolucionário, e anárquico do *Regulador Brasileiro*". As cartas, cuja publicação foi iniciada no nº 49 do *Correio* (29 set. 1823), eram enviadas de Recife por frei Caneca (em nenhum momento identificado).[13] Já na primeira delas, "Pítia" culpava o "Regulador", entre outras coisas, pela surra que levara o Malagueta:

> Eu confesso, quanto a mim, que o seu Regulador foi o que meteu o judeu no coiro e fez bruxulear o despotismo ministerial mais devastador e detestável, do que aquele de que havíamos fugido [...]
>
> Os que desejavam a felicidade do Brasil [...] tremeram de medo, e começaram a mal olhar o Ministério e desconfiar das Cortes futuras. Outros que ambicionavam subir e não tinham outra escada, que a arbitrariedade e as paixões dos Ministros, animaram-se [...] chocaram-se com os primeiros [...] E que recompensa merece V.M.? [...] Um *roufle Aleman*, roda de pau, entre nós [...].
>
> E agora, aí nessa Corte sofreu desgraçadamente o Malagueta os efeitos daquela sua máxima: "Talvez, que se os fluminenses e as demais províncias tivessem adotado o mesmo sistema (de levar a pau) elas hoje se vissem livres de monstros, que diariamente procuram devorar sua existência política" (*Regulador*, nº 4, fol. 44) [...].
>
> É esta a *Corte Filosófica e Imperial*? São esses os *Filósofos que, na Corte de Potsdam, rodeavam o grande Frederico*? (*DG*, 1º jul. 1823). É esta *a sã Filosofia, verdadeira amiga dos reis e dos povos,*

que V.M. tanto inculca no Ministério? Devemos confessar que é muito má casta de Filosofia, essa que leva a chicote, e manda matar os escritores públicos que pugnam pela liberdade da Nação no tempo da liberdade da Imprensa (*CRJ*, nº 49, 29 set. 1823).

Frei Caneca lembraria também que frei Sampaio havia confessado na Assembleia-Geral Maçônica que a doutrina "do veto e da sanção Régia", exposta no *Regulador*, não era sua, mas sim de alguém a quem não podia deixar de atender e que suas ideias sobre aquele assunto eram outras. Prometera também que não continuaria a divulgar aquelas ideias, mas, diz Caneca: "ao depois, tomando erva de rato, danou-se e continuou a sustentar a mesma pregação. Quem não o conhecer, que o compre". Sampaio teria finalmente tirado a máscara e apresentado, "sem rebuços", que desejava para o Brasil Câmara dos Pares, ainda por cima, hereditária. Mas contra seus projetos, prometia Caneca:

> Sr. Mestre Sampaio, a nossa Constituição há de ser brasileira no espírito e no corpo. O nosso Imperador há de ser Brasílico por dentro e por fora; não queremos Impérios hipócritas, que mostrem uma cousa no exterior, e tenham outra no interior, como V.M. que por fora é um Religioso, e por dentro é um Diabo. [...] Como então quer V.M. uma Constituição para o Brasil conforme "o espírito da Europa"? Que liberal que é V.M.!!! Meu Mestre Sampaio, basta dizer-lhe com a expressão de um Deputado dessas Cortes: Ideias velhas não podem reger o mundo novo (*CRJ*, nº 72, 25 out. 1823).

Em outubro, véspera da dissolução da Assembleia, os ânimos de todos atingiam o máximo da exaltação. O *Correio* publicava a carta mais agressiva contra frei Sampaio da série "Pítia a Damão". Dizia ali que o frade era conhecido em todo o Brasil como "um escritor incoerente, contraditório, venal, fautor do despotismo, servil, sem caráter, imoral, vendido aos Apóstolos, digno de desprezo e credor da pública execração". Dizia que, no "Manifesto do cidadão Domingos Alves Muniz Barreto",[14] frei Sampaio desempenhava "a farsa de um falsário, caluniador, convencido judicialmente de mentiroso e de um malvado execrável". Referência ao fato de, durante o processo contra os réus da Bonifácia, o frade ter deposto contra seus antigos companheiros da maçonaria. "Quem não tem vergonha, todo o mundo é seu", completava a esse respeito frei Caneca.

Revelava que todo mundo sabia que o frade fora escolhido para escrever contra a *Sentinela* do Barata em sessão do Apostolado. Frei Sampaio, a seu ver, não tinha mais correção, estava totalmente perdido e desacreditado, não passando de um advogado de causas más, que perdia o seu tempo e trabalho, "pois ninguém o crê e a sua voz é 'a voz de quem clama no deserto'".

> Escreva para todo mundo, menos para Pernambuco, [...] berre que de cá bradarão pela liberdade, não um, sim muitas *Sentinelas*, e cada uma d'elas, qual o intrépido de asas, morre, mas não desampara o seu posto (*CRJ*, nº 73, 27 out. 1823).

O verdadeiro massacre que sofreu frei Sampaio, tanto por parte do próprio Soares Lisboa quanto de seu ilustre e misterioso correspondente de Pernambuco, e também do Barata, escrevendo daquela mesma província, tinha por origem a maçonaria. Eram todos maçons, e frei Sampaio representava para eles, além do porta-voz das ideias do adversário, o vira-casaca (*versipele*), o traidor que, abandonando a linha demarcada pela esquadria e pelo compasso, ingressara com armas e bagagens no Apostolado, abraçando as ideias aristocráticas daquela agremiação.[15]

6. Quem seus inimigos poupa nas mãos lhes morre

Se me não foi possível dar a última mão de estuque ao magní-fico Salão Nacional, ao menos embocei a parede.

Tamoyo, 2 set. 1823

1. A QUEDA DO GABINETE ANDRADA

Assim íamos, quando se nos apresentou um homem desconhecido, com ar grave e alegre perguntando-nos se éramos o redator deste periódico: satisfizemos a pergunta. [...] Pois não sabe, tornou o bom homem, qual é o portentoso milagre de que falo? Não sabe da de-missão que S.M.I. deu aos ex-ministros Andradas?! V.M. tem bom coração, lhe repliquei e por isso atribui a Deus o que deve atribuir ao Diabo: o insolente orgulho, as baixas vinganças, as sórdidas intri-gas e os grosseiros erros políticos com que os tais Andradas levaram o Império às bordas do sepulcro. O terrorismo com que eles puse-ram em desesperação todo o Império, em comoção as províncias que estão prestes a sofrer o mais terrível dos flagelos: a anarquia, da qual resultará a extinção do nome, Império! Não vê a infame doutrina política dos satélites dos Andradas, que são a maior parte dos correspondentes do *Diário do Governo* desgovernado, que parecem estar dispostos a obter cartas de nobres, ou anarquizar o Império? João Soares Lisboa, Cadeia, às doze horas da noite de 16 de julho de 1823 (*CERJ*, nº 3, 19 jul. 1823).

Conforme noticiava o jornal de seu desafeto, caíra, na manhã daquele dia 16 de julho de 1823, o gabinete Andrada. Contribuíram certamente para a sua queda o rigor com que José Bonifácio perseguiu seus adversários e o início das atividades da Assembleia, restabelecendo uma atmosfera mais democrática, que foi gradualmente minando a autoridade do ministro.

Os comerciantes e demais portugueses, atingidos pelo decreto de 12 de novembro de 1822, que declarava sem efeito as graças e ofícios pertencentes a pessoas residentes em Portugal, e pelo decreto de 11 de dezembro de 1822, que mandava sequestrar as mercadorias, prédios e bens pertencentes a vassalos de Portugal, somaram suas forças aos liberais perseguidos pelo ministério. Naturalmente que os arrojados projetos de José Bonifácio sobre a gradativa abolição do tráfico de escravos e da própria escravidão, sua proposta de reforma agrária e o rigor de sua política econômica que descartava empréstimos internacionais não agradavam aos senhores de terras e poderosos comerciantes de escravos, dos quais ia perdendo o apoio.

Vira reduzir-se sua enorme influência pessoal junto ao imperador com a emergência da também santista Domitila de Castro e o ocaso em que lentamente ia mergulhando a imperatriz, sua grande amiga e aliada. Um acidente contribuiu para precipitar o declínio de sua estrela. D. Pedro sofreu uma queda de cavalo na noite de 30 de junho. Passou todo o mês de julho preso ao leito, recuperando-se da fratura de duas costelas. Velava-o a futura marquesa de Santos. Como dizia um adágio publicado num jornal do tempo e repetido depois pelo ministro:

Quatro coisas nos devem lisonjear pouco: a familiaridade dos Príncipes; os afagos das mulheres; o calor do inverno e o riso de nossos inimigos. Porque todas essas coisas são de curta duração. Um árabe no ano 569 da Égira (*O Sylpho* extraordinário, nº 1, 22 ago. 1823).

Toda a cidade foi ao palácio para ver o imperador. Dos deputados, apenas três, os mais radicais, deixaram de visitá-lo. Alguns deputados visitavam-no com a máxima frequência que a circunstância permitia. Aproveitavam todos para levar a ele suas queixas contra o ministério. Somaram-se a eles Domingos Alves Branco e Costa Barros, entre outros dos indiciados na Bonifácia que haviam sido absolvidos no dia 5 de julho. Certamente que a surra de May, que muitos acreditavam ter sido obra de amigos de José Bonifácio, contribuiu para embaçar ainda mais a estrela declinante do ministro.

Mais tarde, o *Tamoyo* explicaria a queda do gabinete Andrada como um rearranjo das forças que fizeram a Independência. Subdividiam-se estas, a seu ver, em três tendências: os absolutistas, partidários da monarquia absoluta, os constitucionais, que queriam uma Constituição monárquica, e os democratas, a favor do federalismo, com uma Constituição "na qual o Monarca fosse um postulado gratuito e sem força, um verdadeiro fantasma, como o de Portugal" (*Tamoyo*, 2 out. 1823).

Os absolutistas, segundo o *Tamoyo*, se aliaram por conveniência aos constitucionais. No grupo dos democratas, uma parte ("verdadeiros duendes em política") oscilara sempre entre o seu próprio grupo e o dos constitucionais, "segundo a força parecia passar de uns para outros". Os constitucionais, grupo ao qual o *Tamoyo* filia os Andrada, teriam caído em virtude da união dos democratas com os absolutistas e com os neutros (oportunistas em geral).

Enquanto o Partido Constitucional dominou no Ministério, e este, fortificado pela maioria da vontade nacional, teve de lutar com os outros partidos desunidos; lutou com vantagem forçando-os ao silêncio; prosperaram os negócios do Império, e o Império mereceu o respeito e consideração da Europa admirada (leiam-se os escritos do tempo, e ver-se-á que nossas asserções não são extremadas): mas quando, depois da instalação da Assembleia, os exagerados [democratas] deram o passo errado de se unirem e reforçaram com os chumbistas [absolutistas] e neutros, medida sacrílega, que oxalá não ensanguente a nossa Pátria, e da qual um dia, porém já tarde, se arrependerão os democratas honrados e honestos; um anel mui essencial da cadeia administrativa se uniu a eles, fenômeno político realmente inaudito na história das revoluções do mundo; então os Constitucionais, reduzidos à minoridade, foram suplantados; e compôs-se o ministério e todas as repartições da Corte, do incompreensível amálgama de elementos disparatados. Que podem fazer os poucos constitucionais que, por uma contradição inexplicável, ficaram ou novamente entraram? Que se pode esperar de dois ou mais pontos na imensidão do caos? Que sejam submergidos na desordem universal (*O Tamoyo*, 2 out. 1823).

Essa muito pertinente exposição da alternância das forças políticas no período que vai da subida dos Andrada ao ministério até o fechamento da Assembleia deixa de levar em conta a profunda insatisfação dos democratas com a circunstância de terem sido, como diz o próprio redator, "forçados ao silêncio". Tendo silenciado temporariamente os democratas, José Bonifácio viu emergir, no meio dos que inicialmente o apoiaram, a divisão de interesses entre os nascidos no Brasil e os portugueses.

Verificou-se que a Independência contribuíra para deixar mais clara a diferença entre uns e outros. Os portugueses formavam a classe mais abastada e socialmente representativa do país.

Num tempo de convulsão política e de exacerbação do nacionalismo, tornava-se mais flagrante a insatisfação dos brasileiros contra os seus privilégios econômicos e sociais. Com a instalação da Assembleia, os mesmos democratas, que tão duramente foram perseguidos pela Bonifácia, tiveram como prioridade derrubar o gabinete Andrada e, para tanto, acabaram por se aliar aos absolutistas e aos neutros.

É preciso lembrar que entre os democratas contavam-se grandes senhores de terras e comerciantes portugueses e que de sua agenda de reivindicações políticas nunca constou a libertação dos escravos.[1] Ao contrário, suspeitos de incitar escravos à rebelião, como o padre Filodemo, foram duramente atacados pela imprensa democrática. O "anel mui essencial da cadeia administrativa" citado pelo *Tamoyo*, que a esses grupos teria se unido, é certamente referência aos validos do imperador. Estes, tão frequentemente mencionados, eram ocupantes de altos postos na burocracia e exerciam sobre ela grande influência.

O quadro descrito pelo *Tamoyo* não se alteraria essencialmente depois da dissolução da Assembleia. Afora os radicais Soares Lisboa e Barata, os outros barulhentos democratas da Independência se submeteriam totalmente ao poder discricionário do imperador. O poder Moderador inserido na Constituição de 1824 deixava claro qual seria a dimensão do poder imperial. Após a queda de seu ministério, o partido andradista se viu totalmente isolado e se entrincheirou na imprensa para dar combate aos novos adversários, procurando insuflar na opinião pública um ânimo antilusitano.

2. O *TAMOYO* E SEUS NATURAIS ADVERSÁRIOS

Diz John Armitage que os Andrada, desde o dia em que foram demitidos do ministério, acharam-se nas fileiras da oposição (apud VARNHAGEN, p. 300). Com ele concorda Varnhagen: "De sustentadores da monarquia, que eram, quando no poder, os ministros saídos tornaram-se, fora dele, democratas, facciosos, demagogos e revolucionários" (p. 302).

O *Tamoyo*, primeiro jornal que publicaram os irmãos Andrada, começou a circular em 12 de agosto de 1823, menos de um mês depois da queda de José Bonifácio e de Martim Francisco. Em seus primeiros números, o *Tamoyo* saía apenas uma vez por semana, sempre nas terças-feiras. Mas o sucesso crescente do jornal levou a redação a aumentar a periodicidade para duas vezes por semana (às terças e sextas), e, logo em seguida, para três vezes (às terças, quintas e sábados).[2] O *Tamoyo* vivia a circunstância especial de ser o porta-voz de um partido que, havia pouco, deixara de ser situação para tornar-se oposição. O estilo, em muitos dos artigos contra o governo, parece com o de Cipriano Barata ou algum dos mais aguerridos escritores liberais, tal é a crueza do ataque e o vibrante clamor por justiça expressos nas suas linhas:

> Que tristes reflexões nos não sugerem tais procedimentos, quando os combinamos com a história do tempo, de quatro meses para cá. Ministros verdadeiramente constitucionais, inimigos implacáveis do despótico Portugal e os únicos defensores da nossa Santa Independência, deixam espontaneamente o Ministério porque os negócios marchavam ao avesso dos interesses brasileiros e apesar dos louvores, com que S.M.I. lhes aceita a sua demissão, os Gordilhos e os Berquós são os primeiros que aparecem cada um com sua proclamação contra eles. A tropa é conservada alguns dias em quartéis; cidadãos inocentes são arrancados de seus lares no silêncio da noite e metidos em prisão, só pela mera suspeita de solicitarem assinaturas para a reintegração dos ministros; seduzem-se escritores estrangeiros para apalpar a opinião do povo sobre a união com Portugal; espalham-se boatos de mudança de bandeiras (*O Tamoyo*, nº 33, 6 nov. 1823).

N. 1

O TAMOYO.

TERÇA FEIRA 12 DE AGOSTO DE 1823.

Tu vois de ces tirans la fureur despotique ;
Ils pensent que pour eux le Ciel fit l'Amerique.
VOLT. ALZIRE.

Segundo as relações de todos os Viajantes Nacionaes ou Estrangeiros o vasto Continente Brasilico era, ao tempo da sua descoberta, habitado por pequenas Tribus ou Nações que vivendo concentradas em densas, e magestosas matas, ou derramadas por huma extensa campina, não tinhão outras necessidades senão as da natureza. O mar, os rios, e lagoas, de que estavão cercadas, bem como os seus immensos bosques ...... lhes por meio da caça ou da pesca o necessario sustento. A sua agricultura por extremo acanhada limitava-se quando muito a certos grãos, e raizes, que reduzião a farinha, ou de que extrahião o succo para as suas bebidas. As suas cazas consistião em pequenas choupanas armadas sobre estelos, e cobertas de folhas, ou de palmas, e durarão tanto, quanto o rigor da estação ou a necessidade de existirem no mesmo terreno. As suas instituições sociaes participavão da instabilidade da sua vida, e da simplicidade de suas precizões; unidos quando convinha resistir ao inimigo commum, e não conhecendo o direito da propriedade não reconhecião tãobem entre si outra distinção, se não a que nascia do valor ou da experiencia; e essa mesma só durava nas crises, em que era mister fazer uso de taes qualidades; fora disso todas erão igualmente livres, todas independentes; e a convicção intima da sua liberdade era tão forte nelles, que muitos preferirão a morte á barbara escravidão Europea.

Eis aqui o estado deste Paiz, e de seus primeiros habitantes, quando por uma casualidade veio aportar ás suas praias Pedro Alvares Cabral; recebido pelos innocentes indigenas com todas as mostras de prazer, e de amizade mandou cautelozamente examinar o terreno, e convencido da sua grandeza, e importancia, deu-lhe o nome de Santa Cruz, (que depois se converteu no de Brasil,) e passou immediatamente a tomar posse delle para a Coroa de Portugal, para onde mandou a noticia da sua descoberta. Esta novidade certificada com a remessa de alguns dos fructos do Paiz, e de um dos seus habitantes despertou a curiosidade dos Reys Portuguezes. Por ordem delles, e debaixo dos seus auspicios partirão successivamente differentes Esquadras a explorar as costas, rios, e enseadas do novo Continente, que logo depois foi distribuido por varios Donatarios em diversas porções, e com direitos, e regalias consideraveis.

Não é do nosso intento seguir aqui passo a passo a marcha da povoação das differentes Colonias, o seu progresso mais ou menos lento, e a historia das causas que para isso influirão. Esta tarefa, que só pertence ao historiador imparcial, levar-nos-ia mui longe do nosso fim. E depois ¿ que ganhariamos nisso ? O quadro que debuxassemos por mais favorecido que fosse, não seria por certo lisongeiro a nossos progenitores. Debalde pertenderiamos corar com o zelo da Religião, e da felicidade dos povos os seus primeiros esforços nestas regiões; apesar de tudo deixaria enterver-se nos aventureiros, que as pizarão, a sêde insasiavel do oiro, o roubo, a violencia, e atrocidade levadas ao seu cumulo; a sincera hospitalidade dos innocentes indigenas remunerada por elles com a mais negra perfidia; o seu sangue derramado com frivolos pretextos; os seus cadaveres servindo de alicerse aos novos estabelecimentos; a sua liberdade impunemente atacada, e não achando abrigo nem nas proprias brenhas, que a natureza lhes dera por azilo, porque de lá mesmo os ia arrancar a cobiça Europea á titulo de resgate para serem

A parcialidade da atitude andradista se patenteia nesse protesto que se refere, entre outras coisas, à prisão do mal-afamado José de Oliveira Porto Seguro, o mesmo que tivera grande papel nas manifestações de rua de outubro de 1822 contra Ledo e José Clemente. Soares Lisboa ironizaria, dias depois, o artigo do *Tamoyo*, dizendo que ali eram chamados de "bons, santos, sábios, justos e patriotas" os agitadores que, depois da queda do gabinete, tentaram reeditar no Rio o episódio de 30 de outubro de 1822. Os redatores do *Tamoyo*, segundo a leitura que daquele número fizera o redator do *Correio*, teriam levado "o despejo a ponto de dar a entender que o Fuão Porto Seguro (coitadinhos, nem lhe sabem o nome!)" fora e estava preso sem culpa:

> Quando ninguém há que ignore que ele foi preso em flagrante delito no mesmo dia em que com a mais altiva audácia andou concitando paisanos e militares para fazer repetir a Bonifácia de 30 de Outubro de 1822, munido com um atestado assinado por José Bonifácio de Andrada e Silva, em que ele, Porto Seguro, era elevado aos cornos da lua (*CRJ*, nº 10, 28 jul. 1823).

A edição do *Tamoyo* é geralmente atribuída a dois elementos do grupo andradista: Vasconcelos Drummond[3] e o desembargador França Miranda. O *Correio* diria a esse propósito que havia o "*Tamoyo* gago" e o "*Tamoyo* mais acaboclado". O desembargador França, que comandara a Bonifácia, da qual Soares Lisboa fora uma das vítimas, era o mais citado, ora com o apelido de "Carinha" ora de "Francinha". Mas, desde o tempo em que o jornal circulava, levantara-se a suspeita de que os dois eram apenas testas de ferro dos Andrada. Já perto da dissolução da Assembleia, Soares Lisboa noticiava que mil vezes se tinha dito que a "Cúria Andradina" colaborava no *Tamoyo* e que esta é que fazia a desonra do Brasil, servindo de instrumento para sua ruína, tendo por testa de ferro [...] o Desembargador por astronomia, o Carinha; isto é, esse cabalista, escravo dos Andrada que arranjou a terrível inconfidencial devassa, que abalou o Império todo e espantou a Humanidade; esse vil pregoeiro do servilismo Apostólico, sem caráter, sem moral e, o que exprime tudo: sem pinga de vergonha (*CRJ*, nº 84, 10 nov. 1823).

Diz Varnhagen que era certo que José Bonifácio, "sem intervir diretamente no periódico, tinha-o sob a sua inspiração e é provável mesmo que colaborasse nele ocasionalmente". O esforço de Soares Lisboa será no sentido de desmascarar os três irmãos como os responsáveis diretos pela publicação do *Tamoyo*:

> Se nos fora possível saber quantos são os Redatores do *Tamoyo* [...] porém, estão detrás da cortina, cobertos com o promotor das Bernardas em Pernambuco, testemunha falsa, o conhecido Sr. Meneses! Se nós fôssemos desconfiados, talvez suspeitássemos que o Sr. Juiz da devassa contra os *Demagogos* era colaborador do *Tamoyo*, e que [...] tomava a defesa de seus patronos em prova de gratidão (*CRJ*, nº 50, 30 set. 1823).

Há quem atribua ao ataque cerrado que Soares Lisboa promovia contra os irmãos paulistas o terem eles sido levados a publicar *O Tamoyo* (RIZZINI, p. 399). Num dos seus últimos números, o *Tamoyo* descreve, em tons dramáticos, a campanha violenta que vinha sofrendo, referindo-se especificamente ao jornal de Soares Lisboa.

> Uma corja de sevandijas infames, açulada pelos monstros, ladra contra os honrados cidadãos e com a suja poeira que levanta, pretende (mas em vão) escurecer a brilhante luz do Sol; o ignóbil *Correio*, veículo outrora de rasteiros demagogos, passa a sê-lo instantaneamente dos latidos desses Cérberos e engastando dia-

mantes preciosos em peça de chumbo, não cessa de profanar na sua folha o nome dos Andrada (*O Tamoyo*, nº 33, 6 nov. 1823).

Mas o *Tamoyo* não vai gastar muita tinta e papel debatendo com Soares Lisboa. Alegando que o *Correio* se comporia em grande parte de textos do anarquista Barata e de suas costumeiras criminações contra os Andrada, direcionaria contra aquele sua artilharia mais pesada. O *Tamoyo* diria, com o mesmo exagero que dissera Cairu no *Atalaia*, que muito custara a crer que houvesse um brasileiro tão desnaturalizado, que pretendesse por todos os meios "anarquizar" as províncias, valendo-se das mais grosseiras e revoltantes calúnias. Referia-se à declaração da *Sentinela de Pernambuco* de que a Assembleia não tinha liberdade, estando sob a ameaça das armas do imperador. Negando com veemência que essa fosse a realidade, o *Tamoyo* indagava:

> Para que chama então aquela pérfida *Sentinela* a Nação às armas, para que prega a revolta, amotina as províncias e acende o facho da guerra civil? Que documentos tem o Barata que comprovem a coação da Assembleia? [...] Ora se isto não é crime; então nada há neste mundo que o seja (*O Tamoyo*, 20 set. 1823).

Ainda a propósito do Barata, o *Tamoyo* relembrava o episódio das cartas publicadas no *Diário do Governo* entre maio e junho daquele ano. Cartas que, segundo diz, "tratavam com a maior moderação algumas questões políticas". Sentindo-se alguns deputados feridos em sua "nímia delicadeza" por aqueles escritos, oficiou-se ao governo e "houve um rebuliço que trouxe toda a gente espantada". Mas contra o Barata, que "pregava a revolução a bandeiras despregadas", ninguém oficiava ao governo e nem se tomava nenhuma providência.

Sentimos não podermos ocupar-nos por mais tempo neste número com o impropriamente apelidado de *Sentinela da Liberdade*, sendo antes o Apóstolo da Anarquia. Porém, julgamos ter dito quanto é suficiente para destruir as suas escandalosas, perniciosas e intoleráveis invectivas. [...] Mas para que gastar cera com tão mau defunto? Seria buscar arrancar da escuridade eterna a que será condenado este bufo e charlatão (*O Tamoyo*, 16 set. 1823).

O *Tamoyo*, a exemplo de outros jornais do tempo, também reproduziria os trechos da *Sentinela* que pretendia refutar. Assim é que no número do dia 20 de setembro de 1823 aparecem as considerações do Barata acerca do que fora, na sua opinião, a trajetória de José Bonifácio no ministério:

> José Bonifácio serviu-se dos liberais para poder fundar o Império e depois, usando de manha e má-fé, deu cabo de todos para ficar em campo, praticando o mais negro artefato e horrorosas perfídias, a fim de reedificar novamente o Templo do Despotismo (*O Tamoyo*, 20 set. 1823).

O *Tamoyo* refuta essa proposição dizendo que o Barata está enganado: o ex-ministro, quando estivera no poder, tratara os liberais com demasiada brandura. "E que liberais eram eles?", indaga. "Eram", o próprio redator responde, "da têmpera do Barata, homens de tão boa fé que, tendo contestado a validade do juramento prévio do Brasil à Constituição de Portugal, quiseram obrigar S.M.I. a juramento semelhante à Constituição que fizesse a nossa Assembleia!".[4]

Outro adversário natural do *Tamoyo* era o *Sylpho*, que advogava a causa dos perseguidos pela Bonifácia: Joaquim Gonçalves Ledo e Januário da Cunha Barbosa. O *Sylpho* seguia o formato-padrão dos periódicos do tempo. A linguagem é, a princípio, bastante comedida. De uma maneira geral, ela nunca descerá ao baixo nível da que adotava o *Espelho*, nem atingirá o grau de virulência que marcará alguns dos ataques do *Tamoyo*. O *Sylpho* surge no mesmo mês que o jornal dos Andrada, agosto de 1823, e se extingue, como aliás quase todos os jornais do período, em novembro do mesmo ano. Mas encerrou suas atividades por motivos diversos dos rivais: seu redator assumiu a redação do *Diário do Governo* em 10 de outubro de 1823. No nº 19, o jornal comemoraria a absolvição de Ledo, Januário e Nóbrega no processo que lhes resultou da Bonifácia:

> Com muito prazer anunciamos aos nossos concidadãos que os supostos réus da cabala de 30 de outubro do ano passado foram ontem julgados livres e baixam culpa por falta de provas e nulidade do processo.
>
> Concidadãos, triunfou por fim a inocência e cedo vereis nos vossos lares os Beneméritos Nóbrega, Januário e Ledo: este último colocado no eminente lugar para que o elegestes. Em vão, os seus antagonistas tentaram que se lhe cassasse a nomeação de Deputado; suas tentativas foram baldadas com o triunfo dos liberais (*Sylpho*, 8 out. 1823).

O *Tamoyo* comentaria essa nota com um remoque: "Quanto aos beneméritos Nóbrega, Januário e Ledo, basta assim chamá-los o *Sylpho* para nós o acreditarmos! Grande coisa é ser Gênio!" (18 out. 1823). Mas Soares Lisboa refutaria a provocação do *Tamoyo* e garantiria para os seus velhos companheiros de campanhas políticas o título de beneméritos:

> E quanto aos *beneméritos*, diremos que Januário e Ledo ainda quando nada mais tivessem feito, bastava a redação do *Revérbero*, para que o Brasil os reconheça por seus dignos filhos: cremos que O *Tamoyo* não poderá negar quanto aquele periódico contribuiu

para dirigir a opinião pública e conduzir-nos ao efeito desejado: a nossa emancipação e Independência (*CRJ*, nº 85, 10 out. 1823).

3. O COMPADRE DA ROÇA CONTRA O HOMEM DA CORTE

Em 9 de outubro, *O Tamoyo* apresentava, por meio de uma "Carta de João Claro a seu compadre Brás Escuro", o sistema que, na sua concepção, deveria fundamentar o império constitucional, conservando sua integridade. Era o projeto de José Bonifácio para o Brasil, que incluía, entre outras coisas, a abolição da escravatura ("reintegrar no uso de seus legítimos direitos os povos há séculos tiranizados") e a emancipação do índio ("converter homens há longo tempo aviltados e sem Pátria, em cidadãos honrados, ativos e valentes"). Sistema que, a seu ver, se implantaria mediante um pacto social adequado aos nossos usos e costumes e a gradual destruição, por meio da educação pública e doméstica, de preconceitos e abusos "tão antigos como as nossas cidades e vilas". Um sistema que fizesse com que fosse abolido por lei o orgulho insolente do nascimento e dos empregos:

> Seria soprar novo espírito público sobre uma multidão dividida e subdividida em classes e cores diferentes, inimigas ou discordes entre si, reunindo esta legião de interesses desvairados em um só e único interesse brasileiro: seria, enfim, dar poucas leis e sobretudo novos costumes e moralidade à nossa gente generosa e capaz de muito por natureza; mas desgraçadamente até hoje, pela maior parte, apática, ignorante ou corrompida. Bem vês, amigo Escuro, que tudo isto seria difícil e demorado porém possível e necessário (*O Tamoyo*, 9 out. 1823).

Ao lado dessas ideias tão generosas e mesmo revolucionárias para os paradigmas nacionais do tempo, o *Tamoyo* apresentava outras que revelavam o caráter conservador de seu projeto político. Ele pretende provar que a soberania reside na nação, refutando o princípio afirmado por seu principal antagonista, Soares Lisboa, de que ela reside no povo. José Bonifácio entendia por nação apenas a parcela "esclarecida" da sociedade, limitada a um circuito restrito de proprietários (COSTA, p. 78). O *Tamoyo* também se contrapõe ao princípio de que todo e qualquer indivíduo de qualquer nação tem parte na soberania dela, lembrando que em nenhum Estado representativo então conhecido participavam da soberania as mulheres, os meninos, os imbecis etc. Contesta também a igualdade natural dos homens, afirmada pelo *Correio*, dizendo:

> Quanto às leis da Natureza, se elas são iguais para todos, por que motivo não nascemos todos igualmente aptos, ou igualmente inábeis para todas as artes e ciências? Donde vem o infinito número de patetas, raça bastarda da espécie humana, que hoje inundam o nosso planeta? (*O Tamoyo*, 25 out. 1823).

Dentro desse mesmo espírito o *Tamoyo* criticava as restrições feitas pelo *Sylpho* às "pretensões aristocráticas". O *Sylpho* dissera que não haveria lugar "para onde estas não minassem ou não pretendessem ter ingresso". O *Tamoyo* infere daí que é evidente que o redator do *Sylpho* prefere a igualdade às distinções. Por isso mesmo é que indaga:

> Por que motivo não deixa ele de trazer dragonas para não haver aristocracia de graduações? Por que não queima os livros para não haver aristocracia de saber, etc., etc.? Ignora porventura que com o exemplo se persuade melhor do que com a palavra? (*O Tamoyo*, 18 out. 1823).

Num de seus primeiros números, o *Tamoyo* publicava carta onde se reproduzia uma suposta conversa entretida entre seu autor e o "Velho do Rossio". Neste último facilmente se reconhecia José Bonifácio. Considerada a primeira entrevista produzida pela imprensa brasileira, nela o autor se apresenta como alguém que já vivera em meio ao burburinho da corte mas que fora se "escafedendo para a terra do Pão de Açúcar" e ali se fizera roceiro. O "Amigo da Roça" tem as características típicas dos tantos compadres da roça que frequentaram as páginas da imprensa desse tempo. E o próprio "Velho do Rossio" emite um discurso em que se diz um simples caipira de São Paulo que pretende retirar-se para os Oiteirinhos de Santos ou para Monserrate, no vale do Paraíba.

Gabar-se de homem simples que sobrepõe o interesse público ao pessoal marcará a atuação de quase todos os envolvidos no processo da Independência, a despeito da opção política. Num panfleto intitulado "Memória Constitucional e Política sobre o Estado presente de Portugal e do Brasil dirigida a El Rei nosso senhor e oferecida a Sua Alteza o Príncipe Real do Reino Unido de Portugal, Brasil e Algarves e Regente do Brasil por José Antônio de Miranda, ouvidor do Rio Grande do Sul", este logo no início de seu documento cita Sá de Miranda em uma epístola ao rei D. João III, para definir sua própria atitude. "Homem de um só parecer,/ De um só rosto, uma só fé,/ Dantes quebrar, que torcer;/ Ele tudo pode ser/ Mas de Corte homem não é." Homens de corte ou validos eram todos aqueles que estavam próximos do soberano, influindo da forma mais direta possível sobre as suas decisões.

Um dos primeiros artigos publicados no *Revérbero* (nº 2, 1º out. 1821) faz um exagerado elogio a D. João VI. O motivo do elogio é o juramento pelo rei das bases da Constituição, logo que chegou a Lisboa, em 4 de julho de 1821. Felicitam-no, também, por ter afastado de si "aqueles malvados conselheiros e validos, de cujo vandalismo, ignorância e fanatismo fomos por longo tempo vítimas". Referência ao fato de as Cortes terem proibido o desembarque em Lisboa de Tomás Antônio, Palmela e outras pessoas do séquito consideradas "não gratas" à Constituinte. O artigo pretende combater os "homens de corte", para os quais, dizia o Revérbero, "nada é abjeto, tiram glória do opróbrio, como que uma espécie de mérito".

Essa imagem negativa do cortesão é recorrente no jornalismo daquele momento e era reforçada pelo povo que a contemplava com quadrinhas do tipo: "Quem furta pouco é ladrão/ Quem furta muito é barão/ Quem mais furta e esconde/ Passa de barão a visconde" (BELCHIOR, p. 79). Hipólito tinha-lhes verdadeira aversão e denunciaria a estratégia do conde dos Arcos e de Palmela para garantir que a Constituição protegesse os privilégios da nobreza. Quando defendia a liberdade de imprensa, Hipólito dizia que ela era a grande defensora dos soberanos contra validos aduladores, seus mais cruéis inimigos (CB, nov. 1808, p. 29).

O Revérbero refutaria os conceitos expressos no panfleto de "André Raposo",[5] afirmando desconhecer privilégio exclusivo ou classe privilegiada para opinar sobre política. E completava: "Do caixeiro, que V.M. mete a ridículo, forma-se o grande comerciante, bem como do soldado o hábil general, ou do simples estudante o sábio magistrado, e a Pátria não lucra mais nestes do que se interessa por aqueles".

A resposta de "André Raposo", publicada no nº 13 do Espelho, no dia 26 de dezembro de 1821, segue o espírito do tempo e diz que é ignorância da parte do Revérbero não ver na falta de polidez de que o acusa apenas o fato de que ele, André, é um "simples roceiro, que vive só de carne seca e farinha". Não podendo, portanto, "ser fino, delicado, polido, todo mel, todo açúcar, como o cidadão da Corte".

Ao contrário de ser uma disputa entre diferentes classes, ou de virtudes republicanas contra vícios herdados do absolutismo, as críticas ao homem da corte traduziam a vontade de contrastar a idealizada vida no campo com a viciosa vida da corte. A projetada volta de José Bonifácio para o seu retiro nos Oiteirinhos representa uma volta à pureza original do campo, símbolo das virtudes autênticas, conservadas desde tempos imemoriais. Tem a ver com a atitude conservadora e é um resquício da influência do romantismo no pensamento político do tempo. Não se confunde com a perspectiva liberal de uma sociedade democrática onde o caixeiro pode vir a ser rico comerciante ou o soldado, a ser grande general. Em quase todos os jornais apareceram séries de cartas de compadres da cidade para compadres do interior e vice-versa. O "compadre da roça", cujo caráter era simples, claro, franco, honesto e sem os vícios da vida na corte, é um tipo que deixou herdeiros em quase toda a nossa literatura.

4. NEM CHUMBEIRO NEM DESCAMISADO

Depois que Antônio José de Paiva Guedes de Andrade foi demitido da redação do *Diário do Governo*, publicou no *Tamoyo* uma longa carta sobre as causas de sua demissão. Nessa elegante peça de literatura epistolar, Paiva faz referências diretas à moral da corte de D. Pedro I, onde já reinava Domitila de Castro, mencionando os que corrompiam as esposas ou serviam de medianeiros em intrigas libidinosas:

> Vejo, meu rico amigo, que já te chegou a notícia de eu ter sido despedido da redação do *Diário do Governo*. Porém, do que te admiras? Ignoras porventura as alternativas próprias de tempos tão calamitosos como os nossos? Se válidas colunas, homens de

singular merecimento, de bem fundada opinião, de relevantes serviços prestados à Pátria; quando ameaçada de perigo iminente, caíram por terra, como havia de sustentar-se com o peito oposto à torrente da revolução um homem como eu, sem nome e de préstimo tão mesquinho e para maior desgraça com alguma probidade? Viste-me porventura servir de entulho nas salas de audiência do Imperante e dos Ministros? Viste-me adular os ocos ídolos do tempo? Viste-me prostituir a esposa ou servir de medianeiro de libidinosas intrigas? Viste curvar-me à torpe, à vil, à nefanda venalidade? Viste-me praticar ação alguma menos própria da dignidade do homem? E como queria que com este caráter pudesse medrar no meio de uma Corte infectada de diferentes pestes? (*O Tamoyo*, 18 out. 1823).

Paiva diz também que repelira, por meio da imprensa, as pretensões injustas de Portugal com relação ao Brasil. Se, por aqueles motivos, completa, "havia necessariamente de odiar-me o chumbismo, não era por outra parte mais aceito aos descamisados". A seu ver, quaisquer que fossem num reino pequeno as vantagens ("por ora meramente imaginárias") das Constituições republicanas da península, elas jamais poderiam se adequar ao vasto império do Brasil, proporcionado para grandes coisas, em cujos habitantes predominariam sentimentos elevados e ideais de nobreza. Na sua retórica inigualável, valendo-se de exageros tão óbvios que chegam a ter um efeito quase cômico, prossegue o jornalista:

Inabalável nestes princípios, meu rico amigo, os "sans-culottes" da nossa Pátria acharam-me sempre pela frente com a maça de Hércules alçada para lhes quebrar os focinhos: eu não aparecia, como eles, pelas ruas e praças da Cidade apregoando princípios de abstrato e desorganizado liberalismo, lisonjeando com termos bombásticos o pobre povo, para obter dele uma eleição de Conselheiro ou Deputado. E que podia esperar de semelhante comportamento? A inimizade, o ódio irreconciliável de todos esses Srs., o que bem pouco que importa. Ora, aqui tens, por esta fiel exposição, o chumbismo e o republicanismo descobertos conspirados contra mim, e uma das causas por que fiquei também afogado na porca enxurrada da revolução.

Paiva era um jornalista que servira aos Andrada no *Diário do Governo* e continuaria a servi-los no *Tamoyo*. Essa sua carta, uma das poucas assinadas que ali se publicou, tem um ar de depoimento. A posição do *Tamoyo* era, tal como disse Paiva e como dirá um dos supostos correspondentes, distinta dos dois extremos para onde apontava a divisão da elite política nascente. Nem com os "corcundas", nem com os "descamisados" queriam ser identificados os orgulhosos Andrada e seus seguidores:

> De um lado, já incha as bochechas o Carcundismo despótico e, do outro, vejo já a República federal que se deve pastar de roubos e sangue erguer a cabeça medúsica e ir cada vez mais desgrenhando a melena viperina. [...] Confesso pois perante o céu e a terra, perante os homens e toda a casta de alimárias [...] que nunca fui nem serei Realista puro, nem Aristocrata puro, nem Democrata, e por isso nunca quis nem quero em tempo algum alistar-me debaixo dos estandartes de papel dourado e lantejoulas do despotismo real, nem debaixo das bandeiras esfarrapadas da suja e caótica democracia.[6] Meu sistema político nunca foi nem será este mas serei o que quiserem contanto que não seja o que eles são, Corcundas ou Descamisados (*O Tamoyo*, nº 79, 4 nov. 1823).

Todos os que o atacavam identificavam no discurso e na postura que José Bonifácio manteve até o fim, com relação à questão do direito de veto para o imperador, ou seja, os limites que deveriam subscrever sua autoridade de soberano, tendência conservadora. Mas, ao mesmo tempo, o combate intensivo que ele e seus seguidores promoveram contra o governo, da trincheira impressa que abriram com o *Tamoyo*, desorientava os que tentavam enquadrá-lo.

Soares Lisboa chegaria a dizer que o objetivo dos Andrada era a república. Questionando as altas qualidades, talentos e virtudes que se atribuíam, inclusive a convicção expressa nas páginas do *Tamoyo* de que seriam os únicos capazes de firmar a Independência do império, o *Correio* perguntava: "Com que propósito largaram então o leme, deixando à discrição das ondas e dos ventos a nau brasileira?". A seu ver, com o desprezo que demonstravam contra o chefe da nação e com as calúnias que levantavam contra os novos ministros, os Andrada estariam, na verdade, apressando seu naufrágio. Daí concluir o escritor que o projeto dos irmãos paulistas para o Brasil era a República:

> Os Tamoios tudo desprezam, tudo farão para conseguir seus altos projetos, Repúblicas, Repúblicas, em que possam desenvolver seus altos talentos e concepções platônicas, em que se possam acomodar como Presidentes, em que possam também acomodar os Carinhas, Tavares, Rochas, Menezes, Acaiabas, Soares, Costas, Pintos, seus pupilos e satélites.

Uma acusação sem qualquer base real. A essa conclusão chegara apenas pela maneira como, no *Tamoyo*, se tentava dar um caráter de calamidade nacional à saída de José Bonifácio do ministério. No entanto, mesmo fora do ministério, os Andrada continuariam defendendo a monarquia constitucional com uma fatia maior de poder para o Executivo. Eram liberais, mas jamais seriam democratas. Entre os autores da ilustração, como identificou Maria Emília Viotti, José Bonifácio se alinharia mais com Voltaire[7] e Montesquieu do que com Rousseau.

> Sonhava com um governo apoiado nas camadas conservadoras, nem democrático nem absolutista, controlado por um dispositivo constitucional e parlamentar: uma monarquia constitucional representativa com exclusão do voto popular. Abominava os "extremos" da República, não desejando tampouco um governo absolutista (COSTA, p. 78).

5. O INIMIGO DOS "MAROTOS"

O *Tamoyo* era, já pelo nome — o do povo indígena que foi, no Rio de Janeiro do início da colonização, o grande inimigo dos portugueses —, uma provocação antilusitana, que visava entre outros ao próprio imperador. Em um dos seus primeiros números, o jornal descrevia o estado em que se encontravam os remanescentes dos tamoios. Revelava que eram então apenas "uma mísera relíquia da exterminada tribo que antigamente habitou as praias de Niterói e de Cabo Frio". Na linha do antilusitanismo xenófobo que abraçava, o *Tamoyo* chegava a dizer que "se lhe arrepiavam os cabelos à vista dos mamelucos de Piratininga, em cujas veias corre mesclado o sangue dos cruéis exterminadores dos tamoios: os portugueses e os guainases" (*O Tamoyo*, 4 set. 1823).

O *Tamoyo* apresentava versão resumida da história dos três séculos de exploração dos portugueses contra o Brasil, realçando a rivalidade entre brasileiros e europeus e acentuando o caráter mesquinho dos últimos. A seu ver, mesmo quando buscavam no Brasil um abrigo contra a fome e a miséria, os portugueses não cessavam de olhar para Portugal, ressaltando suas vantagens em detrimento do país que os fizera felizes:

Enxovalhando com epítetos de cabras e mulatos às mesmas famílias nele estabelecidas cuja nímia bondade os tinha admitido em seu seio por meio de consórcios para eles muito vantajosos (*O Tamoyo*, 22 ago. 1823).

O combate ao elemento português será uma atitude comum tanto ao *Tamoyo* quanto à *Sentinela de Pernambuco* e à *da Praia Grande*. Atitude que também acabará por ser o elo, intencional ou não, entre a *Sentinela* do Grondona e o *Tamoyo*. A *Sentinela da Praia Grande* atacava nem tanto a Portugal, mas ao rei, D. João VI, e à volta do poder absoluto para suas mãos. Nas *Sentinela*, o ataque generalizado aos portugueses se voltaria principalmente contra a atitude conservadora e simpática aos princípios da Santa Aliança com que se identificavam elementos das elites portuguesas no Brasil.

Contra o antilusitanismo desenfreado do *Tamoyo* e das duas *Sentinela* se colocaria, desde o começo, o português João Soares Lisboa. Mesmo aplaudindo quase que integralmente os juízos do Barata sobre a realidade brasileira, Soares Lisboa não deixaria de adverti-lo contra sua atitude com relação aos portugueses de um modo geral: "Nós esperamos da justiça e imparcialidade do Ilmo. Sr. Barata mais moderação, principalmente a respeito dos portugueses que existem no Brasil" (*CRJ*, nº 11, 29 jul. 1823). Soares Lisboa achava perigosa a divisão que aqueles escritos tendiam a propagar no país num momento em que tanto se carecia de união: fosse para consolidar o sistema internamente, fosse para garantir a Independência, ameaçada pela Santa Aliança:

> Talvez que aqueles escritores quando soltam os odiosos epítetos de Chumbeiros, Marotos, Marinheiros, só tenham em vista aplicá-los aos portugueses nossos inimigos, e isto é louvável, porém a ignorância, e o estado das paixões e de alguma dissidência [...] não têm

feito a devida seleção entre aqueles que são hoje brasileiros e os que devemos detestar (*CRJ*, nº 67, 20 out. 1823).

Com relação às perseguições do *Tamoyo* contra os portugueses, Soares Lisboa identificava nelas claramente a intenção de atacar o imperador, e classifica-as como:

> As observações mais incendiárias, desorganizadoras e daquelas a que muito positiva e legitimamente compete o sobrenome de demagógicas (velho estilo Andradino); porque diretamente tendem a indispor os brasileiros contra o Imperador e geralmente contra todos os naturais de Portugal tenham, ou não, abraçado a Sagrada Causa do Brasil (*CRJ*, nº 74, 28 out. 1823).

Nesse sentido, um definidor dos campos em que se dividia a imprensa de oposição no Rio foi a atitude dos periódicos com relação aos validos de D. Pedro: Berquó e Gordilho, francamente identificados com os interesses portugueses. Os dois haviam emergido na cena pública com os episódios que resultaram no primeiro processo contra João Soares Lisboa. Seus nomes também circularam na cidade como os principais suspeitos do espancamento do Malagueta. Agora, eles reapareciam no jornal de Soares Lisboa como candidatos a vítimas de um atentado. A história, mal contada, parecia ser o contraponto do que fora a Bonifácia: tentativa de atribuir aos adversários, no caso os Andrada, um projeto de conspiração cujo objetivo seria atingir pessoas muito próximas ao imperador:

> Há notícias bem fundadas, de que existe uma conspiração de certo Clube, que se alude até a Praia Grande, em que se trata de assassinatos; e que entre os ameaçados tem distinto lugar Berquó, Gordilho e Rodrigo Pinto. Alerta com os Clubistas, pois são de caráter assassinador (*CRJ*, nº 4, 5 ago. 1823).

O *Correio* insistiria na existência do tal clube faccioso, cujas ramificações se estenderiam até a Praia Grande, da qual Berquó e Gordilho seriam as futuras vítimas: "marcadas aos punhais dos assassinos empregados, já mais de uma vez, pelos turbulentos Catilinas". Ao citar os nomes dos dois validos, Soares Lisboa incluía uma nota de pé de página onde lembrava: "Berquó e Gordilho, que outrora nos deram motivo a maus-tratos: propuseram-nos libelo de injúria, que ainda há de ser julgado pelos Meritíssimos" (*CERJ*, nº 15, 19 ago. 1823). Talvez com o intuito de parecer imparcial, dando, assim, maior verossimilhança à alarmante notícia.

O jornal de Soares Lisboa também comentaria carta inserta no nº 2 do *Tamoyo* e assinada pelo "Analisador", em que este dizia que estivera no teatro na noite do dia 11 de agosto e vira com espanto que Gordilho, Berquó e Valente[8] estavam sentados na mesma fila que ocupavam os ministros de Estado. Soares Lisboa atribui a este comentário a pretensão que teria o *Tamoyo* de estabelecer prerrogativas até então inexistentes. Argumento coerente com a perspectiva democrática do jornalista (*CERJ*, nº 18, 22 ago. 1823).

Era visível a mudança na atitude de Soares Lisboa com relação aos antigos adversários que lhe haviam impingido tão duras penas. Afinal foram Berquó e Gordilho que publicaram no *Espelho* as duas cartas fatais que prejudicaram Soares Lisboa: a que ele enviara ao príncipe e que lhe valera o tal processo por injúria atroz e a que enviara de Buenos Aires ao amigo de Montevidéu, que decidira os juízes da Bonifácia a condená-lo.

A *Sentinela da Praia Grande* chamaria logo a atenção para a mudança de atitude do rival, dizendo que Soares Lisboa já não grita contra "G. e B. porque deles espera a intercessão da graça e já não achincalha os seus patrícios, aos quais procura encostar-se por patrocínio". Lembra ainda a publicação da carta confidencial que Lisboa dirigira ao imperador, então príncipe regente, onde se assinara como o "menor súdito e criado de Deus, João Soares Lisboa", e que "lhe tem sido dada nas ventas por Gordilho, pelo meio da pública Imprensa" (*SPG*, nº 12, 3 set. 1823).

Soares Lisboa não estava sozinho no abrandamento da atitude com relação aos cada vez mais influentes validos de D. Pedro I. O *Sylpho* também adotará postura bem mais moderada. Comentando o julgamento de Grondona, dirá que parte da acusação contra o jornalista baseava-se na revelação feita pela *Sentinela* da existência de uma facção que pretendia unir o Brasil a Portugal. Seriam seus líderes Berquó e Gordilho. Grondona, segundo o redator do *Sylpho*, sustentara sua defesa dizendo que a opinião pública é que os apontava como autores.

Diante disso indagava com espanto o *Sylpho*: "E que tal? Srs. Redatores, assim se mancha a honra de um cidadão? Quem se julgará isento que o seu detrator o calunie: essa opinião não pode mais servir de defesa". Relatava também o correspondente do *Sylpho* que, ainda no tribunal, reclamavam os da assistência contra a já amplamente conhecida influência de Berquó e Gordilho sobre o imperador e exigiam, aos gritos, que ele os afastasse de si. Indagava a este propósito o *Sylpho*:

> Que influência pode ter em um sistema constitucional o Imperante ter criados à vontade? Será isto liberalismo, privá-lo até de vontades familiares? Não o acredito. Declamam mais: que Gordilho influíra na nomeação do Ministro da Fazenda. Quem nomearia S.M. naquela crise senão ao atual pelos conhecimentos que tem de finanças e já ali ter servido? Gritam que este Ministro em atenção a isto conservava Gordilho em uma casa por menos do seu valor, quando dizem que foi resolução do Ex-Ministro (*O Sylpho*, nº 18, 4 out. 1823).

Era atitude oposta à do *Tamoyo* com relação aos seus antigos aliados. Comentando o artigo do *Sylpho* acima citado sobre o processo do redator da *Sentinela*, diz o *Tamoyo* que não pudera deixar de rir quando vira que um dos pontos da acusação fora o ter aquele redator apontado a Berquó e a Gordilho como autores da facção que se diz tenta unir o Brasil a Portugal. "Em que lei se fundaria o sr. Veiga para chamar aos Jurados um escritor pelo que ele avançou contra dois homens?", indaga o redator do *Tamoyo* (11 out. 1823). Dentre as sombrias consequências que marcariam os tempos conturbados que sucederam à queda dos Andrada do ministério, incluíam-se as proclamações dos "Gordilhos e dos Berquós" contra eles. Também destacava o fato de que, "apesar do Governo das Armas continuar nas mãos de um brasileiro, eram na realidade Gordilhos, Valentes e Berquós os que regiam a tropa" (*O Tamoyo*, nº 33, 6 nov. 1823).

No combate aos validos marchavam juntos ambas as *Sentinela* e o *Tamoyo*. Esse combate era uma representação em ponto pequeno do combate ao elemento português, cuja influência junto ao imperador ia aumentando justo num momento em que mais se exaltava o sentimento antilusitano dos brasileiros. Nesse aspecto somava-se aos dois jornais do Rio a opinião de Barata, em Pernambuco. Em versinhos bem-humorados o jornalista baiano convidava D. Pedro a livrar-se da influência dos validos:

> *Quem do Brasil é o crocodilho? Gordilho.*
> *Quem do povo é o faraó? Berquó.*
> *Quem de tudo é o agente? Valente.*
> *Senhor, se quereis, contente,*
> *Ver o povo sossegado,*
> *Demiti do vosso lado*
> *Gordilho, Berquó e Valente*
> (apud VIANNA, 1945a, p. 465).

Também de Pernambuco, na série de cartas que escreveu contra frei Sampaio, frei Caneca fazia associação entre frei Sampaio e seus confrades do cenáculo da Guarda Velha (onde se reunia o Apostolado, no Rio); com os Andrada, "e seus valentões caipiras"; com "os patetas", categoria em que incluía o *Atalaia* (Cairu); com os servis, "como um *Espelho* côncavo, que tudo representa ao revés"; com os alugados, que seriam todos os redatores e correspondentes do *Diário do Governo*, que Caneca chama de "Noturno do Governo", e, finalmente, com os "infames e execráveis corcundas, como Meneses, Gordilhos, Berquós e Rochas" (*CRJ*, nº 51, 1º out. 1823).

Essas contradições manifestas por intermédio da imprensa revelavam um quadro político em que já se faziam alianças de conveniência. O maior exemplo é o de Soares Lisboa, juntamente com o grupo de Gonçalves Ledo, compondo-se com os Berquó e Gordilho para, por meio deles, estabelecer novamente uma ponte com D. Pedro. Por outro lado, e no mesmo momento, a campanha contra o elemento português unia os Andrada às duas *Sentinela* e a frei Caneca, em oposição ao *Correio* e ao *Sylpho*. Outra vertente era a que somava as forças das mesmas *Sentinela*, de frei Caneca, de Soares Lisboa e do redator do *Sylpho*, que escreveria também, ainda que por pouco tempo, no *Diário do Governo*, contra a Santa Aliança, com a qual identificavam frei Sampaio e o Apostolado.

6. A IMAGEM DOS ANDRADA E A PROPAGANDA POLÍTICA

Foi por meio do *Regulador* que teve início na imprensa, de forma mais sistemática, a série de referências incensatórias ao ministro José Bonifácio de Andrada.[9] Até um pouco antes da Independência os elogios a José Bonifácio, reconhecido como varão sábio e judicioso, não eram tão frequentes nos jornais. Concentravam-se então os holofotes sobre o príncipe. O sábio oficial da corte do Rio de Janeiro, mesmo para os seus adversários, era Cairu. A *Malagueta* aludira ao ministro usando a expressão "uma das três mais bem organizadas cabeças do Reino", mas apenas para, seguindo o seu estilo, criticar a atuação do ministério. Respeitosos mas sem exageros foram até então os artigos do *Correio*. E o *Espelho* também não chegara a esbanjar adjetivos nos elogios do mais velho dos três irmãos Andrada.

Foi, portanto, no *Regulador* que teve início o engenhoso trabalho de criação da imagem que se fixaria na História. Trabalho que será intensificado quando os irmãos passarem à oposição no *Tamoyo*. Pode-se dizer que o mito dos Andrada, principalmente de José Bonifácio, começou a ser construído pelos próprios, durante a Independência, numa eficiente estratégia de propaganda política.

No caso específico do *Regulador* é de maneira ainda acanhada que frei Sampaio, ao acusar Soares Lisboa de lançar fachos incendiários contra o conselho de Estado, dirá também que o *Correio* pretendera morder "com sanha canina um Ministro, que nos reinos estrangeiros deu tanta glória ao nome português, como os heróis da nossa Idade do Ouro".

Mais exagerada será a carta assinada pelo "Europeu chegado de novo" e publicada no *Diário do Governo* contra May. A carta mencionava as referências feitas a José Bonifácio na *Malagueta* e dizia que o sábio e prudente ministro, que apareceu na Europa honrando o nome do Brasil e que, apesar de "encanecido, conservava na pureza de seus olhos todo o fogo expressivo dos grandes gênios e na modéstia de sua pessoa a divisa de seus talentos extraordinários", era o principal alvo dos sarcasmos de May. Diz que Martim Francisco foi o médico que curou a tísica do tesouro nacional e reclama do povo por não ter se manifestado contra os ataques que os dois sofreram do *Malagueta*: "Viram Sully e Colbert insultados e não pediram ao mordomo da Santa Casa que recolhesse o Sr. May às casinhas de doidos?", indaga o "Europeu" (*DG*, 21 jun. 1823).

O *Tamoyo* está repleto de textos em que os Andrada aparecem como cidadãos especiais, donos de inteligências privilegiadas, de coragem denodada. Lendo o *Tamoyo* fica evidente o alto conceito que os Andrada faziam de si mesmos e a distância que estabeleciam entre eles e seus concidadãos. Na carta em que Antônio José de Paiva Guedes de Andrade explica por que foi demitido da redação do *Diário do Governo*, um longo parágrafo é dedicado a enaltecer a imagem pública de José Bonifácio. Paiva revela que corria na corte o boato de que a "publicação de notícias em que se falava de José Bonifácio" fora uma das causas da sua demissão, e justifica-se:

> Não ponho dúvida; porém, se não tinha insinuação para suprimir passagens dessa natureza, como podia eu supor que, publicando-as, desagradava? Pelo contrário, honroso me parecia ao Brasil ver bem apreciados por estranhos os inegáveis e relevantes serviços de um filho seu. E com que justiça seria aquele sábio e honrado brasileiro privado do louvor que esses estranhos lhe tributam, que S.M.I. no Decreto de demissão confirmou, e que só brasileiros degenerados pretendem negar-lhe? Merecia ele essa recompensa por ter salvado a Pátria das garras dos Avilezes e Madeiras? Por ter sabido atrair as províncias a um centro? Por ter chamado ao verdadeiro caminho opiniões desvairadas? Por ter preparado e desenvolvido a Independência e o Império do Equador? Por ter levantado o edifício da Representação nacional? Por ter, finalmente, sufocado a hidra da democracia?
>
> Eu não pretendo com isto, meu rico amigo, canonizar o Andrada: o homem não é impecável; mas seus erros não podem de maneira nenhuma escurecer a luz sempre resplandecente de seus serviços (*O Tamoyo*, 18 out. 1823).

Na entrevista ao "Velho do Rossio", José Bonifácio é pintado com as cores mais favoráveis. Seu reconhecido senso de humor é um dos aspectos ressaltados: "Ele deu uma risada e começou com a sua costumada ironia Socrática, que nunca deixa se não quando se trata seriamente da honra e salvação da nossa cara Pátria". Certamente, a modéstia e a benevolência para com os adversários não estavam entre as virtudes do "Velho do Rossio". Indagado pelo entrevistador por que não reagia aos ataques que vinha sofrendo, ele redarguiu com superioridade:

Quer V.M., Sr. doutor esquentado, que a lua se enfade contra os cães que lhe ladram? [...] Meu bom amigo, sou já velho, tenho visto muito mundo dentro e fora da Pátria, e conheço os homens. [...] Ajunte a isto que fui também o primeiro que trovejei das alturas da Pauliceia contra a perfídia das Cortes Portuguesas; o primeiro que preguei a Independência e liberdade do Brasil, mas uma liberdade justa e sensata debaixo das formas tutelares da Monarquia Constitucional, único sistema que poderia conservar unida e sólida esta peça majestosa e inteiriça de arquitetura social desde o Prata ao Amazonas, qual a formara a Mão Onipotente e sábia da Divindade [...] O sábio despreza as sátiras e ingratidões dos amigos vis, que não podem deixar de reputar-se, queiram ou não queiram, muito inferiores aos homens de virtude e de saber.

O "Velho do Rossio" encerra esta que pode ser considerada a primeira entrevista concedida por um político a um jornal brasileiro, dizendo estar cansado, pois sua erisipela não para de incomodar e prometendo se afastar definitivamente da política. Apresentando uma amostra do seu agudo senso de humor, uma qualidade reconhecida por todos os que conheceram José Bonifácio, ele se despede dizendo que, quando em sua casa em Santos ou no vale do Paraíba, entre seus livros, pedras e reagentes químicos, relembrar os honrados amigos que aqui deixo, Corcundas, Pés de chumbo, Anarquistas, Ladrões, Alcoviteiros e outras lesmas *utriusque sexus*, que se creem ser gente de polpa e muitos deles *luzes do mundo*, quando, na realidade, são a escuridade visível dele, na frase de Milton, então me consolarei ao menos com a vingativa esperança de que, metamorfoseados no túmulo seus poucos miolos em matéria sebácea, segundo as observações do meu defunto Mestre Fourcroix, poderão tais figurões ser ao menos, depois de mortos úteis para alguma coisa neste mundo, sequer para darem luz afogueada em alguma estribaria de bestas de alquilé (*O Tamoyo*, nº 5, 2 set. 1823).

Como se pode constatar por meio dessa entrevista de José Bonifácio, o *Tamoyo* reivindicava para os paulistas a primazia no processo da Independência. Em outro número mencionaria "o brado e indignação que primeiro ressoou das serras paulistanas". Na opinião do redator do *Sylpho* fora a lisonja quem ditara aquelas palavras. Não há quem ignore, completava, "que não foram nas tipografias paulistanas que se imprimiram os escritos que desenvolveram a semente da liberdade no coração brasileiro" (*O Sylpho*, nº 6, 23 ago. 1823).

O *Sylpho* lembrava também que a "Representação" dos Paulistas só fora recebida pelo príncipe em janeiro de 1822, e que antes dela apareceram: o combate às ideias do "Compadre de Belém" (empreendido pelo padre Perereca), o *Revérbero* de 1º de dezembro de 1821, o "Despertador", a *Malagueta* e a *Reclamação*, entre outros. "Não pareça este reparo", completava o *Sylpho*, "espírito bairrista. É, ao contrário, desejo de que os sábios escritores não promovam rivalidades com primazias, principalmente injustas".

Esse pequeno debate lembra aquele outro, travado entre o *Revérbero* e a *Malagueta*, sobre o mesmo tema. Em ambos se revela a plena consciência por parte dos atores da importância histórica do momento, além da que iam adquirindo do papel da imprensa para a fixação de suas imagens junto ao público. Todo o debate em torno da censura deixava à margem o papel da imprensa como criadora de imagens públicas. Intuitivamente os escritores, como então gostavam de se chamar os jornalistas, iam se dando conta das imensas possibilidades do jornal para a propaganda política. Possibilidades que o distanciava cada vez mais do papel educativo inicialmente proposto. A retórica argumentativa tomava o lugar da objetividade e da racionalidade que se esperavam de uma imprensa propagadora das luzes.

Certamente que essa utilidade dos jornais já era conhecida pelos mais viajados. Hipólito da Costa contaria, no *Correio Braziliense*, a forma como o conde dos Arcos plantara, em jornais europeus, notas a respeito de sua atuação na política do Rio de Janeiro. O próprio Hipólito, já no final de sua trajetória, teria sua prestigiada imagem usada para dar credibilidade e angariar adeptos ao projeto de Constituição defendido por José Bonifácio.

O mesmo propósito moveu os Andrada a atrair para o seu lado o famoso orador sacro que era frei Sampaio. O prestígio intelectual do frade fora usado também para fortalecer o Apostolado, como parece indicar a denúncia que faz frei Caneca numa das suas cartas.

> Corre também impresso o cartaz de 7 de julho de 1823, no qual V.M. é mostrado ao Universo, pelo Corifeu dos Apóstolos da Guarda Velha, Apóstolos do erro, do servilismo, da anticonstitucionalidade, da escravidão de sua Pátria (*CRJ*, nº 73, 27 out. 1823).

Ao longo de todas as campanhas em que se envolveram, os Andrada fizeram uso intensivo da propaganda impressa aliada à agitação das ruas (espontânea ou mercenária). Sua volta triunfal ao ministério, em outubro de 1822, foi produto direto dessa política. Por uma série de circunstâncias fortuitas a estratégia não funcionaria novamente em julho de 1823. Apesar das denúncias dos adversários, a imagem de sábios foi a que prevaleceu. Mas, tal como acontecia com Cairu, cujas sabedoria e respeitabilidade eram contrastadas com a excessiva subserviência aos poderosos (o monarca e as potências estrangeiras), a arrogância, a prepotência e a violência com que os Andrada caíam sobre o inimigo seriam sempre contraste para seu reconhecido valor.

Os tão frequentes e exagerados elogios que se faziam aos Andrada nas páginas do *Tamoyo* acabaram por se tornar objeto de mofa para os adversários. O *Sylpho*, por exemplo, de forma mais explícita se propõe a desmascarar aquela política:

> Não compreendo como sábios erigem a si mesmos altares de adoração. [...] Pois sábios não se pejam de tão estirados louvores? Que uma, duas ou mais algumas vezes e com a precisa economia que a modéstia e a decência recomendam fossem de quando em quando elogiados, isso tinha bom lugar e é devido, mas que nenhuma só folha, ou por grande milagre alguma, lhes não sopre e inche as odiosas vesículas da fatuidade, é muito!
>
> O mesmo *Tamoyo* não sabe o que fez obrando assim; nem eles a mofa em que incorrem não o advertindo para que não continue. Se porém me provassem, a ficar livre de toda a dúvida, que eles colaboravam no tal papelinho, então (e tenham paciência) esvazia-se o epíteto de *sábios*. Uma coisa é ser sábio, outra é saber algumas coisas. [...] Enfim eu julgo fazer-lhes favor reduzindo isto a este dilema. Ou os [...] não colaboram no *Tamoyo*, nem o leem ou se o leem e nele colaboram não são sábios (*O Sylpho*, nº 26, 1º nov. 1823).

Numa série de cartas assinadas pelo "Honrado Brasileiro", o *Correio do Rio de Janeiro* dedicar-se-ia a analisar o que fora e o que era a atuação dos irmãos paulistas no governo, na Assembleia e na imprensa. Na primeira das cartas, o autor, com ironia, diz estar surpreso de que os Andrada, de "tão inculcadas luzes e virtudes patrióticas", tenham se alistado no número dos "periodiqueiros". Depois de um ou outro comentário mais ameno, lembra a insaciável sede de mandar que teriam as "três fúrias infernais", e assim as descreve:

> Os três principais autores do infame *Tamoyo* são aqui conhecidos com os nomes de Tamoyo Palhaço, Tamoyo Robespierre e Tamoyo Marat. [...] Os caracteres gerais dos 3 Tamoyos são soberba exaltada, inveja de todas as comodidades alheias: presunção de onisciência, ingratidão suma. Os caracteres particulares são:
>
> Do Tamoyo Palhaço: Mobilidade contínua e gestos de macaco; voz gutural; distração habitual; charlatania desmedida; insaciável desejo de primar; desconfiança dos homens probos; propensão para a canalha.
>
> Do Tamoyo Robespierre: Voz intercedente, estrepitosa; perfídia de lobo; entranhas de tigre; desenvoltura de gestos e de palavras; variedade contínua de opiniões.
>
> Do Tamoyo Marat: Aspecto de fúria; cor verdoenga; olhos de víbora; política maquiavélica; espírito minucioso e mesquinho; ostentação de dialética (*CRJ*, n° 71, 21 out. 1823).

Os grandes defeitos dos irmãos seriam, portanto, segundo a versão do *Correio*, soberba, inveja, presunção de onisciência e ingratidão. Destes, os que se fixariam definitivamente à sua imagem seriam a soberba e a presunção de onisciência, ambos sempre lembrados pelos adversários. Carlos Rizzini identificou José Bonifácio como sendo o "Tamoyo Palhaço", Antônio Carlos, como o "Tamoyo Robespierre" e Martim Francisco, como o "Tamoyo Marat". Com indignação, mas também num texto recheado de ameaças, o *Tamoyo* responderia com veemência a esse ataque contra os seus patronos:

> Que têm os Andradas de comum com os Palhaços, Robespierres e Marats? Serão eles palhaços em não fazerem dançar na corda a alguns que o mereciam? Serão Robespierres, Marats em não fazerem derramar o sangue vil dos perturbadores do sossego público? Serão... porém, Sr. Redator, onde me leva o pensamento? De mais; quais são os fatos comprobatórios das maldades que pretendem impor aos Andradas, as blasfêmias, impropérios e sarcasmos, que contra eles se dirigem? Serão acaso, Sr. Redator, a expulsão de nossos inimigos do Brasil; a convocação de uma Assembleia; a soberania; a Independência do Brasil; a Aclamação do nosso Imperador e, finalmente, a estabilidade, prosperidade e segurança do Brasil? Eis o que fizeram os Andradas e eis os fatos que se provam. Quem, Sr. Redator, a não ser eles, faria com que o Brasil preenchesse a medida de seus desejos? Respondam os honrados brasileiros; respondam às províncias; responda finalmente o Brasil quem o fez independente? E nós ouviremos dizer: Pedro e os Andradas. [...] Sou, senhor Redator: O Inimigo dos Patifes (*O Tamoyo*, 23 out. 1823).

Esse longo contraste entre as péssimas qualidades do antagonista, minuciosamente descritas, e o talento, as conquistas e o valoroso caráter dos Andrada, inserido no final da matéria, para criar um clima de apoteose, é característico da retórica do *Tamoyo* e se observará em vários de seus artigos. Já no "Calmante do Malagueta", publicado em janeiro no *Espelho*, a técnica fora usada. Depois das considerações depreciativas sobre o caráter moral de May, se estabelecia uma comparação entre sua atitude na negociação em torno dos proventos que receberia para sua missão nos Estados Unidos com as do ministro José Bonifácio, ressaltando o desinteresse deste por títulos e comendas. O ministro seria "um varão probo" que muito vinha trabalhando em favor da causa do Brasil, dono de verdadeiros sentimentos constitucionais que nunca pedira nenhuma compensação, "nem útil, nem honorífica", tendo mesmo recusado (o que é fato) a grã-cruz da recém-criada Ordem do Cruzeiro que D. Pedro lhe quisera dar. Na ocasião, José Bonifácio teria dito:

> Nada mais ambicionava do que ver o Brasil feliz, como Império Constitucional e puro, e não demagógico e que, depois, quando morresse, se pusesse sobre a campa sepulcral este epitáfio: Eu desta glória só fico contente. Que ao meu Príncipe amei e à minha gente.

Outro exemplar desse tipo de estratégia retórica do *Tamoyo* é um artigo em que se esbanjam descrições depreciativas dos ministros que sucederam aos do gabinete Andrada. Segundo aquela versão, Montenegro, antigo companheiro do ministério, tem uma "marmórea e lisa testa, em cuja cavidade parece que se não aninham ideias". Um texto mais completo enumera e produz uma caricatura dos aspectos morais, intelectuais e físicos dos ministros nomeados a 17 de julho de 1823, contrastando-os com as elevadas qualidades dos Andrada, a quem substituíam:

> Um jesuíta versipele, de cuja improbidade, mesquinhez de ideias e nulidade em administração financeira, ninguém duvida; enfim, o autor das *porcadas* e um fugido agente de cultos em Portugal no governo francês, não agouravam um feliz porvir ao Brasil, e pouco próprios eram para apagar as saudades que deixavam cidadãos íntegros, ilustrados, enérgicos, cuja vontade era tão forte como o destino e a concepção tão vasta como o mundo. Que diremos dos velhos ministros?

Um Montenegro, corpo sem alma, incapacidade personifica-da, a quem deveu Pernambuco os males que sofreu e para quem basta olhar-se atentamente para ver-se que, debaixo da invernida-de da fronte e chocho rosto, salpicado de sorriso apatetado, demo-ra a região do vácuo, onde em moles coxins se espreguiça a Deusa tão bem descrita no Lutrin![10]
Um Vieira sorrateiro, cujos miolos destilados apenas produzi-riam lambujes de esperteza de rato de gaveta e fiapos de traição deslavada! Estes dois trânsfugas de Portugal, estes traidores à causa do Brasil, ajudados pelo patarata da Marinha, nova catarata de Paulo Afonso, que nos ensurdece com a repetição de parvoíces e meros sons, ainda conluiados com as velhacarias de um e com a embófia de outro dos novos Ministros, serão capazes de dar à nau do Estado a derrota que lhe não puderam dar as possantes mãos dos Andradas?[11] [...] (21 out. 1823).

Aí também está presente o grande final com "as possantes mãos dos Andradas", contrastando com descrições físicas de-preciativas, alusões à ignorância, preguiça ou improbidade dos ministros.

A melhor, mais bem escrita e mais satírica carta que o *Correio* publicou contra o *Tamoyo* era assinada por alguém que se dizia "Um cisco, pó, e nada", referindo-se à expressão adotada pelo próprio *Tamoyo* para classificar seus adversários da impren-sa. Seu autor começa dizendo que lê constantemente o *Tamoyo* e que cada vez gosta mais daquele periódico. Em tom de ironia, exalta a qualidade do estilo e a erudição manifesta nas citações que aparecem ali.

Com efeito, Sr. Redator, que coisas boas nele se não encontram! Ora um pedaço de inglês; ora um texto latino; ora um verso fran-cês; ora uma alusão de autor grego, e mesmo um termo grego; e não sei se já tem vindo (ao menos ainda espero) pedaços de alemão, russo, turco, árabe, china, etc. etc.; finalmente nomes brasílicos, Paiaguá, Tupinambá, etc. Passando ao estilo: que amenidade! que eloquência! que polidez! ora um índio que fala tão bem, como não pensará?! Decerto, que de verdades não exporá!... (*CRJ*, nº 79, 4 nov. 1823).

Quanto mais lia o *Tamoyo* mais se convencia o irônico correspondente do *Correio* de que só a posse da coleção daquele periódico poderia torná-lo um sábio, poupando-lhe trabalho e despesas com livros. E não se enganara, conclui: "eis-me já feito escritor" (o que resulta num terrível cacófato, que infelizmente o *Tamoyo* não percebeu). Em seguida, dá mil graças ao *Tamoyo*, que não só possui, como também transmite ciência. Por meio de sua leitura se tornara um sábio, mas sentia-se estranho: "noto em minha razão tendência a nunca achar a verdade e em meu coração propensão a dizer mal de todos. Será isto efeito da lição do *Tamoyo*?".

Convertido em escritor, ele começa a exercer essa atividade revelando que, no *Tamoyo*, nunca descobria uma verdade sequer. Acha-o muito feroz e até "hidrofóbico" ("olhe que este termo é grego. Veja como estou adiantado!"). Relembra os tempos em que só havia liberdade de imprensa para o *Espelho* e para o *Diário do Governo*; aqueles tempos em que estavam as cadeias cheias de inocentes; as províncias exauridas de seus habitantes, "santamente" expatriados; as autoridades munidas de portarias inquisitoriais e forçadas ao baixo dever de espiar todos os mais beneméritos cidadãos. Seria o restabelecimento desse estado de coisas a finalidade do *Tamoyo*?, indagava, para logo responder:

Sim, é só este. E que fim mais digno? Homens extraordinários devem tomar a si empresas extraordinárias. Ora, que objeto mais extraordinário do que iludir a uma Nação, que já largou arco e flechas, e forçá-la a adorar, e prostrar-se perante aqueles, que mais cooperaram para precipitá-la às bordas do abismo? É digno em verdade do extraordinário escritor que sabe tantas línguas, que lê tantos livros, e perante o qual tudo é: cisco, pó, e nada! Deste non plus ultra do saber humano, que além de tudo tem o dom de forçar a todos a crerem quanto diz, seja ou não verdade!

A referência a José Bonifácio, "que sabe tantas línguas e lê tantos livros", é clara. A arrogância com que os Andrada tratavam os contemporâneos, como já foi visto, é tema recorrente nos periódicos que contra eles se publicavam naquele momento. Com ironia, o autor da carta afirma crer em tudo o que diz o *Tamoyo*. Só não pode crer é que "sem os seus heróis não se dá um passo; tudo se confunde, baralha e aniquila". E conclui, com a mesma ironia:

> Portanto, apesar da sublimidade, transcendência e incomparabilidade do *Tamoyo*, parece-me algum tanto difícil o desempenho de sua empresa. [...]
>
> Enquanto só se ocupar de pintar-nos e tão exageradamente a voragem que diz nos esperar, aplicando como único remédio: Andradas, não se crê.
>
> Enquanto quiser campar de Constitucional, apresentando-nos as mesmas velhas máximas do *Regulador* etc., não se crê.
>
> Enquanto lamentar os males da Pátria, e suspirar: oh, my country!, não se crê.
>
> Enquanto julgar e chamar Constitucional só à sua horda e a todos os mais de Corcundas, Pés de Chumbo, Exagerados, Democratas, Federalistas, Sans-cullotes etc. etc. etc., não se crê [...].

Para Soares Lisboa os Andrada haviam se revelado "Soberbos e mandões" desde que assumiram o ministério. Como exemplo, relembra as circunstâncias da posse de José Bonifácio. Naquela ocasião, segundo diz, D. Pedro se vira obrigado a dar carta branca ao paulista como condição para que ele aceitasse a pasta:

> Em janeiro do ano passado, S.M.I. foi servido nomear seu ministro o Exmo. Sr. José Bonifácio e este propôs a S.M.I. que só aceitaria o emprego obrigando-se S.M.I., por assinado, a comunicar-lhe todos os seus segredos, e não dar um só passo sem consentimento e aprovação do Ministro!!! Assim se fez e assim nos foi participado pelo mesmo Exmo. Sr. José Bonifácio, na presença de S.M.I., que com a candura da pomba o confirmou, declarando o modo como se tinha feito!!! [...] S.M.I., talvez ressentido de se achar feito pupilo de um homem presumido e ambicioso de governar segundo seus caprichos, demitiu o Ministério, mas qual foi o resultado? O desaire de ter desobedecido tumultuosamente; ficaram mais soberbos os mandões e seus satélites, que gritavam naquele melancólico dia: morra tudo quanto não for Andrada, e pelos Andradas!!! (*CERJ*, nº 7, 23 jul. 1823).

Nesse mesmo texto, tão radicalmente antiandradista, Soares Lisboa afirma estar convencido de que os "Andradas queriam o bem do Brasil, sua Independência e felicidade". Mas não é bastante querer o bem, ressalva o jornalista, é necessário saber adotar os meios a ele conducentes, o que não saberiam aqueles senhores por "fascinados com seu exaltado orgulho". Este os tornara intolerantes e os persuadira de que toda a opinião divergente da sua era contrária ao sistema. Essa análise, por sinal bastante razoável, do que de fato foi a ação dos Andrada no ministério, Soares Lisboa manteria mesmo nos momentos mais exaltados do combate que travou na imprensa contra os irmãos paulistas:

> Ninguém duvida da incorruptibilidade e sabedoria dos Andradas; mas são eles capazes de fazer a felicidade da sua Pátria, mediante o

sistema liberal que abraçamos? Se o fossem, ninguém se achou ainda em melhores circunstâncias para nos dar esse bem; mas desgraçadamente para nós, o seu desmedido orgulho e egoísmo [...] fez que nós sacássemos somente de sua administração lágrimas, sustos, prisões, terrores, extermínios e... o que todo mundo sabe. [...]

Contudo, seria na verdade uma fortuna para o Brasil que os Andradas, visto que já estão eles na classe do povo, ou para melhor me explicar, são seus advogados, mudassem de procedimento em política, porque estou persuadido que se eles quisessem fazer alguma coisa boa, sabem as veredas por onde se devem dirigir; mas este milagre certamente não sucederá, atendendo ao adágio "o que o berço dá, só a cova tira" (*CRJ*, nº 18, 22 ago. 1823).

7. GRONDONA, UM ITALIANO NA CORTE DE D. PEDRO

A *Sentinela da Liberdade à Beira do Mar da Praia Grande*, periódico do italiano Giuseppe Stephano Grondona, ou José Estevão Grondona, como se assinava, veio a público a 5 de agosto de 1823. Antes mesmo que começasse a circular, tanto o jornal quanto o seu autor já mereciam as atenções de D. Pedro I. Em bilhete dirigido ao intendente-geral da polícia, Estevão de Resende,[12] o imperador recomendava:

> Meu Resende: Mande vigiar um tal de Grondoni que é o autor do *Conselho da boa amizade* e que pretende fazer a *Sentinela da Liberdade na Praia Grande*. Este homem é o diabo e como é estrangeiro parece-me que se poderia mandar... [palavra ilegível, mas que deve ser "deportar" ou semelhante] (SOUSA, 1952, p. 566).

Num dos primeiros números da *Sentinela da Praia Grande*, o redator declarava ser aquele um "periódico inflexível, incompa-

N.º 1 SENTINELA DA LIBERDADE

A' BEIRA DO MAR

DA PRAIA GRANDE.

Alerta Está.

TERÇA FEIRA 5 DE AGOSTO DE 1823.

Sentinella de Pernambuco == Passe palavra == Não posso, porque já gritei por varias vezes, e o Camarada do Pão de Assucar não me responde; até mesmo já o não vejo por causa de huma lebrina mui cerrada, mas só ouço gemidos tristes, e interrompidos por fortes, e dolorosos gritos: como porém a apparição do luminoso Astro vai afugentando essas trevas, e pela força dos seos raios essa densa nuvem de vapôres se dissipa, e desapparece: começo já a descobrir o Solitario Sentinella. Mas oh Deos! engano-me; será verdade o que vejo? Já elle não tem choco na mão? Já não presta ouvidos aos meos alertas? Já não está em postura de Sentinella?... Seminú, joelhos no chão, braços abe....s, olhos fitos nos Ceos em ar de penitente, á imitação do Santo seo Patrono, por expiação de tantas passadas, e não ordinarias culpas, com humildes preces está implorando a concessão das Misticas chagas: que o Todo Poderoso lhe não concede. Castigado vejo-o sim, mas de outra forma (e talvez por diabolico mando) de ....., se eu não engano, venho a co....... dimuar os interpolados gritos, que sustávão o gemido continuado. Tres algozes em figura de homens com pés de cabra, unhas compridas, immenso rabo, armados de vergalhos, e com cara de falsas testemunhas, ou calumniosos denunciantes..... estão desapiedadamente administrando sobre o *roseo* == *Lateu bigorna do Camarada arrependido* misteriosas pancadas a tres por tres .'. sob o compasso do experimentado Mestre D. João do Rosario, que não tendo no seu cruel coração sentimentos de humanidade deixa voar em farrapos as dilaceradas carnes, e verter em rios o sangue pecador, de que já está avermelhada a sumidade do *Pinaculo*. Camarada, postoque não tens firmeza nas tuas determinações, e que de Tambor, ou Pifano do General Avillez passastes a escrever em diversos sentidos a'hum tão pequeno espaço de tempo, ou não devias de novo tornar a militar, ou emprehendida esta asperrima carreira te não devias arrepender, e cansar tão depressa. O que está feito está feito: sobre o passado não há remedio, corramos-lhes hum véo; e depois que todos (assim como eu) o esqueção, permitte-me dar-te alguns conselhos: como porém me tem asseverado que és hum Religioso (quero dizer hum Frade) eu desde já deixarei de uzar da lingoagem, e tom Camaradesco, e uzarei d'aquelle respeito, política, e veneração, que é devida a tão alto, e venerando caracter.

Reverendissimo Sr., parecendo-me (se enganado não estou) que hum

rável, improstituível" e lembrava o risco que corria no Rio de Janeiro quem se metia a publicar um jornal. Afirmava que iniciava essa tarefa "despido de todo o medo, não obstante o exemplo do ilustre Malagueta". Quase tivera aliás, como contaria depois, o mesmo destino do "indigitado" May. Mas o aguardava melhor sorte e, em vez de pauladas, seus adversários preferiram levá-lo a júri sob a acusação de crime contra a lei que regulamentava a liberdade de imprensa no Brasil. Acusaram seu periódico de ter um caráter sedicioso, alarmante, desorganizador e injurioso "ao respeito, obediência e profunda devoção que os povos devem usar e ter para com o monarca".

Grondona foi citado para comparecer ao Tribunal dos jurados, a fim de responder a julgamento, no dia 26 de agosto de 1823. A acusação baseava-se no conteúdo dos n°s 6 e 7 do seu jornal, em que ele atacara violentamente a D. João VI. O argumento da acusação se sustentará nesta pergunta: "Não reflui sobre os filhos a injúria arrogada aos pais?". O promotor tentaria fazer com que as injúrias publicadas na *Sentinela* contra D. João VI fossem tomadas como injúrias contra D. Pedro I.

Grondona foi o responsável por sua própria defesa. Ele esclareceu inicialmente, e com muita elegância, que era parcialmente surdo e que não falava muito bem o português. Argumentou com eficiência contra as acusações do promotor, rebatendo-lhe a pergunta com outra: "Em que constantinopolitano código acha ele que as ações dos pais infamam os filhos; e que as injúrias feitas aos pais recaíam sobre os filhos?".

Os jurados, por unanimidade, consideraram o réu inocente. Após o julgamento, Grondona, segundo suas próprias palavras publicadas na *Sentinela*, saiu do tribunal em triunfo, carregado pelo povo. Caso os jurados tivessem condenado o redator da *Sentinela*, diria depois o próprio, "a liberdade da imprensa se teria, pela terceira vez, evaporado do Rio de Janeiro, [...] ela não seria mais do que nominal e teria a mais severa e inquisitorial mordaça".

Adversário de Grondona, o *Sylpho* faria uma cobertura jornalística de seu julgamento. Por meio de um correspondente que se assinava "O Inimigo dos Intrigantes", o *Sylpho* se mostrava admirado de que um dos pontos da acusação levantados pelo promotor João José da Veiga fosse a falta ao respeito devido ao rei de Portugal manifesta nos artigos e cartas da *Sentinela*:

> Custa-nos a convencer que o Sr. Veiga avançasse uma tal proposição entre Brasileiros, que vem o menoscabo com que aquele Rei olha para a nossa Independência, tratando até ao nosso imperador como Príncipe Regente e convocando baionetas para nos escravizar (*O Sylpho*, nº 17, 1º out. 1823).

Opinião compartilhada pelo *Tamoyo*, que, em sua edição de 18 de outubro, também comentava o julgamento do Grondona, rendendo-lhe louvores pelo denodo com que sustentara sua defesa. Considerava um despropósito a pretensão do promotor de condenar a *Sentinela* pelo que este dissera a respeito do rei de Portugal, até porque, argumentava, na lei de imprensa não se definia o modo como aquele monarca deveria ser tratado:

> Dirá o Meritíssimo Sr. Promotor que não acusou a *Sentinela* pelo que respeita diretamente a El Rei de Portugal mas pelo que toca indiretamente a S.M.I., ofendido no tratamento feito pelo redator ao seu augusto progenitor. Primeiramente cumpre distinguir as relações políticas de monarca para monarca, e deste para seus súditos. Feitas estas distinções, veja o Sr. Veiga se pode ser admitida a sua desculpa. Em segundo lugar, não repara o Sr. Veiga que é por ilação que pretende culpar a *Sentinela*? Concedido isto, tenha a bondade de nos dizer se a lei faz responsável o escritor pelo que

ele publica ou pelas ilações que o promotor da justiça quer tirar? (*O Tamoyo*, 18 out. 1823).

Grondona chegou ao Brasil em 1818, a bordo do bergantim inglês *Aurora*. Vinha da Sardenha e trazia consigo a mulher e alguns quadros antigos que pretendia negociar aqui. Tinha 35 anos e se apresentou na corte como *marchand de tableaux* e restaurador de obras de arte. Parece que obteve imediato sucesso, caindo nas graças do todo-poderoso ministro e secretário de Estado dos Negócios do Reino, Tomás Antônio de Vilanova Portugal, segundo conta seu adversário, Soares Lisboa:

> Também me disseram que chegou com uma galeria de quadros velhos e, por sinal, que sem merecimento senão o do seu Restaurador que os engraxava e rebatizava, quando os não circundava e arremendava. Porém, como achou o bom do Tomás, que sabia tanto disso como eu de lagares de azeite, penso que os impingiu como quis (*CRJ*, nº 24, 29 ago. 1823).

Em 30 de dezembro de 1819, Grondona foi nomeado, por decreto de D. João VI, restaurador e conservador dos painéis e pinturas do Real Museu do Rio de Janeiro, com ordenado anual de 400 mil-réis. E, em 10 de julho de 1820, novo decreto do rei o fazia cônsul da Sardenha. Por faltarem aqui os cônsules de Nápoles e de Roma, ficou decidido que, tal como é o uso "recíproco entre aquelas italianas potências", Grondona exercesse também aquelas funções. Teria ficado oficialmente no cargo de 1820 a 1823. Mas, em 1823, diria, referindo-se ao cargo de restaurador, que nunca o ocupou por conta da "obstinada oposição de um dos primeiros validos". Também não fez uso do título de cônsul "para não pagar 600$000 réis de propinas, em benefício não sabemos de quem; mas por nós julgadas injustas; isto na nossa Pátria não se exigir coisa alguma por semelhante coisa".[13]

Seu principal adversário, no entanto, João Soares Lisboa, diz que José Bonifácio teria descoberto que as credenciais do Grondona eram falsas, e por isso o abandonara "como ente nulo e desprezível". Soares Lisboa também acusava o inimigo de ter dado passaportes sardos que não foram aceitos por ilegítimos. Os dois, Soares Lisboa e Grondona, tiveram a oportunidade de se conhecer pessoalmente na cadeia, onde o italiano esteve preso durante catorze dias sob a acusação de ter, "com habilidades estrangeirinhas", arrancado uma porção de pés de café pertencentes a um seu vizinho, sob o pretexto de experimentar se eles produziriam melhor depois de transplantados.

O fato é que o Grondona se virava para sobreviver naquele Rio de Janeiro do começo do século XIX. Por meio de outro italiano, Bartolomeu Bessa, foi empregado de Antônio Soares de Paiva, sendo por este encarregado de lhe administrar um quintal que arrendava na rua das Flores.[14] João Soares Lisboa registra uma carta que Grondona dirigira a esse mesmo Paiva, pedindo para educar-lhe os filhos e sobrinhos em belas-letras e artes liberais. "Era essa carta escrita em francês rançoso, mau estilo e agalegados termos", completava o rancoroso inimigo. No tempo em que esteve preso, possivelmente no mesmo mês em que começou a publicar o seu jornal, agosto de 1823, seus "teres e haveres" constavam, segundo ele mesmo declarou, de 20 mil cruzados, alguns negros e uma roça própria com 15 mil pés de café plantados. É possível que Grondona tenha se naturalizado brasileiro. Respondendo às constantes provocações de Soares Lisboa sobre a sua condição de estrangeiro, indagou ele: "V.M. sabe se o estrangeiro de que fala estará naturalizado e muito melhor brasileiro do que V.M. que não nos diz a sua origem?" (*SPG*, nº 9, 27 ago. 1823).

A briga entre Soares Lisboa e Grondona incluía recomendações, como a que fizera o redator do *Correio* ao italiano, de que reconhecesse que a "ocupação de redator não combinava com o lamentável estado de seu cérebro". Grondona contra-atacou dizendo que "pouco sabe ler e menos nos entender [sic] este fanático raivoso europeu disfarçado" (*SPG*, n° 7, 22 ago. 1823) e acusando o "mofento e gordíssimo redator do *Correio*" de ter publicado em seu jornal uma lenda em que a mãe do imperador era chamada de "o mais profano de todos os entes". Grondona também, a exemplo dos demais adversários de Soares Lisboa, procura realçar a limitada cultura geral do jornalista:

> Ora nos fica a ver se o *Correio* nos tem chamado de *bom vivant*, por termos repetidas vezes vazado água fresca do seu moringue; se assim for, sejamos *bon* e não *bom vivant* quanto ele quer (*SPG*, n° 12, 22 ago. 1823).

Grondona acusa ainda o "grande e gordo liberalão à Lusitana" de ter tentado se tornar reposteiro, para vir a ser posteriormente um dos validos do príncipe. Só depois de ver frustrado esse projeto é que Soares Lisboa teria se tornado um defensor da liberdade. Mas depois que estivera na prisão, diz Grondona, Lisboa "tornou de virar de casaca":

> Poderá ter vergonha que perder quem estando nos seus lençóis tem a pouca ou nenhuma vergonha de nos chamar, sem o poder provar, "sem vergonha"? [...] Nós sabemos e todo mundo sabe, sim Sr. *Correio*, que não só é ladrão quem mete a mão na algibeira alheia para tirar o que lá acha, mas também é ladrão e muitas coisas pior que ladrão, quem tira e procura tirar a opinião e o conceito da probidade alheia, com falsas, alteradas e caluniosas exposições só para satisfazer a sanha de sua própria vingança (*SPG*, 19 set. 1823, em edição extraordinária e distribuída gratuitamente para rebater o *Correio* n° 34 de 11 do mesmo mês).

Quando soube que um dos colaboradores anônimos do *Sylpho* comemorara o fato de que ele fosse "chamado aos Jurados" e que, após ter ouvido apenas uma parte da acusação, aquele mesmo colaborador do *Sylpho* divulgara, erradamente, que o júri concluíra ser o réu culpado, Grondona escreveu:

> Impaciente! Por que não esperastes alguns instantes mais? Que terias bem ficado, à boca aberta, desenganado, ou ao menos de uso nas tuas infames, nefárias, carcundas e chumbáticas, e assassinas espensançöes!!!!! Acaso seria tu certo vil P..., morador na rua do Ouvidor, o qual apertando a mão a um dos nossos Juízes, antes que entrasse nas suas funções, lhe dissestes: *Pelo menos aos ferros, hein?* Ah, infame!... Ah, cachorro!!! Pelo conteúdo da tua carta, pela tecla que toca, pelos dentes que te doem, pela figura magra Judeia, e de nariz alongado do teu estilo, bem te conheço, e todos os brasileiros conhecem, que tratas a causa do teu gordo vizinho... (*SPG*, nº 20, 9 out. 1823).

O *Sylpho* reagirá publicando carta assinada por "Caramuru". Chamando a *Sentinela* de "Periódico das descomposturas" e de "prepóstera *Sentinela* da Praia Grande", o "Caramuru" diz que, como sabe que ela é estrangeira "e muito estrangeira", fazia que não entendia as suas agressões. Acrescenta ainda que lera no nº 14 do jornal de Grondona que, por terem as doutrinas da *Sentinela* chocado os interesses dos chamados "chumbados", estes estariam se preparando para lhe darem sorte igual à que deram ao redator da *Malagueta*. E completa:

> É verdade que o homem pela sua perversidade chega às vezes a ponto de ser incorrigível, em cujo estado só correções físicas podem produzir efeito. Porém, a *Sentinela*! Espancar o pseudo-*Sentinela*! [...] Isso quereria ele para chamar-se mártir e benemérito

da Pátria. [...] Demais que influência podem ter, ou que conceito merecerão do público sensato, as doutrinas de um estouvado como o *Sentinela*, que mal disse e pôs por terra os ex-Ministros Andradas e logo depois cobriu-os de elogios? (Bom proveito lhes façam!) Que falou dos europeus as mil maravilhas e daí a pouco tomou por tema deprimi-los rancorosamente? Ó bilíngue *Sentinela*! Fala, diz, em ambos os casos: mentistes então, ou mentes agora? [...]

Com a leitura da presente carta parece-me estar já ouvindo os correspondentes da *Sentinela*, o sr. Grand'Ohna, ou Grand'Unha, ou como quer que se apelida, porque o meu forte não é pronunciar apelidos estrangeiros; fazerem-me a festa de chumbado, chumbeiro, pé de chumbo, corcunda, senil, patife, maroto, ladrão e todas as demais pulhas da arrieiral caterva, porém bagatelas; tudo isto é menos que chamarem-me *Sentinela* da Praia Grande (*O Sylpho*, nº 23, 22 out. 1823).

Grondona foi o mais agressivo dos jornalistas dessa fase, partindo com frequência diretamente para o ataque pessoal. Ele não recua diante do insulto, do palavrão, da invasão de privacidade. Um notável exemplar de seu estilo é a resposta a uma carta que contra ele teria publicado "T.F.G.". Começa logo Grondona dizendo que a carta de "T.F.G." não merece resposta porque seu autor não sabe o que diz e que talvez assim fosse porque estaria bêbado na ocasião em que a escrevera. Acrescenta que todos os brasileiros sabem que "T.F.G." é um "sevandija, um patife, um bandalho, e até um l...", e que teria sido espião de Tomás Antônio e de outros ex--ministros. Alerta ainda a quem o quiser comprar que ele é um toleirão, que nunca soube dizer duas palavras juntas:

E a prova é este amontoado de nodilhas, insulso e indigesto, contradizendo-se, [...] de modo que qualquer se aviltaria se analisasse a sua carta, pois que como já lhe disse é um nojento parvo muito próximo à m... [...] creio que nunca sairá da lama, seu próprio elemento e contente-se com o hábito que apanhou pelas espionagens passadas, de que todavia ninguém faz caso dele em semelhante figura. Faça a vontade à padeira, com quem anda de braço a ver se lhe enche a barriga e não se meta com a causa dos brasileiros. Fora V.M. que é bastardo em todos os sentidos e sem ser reconhecido de ninguém (*SPG*, nº 20, 9 out. 1823).

O "vil P...", acima mencionado, é também chamado de "judaica harpia" e reaparece na sequência das vistas da Câmara Óptica, uma brincadeira onde se procurava fazer com que o leitor imaginasse estar olhando, por meio de vidros coloridos, algumas cenas envolvendo personalidades da movimentada vida da corte.

Lá vai, Ilustríssimos Srs., uma belíssima vista, e é este jardim do Passeio Público, em que hão de reparar lá daquelas aladas o Fuão P... da Rua do Ouvidor, que já dissemos que manda apedrejar as janelas do Redator da *Sentinela*, que está passeando com uma desmedida bengala de estoque na mão, cuja é aquela mesma que tinha e aquele estoque pelo qual puxou quando, na Rua do Cano, estando a namorar certa senhora, lhe esfregaram as costas com uma maçada de pau. Reparem bem Senhores, como diligente procura por todas as partes a encontrar o Redator da *Sentinela* a quem jura, pelo Styx e pela barca de Caronte, que há de enfiar com o seu espeto como se fosse um chouriço e fazer como carrasco o que os senhores jurados para aprazer-lhe não quiseram fazer (*SPG*, nº 26, 6 out. 1823).

8. A GUERRA CONTRA A SANTA ALIANÇA NO RIO

Foi por meio do "Conselho da boa amizade, ou projeto de reconciliação entre os dois hemisférios", panfleto impresso naquele mesmo ano pela tipografia de Silva Porto, que Grondona anunciou a publicação da *Sentinela*:

> O Redator do presente Conselho da Boa Amizade propõe-se escrever um periódico intitulado a *Sentinela da Liberdade posta à beira do mar da Praia Grande*. Se os senhores leitores se dignarem disfarçar os erros idiomáticos, em contemplação de ser estrangeiro o escritor e não desgostarem da sua linguagem; que sempre desempenhará o título de que se orna, poderão subscrever para o dito Periódico na loja de livros do Senhor Silva Porto.

Naquele curioso panfleto, Grondona indagava a portugueses, brasileiros, castelhanos, espanhóis da América, enfim, aos constitucionais liberais de todo o mundo: "O que é que estais fazendo?". E atacava duramente ao Apostolado, estabelecendo uma ligação direta entre este e a Santa Aliança:

> Quando tendes um inimigo comum, sedento, igualmente na Europa que na América, de vos aniquilar, acolá aberto, e desmascarado nos Agentes das Potências da tão impropriamente chamada, Santa Aliança e cá nos Apóstolos não Santos, promotores de uma facção servil e desorganizadora, tendente a vos reconduzir, com poucas mudanças, ao estado primeiro de escravidão, vós vos descuidais e lhes apresentais o campo aberto ao vosso extermínio?

A campanha contra a Santa Aliança parece ser a finalidade primeira e última da *Sentinela da Praia Grande*. Ela atacava a D. João VI (o que valeria ao redator o processo já aqui referido) e a volta do absolutismo a Portugal. Enumerava, no entanto, uma série de motivos pelos quais os brasileiros não deveriam temer a influência daquele episódio sobre a nossa realidade. O primeiro motivo era termos à testa do Brasil "o mais filosófico homem"; o segundo era que "o louvor ao sempre mal aconselhado Sr. D. João VI" não poderia nem deveria servir de exemplo ao seu filho; e o terceiro, o estarmos no Novo Mundo, onde "as notas da infernal e opressora Santa Aliança não teriam forma". Entre os demais motivos incluía-se o fato de que as províncias do Brasil se conservavam unidas, por meio do "Novo Pacto Social Brasiliense", fruto de seu patriotismo e de sua livre vontade, e o de que a opinião pública da gente do Rio de Janeiro teria franca facilidade de expressão "pelo que se colige na extração de todos os impressos que aparecem".

Grondona procuraria informar seus leitores acerca das divisões conceituais do espaço político. Para isso publicaria uma lista com a "acepção acertada" de determinadas palavras. A primeira era "carbonário", que ele define como o membro de uma associação secreta criada em Nápoles pela rainha Carolina de Bourbon para servir ao projeto de unificação da Itália. O modelo dessa organização era adotado em outros países que enfrentavam situação parecida. Segundo Grondona, no Rio, apenas três "pessoas a conhecem e dela não fazem proselitismo".

Na mesma sequência: "demagogos", a segunda palavra, seria o nome dado aos chefes e capatazes do partido republicano. Segundo Grondona, os demagogos só existiriam na imaginação. "Republicanos" seriam os partidários de um sistema de governo popular chamado democracia, que se caracterizaria por não ter chefe cujo poder fosse hereditário. "Anarquista" seria o mesmo que "desorganizador, subversivo e alarmista", enfim, o inimigo de toda a ordem de governo. O último conceito, "império constitucional", é, na verdade, a descrição do modelo político que Grondona consideraria mais adequado ao Brasil:

Por Império Constitucional entendemos uma forma de governo representativo, tendo um Monarca à sua testa, com mais ou menos extensão de Autoridade, representação ou Regalias e tudo isso conforme as condições estabelecidas entre Ele e a Nação na formação do seu Pacto Social, chamado Constituição (*SPG*, nº 27, 25 out. 1823).

Em um dos últimos números da *Sentinela*, Grondona publicaria mais um artigo contra a Santa Aliança. Era uma sátira na linha das *Cartas persas*, de Montesquieu, como muitas que então se publicavam, e intitulava-se "Carta traduzida do idioma turco". Eivada de expressões grosseiras, como muitos dos textos de Grondona, o artigo faz uma referência a Bonaparte ("grande ladrão") e à política da Santa Aliança empreendida no sentido de derrotá-lo:

> Sinto mal do ventre e ânsias de vômito quando ouço celebrar e exaltar desavergonhadamente os Santíssimos fins da Santíssima Aliança!... [...] Graças a Deus grande por o meu natural soberano S.A.I. Mahamud II (a quem o Grão Profeta Mafoma implora dilatada vida) não ter a honra de partilhar desta Santíssima manada de Assassinos Políticos, que despojaram um grande ladrão, o qual sozinho valia mais do que todos eles juntos... (*SPG*, nº 27, 25 out. 1823).

O *Correio do Rio de Janeiro* também mencionará frequentemente a presença de representantes da Santa Aliança no Rio de Janeiro. Em um dos números que circularam em outubro, o *Correio* publicou trechos de um artigo do *Bom-Senso*, periódico de Lisboa, onde se comentavam aspectos da política brasileira. O *Bom-Senso* chamava a Bonifácia de "Novembrizada Fluminense" e denunciava que José Bonifácio pretendia que no Conselho dos Procuradores fosse apresentada uma Carta Constitucional forjada por ele mesmo. Para isso, cabalara no sentido que os procuradores eleitos fossem homens contrários aos princípios liberais "ou pelo menos estátuas no conclave, em que ele e seu irmão, em tudo irmão, Martim Francisco, deviam só falar e mandar, porque a mandomania é moléstia antiga nestes dois senhores":

> Foi encontrado [no sentido de descoberto] este seu intento no dia 8 de junho. Encolheu-se mas nem por isso rompeu a sua Magna Carta e porque a Santa Aliança começava já a estender o seu influxo sobre o Rio, sendo um dos seus principais agentes o célebre Antônio Teles, filho do Marquês de Penalva e, em 2º, o rábula José Joaquim da Rocha, o rábula José Mariano, o Brigadeiro S. Paio, e um franciscano do mesmo nome, todos cobiçosos de altos empregos, de volúvel caráter e de não boa moral: traçou-se por estes, e pelos dois Andradas, e principiou a executar-se um plano infernal, [...] diminuindo talvez em poucos dias o conceito de verdadeiro Constitucional que o Imperador adquirira, etc. (Bom-Senso, 12 mar. 1823, apud CRJ, nº 60, 11 out. 1823).

Antônio Teles da Silva atuara como testemunha de acusação na Bonifácia (NEVES, 1992, p. 158) e se tornara, desde abril de 1823, agente diplomático do Brasil na Áustria, enviado por José Bonifácio. Quando fora assumir aquele posto na Europa, no final daquele mês, passara pelo Recife e convidara Cipriano Barata a filiar-se ao Apostolado. Convite que o maçom Barata recebera com desconfiança e logo repelira, passando a ser um dos mais ardorosos adversários do Apostolado. Teles era muito ligado aos Andrada, mas permaneceria no posto depois da queda destes. Estabelecera uma excelente relação pessoal com D. Pedro, que se prolongaria até a morte do ex-imperador, em 1834. A presença de Teles na Áustria talvez esteja na origem da suspeita, com frequência levantada pela imprensa liberal, de que ele fosse ligado à Santa Aliança.[15]

O redator do *Correio* também seria o primeiro a vincular De Loy, o francês responsável pela redação do jornal *Estrela Brasileira*, à Santa Aliança. Lisboa denunciara que havia "oculta censura prévia" ao material a ser impresso no *Diário do Governo*, que aquele jornal só publicava doutrinas anticonstitucionais e que, "ainda hoje, aparece a correspondência de Tilbury,[16] assim como a de um emissário da Santa Aliança" (*CRJ*, nº 53, 3 out. 1823). Dez números depois (*CRJ*, nº 63, 15 out. 1823), Soares Lisboa afirmava que lhe parecia mais fácil extinguir-se no Brasil o título de império, do que se estabelecer nele o "Absolutismo da Santa Aliança, por mais que trabalhe o ex-Redator da *Gazeta*, 'le Drapeau Blanc', encarregado da redação da *Estrela Brasileira*, de acordo com a súcia dos Escariotes".

A *Estrela Brasileira* era, segundo Alberto Rangel, "uma folha amiga do ministério, com as cores, até certo ponto da Oposição" (RANGEL, p. 341), e ocuparia, no final do segundo semestre de 1823, o lugar do extinto *Espelho*. No cabeçalho do jornal aparecia o nome de Mr. Daireau, com a informação de que, em sua casa, situada à rua da Cadeia nº 101, se recebiam assinaturas para aquela folha. A redação da *Estrela Brasileira* é atribuída ao cidadão de nacionalidade francesa Jean-Baptiste Aimé de Loy, conhecido como Jean de Loy, ou De Loy,[17] como é mais frequentemente nomeado, que seria pago por D. Pedro I para publicar o jornal. Essa é a versão que divulgou, mais tarde, o radical panfletário da regência conhecido como *Tribuno do Povo*.

De Loy era poeta e levara anteriormente uma vida errante em vários países, vivendo sempre à custa de admiradores. Viajou pelo Brasil em 1822, antes da Independência. Fora, antes de lançar sua própria folha, a se crer no que dizem o *Correio* e o *Sylpho*, um dos redatores da *Gazeta do Rio de Janeiro* e, depois, do *Diário do Governo*. De Loy publicaria ali uma carta atacando a maçonaria e exaltando o Apostolado. Assinada pelo "Europeu chegado de novo", contava episódio que teria vivido logo que chegara ao Brasil:

Logo que aqui cheguei um quidam veio à minha casa e depois de tossir meia hora, disse-me em falsete, se eu queria associar-me ao Clube dos Franco-Maçons. Não pude deixar de me embravecer contra o tal pinto gosmento, ou melhor, contra esse Deputado de cemitério por me fazer tal convite. Disse-lhe portanto o que eu sabia do seu Clube; que a Maçonaria do Brasil estava inteiramente desacreditada na Europa por se envolver em negócios políticos. Que estava enfim resolvido, podendo sem inconveniente, ser Apóstolo para ir converter inimigos da fé brasílico constitucional. [...] Com estas e outras palavras despedi o irmão da tumba, sem lhe dar gorjeta por seu trabalho (*DG*, n° 136, 21 jun. 1823).

O *Sylpho* responderia a críticas do jornalista francês que lhe cobrara "um pouco mais de ligeireza no estilo", pedindo-lhe que, em vista de sua dedicação à nossa pátria, manifesta em artigos onde revelava suas opiniões em política, "cuidasse (em vez de pretender estilos aligeirados) em purificar o seu, não construindo orações portuguesas, com sintaxe francesa". Recomendação que faz, segundo diz, em defesa do idioma, "já por outras causas considerado adulterado" (*Sylpho*, n° 16, 27 set. 1823). O *Correio* também põe na conta da nacionalidade de seu redator a atitude política da *Estrela Brasileira* e pergunta, com indignação:

Maldita tentação de ler Periódicos! [...] Cai-me na mão o n° 5 da *Estrela*, que com semelhante impostura se apelida *Brasileira*, novas e artificiosas dissimulações encontro [...] Seria possível que algum brasileiro degenerado compusesse estas Estrelas de fábrica coberta, que dardejam a impostura, a calúnia, o erro, e o baixo servilismo? Não, me respondeu um Amigo: este fabricante é francês, benemérito crente e defensor do horrível dogma da Legitimidade, manto negro que cobre e defende o absolutismo, a tirania, e o vil servilismo [...] Brasileiros, lede com cautela esse perigoso periódico, onde o veneno se mistura em todas as suas páginas (*CRJ*, nº 73, 27 out. 1823).

Diz ainda o *Correio* que essa estrela muito propriamente se poderia chamar do norte, mas só que da Europa. Na campanha contra o suposto emissário da Santa Aliança, valia até inserir uma referência simpática ao jornal do maior inimigo, a *Sentinela da Praia Grande*. Assim é que a carta acima, uma das que compuseram a série assinada por "Angaturama Cemimotara", incluía um pós-escrito que recomendava:

> P.S. Sr. Redator do Correio [...] avise a Sentinela da Praia Grande para que, se lá aparecer este Estrangeiro a olhar na sua Câmara Óptica, não o admita no 5º vidro, mas acrescente só para ele um vidro de Moscóvia e que o faça olhar de joelhos com a cabeça baixa.

A ligação do francês com a Santa Aliança seria relembrada ainda no nº 79 (4 nov. 1823) do *Correio*, onde se faz alusão aos mistérios professados pela "Irmandade da Santa", os emissários ou simpatizantes da Santa Aliança, entre os quais se incluiria o redator da *Estrela*:

> Aquele escritor adora uma Santa, que eu detesto como a Mafoma; professa os dogmas falsos da sua seita, que eu desprezo como os do Alcorão; é incendiário porque vem a país estranho publicar erros, que só podem produzir guerra civil; é engenhoso em sustentá-los; mas não se abate a frases e invectivas da canalha: é um inimigo temível, porque sabe manejar a arma do sofisma, e não desce do decoro de escritor para não perder forças no combate (*CRJ*, nº 79, 4 nov. 1823).

O grande dogma da seita do jornalista francês seria naturalmente o legitimismo. As referências ao norte da Europa e a Moscou se devem naturalmente ao papel que na Santa Aliança detinha seu criador, o czar da Rússia. Como se sabe, a Rússia fora, das três potências que inicialmente compuseram aquela organização, a que se mostrava mais intransigente quanto à concessão do reconhecimento da nossa Independência e a que propusera a Portugal o uso da força para submeter o Brasil:

> De fato, ministros de Estados-membros da Aliança trabalhavam no sentido de levar Portugal a adiar o reconhecimento, na esperança de que a América Latina voltasse à sua situação de obediência às metrópoles europeias. Era conhecida, desde 1823, a posição da Inglaterra favorável aos novos países. [...] Rússia e França dirigiam essa política (HOLANDA, p. 336).

As denúncias publicadas no *Correio* e nas *Sentinela* da presença de agentes da Santa Aliança no Rio demonstram a clara visão que tinham desse projeto e do que representaria para a Independência e o progresso do Brasil. Eles sabiam que, para a preservação da ordem absolutista, dentro da interpretação que Metternich dera à política da Santa Aliança, valia a intervenção nos negócios internos dos outros países. Soares Lisboa combatia os ataques indiscriminados que tanto o *Tamoyo* quanto a *Sentinela* promoviam contra os portugueses residentes no Brasil, lembrando o risco de se estimular a divisão entre os habitantes do país, quando necessitaríamos de união para consolidar não só o sistema interno como também a Independência, "que se supõe ameaçada pela Santa Aliança" (*CRJ*, nº 67, 20 out. 1823).

7. Na barba do tolo aprende o barbeiro novo

Para que proveito enxovalhar famílias, descer a particularidades pessoais, cobrindo de baldões os cidadãos que servem ou têm servido a Pátria, como se vê no Correio e em outros periódicos? Se os cidadãos têm crimes em administração, apontes-lhes moderadamente, criminem-se, mas uma sentença nunca será justa por ser concebida em termos insultantes e nem o ladrão por se lhe dar esse nome fica punido.

DG, nº 80, 4 out. 1823

1. A GUERRA DOS JORNALISTAS

A Câmara óptica de Grondona tinha uma cor de vidro para cada tipo de freguês. O vidro verde era para os brasileiros liberais; o amarelo, para os brasileiros corcundas (conservadores em geral e partidários das doutrinas da Santa Aliança); o azul, para os chumbeiros liberais (partidários das Cortes portuguesas); o negro, para os chumbeiros corcundas (legitimistas e partidários da submissão a Portugal); e o branco, para os estrangeiros. Nesse admirável panorama satírico da política brasileira, o redator da *Sentinela da Praia Grande* apresentava as reações das várias vertentes ao processo político que se desenrolava no país durante aquele ano de 1823, como também o papel dos jornais e de seus redatores nelas.

As vistas da Câmara Óptica agradaram tanto que vão continuar:

Atenção, Senhores, à esta décima nona importantíssima vista, em que aparecem objetos de diferentes espécies: acolá, em um canto remoto, sentados sobre as ruínas de um Régio Palácio, em meditabunda postura estão os tristes e magoados Redatores do *Regulador* e do *Espelho*, chorando as asneiras e heresias políticas que pregaram e o mau fruto que delas colheram e ao pé deles o velharão caduco da *Atalaia* que os repreende de o terem desamparado e deixado só a lutar em campo contra a enchente do Liberalismo; protestando que nem por isso há de fugir de seu desesperado assunto.

[...] "Leve o diabo quantos Carcundas há", grita endiabrado e com razão o ex-Redator do *Diário do Governo*: apanharam-se servidos e deram-me um pontapé para chamar em meu lugar este chumbeiro hermafrodita, indicando com o dedo o Redator do *Sylpho*, que por não ter nunca dito nada de significante no seu Periódico, acharam-no em caso de os servir melhor do que eu. [...] Do lado oposto aparece um Índio, com arco e flecha atirando a pássaros Europeus [referência ao *Tamoyo*], mas encarando com um Soldado, que está de "Sentinela à beira do mar" e que lhe pergunta: quem vem lá? Para no seu caminho e diz: temíveis são tuas balas, temíveis são minhas flechas, ambos atiramos ao mesmo alvo — responde o Soldado: melhor é que estejamos em paz. — Assim seja, diz o outro, livremo-nos do inimigo comum, e safos deles, se houver divergências entre nós as ajustaremos [...]

Os do vidro amarelo lastimam o mau sucesso do *Regulador*,

Espelho, *Atalaia* e *Diário* e a pouca aceitação da escura *Estrela*. Os do vidro azul lastimam que não houvesse ao menos uma dúzia de *Sylphos*.

[...] Não se admirem Senhores, que nesta vista precedente entre os Periodistas não aparecesse o Redator do *Correio*, pois é tamanho e tão volumoso que ele só teria enchido toda a vista. Portanto vamos mudar os vidros de convexos para côncavos a fim de diminuir o objeto. Gratos ao recurso que ele nos sugeriu desta Câmara Ótica o temos mandado pintar de propósito para o expor aos olhos do público, visto por estar de gaiola não pode comparecer com os outros. Aqui o verão, senhores, sob a figura simbólica de um hipopótamo ou cavalo-marinho. Mal apenas aparece esta figura, uma gargalhada arrebenta em todas as bocas dos espectadores; e mostra que só quando aparecem animalejos deste calibre, todas as opiniões mais divergentes se acham concordes no seu juízo para gritarem unanimemente oh! oh! que bicho!!!... (*SPG*, nº 26, 26 out. 1823).

Nessa décima nona vista da Câmara óptica aparecem o redator do *Espelho*, Manuel Ferreira de Araújo Guimarães, e do *Regulador*, frei Sampaio, jornais que deixaram de ser publicados na primeira metade daquele ano, seguidos do *Atalaia* de Cairu. Eram jornais que compartilharam (com algumas diferenças) das mesmas posições no cenário político. Em seguida aparece Antônio José de Paiva Guedes de Andrade, do grupo andradista, ex-redator do *Diário do Governo* que, conforme anúncio publicado no próprio *Diário*, foi substituído por Antônio José Falcão, redator do *Sylpho*, jornal identificado com a maçonaria e com seu líder, Gonçalves Ledo.[1]

O índio e o soldado glamourizados que visam o mesmo alvo e se unem para atingi-lo são obviamente o *Tamoyo* e a *Sentinela da Praia Grande*. Grondona alia claramente os defensores do

N.° 1

O SYLPHO.

Periodico Fluminence.

QUARTA FEIRA 6 DE AGOSTO DE 1823.

Il faut qu'un peuple ait des lois ecrites, toujours constantes, et consacrées par toute la Nation ; qu' elles soient au dessus de tout ; que ceux qui gouvernent n'aient d' autorité que par elles ; qu' ils puissent tout pour le bien, suivant les lois ; qu' ils ne puissent rien contre ces lois pour autoriser le mal.

FENELON.

He necessario que hum povo tenha Leis escritas, sempre permanentes, e consagradas por toda a Nação ; que sejão superiores a tudo ; que os governantes só por ellas gozem da authoridade; que tudo possão para o bem ; segundo as leis ; que nada possão contra ellas para authorizar o mal.

TRADUCÇÃO DOS REDACTORES.

Eis o principio geral, e invariavel que deve servir de norma a todo o Governo em que a Justiça, e a Razão trabalhar de acôrdo para felicitar o maior numero de pessoas congregadas em sociedade. Estas palavras, Concidadãos, que o illustre, o immortal preceptor de hum Principe nascido para reinar, põe na boca do (*) Filosofo de Athenas não forão colhidas ao acazo para simplesmente como epigraphe adornarem o presente periodico. Estas palavras, Brasileiros, são os principios elementares de Justiça, e benevolencia universal ; e o Governo aonde ellas servirem de base ás suas instituições, aonde a sua perfeita, e completa observancia obstar aos excessos que as mais das vezes se encontrão em quem exerce o poder, pelo defeito inherente á especie humana, de abuzar quazi sempre do que ha mais justo, mais legal, e mais sagrado, será aquelle que resolva o grande problema de qual he a melhor forma possivel de Governos, problema, que aliás nos

parece insoluvel considerado nos outros differentes aspectos. O desenvolvimento pois deste principio nas diversas questões de Direito Publico, de Politica, e de Legislação, com referencia ao genio, ao caracter, á educação, e aos costumes de huma Nação, he o que formará a sua melhor Constituição, o seu Codigo fundamental.

Dispostos a servir com os nossos escritos a cauza da liberdade da Patria, frequentes se hão-de offerecer as occasiões de fazer aplicação desse mesmo principio a alguns objectos, que houvermos de tratar.

Melindroza he a tarefa que emprehendemos : se nossos conhecimentos iguallassem a nossos dezejos, não temeriamos faltar ao perfeito desempenho deste trabalho. Tambem vemos que a beneficio da liberdade da imprensa (que ora nos parece verdadeiramente resuscitada) muitos hão-de encetar a mesma carreira, alem dos que ja nella proseguem : como não tratamos de entrar em competencia com os outros escritores, e nos contentamos de expender nossos raciocinios, e opiniões com a franqueza de homens livres, cuidamos que

(*) De Socrates. Dial. des Morts.

Trono e do Altar: *Regulador, Espelho, Atalaia, Diário do Governo* e *Estrela Brasileira* no vidro amarelo. Não se identifica com os do vidro azul: o *Sylpho* e o *Correio do Rio de Janeiro*, que seriam "chumbeiros liberais", isto é, liberais simpáticos a Portugal ou defensores dos interesses dos portugueses no Brasil. Na última posição e no muito intenso combate que deu ao elemento português ("pássaros europeus") seu aliado natural foi *O Tamoyo*.

De vez em quando, os jornais produziam uma panorâmica do que era e quem fazia a imprensa. As cenas mais movimentadas foram as produzidas pelos jornais do curto período que vai da queda dos Andrada (julho de 1823) até à dissolução da Assembleia, em 12 de novembro. O próprio *Tamoyo* descreveria de forma caricata e no mesmo estilo já adotado pelo Grondona aqueles que escreviam contra os Andrada. Incluía no rol também os correspondentes escondidos sob pseudônimos.

Aparece em primeiro lugar um bojudo tonel, metamorfoseado de matéria morta em matéria viva e semirracional, porém grosseira, hoje conhecido pelo nome de — *gordo redator do Correio do Rio*; um seu correspondente denominado o Anti-Tamoyo, bem fornida e punctuada crisálida, a qual em virtude de suas forças plásticas, mas *per defectum* se transformou depois no infinitíssimo *Mosquito Pernilongo*, grande chefe de outros mosquitinhos de certo charco, ou lodoso mangue, a que indevidamente chamam *loja*; um Palhaço das Cortes de Lisboa, transformado em nojenta Barata, cujos serviços prestados à causa da anarquia, e da imoralidade, mereciam alguma coisa mais do que os estéreis elogios do Sr. Resende [...]

Um *Aprendiz*, que por sua incapacidade e lerdice para todo o gênero de conhecimento humano ao depois se transformou assizadamente em *Simplício*, sinônimo de pateta, boca-aberta, manoel-coco, etc. etc. [...]; um *Inimigo dos Impostores*, outro correspondente do

Sr. Tonel, ainda no primeiro estado, o qual espera transformar-se em Chumbista ou Inimigo do Brasil, logo que os nossos negócios tomarem a hedionda face, pela qual tanto suspira. [...]

Tendo feito ver antecedentemente que os detratores dos Andradas cifravam-se em um Tonel, uma Barata, um Mosquito-Pernilongo, um Simplício e um Chumbista, podemos assegurar que conservam a estima e boa opinião dos seus Concidadãos, não só na Corte e Província do Rio, mas em todas as outras, porque não é de crer que um tonel, dois insetos, um mentecapto, e um inimigo do Brasil possam ter voto em semelhante matéria e influir sobre as opiniões da população inteira do Império (*O Tamoyo*, nº 30, 30 out. 1823).

O *Sylpho*, um dos mais comedidos no ataque, chamava a atenção para o empobrecimento do debate jornalístico que críticas como as publicadas no *Tamoyo*, na *Sentinela* e no *Correio* promoveriam. O *Tamoyo* refutou a comparação que o *Sylpho* tentara estabelecer entre ele, *Malagueta* e *Correio*, dizendo: "Só não conhece a diferença que existe entre estes periódicos quem, como o *Sylpho*, não vê, sem luneta, um palmo adiante do nariz" (*O Tamoyo*, 13 set. 1823). Diante dessa referência à miopia de seu redator, responde o *Sylpho*:

Que interessantes descobertas tem feito o redator do *Tamoyo*! [...] Não é ao *Tamoyo* que devemos o conhecer-se que o redator do *Correio* é gordo? Olhem que não gracejamos: propor-se a ser útil escrevendo e achais vós, ó leitores, que é qualquer bagatela, além das mencionadas, a declaração de ser o *Sylpho* curto da vista, e precisar de luneta para ver um palmo adiante do nariz. [...]

Quando o *Sylpho* leu em uma correspondência contra o *Tamoyo*, copiada noutro periódico, os decisados baldões de *corcovado* e *elítico*, [sic] doeu-se de ver tal pequenez e desgraça e lá consigo censurou que, em vez de combaterem-se as matérias e doutrinas dos escritos, se atacassem os escritores por seus defeitos pessoais: mal pensava o *Sylpho*, que também um dia tivesse que dizer ao *Tamoyo*, fruto exímio das serras paulistanas: Nunc tua me infortunia laedent! (*Sylpho*, nº 13, 17 set. 1823).

O *Tamoyo* voltará ao ataque, alguns números depois, rebatendo o comentário e afirmando estar cada vez mais convencido de que o *Sylpho* tem mesmo a vista curta, porque não só não distinguia a diferença entre o *Tamoyo*, a *Malagueta* e o *Correio*, como também não encontrara no mesmo *Tamoyo* senão a descoberta de que o *Correio* é gordo e ele, *Sylpho*, curto de vista (*O Tamoyo*, 27 set. 1823).

Era este o clima do final do período estudado aqui. Manifestavam seu desgosto com a violência a que descera a linguagem da imprensa mesmo os jornais que fizeram um pródigo uso dela. Em outubro de 1823, às vésperas da dissolução da Assembleia, diante da crescente agressividade dos jornalistas, o *Diário do Governo*, que tão violentamente quanto os jornais que descreve atacara seus adversários, lamentava o nível da jovem imprensa brasileira.

O *Correio* [...] cai sem descrição sobre o *Tamoyo*, porque julga seus incômodos, obra de seus inimigos disfarçados naquela folha, quer obscurecer serviços que esses cidadãos fizeram ao Império e cuida que com isso ganha. [...] O *Tamoyo*, por outro lado, deslembrando-se que as arbitrariedades e despotismos lhe granjearam a perda da opinião na Corte e províncias, busca lançar na mesma voragem os primeiros empregados. [...] O *Correio* copia as *Sentinelas* do Barata, certo que é dos mesmos sentimentos. O Barata merece a execração pública, porque enfim prega a desobediência, e a anarquia; o *Correio* espalha a sua doutrina, merece o mesmo conceito que o Barata. O *Tamoyo* increpa, e com justiça, o Barata, reconhece que este é um doido, só grato à gentalha, porque a adula contra a autoridade, e o *Tamoyo* trata muito de açular brasileiros contra europeus, e estes contra aqueles, e não se mostra o *Tamoyo* contraditório, increpando nos outros, o que aconselha em seus escritos? O Imparcial (*DG*, nº 80, 4 out. 1823).

2. O "BRASILEIRO RESOLUTO" E O FECHAMENTO DA ASSEMBLEIA

Permanecerão sempre ambíguas as relações entre o *Tamoyo* e a *Sentinela* de Grondona. Já no nº 18, da segunda fase do *Correio* (22 ago. 1823), alguém que se assina "O Tambor Constitucional" acusa a *Sentinela* de pretender a volta dos Andrada. É ainda o início das agressões, e a carta conclui com uma observação atenuadora: "V.M., Sr. *Sentinela*, parece que veio há pouco da sua terra e, a respeito de Andradas, está ainda com os beiços com que mamou". No número seguinte, o *Correio* volta a acusar a *Sentinela* de pretender a reintegração dos Andrada ao ministério, sob a alegação de que eles estariam "emendados de seus erros" e que seriam necessários para impedir que os "brasileiros europeus" levassem avante o plano de união com Portugal (*CRJ*, nº 19, 23 ago. 1823). O *Tamoyo*, em seu nº 10, procurará deixar claro que as suas posições são bem diversas daquelas que defendia Grondona. A *Sentinela*, por sua vez, agradecerá o esforço do jornal andradista e rebaterá como "falsa, aleivosa e maligna" a suspeita levantada pelo *Correio* de que estaria aconselhando a readmissão do ministério Andrada:

> Eles são fora e ninguém mais do que nós tem se tanto regozijado da sua queda pela qual ardentemente temos trabalhado. Aprenda a ler Sr. Amante do Brasil (se o fosse, o que muito duvidamos por

esconder-nos a sua graça) e depois verá que se louvamos os talentos dos Andradas é porque os possuem e que por serem de talento, agora que, chocados pela reação do amor-próprio, jogam o papel de liberais, gostamos de os ver nas Cortes (*SPG*, nº 7, 22 ago. 1823).

Grondona procurava se distinguir do *Tamoyo* afirmando sua total adesão às doutrinas propagadas pelo Barata na *Sentinela de Pernambuco*.

Nós não temos nada de comum com as equívocas doutrinas públicas do *Tamoyo*; [...] as nossas são bem claras e não nos identificaremos nunca com outras doutrinas que não sejam as do nosso mestre *Sentinela de Pernambuco* (*SPG*, nº 12, 3 set. 1823).

A fidelidade ao Barata se manteria e, vinte números depois, em 18 de outubro de 1823, estando o Grondona doente, "com cáustico no peito e sangria no braço", como disse, e não podendo "suportar por alguns dias trabalhos de redação", recorrera ao recurso de se fazer "plagiário". Porém, acrescenta: para "sermos menos nojentos como tais", procurara escolher trechos de "papéis Pernambucanos", porque acreditava que lá é que resplandecia "a Aurora Boreal". Era o introito para a reprodução da *Sentinela* do Barata. O texto que Grondona escolhera para aquele número tratava da situação na Bahia e provocava os baianos, concitando-os a serem mais valentes na guerra contra os portugueses. É um dos textos mais humorísticos publicados pelo Barata naquela fase:

Ora, bravo, boa terra é a Bahia. Ela é a casa do tolo, de quem se canta esta toada:
— Vamos folgar na casa do tolo? — Vamos.
— Vamos beber na casa do tolo? — Vamos.

— Vamos m... na casa do tolo? — Vamos.

— Vamos c... na casa do tolo? — Vamos.

Ora, ria o tolo: Tolo! viva o tolo.

Exaqui o que se pode dizer da Bahia: ela é a Pátria dos Marotos. [...] Meu Deus! Por que serão os baianos tão estúpidos? Tão sofredores, ou para melhor dizer, tão escravos?

Ó, baianos dos diabos, peguem nas armas. [...] Lembrem-se do que lhes aconteceu por pacientes no ano de 1821 e 1822. A obediência tem seus limites. Fora obediência cega (*SPG*, nº 32, 18 out. 1823).

A Ambiguidade do Grondona, dividido entre os Andrada e o Barata, se tornará ainda mais forte no embate final da Assembleia. A agressividade contra os portugueses que unia os dois jornais do Rio, *Tamoyo* e *Sentinela da Praia Grande*, ao de Cipriano Barata, em Pernambuco, foi a principal causa daquele desfecho.

O *Tamoyo* daria intenso combate à portaria do ministro da Guerra, que, depois da derrota das tropas portuguesas na Bahia, ordenava que pudessem passar aos corpos do Exército brasileiro as praças de pré-remanescentes dos corpos portugueses que assim o desejassem. Era a repetição, diz Varnhagen, do que nesse mesmo ano, no maior prestígio de José Bonifácio, se havia praticado com os soldados da divisão Avilez e da expedição de Maximiliano de Sousa (VARNHAGEN, p. 304). Mas o *Tamoyo*, cinco dias antes da dissolução da Assembleia, citava o fato como mais uma prova da crescente influência dos portugueses sobre o príncipe e sobre a tropa:

Mandam-se convidar inimigos nossos, prisioneiros de guerra, ainda gotejando o sangue brasileiro, para entrar em nossas fileiras; [...] o Comando dos Corpos Militares é todo de portugueses, e no dia 12 de outubro assoalha-se a ideia de que vai-se aclamar a S.M. absoluto. [...]

E o Ministro dos Negócios do Império, censurado de empregar lusitanos, pergunta a quem lho estranha, se há de empregar botocudos e negros. [...]

Senhor, é absolutamente necessário mudar o atual Ministério, que solapadamente nos vai perdendo e a V.M. também: o Ministro da Guerra tem atraiçoado claramente a Nação; o da justiça só é liberal com os lusitanos, ou seus aderentes e adoça os seus crimes com a alcunha de desafeição à nossa causa (*O Tamoyo*, n° 33, 6 nov. 1823).

Em setembro, aparecera na *Sentinela da Praia Grande* o primeiro artigo do "Brasileiro Resoluto", apelido por que ficou conhecido Francisco Antônio Soares.[2] O "Brasileiro Resoluto" recomendava que se despedisse e até mandasse embora todos os ministros, governadores e comandantes portugueses, pois eram "mui marotos", isto é, não confiáveis, pois haviam se batido contra os seus patrícios em defesa do Brasil. A partir das ideias do "Brasileiro Resoluto", o *Correio do Rio de Janeiro* indagava: "Ora, pergunto eu ao Sr. Resoluto: se, por serem portugueses aqueles, não são dignos de confiança; em que classe coloca a S.M.I.?".

Afirmar que serão maus porque nasceram em Portugal, é indiretamente insinuar o mesmo a respeito do Monarca. [...] A Representação de 23 de Maio foi somente assinada por brasileiros? Quem a elaborou? Não foram três brasileiros: Ledo, Pe. Januário, e Dr. Gama e três portugueses, José Clemente, Pe. Lessa e o Redator do Correio? (*CRJ*, n° 39, 17 set. 1823).

Na véspera do fechamento da Assembleia, o *Correio* voltaria a se ocupar do "Brasileiro Resoluto", em cujas atitudes identificava loucos caprichos, ou pretensões sinistras. Dedicava ao desengano daquele e dos de sua facção, "*Sentinelas, Tamoyos*, Redondilhas et reliquae" a seguinte quintilha:

Não se ostentem tão azedos
Nos que nutrem mortais zangas
Seus roncos não geram medos;
E ainda que chorem pitangas,
Não vingarão seus enredos
(*CRJ*, nº 85, 11 nov. 1823).

Os enredos poderiam não vingar mas provocariam grande comoção, e suas consequências se estenderiam por muitos anos. O impacto do artigo do "Brasileiro Resoluto" fora enorme. O próprio *Sentinela* publicaria correspondência de um leitor que vibrara com o novo articulista:

> Muito me consolou a sua *Sentinela* nº 14; onde foi V.M. achar aquela correspondência? Onde descobriu aquele Brasileiro Resoluto? Ah! Sr. Redator, confesso-lhe que me regalou a alma; toda aquela doutrina estava no meu coração e na de todos os Brasileiros; o diabo do homem é feiticeiro, leu a *bonadixa* de todos e acertou com o que todos querem (*SPG*, nº 16, 16 set. 1823).

Em contrapartida, era natural que o "Brasileiro Resoluto", pela violência com que a atacava, despertasse entre a oficialidade, cuja grande maioria era composta de portugueses, sentimentos bem diversos. Correra no Rio o boato de que os seus artigos saíam de uma botica do largo da Carioca. O major de Artilharia José Joaquim Januário Lapa e o capitão Zeferino Pimentel Moreira Freire, vestidos à paisana, passando pela tal botica na noite de 5 de novembro viram lá dentro o boticário, Davi Pamplona Corte Real. Haviam lhes dito que ele era o autor dos artigos. Entrou Lapa e, quando já lhe dera algumas bengaladas, o boticário declarou chamar-se Davi Pamplona e não ter nada a ver com tais questões.[3]

Pamplona encaminhou um requerimento à Assembleia denunciando a agressão e pedindo providências. A Comissão de Justiça opinou que o assunto não era de sua competência. Houve tumulto na sessão do sábado, dia 8, e na sessão do dia 10. Os espectadores, alguns armados, ocuparam não só as galerias como a própria sala da Assembleia. Com o agravamento da crise, os ministros da Guerra e da Justiça pediram demissão nos dias 9 e 10. O da Marinha, único que ficou, era amigo dos Andrada.

Antônio Carlos e Martim Francisco fizeram-se imediatamente advogados da vítima perante a Assembleia. Pamplona, ilhéu português de nascimento, servidor da tesouraria-geral do Exército em Portugal por trinta anos, foi convertido em brasileiro nato. Os Andrada esforçaram-se para que a agressão que sofreram fosse vista como uma ofensa à honra e dignidade da nação. O apelo surtiu grande efeito sobre o público. Martim Francisco era o mais exaltado, gritando da tribuna da Câmara contra os portugueses: "Infames! Assim agradecem o ar que respiram... Ainda vivem, ainda suportamos em nosso seio semelhantes feras!".

Antônio Carlos e Martim Francisco foram carregados nos braços pela multidão. O imperador assistiu ao seu triunfo da janela do Paço que ficava do lado da Cadeia Velha. Naquele mesmo dia a *Sentinela* publicara: "Vá Dionísio para Corinto, vão os lusos para a Lusitânia e o Brasil será feliz". O clima na cidade era tenso e, durante toda a tarde do dia 10 de novembro, se observaram as idas e vindas de um grande número de oficiais no Caminho de São Cristóvão. O imperador mandou toda a tropa e parte da milícia pegar em armas.

> Ao se reunirem os deputados para a sessão do dia 11, souberam que todos os corpos da guarnição se achavam em armas em S. Cristóvão e que se lhes havia distribuído cartuchame. Acrescentavam alguns que a reunião fora espontânea, por exigência dos oficiais e assim o

quis insinuar o governo. Deixemos que deem a isso crédito os que tenham mais candor e menos conhecimento do mundo. Desde os acontecimentos da véspera, desde a mudança do ministério, seria criminosa imprevidência não estar o governo preparado para qualquer acontecimento (VARNHAGEN, p. 330).

Começou a última sessão da primeira Assembleia-Geral Constituinte e Legislativa do Brasil com os protestos dos deputados, liderados por Antônio Carlos, contra a reunião das tropas. Foi feita a leitura de um ofício do novo ministro do império, Vilela Barbosa, que fora nomeado no dia 10. Nele, o ministro participava que os oficiais da guarnição haviam representado a D. Pedro contra os insultos feitos à honra e à pessoa do imperador por certos periódicos do Rio. Para evitar desordens, a tropa fora retirada da cidade. Concluía aquele ofício com o pedido de que a Assembleia tomasse as providências cabíveis.

Por toda a tarde do dia 11 até a madrugada do dia 12, deliberou e discutiu a Assembleia em torno do que lhe propusera o governo: que a própria Assembleia punisse os responsáveis pelo *Tamoyo* e pela *Sentinela*. Estes foram nomeados como sendo os três irmãos Andrada. Liderados por Antônio Carlos e Martim Francisco, os deputados decidiram continuar em Assembleia permanente até que o governo dispersasse a tropa. Houve quem sugerisse que a Assembleia passasse a celebrar as suas sessões em outra província. Proposta contra a qual protestou Cairu: "Estamos no mundo da lua? Andaremos de capa em colo, em busca de pouso? A quem daremos ordens? Quem as executará?" (VARNHAGEN, p. 333).

Pouco depois das dez horas da manhã do dia 12, compareceu, atendendo a convite da Assembleia, o ministro do Reino, Vilela Barbosa. Declarou que não havia faltado quem pedisse ao imperador que fossem coibidos os abusos da imprensa e expulsos da Assembleia os Andrada. Sua majestade imperial, não podendo aceder a essa última exigência, concordara que o ministério oficiasse à Assembleia para que providenciasse acerca da primeira.

Pergunta: Qual era a matéria da queixa e se pediam o extermínio de alguns Deputados.[4]
Resposta: Que a matéria da queixa era terem sido ofendidos na sua honra e com menoscabo da dignidade de S.M.I., nos periódicos *Tamoyo* e *Sentinela* e que pediam a demissão de alguns Deputados (*CRJ*, nº 94, 21 nov. 1823).

O *Diário da Assembleia* (nº 31) reproduziu, com detalhes, esse episódio. A um determinado momento da arguição do ministro, José Bonifácio observou:

É para notar que, quando se trata de partidos incendiários fale-se somente do *Tamoyo* e da *Sentinela da Praia Grande* e que nada se diga do *Correio*, nem do *Diário do Governo*. [...] Qualquer de nós vê que se fala só naqueles porque atacaram o Ministério, e que é por isto que são incendiários; o que não sucede a respeito dos outros.

Enquanto Vilela Barbosa estava na Assembleia, algumas vozes se ouviram pedindo que se declarasse o imperador fora da lei. Segundo Varnhagen, o imperador soube disso e, antes que Vilela voltasse, já estava lavrado e referendado o decreto de dissolução. A Assembleia o recebeu por volta de uma da tarde:

No decreto, dizia o Imperador que, havendo convocado a Assembleia Geral Constituinte e havendo esta perjurado ao solene juramento, que prestara, de defender a integridade e Independência do Império e a sua dinastia, a dissolvia e convocava uma outra, à qual seria por ele apresentado um projeto mais liberal que o elaborado.

Terminada a leitura, sem admitir mais discussão, declarou o presidente que a Assembleia ficava dissolvida e levantou a sessão (VARNHAGEN, p. 336).

Logo foram presos os três Andrada e, com eles, seus seguidores mais chegados: o padre Belchior Pinheiro de Oliveira, sobrinho deles e deputado por Minas Gerais; Montezuma; José Joaquim da Rocha, junto com seus dois filhos e os irmãos Antônio e Luís de Meneses Vasconcelos Drummond. Outros, que não tinham diretamente a ver com o episódio, também foram detidos. Dentre essas outras prisões causou mais espanto a de Vergueiro, que parecera injusta até para Soares Lisboa. Diz Varnhagen que, tendo Vergueiro indagado por que estava sendo preso, "não lhe faltou quem lhe respondesse, sem ser ironicamente, que era para se não dizer no público que fora mais protegido, por não ser brasileiro nato" (VARNHAGEN, p. 349).

A *Estrela Brasileira* se posicionaria em defesa do ato do imperador, dizendo que D. Pedro, apesar de muito respeitar a liberdade de imprensa, não daria nunca "o seu sagrado nome à horrível licença que tem ultimamente afligido a todas as pessoas honradas desta capital". Refutaria a opinião de pessoa "de muito juízo e prudência" que achava que o imperador poderia ter se limitado a destruir a minoria facciosa da Assembleia, com a expulsão de uns três ou quatro indivíduos, pois que a grande maioria da Assembleia era composta de homens moderados e bons patriotas:

A isto respondemos que S.M. não tem poder para fazer tal e que, se assim o fizesse, cometia então um verdadeiro despotismo. Um monarca constitucional tem, sim, o direito inegável de dissolver uma Assembleia e mais ninguém. S.M. obrou, pois, muito constitucionalmente, contentando-se de indicar à Assembleia, como medida de salvação pública, a exclusão de alguns membros, cujos talentos inegáveis não tinham ultimamente outro emprego, senão o de animar os partidos e excitar à guerra civil; porque ninguém podia pronunciar legalmente a dita exclusão, senão a maioria dos deputados. A Assembleia não julgou conveniente (e talvez que seus membros julgassem perigoso para eles individualmente) o decretar semelhante exclusão; então já não ficava ao Imperador outro meio legal, que empregar, senão o da dissolução da mesma Assembleia (apud VARNHAGEN, pp. 341-3).

Discordaria dessa conclusão o redator do *Correio*. Tendo apresentado no nº 94 um extrato da Sessão da Assembleia de 11 de novembro de 1823, diz Soares Lisboa que, pela leitura daquela transcrição, verificava-se que não se havia passado ali ato algum repreensível "como caluniosamente teria afirmado Mr. de Loy na sua *Estrela*, nº 12":

> Por que se havia de criminar e condenar a Representação Nacional, a título de fazerem parte dela os Andradas? [...] Só parece um Ato de violência contra a Assembleia, dissolvendo-a, e imediatamente prendendo-se os Srs. Ribeiro d'Andrada, Rocha, Montezuma. [...] Então esta coisa chamada lei perdeu inteiramente o vigor? Sim, já nos lembra que os Andradas, quando Ministros fizeram o mesmo a muita gente e agora sofrem a pena de Talião. Porém Vergueiro?... É fatalidade! Os Andradas mereciam castigo severo e, ao cabo, recebem a palma do martírio, porque não sofrem como Tamoyos ou Ministros, mas sim como Deputados, e isto é o que mais nos custa (*CRJ*, nº 96, 24 nov. 1823).

No número anterior, o jornalista se queixara de dores de cabeça e de moléstias adquiridas no cárcere devido à falta de exercício (*CRJ*, nº 95, 22 nov. 1823). O número em que protestara contra o fechamento da Assembleia seria o último do *Correio do Rio de Janeiro*. Encerrava-se com um melancólico e lacônico aviso do redator: "Com este número damos fim à 2ª parte de nosso Periódico; os Srs. Subscritores queiram ter a bondade de mandar à Cadeia receber o que lhes resta".

Antes desse aviso, no entanto, Soares Lisboa reproduzira texto de edital do intendente de polícia, Estevão Ribeiro de Resende, datado do último dia 20. Aquela autoridade declarava que qualquer pessoa que lhe viesse denunciar quem eram os autores das proclamações que circulavam na cidade contra o fechamento da Assembleia e quem as estava distribuindo receberia imediatamente 400 mil-réis. Soares Lisboa encerrou aquele número com um amargo comentário acerca desse aviso:

> Denúncias ocultas! Nem mais palavra da nossa parte, demasiado satisfeito estamos com quase 13 meses de trabalhos, e ainda agora jazente em cárcere. Haverá quem possa dormir descansado e sem receio de falsas testemunhas e infames denunciantes de mentiras? [...] quando as paixões se acham exaltadas convém dar tempo a que a razão possa ser ouvida (*CRJ*, nº 96, 24 nov. 1823).

Em 16 de novembro de 1823, D. Pedro I publicou um documento em que dava a sua versão dos fatos que o levaram a dissolver a Assembleia. Dizia que agira por ver "a Pátria em perigo" e por acreditar que "males extraordinários exigem medidas extraordinárias". Mas afirmava que desejava e queria restabelecer o sistema constitucional. Segundo sua versão, valendo-se de periódicos, "escritos com manhoso artifício e virulência", agitadores teriam pretendido semear a discórdia entre os cidadãos nascidos no Brasil e em Portugal, destruindo "a força moral do governo" e ameaçando "sua imperial pessoa" (VARNHAGEN, p. 345).

D. Pedro lembrava também o episódio envolvendo Davi

Pamplona e revelava que uma grande quantidade de armas havia sido vendida na cidade nos dias que antecederam à dissolução da Assembleia. Magoado, descrevia a "escandalosa aclamação com que foram recebidos e exaltados pelos seus satélites os chefes do nefando partido, quando saíram da Assembleia, a despeito da minha imperial presença". Fora a cena que assistira, da janela do Paço, em que Antônio Carlos e Martim Francisco saíram, carregados pela multidão, depois da sessão de 10 de novembro (VARNHAGEN, p. 346).

José Bonifácio e os demais exilados partiram com destino ao Havre no dia 20 de novembro. O piloto, um português, levava instruções secretas para desviar a rota e dar com os deportados em Portugal, onde seriam naturalmente alvo dos ressentimentos dos portugueses. O piloto não contou, no entanto, com a cumplicidade do imediato, que, dizendo desconhecer tais ordens, recusou-se a cumpri-las.

Chegaram a Vigo, nas costas da Espanha, no mês de fevereiro. Nesse mesmo mês, Palmela, que era então ministro do Reino de D. João VI, oficiou ao conde de Porto Santo, representante português em Madri, para que a charrua em que viajavam os exilados fosse entregue ao seu governo. Valeu aos brasileiros, naquele aperto, o prestígio internacional de José Bonifácio, que recorreu às legações francesa e inglesa em Madri, e os exilados puderam finalmente partir para o Havre. Ficariam proibidos de voltar ao Brasil por mais de cinco anos.

Joaquim Gonçalves Ledo e o padre Antônio João da Lessa chegaram ao Rio de Janeiro no dia 21 de novembro de 1823. Seu companheiro na maçonaria, o brigadeiro Nóbrega, chegou no mês seguinte. A 17 de fevereiro de 1824, o imperador concedia a José Clemente, Nóbrega, Ledo e Costa Aguiar a Ordem do Cruzeiro. Na mesma data, Nóbrega e Alves de Lima eram promovidos a ajudantes de campo. No dia 4 de abril do mesmo ano, data de aniversário de D. Maria da Glória, Januário também foi feito oficial do Cruzeiro.

No final do ano de 1823, todo o território nacional, do Amazonas ao Prata, estava submetido ao imperador. Depois da dissolução da Assembleia, ele reorganizou o ministério e instituiu, no dia 13 de novembro, um conselho de Estado incumbido de preparar uma nova Constituição que, depois de submetida à ratificação das Câmaras municipais (e não das Assembleias provinciais, como nos Estados Unidos, porque tais Assembleias só foram criadas entre nós em 1834), seria outorgada como lei básica do império pelo soberano.

No dia 11 de dezembro, o Conselho de Estado deu por concluído o projeto da Constituição, que foi apresentado ao imperador e, no dia 20, já estava impresso. Depois de submetido às Câmaras municipais, virou Constituição por meio da carta de lei de 25 de março de 1824. As objeções apresentadas foram poucas, embora dúvidas e protestos contra a dissolução aparecessem aqui e ali. Afonso Arinos chama a atenção para o fato de que as duas Câmaras restritivas tenham sido as de Recife, com frei Caneca, e de Itu, com o padre Feijó (MELO FRANCO, 1975, p. 95).

3. O DESTINO DOS PRIMEIROS JORNALISTAS

Hipólito da Costa

No panorama de Grondona não aparece Hipólito da Costa. Quando Grondona o escreveu, Hipólito deixara de publicar o *Correio Braziliense* desde o final do ano anterior. Naquela fase final, o *Correio Braziliense* fora um grande defensor dos Andrada. Na cobertura que fez dos debates nas Cortes de Lisboa, defenderia José Bonifácio das acusações de ingratidão que tentaram lhe pespegar os deputados portugueses com o propósito de cortar-lhe os vencimentos. Quando Antônio Carlos chegou a Londres, fugindo de Lisboa, teve espaço no jornal de Hipólito para publicar uma longa carta onde se defendia de acusações que lhe haviam sido feitas por jornais portugueses.

Tanta aproximação fez de Hipólito um precioso aliado do ministério Andrada na Europa. Suas ideias e projetos políticos eram idênticos. Hipólito também defenderia no *Correio Braziliense* a existência de duas Câmaras, argumentando que "conspícuos defensores da liberdade americana" a adotavam. E indagava, já reagindo à oposição que o projeto enfrentava entre os liberais brasileiros mais ou menos exaltados: "Dirão agora que todos esses heróis eram emissários da Santa Aliança?". Hipólito ofereceria à apreciação do público de seu jornal o projeto de Constituição que pensara para o Brasil. Esse projeto, que incluía o poder de veto e a iniciativa de leis para o soberano, foi publicado no nº 29 do *Correio Braziliense*, em setembro de 1822.

Uma das cartas de "Pítia a Damão" contava que frei Sampaio, no *Regulador*, se atirara "com unhas e dentes" contra os que haviam coberto "de raivosa espuma o *Correio Braziliense*", quando neste aparecera o projeto de duas Câmaras, com direito à sanção e aprovação das leis pelo imperador. Caneca, no tom agressivo com que habitualmente se dirigia a Sampaio, o acusava de ter tentado dar maior peso àquele projeto por ter sido apresentado por Hipólito. Segundo sua versão, o projeto fora, na verdade, enviado daqui para aparecer publicado no *Correio Braziliense*, em Londres:

> Impostor! Pensa V.M. que ignoramos a história do tal projeto? Pensa que não sabemos, que ele foi remetido dessa mesma Corte para a Inglaterra a fim de que, vindo de lá, parecesse merecer atenção e ser como a bússola (*CRJ*, nº 73, 27 out. 1823).

Quando Soares Lisboa publicou essa carta, tão ofensiva ao precursor do jornalismo político brasileiro (mas não de todo descabida), não sabia certamente que, em 11 de setembro de 1823, morrera, em sua casa, em Kesington, Londres, Hipólito José da Costa Furtado de Mendonça. Hipólito tinha 49 anos e, desde dezembro do ano anterior, deixara de publicar o *Correio Braziliense*. Acreditava que a existência de seu jornal se tornara desnecessária, depois que a liberdade de imprensa passou a ser uma realidade no Brasil.

Para Carlos Rizzini, o verdadeiro motivo da suspensão da atividade jornalística de Hipólito fora a incumbência que lhe dera D. Pedro: auxiliar o secretário de Negócios Estrangeiros do Brasil em Londres, Felisberto Caldeira Brant. Hipólito serviu nesse posto, completa Rizzini, de graça e por um breve tempo. Quando D. Pedro quis nomeá-lo cônsul-geral, ele já havia morrido, vítima de um mal súbito. Na lápide de seu túmulo, na igreja de Berkshire, o duque de Sussex escreveu que Hipólito da Costa, por meio dos seus numerosos e importantes escritos, difundira

> entre os habitantes daquele imenso império, o gosto pelos conhecimentos úteis, a inclinação pelas artes que embelezam a vida e o amor pela liberdade constitucional, fundada na obediência às leis e nos princípios de mútua benevolência e boa vontade. Um amigo que conheceu e admirou suas virtudes, assim as recorda, para o culto da posteridade (LIMA SOBRINHO, p. 121).

O *último redator do* Diário do Governo

Como se viu, Antônio José Falcão, o redator do *Sylpho*, substituíra Antônio José de Paiva Guedes na redação do *Diário do Governo*. Era, de certa forma, a recuperação de alguma fatia de prestígio para o grupo do ainda exilado Gonçalves Ledo. O novo redator afirmaria que escrevia ali com o único fito de contribuir como pudesse para o gozo de uma bem entendida liberdade e "desvelando-se, com preterição de tudo o mais, na consolidação, aumento e prosperidade do Império do Brasil, firmados, ou antes, deduzidos do sagrado direito de sua Independência".

Dentro dessa linha, o mesmo *Diário do Governo* — que, pouco antes, atacava os liberais, principalmente Soares Lisboa — voltou suas baterias contra o redator da *Estrela Brasileira*, demonstrando profunda indignação com o fato de aquele jornal ter classificado a invasão da Espanha de "defesa legítima contra crenças inimigas de toda a Constituição racional". O novo redator do *Diário* estava decidido a não suportar que tão bons advogados da Santa Aliança se intrometessem a dar-nos conselhos (*DG*, nº 103, 31 out. 1823).

Mas Falcão, dois dias depois de dissolvida a Assembleia, se demitiria, conforme o sintético anúncio publicado no *Correio*: "Peço ao Sr. Redator do *Correio do Rio de Janeiro*, o favor de fazer constar ao público por meio de sua folha que, ontem, 14 do corrente, me demiti da redação do *Diário do Governo*. Seu venerador e criado, Antônio José Falcão". Quem assumira o seu lugar? Em artigo publicado na seção "Variedades", o novo redator criticava a *Estrela Brasileira*. Mas suas críticas eram de formato diverso das do redator demitido:

> Como redator do *Diário do Governo* [...] apesar de louvar os princípios de moderação que guiam os redatores da *Estrela Brasileira*; contudo não nos podemos abster de lhe fazer algumas reflexões ao seu nº 14, convencidos como estamos de que são até a medula dos ossos, firmes sustentáculos, como nós, da liberdade legal dos povos e do decoro do Trono Constitucional, parece-nos contudo que algumas das expressões de que se serviu, por inadvertência certamente, não concorrem para este fim. Quem quer a conservação do

Trono Constitucional, quer a do governo e quem quer a do governo, não o desacredita (*DG*, n⁰ 120, 21 nov. 1823).

Quem assim escrevia era José da Silva Lisboa, facilmente identificável porque, a partir do n⁰ 125 (27 nov. 1823), na mesma seção, incluiria uma observação: "Os artigos sob o título 'Variedades' são sempre escritos pelo redator!!!". A série de artigos que logo passaria a publicar ali trazia o título: "A tramoia dos Tamoyos desfeita pelo Gênio do Brasil", conhecida por todos os especialistas como de sua lavra. Cairu historiava ali os últimos acontecimentos, dando sobre eles a sua versão:

O público brasileiro, que, na parte principal é cordato [...] todos interessados na boa ordem do Estado, bem reconheciam, e sentiam os péssimos efeitos dos abusos da Liberdade da Imprensa, que tanto se multiplicavam em escritos incendiários e folhas volantes [...].

Nesta Corte, proximamente fizeram o mais desaforado alarde de suas insolências os redatores dos periódicos intitulados *Sentinela da Praia Grande* e *Tamoyo*. Estes furiosos papelistas logo tiveram grande voga entre os leitores superficiais, que não sentiam a própria desonra em darem crédito e louvor a tais correntes de malfeitorias e descomposturas.

O primeiro era um estrangeiro, notório carbonário da Itália, que, abusando do direito de asilo, da franqueza do prelo, e da generosidade Imperial, tentava traspassar a esta região serena as lavas dos Vesúvios. [...] Ele logo em seu primeiro número se declarou sectário do monstruoso Barata, a quem deu o título de Mestre, servilmente copiando vis doutrinas, e invectivas da folha publicada no Recife, intitulada *Sentinela da Liberdade na Guarita de Pernambuco* e, em contínuas e recíprocas Alertas, manifestavam o seu conluio para a perdição do Império do Brasil, com o pretexto de exterminar o Despotismo. [...] E transcrevia a petulantíssima patifaria do dito Barata.

O redator do *Tamoyo* deitou a barra mais longe; ele não teve vergonha, nem reverência à humanidade, sendo paulista, em tomar o título, não só de selvagem, mas de canibal, afetando prezar-se de pertencer à tribo dos Tamoyos, que eram antropófagos e não menos cruéis bebedores de sangue que os botocudos, constando da história do Rio de Janeiro ter sido essa tribo composta de gente traidora, que se confederou com os franceses inimigos, para se exterminarem os portugueses amigos [...] Isto e isto só basta, para mostrar o negro coração, hórrido entendimento, pérfido caráter, e bárbaro destino de tal brasileiro.

A história podia dar muitas voltas, mas sempre encontraria ao pé do trono José da Silva Lisboa. Ele logo receberia a paga por tanta dedicação, tornando-se, sucessivamente, barão em 1825 e visconde de Cairu em 1826. Continuaria ainda por alguns anos na ativa, sempre do lado conservador, liderando a chamada imprensa carcundática. Foi um reacionário. Sempre que havia radicalização, a Coroa apelava para a pena de seu mais fiel vassalo. E ele sempre correspondia. Seu enorme prestígio intelectual, a imagem venerável que lhe davam os anos e a experiência foram alguns dos recursos de que se valeu para reforçar seus argumentos.

Cipriano Barata

Em 27 de novembro de 1823, *A Estrela Brasileira* anunciava: "Dá-se por certo que o ex-deputado Barata, redator da *Sentinela* de Pernambuco, está para chegar proximamente a esta Capital". Era verdade; Barata estava chegando ao Rio de Janeiro. Vinha preso. Quando fora eleito para a Assembleia Constituinte, as autoridades pernambucanas respiraram aliviadas: iam se livrar, pelo menos por uns tempos, do agitador. Mas grande foi a sua decepção quando o Barata declarou que não ia; que suas ideias eram contrárias ao projeto da Constituição; que aquela Assembleia estava viciada e que, por isso, não poderia votar uma Constituição realmente livre e representativa.

Diante disso, a junta governativa de Pernambuco não teve outro remédio senão providenciar um abaixo-assinado de supostos eleitores do Barata, exigindo do governo pernambucano o comparecimento do deputado às Cortes. E assim foi que prenderam e embarcaram o Barata para o Rio de Janeiro. Essa prisão aconteceu no Recife no dia 17, quando no Rio já fora dissolvida a Assembleia, mas, naturalmente, a notícia ainda não chegara.

Quando o Barata aí desembarcou, a 4 de dezembro, foi imediatamente recolhido à fortaleza de Santa Cruz. Ficaria preso no Rio até o final de 1830. Mas continuaria, das inúmeras prisões por que passou (há quem diga que ele foi o brasileiro que mais prisões conheceu), a publicar o seu jornal, sempre chamado de *Sentinela da Liberdade*. O subsequente nome "da guarita" correspondia ao da prisão onde Barata estivesse detido. Diz Hélio Vianna que o Barata não tinha pejo de, acintosamente, dar as costas ao imperador quando aquele visitava as prisões (VIANNA, 1945a, p. 478).

João Soares Lisboa — um Quixote gordo nas trincheiras da revolução

Barata não pôde encontrar-se com seu grande admirador, João Soares Lisboa. Este, em fevereiro de 1824, recebera ordens de passar à Europa. O navio em que viajava parou no Recife. Corria solta a revolução. Era a Confederação do Equador. Lisboa desembarcou, aderiu e logo se tornou figura notável do movimento. Entre 24 de junho e 6 de agosto lançou seis números de um jornal a que chamou *Desengano dos Brasileiros*, certamente em homenagem ao seu ídolo, preso no Rio. A epígrafe dizia: "Auguste Liberté, fille de la nature/ Sans tois, tout n'est que l'opprobe, injustice, imposture". O *Desengano* de Soares Lisboa atacava duramente o imperador (RIZZINI, p. 401).

O jornalista João Soares Lisboa não se furtou a pegar em armas contra o governo. Morreu a 30 de novembro de 1824, em plena batalha, vítima de uma emboscada em Couro das Antas. Seu corpo foi sepultado no álveo do rio Capibaribe. Dele disse frei Caneca: "A Confederação do Equador não teve partidário mais leal do que João Soares Lisboa. Bateu-se pela Independência. Morreu pela liberdade" (SODRÉ, p. 84).

Grondona

Quase um ano depois da dissolução da Assembleia, o barão de Mareschal foi encarregado por Metternich de localizar o paradeiro de "Joseph Etienne Grondona", o mesmo irrequieto jornalista que publicara no Rio a *Sentinela da Liberdade*. Mareschal diz em sua resposta que suas buscas foram inteiramente infrutíferas. Que Grondona, "sujet de S.M. Sarde, fut obligé à cette époque de prende la fuite". Tivera notícias dele na Bahia, de onde lhe informaram que partira para Buenos Aires. Dali, confessa Mareschal que perdera seu rastro (arquivo do IHGB, carta datada de 20 out. 1822). Sumira na bruma o carbonário italiano que tanto combatera no Brasil a Santa Aliança. Deve ter ido incendiar outra ex-colônia da América com seus escritos. O Brasil nunca mais ouviria falar dele.

De Loy e a Estrela Brasileira

Quem continuou no Rio foi o francês De Loy. Em dezembro de 1823, seu jornal descrevia os festejos realizados por ocasião do aniversário de um ano da coroação de D. Pedro I. Estes teriam começado com um elogio a D. Pedro recitado por Estela Joaquina, seguido da "famosa comédia *Achmet e Rakima* do bem conhecido escritor Antonio Xavier". É sobre ela que o esnobe jornalista francês se detém, exercitando a ironia que sempre manifestou com relação à vida cultural da jovem corte imperial brasileira:

> Bastante embaraçados seríamos se fôssemos obrigados a classificá-la de um modo preciso. Apesar do título que se lhe deu no cartaz por certo que não é comédia. Tragédia não é tampouco, porque não há tragédia sem prosa; seria pois uma destas peças bastardas a que os franceses chamam "melodrames" e cujas representações nos pequenos teatros de França custam muitas lágrimas às sensíveis cozinheiras, a românticas costureiras e a filantrópicos oficiais sapateiros. [...] Ficamos deveras pasmados ao ouvir as incríveis sandices, as monstruosas extravagâncias de que se compõe "Achmet e Rakima". Não procuraremos analisar aqui o plano da obra porque não tem verdadeiramente plano algum (*Estrela*, nº 20, 3 dez. 1823).

Seguem-se comentários igualmente implacáveis sobre os números de dança que vieram depois da peça: "Nada diremos a este respeito e não falaremos tampouco nas estranhas pernadas de certos sujeitos designados debaixo do nome de grotescos". O jornalista concluía sua crítica narrando o caso de um homem que, durante o processo de reintegração de Carlos II, depois do período Cromwell, teria apresentado ao rei da Inglaterra um pedido de compensação pelos sacrifícios que fizera no tempo do governo revolucionário. Estes consistiram em beber cinco garrafas de mau vinho à saúde do rei, então foragido, e em fazer a corte à mulher de um puritano, mesmo ela sendo feia, velha e fiel ao marido:

Ignoramos por que forma o Rei Carlos II recompensou estes dois importantes serviços. Mas qualquer que fosse o resultado, estamos na firme deliberação de, se algum dia tomarmos o ofício de pretendente, incluir na alegação dos nossos serviços de adesão e fidelidade às pessoas de SS.MM.II., as quatro longas horas que tivemos que passar no teatro só para gozarmos das suas Augustas Presenças.

Poeta de méritos discutíveis, porém elogiado por Sainte--Beuve, De Loy continuaria no Brasil até a abdicação de D. Pedro I, em 1831. Seguiu então para a Europa, onde se alistou no exército organizado por nosso ex-imperador para combater D. Miguel, que usurpara o trono de D. Maria da Glória. Antes, De Loy publicara, em 1825, pela editora Plancheur, o livro *Le Brésil, Epitre a Messieurs Adrien, Felix et Theodore Taunay, a Tyjuca; par M. Le Comandeur João de Loy.* Também fez publicar em Lyon um violento ataque aos Andrada, que responderam com uma *Réfutation des calomnies relatives aux affaires du Brésil insérée par un sieur De Loy dans L'Independant de Lyon*, publicada em Paris, em 1826.

Ledo e Januário

Em meados de 1824, Joaquim Gonçalves Ledo publicaria no nº 90 da *Estrela Brasileira* (31 maio 1824) longa carta em que se defendia de artigo publicado por "Argos" no *Diário Fluminense*,[5] onde dizia: "Há clubes e são frequentados por maçons renegados e não contentes com terem sido já eleitos deputados e deportados etc.". Receando, com muita propriedade, que aquelas acusações recaíssem sobre ele, único maçom deputado que fora deportado, Ledo declarava "à face de Deus e da Nação" que não só não frequentava clubes, como também não sabia de sua existência.

Sua estrela daí em diante só se fanaria. Deputado nas legislaturas de 26 e 30, mereceria o apodo de "corcunda" pela sua permanente adesão ao imperador. Este, durante a verdadeira batalha que travou contra a Assembleia Legislativa em 1826, quando soube que Gonçalves Ledo estava fazendo um belo discurso em defesa do ministro da Guerra, acusado de truculência na repressão à Confederação do Equador, virou-se para as pessoas que o rodeavam e disse: "Forte tratante! é a terceira vez que o compro e de todas me tem servido bem!" (SOUSA, 1937, p. 215).

Convidado por D. Pedro para compor o ministério em 1828, Ledo recusará, dizendo que ali nada poderia empreender "digno da Nação e do grande chefe que a governa". Mas dava sua palavra de honra de que haveria sempre de coadjuvar com o governo. Com a abdicação de D. Pedro I, a 7 de abril de 1831, ainda mais se apagou, não conseguindo se reeleger. Aliou-se a Bernardo Pereira de Vasconcelos, no Regresso, e ajudou a redigir o *Sete de Abril*.[6] Rompia assim com Januário, aliado de Feijó e redator do periódico satírico *Mutuca Picante* (RIZZINI, pp. 284-5).

No final da vida, Ledo iria se internar em sua fazenda, em Cachoeiras de Macacu, que tinha o sugestivo nome de Sumidouro. De lá, ainda encaminharia a José Clemente uma carta pedindo que aquele (que teve uma longa vida ativa na política do país) lhe fornecesse uma declaração reconhecendo a importância de seu papel no processo da Independência.

Januário, por sua vez, seria eleito suplente de deputado em 1826, assumindo na vaga de Inhambupe. Não se elegendo para a legislatura seguinte, assumiu a direção da Tipografia Nacional e do *Diário Fluminense*. Defenderia D. Pedro, às vésperas do 7 de abril. Mas, como diz Rizzini, se bandearia com pouca cerimônia para o outro lado e, entre 1834 e 1835, redigia para Feijó a *Mutuca Picante*. O cônego Inês, como o apelidaram então os pasquins adversários, foi também diretor da Biblioteca Nacional e fundador do Instituto Histórico e Geográfico. Voltaria ainda à Câmara em 1845, morrendo no ano seguinte (RIZZINI, pp. 285-7).

Esse jornalismo que Ledo e Januário chegaram a fazer no tempo da regência é um seguimento natural daquele que se fez durante a Independência. Os recursos do humor, da caricatura verbal, da difamação pura e simples, cujo sucesso já se provara antes, estarão presentes ali de forma mais intensa, mais direta.

O Malagueta e o jornalismo da regência

Luís Augusto May, que foi eleito deputado e feito membro dos jurados, em 1825, será novamente espancado em 1829, tal como já o fora em 1823. May voltaria a publicar a *Malagueta*, de maneira esporádica, sempre que alguma circunstância o justificasse. Supõe-se que a causa desse segundo atentado foi um número da *Malagueta* em que se ironizava a Ordem da Rosa, criada em homenagem à imperatriz Amélia Eugênia. Entre os supostos mandantes do espancamento figura como principal suspeito novamente o imperador. A agressão aconteceu em 26 de agosto de 1829, e May foi atacado na rua, quando se achava em companhia do deputado Cunha Matos, que levou também umas bordoadas. O *Jornal do Comércio* condenou o atentado, ressaltando, no entanto, que este fora causado pelo estilo do jornalista:

> Bem que a soltura de linguagem do redator da *Malagueta*, que nas suas cáusticas jeremiadas nem as cinzas dos mortos respeitava, tornava como infalível uma tal catástrofe. Contudo um atentado destes é para lastimar, pois a vida do cidadão e do deputado deve ser respeitada, quando se trata de reprimir a ousadia do jornalista (28 ago. 1829, apud VIANNA, 1945a, p. 525).

O Malagueta, não obstante o conhecimento e talvez a certeza da participação do imperador não só nos atentados, mas também na escrita do infamante artigo do *Espelho*, dirigiu-se ainda a este várias vezes, em cartas "dúplices ou obscuras, solicitando-lhe favores ou pretendendo prestar-lhe serviços" e "não teve pejo de com ele avistar-se em audiências privadas" (SOUSA, p. 528).

Evaristo da Veiga, redator do *Aurora Fluminense*, também atingido a 5 de novembro de 1832 por um tiro que, felizmente, não o matou, diria sobre a imprensa de seu tempo:

> A maior parte dos jornais que possuímos (e nesta parte também nos confessamos culpados ou arrastados pela força da torrente) mais invectivam que argumentam; os nomes próprios e não as doutrinas enchem quase todas as suas páginas. Conhecemos que esse vício é ainda mais notável nas folhas que pertencem à comunhão exaltada, porém não são isentos de tal censura os periódicos da moderação (VIANNA, 1945a, p. 140).

O depoimento de Evaristo da Veiga seria confirmado por John Armitage, que notara serem os jornais oficiais no Brasil pelo menos tão repreensíveis como os seus antagonistas; costumando advogar não só doutrinas contrárias ao sentido da Constituição, como lançar grosseiros e repetidos insultos a quase todos os membros da oposição. Eram práticas naturalmente herdadas da *Gazeta do Rio de Janeiro* em sua última fase e do *Diário do Governo*, que a substituíra. John Fox Bunbury, naturalista inglês que por aqui esteve entre 1833 e 1835, observara que, no Brasil, a liberdade de imprensa era garantida pela Constituição, "sendo cerceada apenas pela Liberdade da faca, a qual, apesar de não ser reconhecida pela Constituição, existe, assim mesmo, de maneira muito considerável". Bunbury notava ainda que a maior parte dos jornais publicados continha mais injúrias pessoais e impropérios do que informação ou discussões instrutivas sobre princípios políticos (p. 150).

O sonho acabara a idade da inocência, da fé nos direitos do homem, passara cedo demais para aquela geração. Exemplar disso será a participação em pasquins ordinários dos outrora idealistas Ledo e Januário, rompidos não por conta de suas ideias, mas por conveniências ditadas pelo oportunismo político que marcaria o final de suas carreiras. Os jornais que escreveriam já não apareciam mais sob a égide dos bons ensinamentos; vinham à luz com o objetivo claro de desmoralizar, destruir o adversário. Passara o tempo do *Revérbero Constitucional*; agora era a vez da *Mutuca Picante* e do *Sete de Abril*. A linguagem chula, as provocações, a caricatura verbal se multiplicariam até 1837, quando a caricatura surgirá para auxiliá-las.

Após o penoso aprendizado, nem só às custas da nação, mas também, em alguns casos, ao preço de perseguições e exílios, a despreparada elite que emergira na cena política brasileira depois do 21 de abril de 1821, boa parte dela presente naquela trágica Assembleia da praça do Comércio, comporia o quadro das lideranças políticas que se alternariam dali em diante. Muitos nomes que então apareceram pela primeira vez participariam de ministérios, seriam eleitos deputados e todos se valeriam, a partir daí, cada vez mais da imprensa.

Humor e violência: esta a combinação que só se desfará na imprensa brasileira após a maioridade de D. Pedro II. Enquanto a estabilidade política não era alcançada, os vários lados em disputa pela hegemonia na cena política experimentavam um liberalismo político institucional hobbesiano. Este seria propiciado pela ausência de um Poder Executivo nacional considerado legítimo e pela total liberdade de imprensa, a qual permitiria ainda, por muitos anos, o direito ao anonimato.

Ao mesmo tempo, no plano das ideias, as questões sociais permaneceriam adormecidas. As diferenças de raça, cor e estrato social só se manifestariam em virtude do permanente confronto com os portugueses. Nunca seriam enfocadas a partir dos problemas sociais que encobriam. O processo da Independência não viu nascer nenhum jornal claramente abolicionista. Desse ponto de vista, as vozes de José Bonifácio e de Hipólito[7] soariam como notas dissonantes.

Conclusão
Injúrias não são razões, nem sarcasmos valem argumentos

Meu tio, frei Oscar de Figueiredo Lustosa, contou-me certa vez que um dos seus confrades da Ordem dos Dominicanos do Brasil, notável orador, tinha o hábito de anotar nas margens de seus sermões lembretes do tipo: "Aqui, elevar a voz, porque o argumento é fraco". Naturalmente, pareceria aos fiéis mais fervorosos anotação de caráter quase profano, pois aquele que aparentemente falava pela boca de um anjo fazia-o mesmo baseado nas regras mundanas da oratória.

O maior ou menor grau de adesão do auditório ao que discursa faz parte dos méritos do bom orador, independentemente do maior ou menor grau de verdade contido na mensagem que se propõe a transmitir. É curioso que tenha sido justamente na Igreja católica, onde a verdade é o dogma ("Eu sou o caminho, a verdade e a vida"), que a manipulação da palavra conforme as conveniências e para atrair adesões tenha encontrado seu maior campo de ação. No período aqui estudado, muitos dos jornalistas que atuaram na imprensa do tempo haviam saído direto do púlpito para a folha impressa. Considerados os melhores oradores, frei Sampaio e Januário da Cunha Barbosa foram também dois dos mais atuantes e polêmicos jornalistas.

Tal como o pregador do alto do seu púlpito, encarando sua plateia e apurando a garganta para soltar a voz, o jornalista defronte da escrivaninha apontava sua pena de pato e pensava na reação de quem iria ler as linhas que lançaria sobre o papel. Seu objetivo, principalmente naquele momento em que se dividiam tão radicalmente as opiniões, era ganhar para sua causa o público leitor. A periodicidade do jornal permitia que o redator se entregasse a uma relação com o seu público diversa daquela do panfletário. Uma relação mais duradoura, em que o jornalista se considerava um missionário cujo dever seria propagar as luzes.

José Murilo de Carvalho, em texto ainda inédito, chama a atenção para o caráter democrático da retórica. Voltada para o auditório, ela encontra sua justificativa na necessidade da competição dos atores em busca da adesão do público. Seu objetivo é aumentar a adesão dos espíritos às suas teses. Para tanto, o orador tem de se valer dos argumentos adequados e de recursos que melhor influam sobre o ânimo de seu público (CARVALHO, 1997).

Para Antonio Candido, o exemplo maior do jornalismo panfletário foi frei Caneca. As características que Candido destaca no grande panfletário pernambucano são comuns a quase todos os com que aqui trabalhei: o "cunho pessoal do ataque, a predominância da paixão e o pouco desenvolvimento teórico" (CANDIDO, p. 260). Concordo com Richard Hoggart quando diz que o que mais influencia uma época não são as ideias originais deste ou daquele pensador, mas sim uma versão simplificada e distorcida dessas ideias, filtradas pela compreensão geral. Para proceder à diálise das grandes ideias o panfletário tem papel indispensável, com sua ação intensiva, com seus textos incendiados de paixão, onde o argumento se mistura à injúria:

A ideia aparece como pulsação, e os batimentos da frase ora surgem picados pelo tumulto do arranco polêmico, ora se espraiam em compasso largo de ironia. Cada palavra é vivida, os conceitos caem na página como algo visceral, e tanto o seu riso quanto a sua cólera, enlaçando-se em cadências variadas, dão lugar a uma das expressões mais saborosas do nosso jornalismo, redimindo o lugar-comum, vivificando os torneios cediços, lançando-se a ousadias de metáfora e sintaxe, inclusive o pronome oblíquo inicial: "me parece"; "se diria" (CANDIDO, p. 263).

Os panfletários desempenham nos movimentos de ideias, ainda seguindo o pensamento de Candido, um papel fecundo que vai além do bom senso e da elegância para "sacudir as consciências e tornar flagrante a iniquidade". No jornalismo brasileiro fazem o contraste com o texto equilibrado e analítico de um Hipólito da Costa.

As críticas de Hipólito a Cairu situam-se no universo das polêmicas civilizadas, tais como as dos militantes do jornalismo liberal, *Revérbero* e *Malagueta*, que se valiam de frases como: "tão estimável redator se esquece do mérito alheio para patentear o seu". Da maior delicadeza seriam também as poucas polêmicas em que o cônego Goulart se envolveu. Talvez nem mesmo se possa dar a elas o nome de polêmicas. São, antes, cartas ponderadas, discordando de interlocutores de posições diametralmente opostas às suas. Lendo-as, tem-se a impressão de que o tom da voz do padre nem sequer se alteraria quando conduzisse sua argumentação oralmente.

Capciosos e escorregadios eram os estilos do redator da *Malagueta* e do *Tamoyo*, Antônio de Paiva Guedes, na excelente carta em que explica sua saída da redação do *Diário do Governo*. São, no entanto, documentos destinados a conquistar o auditório e denegrir a imagem do adversário. Se não se conhece comentário acerca da elegante carta de Antônio de Paiva Guedes, os artigos da *Malagueta*, quase sempre também sob a forma de cartas, deram início a violentas polêmicas.

O caráter e a forma que assume uma polêmica dependem da natureza e do estilo dos polemistas envolvidos. Esses, por sua vez, não estão necessariamente relacionados com a maior ou menor cultura de quem polemiza. No entanto, a ausência de um maior conhecimento do vernáculo, da literatura e da História reduz certamente o estoque de argumentos considerados válidos num debate. Mas há que se levar em conta também o talento e os valores dos polemistas, o código moral que regula suas ações não só na imprensa como também no mundo. Creio que esses aspectos, mais do que a cultura, é que determinam se os contendores enveredarão pela senda dos insultos, das palavras de baixo calão e da agressão pessoal pura e simples.

Um elenco variado de polemistas frequentou as páginas da imprensa carioca no período da Independência. Destaque merece o embate travado entre os dois Lisboas: um, o José da Silva, ilustrado, versado nos clássicos, conhecedor do latim, familiarizado com a literatura política inglesa e francesa; outro, João Soares, maçom, modesto comerciante, sem nunca ter posto os pés numa universidade, portando rudimentos de informação sobre a História, mais empolgado pelas ideias do que teoricamente formado e movido pela paixão por instituições que, naquelas circunstâncias, tinham um caráter quase fictício, como pacto social, Constituição e democracia. Nesse embate, houve picos de agressividade, de ataques pessoais, de ironias. Mas nunca uma palavra de baixo calão saiu da pena de um Lisboa para atingir o outro. Enfureceram-se os contendores, acusaram-se, esmerilharam o melhor do arsenal da retórica que condizia com suas ideias, suas paixões e sua cultura, mas, em nenhum momento, ameaçaram-se fisicamente.

Não se pode dizer que essa maneira de conduzir o debate caracterize uma fase que foi sucedida por outra mais ou menos agressiva. Na verdade, era o objeto que estava em disputa e o grau de paixão e de interesse com que os debatedores se relacionavam com ele que determinava a intensidade com que se atirariam na disputa. A forma como conduziriam o debate dependia também do estilo, da natureza e dos valores de cada um. No mesmo momento em que Soares Lisboa enfrentava Cairu, tinha de se defender dos ataques que contra si arremetia o *Espelho*. E no *Espelho* se publicaram os mais infames insultos. João Soares Lisboa não foi a maior vítima deles, mas também teve a sua cota.

A guerra de insultos que cobriu o céu do alvorecer da imprensa brasileira contribuiu para fixar alguns tipos perante seus contemporâneos e perante a História. A imagem de Cairu permaneceria associada aos adjetivos que os seus adversários lançaram contra ele: "servil", "teimoso", "adulador", "cheio de vaidade e de velhice". Não há muita originalidade nos ataques, nem mesmo muitas variações. Cairu também seria chamado de venal, mas essa adjetivação, quando desenvolvida, demonstrava estar sendo usada com o mesmo sentido de "servil e adulador", adjetivos que se associaram definitivamente à sua imagem.

O eterno embate de Cairu com toda a "facção gálica" não ultrapassou os níveis aceitáveis da polêmica. A retórica prevê o uso do argumento ad hominem,[1] a referência a aspectos físicos ou morais do adversário como parte do arsenal a que se pode recorrer. Nesse sentido, os aspectos físicos e morais de Cairu, como se viu no segundo capítulo, foram usados por seus adversários para atacá-lo, e por ele mesmo para valorizar seu argumento. Nessa linha de argumentação, o adversário costuma adotar o recurso de reconhecer os aspectos positivos do personagem-alvo para dar maior realce às atitudes negativas que quer combater. Na campanha contra Cairu empreendida pelo *Correio do Rio de Janeiro* essa foi a prática. A *Malagueta* seria também, de maneira mais sinuosa, frequente adepta desse recurso.

Pessoas como Cairu, José Bonifácio e frei Sampaio entraram na cena impressa antecedidas da fama de sábios, de oradores e/ou de pessoas honradas. O prestígio, segundo Perelman (p. 345, 1996), é uma qualidade da pessoa que se conhece pelos seus efeitos e está intimamente ligado à relação de superioridade entre um indivíduo e outro. Um enorme esforço é empreendido pelos adversários no sentido de destruir a imagem positiva que o prestígio traz para a causa que pessoas como José Bonifácio, Hipólito, Cairu e frei Sampaio abraçam. O prestígio de Cairu e sua oposição àquele projeto é mencionado pela *Malagueta* como uma das ameaças ao sucesso do movimento por uma Constituinte brasileira.

Em contrapartida, uma pessoa pode ser mal-afamada a ponto de que tudo o que diz e tudo o que faz ficar marcado por um sinal negativo, desvalorizando com a sua imagem até mesmo a causa que defende (PERELMAN, 1996, p. 346). Foi o que se verificou com as ideias e proposições de Luís Augusto May, ao longo de toda a sua trajetória de jornalista e de político. Thomas Flory, destacando a clarividência dos projetos de reforma administrativa e da máquina judiciária que May, como deputado, apresentou na Câmara em 1827, diz a seu respeito:

> Its author appears to have been considered something of a crank, but his ideas, however exaggerated, were influential and almost perfectly reflected an important dimension of liberal reformist thought (FLORY, p. 29).

As ideias de May, apesar de boas e bem-fundamentadas, eram prejudicadas pela sua imagem de *crank*. A imagem de May permaneceu, portanto, contaminada pelo ridículo que a ela se agregara desde a carta de apresentação que lhe dera o conde de Funchal. O fato de ser o próprio May o portador da carta leva a crer que ele não dava grande importância ao descrédito que, em decorrência, se associava à sua pessoa. Pode ser que May acreditasse que poderia fazer uso do ridículo como um recurso. Aparentemente ele não reage às provocações, e os episódios que marcaram sua relação com D. Pedro revelam, no mínimo, uma tremenda falta de hombridade. Mas o recurso ao ridículo, segundo Perelman, é um jogo arriscado. Para não soçobrar nele é preciso um prestígio suficiente e nunca se está certo de que ele o será (PERELMAN, 1987, p. 247).

Para demolir o adversário valia a sátira, a ironia e a descrição de aspectos físicos. Nenhum dos jornais daquele período surgiu com o objetivo exclusivo de fazer humor. O humor brotava da polêmica, quando se esgotava o estoque de argumentos. Era uma de suas armas, ao lado da agressão verbal pura e simples. A ausência da caricatura era compensada pela presença nos textos das descrições dos personagens que os jornais combatiam.

Muitas vezes é por meio do humor mais do que pela invectiva que o redator conquista seu auditório. O humor, como o ataque, funda-se na convenção. Para atacar é preciso partir da agenda de valores do auditório que se pretende conquistar. Daí a manifestação de respeito aos mais velhos e aos sábios evidenciado nas saudações iniciais a Cairu ou a José Bonifácio para, só a partir dali, empreender o ataque. Northrop Frye também destaca o caráter mais humorístico e, por isso, de maior apelo, da invectiva em oposição ao panegírico, tema que retomarei mais adiante.

Alguns personagens da galeria apresentada aqui se prestaram mais à criação de situações humorísticas do que outros. Os melhores recursos humorísticos foram tirados de situações de desgraça, inferioridade ou debilidade: como as surras de May, a suposta loucura, a prisão e a pobreza de Soares Lisboa, o exílio de

Ledo e a velhice de Cairu. O ridículo que se podia tirar daquelas situações funcionava como argumento de ataque, produzindo efeitos humorísticos que reforçavam o descrédito. O descrédito do adversário era, por sua vez, endossado pelos provérbios de grande aceitação popular e que às vezes caíam como uma luva sobre a imagem negativa que se queria enfocar: "quem adoece de loucura, tarde ou nunca se cura"; "palavras loucas, ouvidos moucos"; "cada louco com sua teima".

No caso de João Soares Lisboa, as tentativas de desvalorização do seu argumento procuravam realçar sua modesta condição social. Pretenderam desacreditá-lo lembrando que ele, além de ser um pobre sem eira nem beira, não sabia escrever, sendo de outros os textos que publicava em seu jornal. Ser tachado de inculto bem num momento em que se empreendia um esforço concentrado no sentido de negar os apodos de "negrinhos" e de "selvagens" que nos vinham de Portugal produzia um efeito devastador sobre a imagem de alguém que se propunha justamente a difundir as chamadas luzes.

Soares Lisboa foi o principal alvo desse tipo de ataque, mas não foi o único. A todo momento, sempre que se evidenciava algum erro nos jornais de um lado ou de outro os redatores adversários cuidavam de denunciá-lo. Ao mesmo tempo, no entanto, os que faziam a chamada imprensa liberal procuravam ridicularizar o estilo excessivamente rebuscado de Cairu ou exageradamente erudito dos redatores do *Tamoyo*, como símbolos de atitudes aristocráticas identificáveis com o "despotismo".

A partir dessa chave é que se atacava os redatores do *Tamoyo*, a fim de atingir a José Bonifácio e seus irmãos, cuja imagem de sábios e varonis era aliada à de arrogantes e prepotentes. Por meio do *Tamoyo*, no entanto, eles reforçariam os aspectos positivos de sua imagem, sem dar maior importância às críticas. Também procuravam carrear seu enorme prestígio para a violenta e rancorosa campanha que promoveram contra os portugueses com o fito de desestabilizar o imperador. O adversário que mereceu de Cairu o ataque pessoal mais violento, até porque o nome se prestava maravilhosamente a analogias depreciativas, foi Cipriano Barata.[2]

O principal propósito de Cairu era dar combate à chamada "facção gálica". Mestre na velha retórica cultivada na Universidade de Coimbra, ele é o mais rico em adjetivos para insultar os adeptos do pensamento revolucionário francês. Para atacar os autores da "Representação do povo do Rio de Janeiro", Gonçalves Ledo, Januário e Soares Lisboa e os demais a eles associados, ele se vale de uma rica e variada agenda de expressões: "sexteto de demagogos aspirantes à ditadura"; "repentinos estadistas"; "arquitetos de ruínas"; "insurgidos aretinos"; "ídolos do dia"; "mimosos da plebe"; "ditadores"; "filosofistas da Era"; "atletas da Idade da Razão"; "demagogos tranca-ruas"; "Apolos de botequins e Lojas Maçônicas" etc.

Na verdade, os recursos retóricos utilizados por Cairu não diferem muito dos utilizados pelo *Revérbero*, pelos redatores do *Tamoyo* e do *Diário do Governo*. São os mesmos períodos altissonantes, cheios de exclamações e de adjetivos exagerados. Um exemplo é a imagem usada por Cairu para descrever sua reação diante do discurso com que José Clemente entregou a "Representação do povo do Rio de Janeiro" a D. Pedro. Diz Cairu que ficara "atônito", fora de si "e como que ferido por um raio" quando lera a agressiva inquirição do *Revérbero* ao príncipe acerca da Assembleia: "Queres ou não queres? Resolve-te, senhor!". O mesmo recurso é usado pelos redatores do *Revérbero* para descrever a sensação que tiveram diante do parecer da Comissão formada pelas Cortes de Lisboa para discutir os negócios do Brasil, dizendo que viram "subitamente rasgar-se uma nuvem e despejar um raio, que rebentou a seus pés".

É a mesma retórica, só que com sinal trocado. O "Anglo--Brasileiro" diria no *Diário do Governo* que as ideias dos chamados liberais teriam dado um sentido novo a termos como "Liberdade de Imprensa, Liberdade Religiosa, Liberdade Civil, Segurança da Propriedade e Segurança Pessoal", e que mesmo um dicionário não serviria de nada, era preciso observar-lhes primeiro a conduta para depois entender a sua nova linguagem:

> Pelo que tenho visto até agora, posso lhes dizer, Srs. Redatores, que pela Liberdade de Imprensa, entende-se, entre eles, primeiro, o direito de insultar o governo e os governados, como se fazia no célebre *Correio do Rio*, e em alguns outros periódicos antecedentes; segundo, o direito de ultrajar a religião, pelos infames livros, que vemos todos os dias publicar [...]; terceiro, o direito de caluniar os indivíduos com a mais indecente e vergonhosa linguagem. Mas se qualquer, usando desta mesma liberdade de Imprensa ousar defender o governo, o Imperante, ou a religião, aqui d'El Rei! É um corcunda, um servil, um patife; e logo lhe fazem a gentil promessa de uma roda de pau! Que tal a liberdade destes tiranos? (*DG*, nº 80, 4 out. 1823).

Vai na mesma direção o amargo desabafo do *Tamoyo* resumindo o que era opinião pública na visão de seus redatores, traindo também a consciência que tinham das maneiras de conquistá-la e manipulá-la. Desabafo que revela ainda a convicção dos irmãos paulistas de serem o umbigo do mundo.

> O que é Opinião pública? Respondo: qualquer calúnia, asneira, ou inépcia má que sai à luz em letra de forma, contanto que apareça à face do mundo em certos periódicos, por certos indivíduos de certa súcia. Assim para ter esta opinião pública basta beijar certos traseiros altanados e saber gastar alguns sobrinhos para imprimir os de-

saforos e frioleiras, que te vierem à cabeça, contanto que diz mal de muita gente boa, por exemplo dos Andradas, e que fales muito em despotismo, liberdade, soberania do povo, direitos do homem, veto absoluto, duas Câmaras, etc. (*O Tamoyo*, 4 out. 1823).

Essa interpretação do que era opinião pública feita por quem utilizara justamente esses meios para manipulá-la a seu favor — financiando pasquins e jornais, atacando a honra dos adversários, manejando outro arsenal de expressões, em que os termos "carbonário" e "demagogo" eram os mais frequentes — é um exemplo das muitas possibilidades que a arte da argumentação oferece como instrumento de ação política.

Northrop Frye chama a atenção para o fato de que a retórica desde seu início significou, ao mesmo tempo, fala ornamental e fala persuasiva. Essas duas coisas, acrescenta ele, parecem psicologicamente opostas uma à outra, pois o desejo de ornamentar é essencialmente desinteressado, e o desejo de persuadir, exatamente o oposto. Assim, a retórica suasória, como é o caso da que estudamos aqui, "é literatura aplicada, ou emprego da arte literária para reforçar o poder da argumentação":

> A retórica ornamental age estaticamente sobre seus ouvintes, levando-os a admirar-lhe a beleza ou a graça; a retórica suasória tenta levá-los cineticamente a um modo de ação. Uma articula a emoção; a outra forja-a (FRYE, p. 241).

Frye dá como exemplo da retórica do ataque ou invectiva a cruzada do púlpito contra o pecado e o sumário do promotor na sala do tribunal. Quanto mais longe se caminha nessa direção, mais provável é que o autor esteja ou finja estar emocionalmente envolvido com o seu tema. A retórica se mostra, então, apenas uma tentativa de exprimir a emoção apartada do intelecto, ou sem ele. Nesse ponto, diz Frye, adentramos a área do palavreado emocional, que consiste largamente numa repetição obsessiva de fórmulas verbais. Não muito distante está a espécie de impronunciabilidade grosseira que usa uma só palavra, geralmente impublicável, em lugar de todo o ornato retórico da sentença, inclusive adjetivos, advérbios, epítetos e pontuação (FRYE, pp. 320-1). Até as palavras desaparecerem de todo e estarmos de volta a uma linguagem primitiva de gritos e gestos, como menciona Frye, ou de "maçadas de pau" do jornalismo do período aqui estudado.

Com que argumentos se responde ao que se escreveu no *Espelho* contra Soares Lisboa: "vá guardando o fogo sagrado com as vestais da Rua da Vala e não mude de casa; porque mesmo o senhor é uma vala, onde se lançam todas as imundícies da imoralidade pública"? E que recurso retórico restava ao "vil P...", por mais vil que fosse, depois de chamado pela *Sentinela da Praia Grande* de "cachorro, judaica harpia, nojento parvo muito próximo à m... que nunca sairia da lama, seu próprio elemento" e a quem aquele redator ainda recomendava: "Faça a vontade à padeira, com quem anda de braço a ver se lhe enche a barriga"? Saraivada de insultos que terminava com um: "fora V.M. que é bastardo em todos os sentidos".

Que reparação podia D. Pedro dar ao Malagueta depois de ter escrito, ele ou alguém por ele, aquele artigo infame em que, depois dos palavrões associados ao nome do jornal (e apelido de seu redator) — "*Malagueta* ou, por outra p. que o pariu (a ele)" —, vinha a injúria de atribuir um caráter homossexual à ligação de May com seu protetor, o conde das Galveias? Depois que se chegava a esse ponto, só correções "físicas podiam produzir efeito", como mereceria o redator da *Sentinela da Praia Grande* na opinião do redator do *Sylpho*.

Ou se partia para a "maçada de pau", como se verificou contra o Malagueta, ou para as repetidas promessas de que elas acabariam por vir. Faziam parte do jogo. Soares Lisboa, referindo-se aos redatores do *Compilador*, os primeiros jornalistas persegui-dos pelo ministério Andrada, conta com naturalidade que um deles não fora procurado para se lhe "maçar o corpo mas sim para lhe darem uma apupada ou coisa que o parecesse". Mais tarde, do próprio Soares Lisboa diria em tom de ameaça o *Espe-lho* que disparara a chorar, pensando "que lhe viriam sobre as costas todos os armazéns de lenha da Prainha, ou que lhe preten-deriam pôr as tripas ao sol". Frei Caneca diria a frei Sampaio a recompensa que ele merecia pelas ideias divulgadas no *Regula-dor*. "Um roufle Aleman" ou "roda de pau, entre nós".

Northrop Frye chama a atenção para o fato de que gostamos de ouvir as pessoas serem imprecadas e nos aborrecemos ao ou-vi-las serem louvadas. Quase toda denúncia, garante aquele au-tor, se bastante vigorosa, é seguida pelo leitor com uma espécie de prazer que logo se revela num sorriso. O ataque sem humor ou a pura denúncia formaria um dos limites da sátira. Mas é um limite muito nebuloso, pois, segundo Frye, a invectiva é uma das formas mais eficazes da arte literária, assim como o panegírico é uma das mais enfadonhas (FRYE, p. 220).

Com a liberação da imprensa e a intensificação do enfrenta-mento das diversas tendências em disputa, o discurso epidítico, típico do panegírico, do ciclo de preito ao rei, não desaparece, mas perde lugar para formas de expressão mais eficazes na dispu-ta pela adesão do público à nova agenda de ideias.

Uma das regras básicas da retórica é que quem escreve tem de saber para quem está escrevendo, conhecer o público que compõe seu auditório. A cada público e de cada redator, o estilo correspondente. O orador deve ter do seu auditório uma ideia tanto quanto possível próxima da realidade, uma vez que um erro sobre esse ponto pode ser fatal para o efeito que ele quer produzir; é em função do auditório que toda a argumentação se deve organizar, se esta quiser ser eficaz. A qualidade do auditório determina a da argumentação.

Quem escrevia para D. Pedro precisava naturalmente atender a outra regra que mandava conciliar seus escrúpulos de homem honesto "com a submissão e a adaptação a um auditório, por vezes bem pouco respeitável", tema que preocupou bastante a Quintiliano, um dos clássicos na matéria: "Como", indagava ele, "fazer de modo a que, falando bem, não se deixe de ser um homem de bem?". E, surpreendentemente, admitem os especialistas que existem situações "em que somente o uso da força pode ser recomendável, sendo a ação pelo discurso ineficaz e por vezes mesmo degradante".

O que tornou diferente, o que deu um toque novo e original ao debate político da Independência, obrigando a imprensa a adotar recursos da oralidade popular, foram o fim da censura e a democratização do prelo. A liberação da imprensa, em 1821, possibilitou a escritores e leitores brasileiros a abertura para uma multiplicidade de ideias e atitudes que lhes passaram a ser oferecidas todos os dias pelos jornais. No lugar da univocidade da linguagem da *Gazeta*, a polifonia proporcionada pelas diversas vozes que se propuseram a entrar no debate e conquistar o público para suas ideias.

Isso possibilitou a entrada em cena de redatores como o do *Correio* ou como o do *Macaco*, com sua linguagem originalíssima, e serviu de estímulo à estreia de D. Pedro como jornalista. Nesse combate valia tudo: da mais sofisticada retórica aos aforismos; das quadrinhas aos longos e elaborados manifestos políticos; de apelidos a palavrões. A campanha da Independência foi o campo de provas da imprensa brasileira, e muitas das características adquiridas por ela naquele período se cristalizariam como estilos. Escritos no calor da hora, em meio a violentas campanhas contra os adversários, os jornais desse período tiveram necessariamente um caráter efêmero. Seu compromisso com o acontecimento, com o aqui e agora, exigia mais agilidade e menos cuidados estilísticos por parte de seus escritores. Apesar de reconhecerem o papel missionário do jornalista naquele contexto, os redatores também reconheciam seu menor compromisso com o rigor da forma e do conteúdo que o trabalho destinado à publicação sob a forma de livro exigia. Como dirá o redator da *Sentinela da Praia Grande.*

> Os periódicos, Ilmos. Srs., são escritos e formados muitas vezes de pedaços e às vezes até opostos em sentido, sempre desligados mais ou menos no seu nexo e inteiramente conformes à licença dos poetas e à efemeridade dos romancistas. As vozes que correm ainda que vagas, não são já verdades evangélicas, as quais ordinariamente eles contêm, tão pouco são demonstrações matemáticas nas quais se exige aquela escrupulosa escolha de termos técnicos, que não admitem troca ou substituição e que severamente prescreve que tudo esteja na mais estreita relação desde o princípio até o fim (*SPG*, nº 19, 7 out. 1823).

Da imprensa que nascera em 1821, D. Pedro fora, a um só tempo, o auditório privilegiado e também o mais agressivo dos colaboradores. Dentre os vários manuscritos que constam de seus arquivos, existe um que permaneceu inédito. Nele, o imperador faz um apanhado da imprensa do Rio de Janeiro, sem data, mas possivelmente do começo de 1822, pois ali são mencionados *Revérbero, Sabatina, Bem da Ordem, Malagueta* e *Compilador,* e ainda não se fala sobre o *Correio do Rio de Janeiro.* O texto é todo elogios para o *Revérbero.* D. Pedro cita o jornal de Ledo e Januário como exemplo de estilo constitucional de escrever. Para ele, naquele momento, o *Revérbero* seria o único que falaria português e o falaria com amor à pátria, porque em tudo dizia a verdade.

Admirava assim o jovem príncipe, na época da inocência, a retórica dos maçons que tanto irritava José Bonifácio. Mas esse gosto seria superado no processo de seu vertiginoso aprendizado das coisas da política, e o estilo que o príncipe adotaria quando se lançasse na imprensa seria o de mais agressivo pasquineiro da Independência. O humor e a agressão fazem parte de sua fórmula, e esta é que se imporia como a do jornalismo de campanha. Por meio dela é que um príncipe que tinha os modos de um moço de estrebaria pôde somar sua voz a tantas outras, ajudando a compor a polifonia tonitruante que encheu de sons e de fúria a animada cena impressa da Independência.

Cronologia

1792

10 de fevereiro — D. João, príncipe do Brasil, assume a regência do Reino de Portugal, em nome de sua mãe, a rainha D. Maria i.

21 de abril — Joaquim José da Silva Xavier, o Tiradentes, é enforcado e esquartejado. Foi D. Maria i quem assinou a sentença dos conjurados.

1807

12 de agosto — Napoleão Bonaparte manda ultimato a D. João vi: ou ele fecha seus portos aos navios da Inglaterra e considera prisioneiros os cidadãos ingleses residentes em Portugal, confiscando-lhes os bens, ou encara as consequências de uma invasão francesa.

27 de novembro — Parte do Tejo a frota que conduziria ao Brasil a família real portuguesa, a corte, os membros do governo e principais funcionários.

30 de novembro — As tropas napoleônicas, comandadas pelo general Junot, invadem Lisboa.

1808

22 de janeiro — Chega à Bahia a maior parte da esquadra que conduzia a família real portuguesa. O príncipe-regente D. João e a família real desembarcam no dia 23. A 26 do mês seguinte prosseguem em sua viagem para o Rio de Janeiro.

28 de janeiro — Carta régia abrindo os portos do Brasil ao comércio direto com as nações amigas é assinada na Bahia pelo príncipe-regente D. João.

1º de abril — Alvará do príncipe-regente D. João permitindo no Estado do Brasil e domínios ultramarinos o estabelecimento de todo o gênero de manufaturas, sem excetuar alguma, que também revoga o alvará de 5 de janeiro de 1785.

13 de maio — Criada no Rio de Janeiro a Impressão Régia, que, após a Independência, é denominada Tipografia Nacional. No mesmo ano de sua criação, a 10 de setembro, começa a publicar a *Gazeta do Rio de Janeiro*, primeiro periódico da capital do Brasil. No mesmo dia também é criada a fábrica de pólvora do Jardim Botânico, depois transferida para a Serra da Estrela.

1811

5 de janeiro — Carta régia autorizando a fundação da primeira tipografia na cidade da Bahia, que logo passaria a publicar *A idade d'Ouro do Brasil* (1811-23).

1815

16 de dezembro — D. João eleva o Brasil à categoria de Reino Unido a Portugal, com status equivalente.

1816

20 de março — Falece no Rio a rainha D. Maria I, que deixara de governar em 10 de fevereiro de 1792.

1817

6 de março — Estoura em Pernambuco, com repercussão nas capitanias vizinhas ao norte, uma revolução de caráter republicano e separatista. Teve esse movimento grande número de partidários e foi prontamente reprimido por um pequeno exército composto de milicianos da Bahia e Alagoas. Treze chefes da revolução foram condenados à morte.

6 de novembro — Casamento de D. Pedro com a arquiduquesa da Áustria, D. Leopoldina.

1818

6 de fevereiro — Coroação e aclamação de D. João VI, como rei de Portugal, Brasil e Algarves.

1820

24 de agosto — Eclode a Revolução Constitucionalista do Porto.

1821

26 de fevereiro — Manifestações civis e militares no Rio de Janeiro em apoio à Revolução Constitucionalista do Porto.

8 de abril — Eleições primárias de eleitores de paróquia no Rio de Janeiro. São as primeiras eleições desse gênero no Brasil.

20 de abril — Às quatro horas da tarde reúnem-se na praça do Comércio os eleitores de paróquias do Rio de Janeiro. Durante a tumultuada reunião, que se estende por toda a noite, é escolhido um grupo para ir a São Cristóvão pedir ao rei que promulgue imediatamente a Constituição espanhola.

21 de abril — O decreto declarando que a Constituição espanhola vigoraria no Brasil até a promulgação da decretada pelas Cortes de Lisboa tem a data de 21 de abril porque é assinado depois da meia-noite de 20 para 21. Com a notícia da concessão obtida, torna-se mais tumultuada ainda a assembleia popular da praça do Comércio. O general Avilez, tendo assumido o comando das armas, reúne as tropas da guarnição no largo do Paço e do Rossio e encarrega o brigadeiro Carretti de dispersar a reunião. Uma companhia de caçadores de Portugal, a mando do major Peixoto, apresenta-se às quatro horas da madrugada diante da praça do Comércio, e, sendo insultada por alguns do povo, dá uma descarga e penetra de baioneta calada no edifício. Muitos cidadãos são mortos ou feridos.

22 de abril — D. João VI anula os decretos do dia anterior relativos à Constituição espanhola, manda proceder à devassa acerca dos acontecimentos de 20 e 21 na praça do Comércio e estabelece os poderes da regência e do governo provisório do Reino do Brasil, que ficaria confiado ao príncipe real D. Pedro.

26 de abril — De manhã, parte do Rio de Janeiro a esquadra que conduz à Europa o rei D. João VI.

5 de junho — Pronunciamento militar no Rio. As tropas portuguesas, sob o comando do general Avilez, reúnem-se no largo do Rossio, exigindo o juramento das bases decretadas pelas cortes para a constituição do Reino Unido e a demissão e deportação para Lisboa do conde dos Arcos.

12 de dezembro — Chegam ao Rio de Janeiro os decretos das Cortes que determinam a volta imediata do príncipe-regente.

24 de dezembro — Representação da junta governativa de São Paulo pedindo a D. Pedro que fique no Brasil.

1822

9 de janeiro — D. Pedro, atendendo às representações dos fluminenses, paulistas e mineiros, resolve ficar no Brasil, desobedecendo assim às Cortes constituintes da nação portuguesa que o chamavam à Europa.

11 de janeiro — As tropas portuguesas da guarnição do Rio de Janeiro, sob o comando do general Jorge de Avilez, ocupam o morro do Castelo e outras posições, pretendendo coagir D. Pedro a embarcar para a Europa. A tropa brasileira, os milicianos e cidadãos armados começam a reunir-se no campo de Santana.

13 de janeiro — Carta de lei extinguindo os tribunais criados no Brasil por D. João vi. Esse voto das Cortes de Lisboa não pode ser executado, porque, desde 9 de janeiro, com a decisão tomada por D. Pedro de ficar no Brasil, começara a revolução da Independência.

16 de janeiro — D. Pedro forma o seu primeiro ministério do período da Independência, com José Bonifácio de Andrada, ministro do Reino.

21 de janeiro — Portaria do ministro José Bonifácio de Andrada e Silva declara "que de hoje em diante não deve fazer cumprir as leis que vierem de Portugal, sem que primeiro sejam submetidas ao beneplácito do Príncipe-regente".

4 de fevereiro — Morre João Carlos, o príncipe da Beira, filho de D. Pedro e D. Leopoldina.

8 de fevereiro — O Senado da Câmara do Rio de Janeiro aprova o projeto de José Clemente Pereira para que se represente ao príncipe-regente sobre a necessidade da criação de um conselho de procuradores-gerais das províncias.

9 de fevereiro — As tropas portuguesas do general Jorge de Avilez, que de acordo com o compromisso assumido por esse comandante deviam embarcar a 7 e partir a 12 para Lisboa, até o dia 9 não se movem. Em vista disso, D. Pedro notifica o general de que, se no dia seguinte, ao amanhecer, não der princípio ao embarque de sua gente, "não lhe daria mais quartel em parte nenhuma".

15 de fevereiro — Partem do Rio de Janeiro sete navios mercantes, conduzindo para Lisboa as tropas portuguesas do general Avilez. Quando passam pela Bahia, desembarcam 381 praças para reforçar as tropas do general Inácio Luís Madeira de Melo, governador de armas que comanda naquela província a rebelião contra o governo do Rio de Janeiro.

18 de fevereiro — Começa o conflito na Bahia entre as tropas brasileiras, leais a D. Pedro, e as tropas do general Madeira, fiéis ao rei, às Cortes e a Portugal.

9 de abril — D. Pedro chega a Vila Rica, depois de ter estado em Barbacena (dia 1º) e São João D'El-Rei (dia 3). Com essa viagem cessa a resistência da junta governativa de Minas Gerais, ficando reconhecida em toda a província a autoridade do governo do Rio de Janeiro.

13 de maio — D. Pedro aceita o título de "Defensor Perpétuo do Brasil", oferecido pela municipalidade do Rio de Janeiro.

23 de maio — José Clemente Pereira, presidente do Senado da Câmara do Rio de Janeiro, entrega a D. Pedro uma representação, pedindo em nome da municipalidade e do povo a convocação de uma Assembleia Constituinte. Em São Paulo começa a chamada "bernarda de Francisco Inácio".

1º de junho — Decreto de D. Pedro convocando para o dia seguinte os procuradores das províncias.

2 de junho — Primeira reunião dos procuradores-gerais das províncias do Brasil sob a presidência de D. Pedro.

Inauguração da sociedade secreta Nobre Ordem dos Cavaleiros da Santa Cruz, denominada Apostolado.

3 de junho — Os procuradores requerem ao príncipe-regente a reunião de uma Assembleia Constituinte Brasileira. No mesmo dia é lavrado o decreto de sua convocação.

18 de junho — Decreto regulando o julgamento dos delitos de imprensa no Brasil, assinado por D. Pedro e referendado por José Bonifácio.

19 de junho — Instruções de José Bonifácio regulando o processo da eleição da Constituinte. O sistema adotado é o da eleição indireta: os cidadãos nomeariam nas Assembleias paroquiais os eleitores (eleição primária), e estes, reunidos nas cabeças dos distritos, nomeariam os deputados (eleição secundária).

1º de agosto — Decreto de D. Pedro declarando inimiga qualquer força armada que viesse de Portugal e não se submetesse à intimação de regressar imediatamente.

6 de agosto — Manifesto de D. Pedro, redigido por José Bonifácio e dirigido às nações amigas, expondo os acontecimentos do Brasil.

20 de agosto — Em sessão do Grande Oriente, presidida por Joaquim Gonçalves Ledo, este pronuncia discurso em que declara ser chegada a ocasião de proclamar-se a Independência. O assunto é discutido nessa sessão e na de 23 de agosto, sendo então nomeados emissários para as províncias.

7 de setembro — Proclamação da Independência do Brasil por D. Pedro.

14 de setembro — Ao anoitecer, D. Pedro chega de São Paulo, onde proclamara a Independência do Brasil. Na mesma noite vai à maçonaria e toma posse do cargo de grão-mestre.

18 de setembro — Decreto criando a bandeira e o novo escudo de armas do Brasil independente.

22 de setembro — Apuração geral da eleição de deputados à Constituinte pela cidade e província do Rio de Janeiro. Esse trabalho foi feito no mosteiro de São Bento pelo Senado da Câmara, "presentes os eleitores e homens bons".

5 de outubro — Fogem de Lisboa para não ter de assinar a Constituição portuguesa que era francamente desfavorável ao Brasil os deputados Antônio Carlos Ribeiro de Andrade, Diogo Feijó, Costa Aguiar, Bueno, Lino Coutinho, Agostinho Gomes e Cipriano Barata, os três últimos deputados pela Bahia e os outros por São Paulo. Seguem para a Inglaterra, onde publicam manifestos.

12 de outubro — D. Pedro é aclamado imperador constitucional do Brasil.

28 de outubro — O ministério Andrada pede demissão.

30 de outubro — José Bonifácio volta ao ministério com seus poderes ainda mais fortalecidos.

2 de novembro — Tem início a devassa que ficou para a história com o nome de Bonifácia. São acusados de alta traição Joaquim Gonçalves Ledo, Januário da Cunha Barbosa, José Clemente Pereira, João Soares Lisboa e outros membros da maçonaria.

1º de dezembro — Sagração e coroação de D. Pedro I. Na mesma data foi criada a Ordem do Cruzeiro.

7 de dezembro — É preso no Rio de Janeiro, ao chegar de Minas Gerais, o cônego Januário da Cunha Barbosa. Tinha ido àquela província em comissão da maçonaria no mês de setembro para promover a aclamação do imperador D. Pedro I.

1823

9 de janeiro — Carta imperial, dando à cidade do Rio de Janeiro o título de "muito leal e heroica"; em acréscimo ao título de "muito leal" que fora concedido por carta régia de 6 de junho de 1647, de D. João VI.

3 de maio — Abertura da Assembleia Constituinte por D. Pedro I.

2 de julho — Evacuação da cidade da Bahia pelas tropas portuguesas e entrada triunfal das tropas brasileiras.

16 de julho — José Bonifácio e seu irmão Martim Francisco deixam o ministério.

11 de setembro — Morre, em Londres, o redator e fundador do *Correio Braziliense*, Hipólito José da Costa, nascido em Sacramento a 13 de agosto de 1774.

10 de novembro — A sessão mais agitada da Assembleia Constituinte, discutindo-se a representação de David Pamplona Corte Real, agredido no dia 5 por oficial do exército. O gabinete de Carneiro de Campos criado em 17 de julho demite-se, e o imperador forma outro com Vilela Barbosa.

12 de novembro — D. Pedro dissolve a Assembleia Constituinte. São presos nesse dia José Bonifácio, Martim Francisco, Antônio Carlos, Montezuma, Belchior Pinheiro e José Joaquim da Rocha, juntamente com seus dois filhos e os dois irmãos Menezes Drummond.

13 de novembro — Criação do Conselho de Estado pelo imperador D. Pedro I.

16 de novembro — Manifesto de D. Pedro dando as razões que teve para dissolver a Assembleia Constituinte e para convocar outra.

20 de novembro — Parte do Rio a charrua *Lucônica* conduzindo deportados os Andrada e seus amigos para a França.

1824

25 de março — Juramento da Constituição política do Império, prestado na Capela Imperial.

26 de maio — Reconhecimento da Independência do império do Brasil pelos EUA.

2 de julho — Proclamação de Manuel de Carvalho Pais de Andrade, chefe da revolução pernambucana, convidando as províncias do Norte a formar uma república independente com o nome de Confederação do Equador. Desde 20 de março começara em Pernambuco a guerra civil. A rebelião foi vencida no Recife em 17 de setembro, rendendo-se em 28 de novembro os seus últimos partidários que haviam penetrado o Ceará.

30 de novembro — Morre numa emboscada em Couro das Antas, Pernambuco, o jornalista João Soares Lisboa.

1825

13 de janeiro — Frei Caneca é fuzilado no Recife.

Notas

PREFÁCIO (PP. 15-22)

1. O *Revérbero Constitucional Fluminense*, jornal de Joaquim Gonçalves Ledo e Januário da Cunha Barbosa, durou treze meses, de 15 de setembro de 1821 a 8 de outubro de 1822, passando de quinzenal a semanal em janeiro de 1822. Circularam do *Revérbero* 48 números ordinários e três extraordinários, impressos, no começo, na oficina de Moreira e Garcez, e no fim (os dez últimos), na Tipografia Nacional. O *Revérbero* foi o primeiro jornal de caráter político independente, cultor de ideias liberais na linha das preconizadas pela Revolução Francesa. Como se verá, o *Revérbero* e seus redatores, principalmente Ledo, tiveram influência decisiva no processo da Independência. O nome do jornal nas citações será apenas *Revérbero*.

2. *Diário do Governo* foi o nome que a *Gazeta do Rio de Janeiro* adotou a partir de 2 de janeiro de 1823. Durou até 20 de maio de 1824, quando passou a se chamar *Diário Fluminense*.

3. O *Correio do Rio de Janeiro* foi o jornal publicado no Rio por João Soares Lisboa. Teve duas fases: de 10 de abril de 1822 a 21 de outubro de 1822 e de 1º de agosto de 1823 a 24 de novembro de 1823. Teve também várias edições extraordinárias entre 24 de maio de 1823 e 31 de julho de 1823. As referências ao *Correio* nas citações aparecerão sob a sigla *CRJ* ou *CERJ*, quando se tratar de edição extraordinária.

4. Sobre João Soares Lisboa, falaremos muito neste livro, e dados de sua biografia encontram-se em vários capítulos.

5. Jornal cuja publicação é atribuída aos Andrada. Circulou de 12 de agosto a 11 de novembro de 1823.

6. *A Sentinela da Liberdade á Beira do Mar da Praia Grande*, publicada pelo italiano da Sardenha, Joseph Stephano Grondona, durou o mesmo tempo que o *Tamoyo*. Ver sobre ela os mesmos capítulos que tratam do segundo. Nas citações, esta *Sentinela* aparecerá com a sigla *SPG*, para diferenciá-la de *A Sentinela da Liberdade na Guarita de Pernambuco*, de Cairu, referida pela sigla *SLGP*.

7. José da Silva Lisboa, feito barão de Cairu em 1825 e visconde em 1826, nasceu na Bahia, em 1756. Estudou filosofia e direito canônico em Coimbra entre 1774 e 1779. Era um erudito, dedicado aos estudos literários, históricos, políticos e econômicos, conhecedor e admirador das obras de Adam Smith e Edmund Burke. Atuou na Impressão Régia como censor. Jornalista e panfletário ativíssimo, Cairu aparece ao longo de todo este livro. Apesar de, no período em foco, ainda não ter o título, preferi chamá-lo assim para evitar confundi-lo com o também jornalista e seu radical opositor João Soares Lisboa. Cairu morreu em 1835, no Rio.

8. Hipólito José da Costa Pereira Furtado de Mendonça (1774-1823), ou Hipólito da Costa, fundador do *Correio Braziliense* (1808-22), era brasileiro da Cisplatina. Mais informações sobre sua biografia aparecem no próximo capítulo.

9. *Conciliador do Reino Unido*, primeiro jornal publicado por Cairu, surgiu no Rio de Janeiro em 1º de março de 1821 e circulou até 28 de abril de 1821.

10. *O Espelho*, jornal que circulou no Rio entre 1º de outubro de 1821 e 27 de junho de 1823. Seu redator foi Manuel de Araújo Ferreira Guimarães. O *Espelho* funcionava como uma folha semioficial e fazia um jornalismo extremamente agressivo. Nele D. Pedro publicaria seus primeiros artigos.

11. A *Malagueta* era o nome do jornal publicado por Luís Augusto May, de forma irregular, a partir de 18 de dezembro de 1821. Costumava-se chamar May de "o Malagueta".

12. Apelido que deram os opositores de José Bonifácio à devassa que ele mandou proceder contra os maçons e os liberais, em novembro de 1822.

13. Joaquim Gonçalves Ledo, importante líder maçônico e figura central nos acontecimentos que antecederam a Independência, nasceu no Rio de Janeiro em 11 de dezembro de 1781 e morreu em Cachoeiras de Macacu em 19 de maio de 1847. Cursou direito em Coimbra, mas interrompeu os estudos em virtude da morte do pai. Era oficial-maior da contadoria do Arsenal do Exército, e sua liderança na maçonaria remonta ao ano de 1815, quando ele fundou no Rio de Janeiro a loja Comércio e Artes.

14. Francisco José de Sampaio (1778-1830), nascido no Rio de Janeiro, tomou o hábito em outubro de 1793, foi nomeado pregador régio em 1803, examinador da Mesa de Consciência e Ordem e censor episcopal em 1813. Estu-

dou, durante cinco anos, na Escola Régia dirigida pelo inconfidente Silva Alvarenga. Dos 24 aos 30 anos foi professor de teologia e eloquência sagrada. Grande orador, reconhecido por todos os contemporâneos. D. Pedro lhe teria prometido um bispado, o que nunca chegou a obter. Recebia, no claustro do Convento de Santo Antônio, a visita de D. Pedro, que com ele se aconselhava (SILVA, 1981, pp. 28-39).

15. O cônego Francisco Vieira Goulart, nascido na ilha de Faial, nos Açores, foi também redator da *Gazeta do Rio de Janeiro* e do *Diário do Governo*. Cônego da Capela Imperial, Goulart era bacharel por Coimbra, lecionou humanidades em São Paulo, foi sócio da Academia Real de Ciências de Lisboa e diretor da Biblioteca Pública no Rio de Janeiro, até sua morte em 1839.

16. Luís Augusto May, o redator da *Malagueta*, nasceu em Portugal, em 1792, e morreu no Rio, em 1850. Dele e de seu jornal falaremos ao longo de todo este livro.

17. Cipriano José Barata de Almeida nasceu na Bahia, em 1762, e morreu em Natal, em 1838. Estudou em Coimbra, para onde foi em 1787, e de lá trouxe os diplomas de bacharel em filosofia, matemática e de cirurgião, sem que no entanto tenha conseguido concluir o curso de medicina. Foi preso pela primeira vez em 1798, por suspeita de envolvimento na Revolução dos Alfaiates. Eleito deputado às Cortes pela Bahia em 1821, em Lisboa foi um dos mais ativos e agressivos defensores dos interesses brasileiros. Recusou-se a assinar a Constituição portuguesa, fugindo para a Inglaterra juntamente com Antônio Carlos, Diogo Feijó e outros. Chegando ao Brasil, no início de 1822, encontrou a Bahia em guerra, controlada pelas forças do general Madeira, contrárias a D. Pedro. Fixou-se em Pernambuco, de onde passou a desenvolver intensa atividade política.

18. O desembargador Osny Duarte Pereira nasceu em 5 de julho de 1912, em Itajaí, Santa Catarina. Figura da vida pública brasileira, ativista do nacionalismo de esquerda, grande jurista, autor de diversos livros, entre os quais o *Vade mecum forense* (nove edições), Osny foi um dos fundadores do Iseb. Enquadrado pelo AI-1, em 1964, como suspeito de subversão, respondeu a vários IPMs.

19. FONSECA, Gondim da. *A Revolução Francesa e a vida de José Bonifácio — uma interpretação incômoda.* São Paulo, Edart, 1968.

20. A maçonaria teve papel decisivo na Independência do Brasil. Na Europa, onde nasceu, ela tem sua origem nas associações medievais de pedreiros. Os pedreiros medievais estavam isentos (livres) da jurisdição dos bispos; é essa a origem da designação "pedreiros-livres" (em inglês *freemasons* e em francês *francs-maçons*). Esses pedreiros mantinham em segredo certos conhecimentos da profissão, o que dará origem depois aos chamados "segredos maçônicos". Até hoje muitos dos símbolos da maçonaria: martelo, colherão, avental etc. lem-

bram aquele ofício. A partir do século XVII, as associações de pedreiros-livres na Inglaterra perderam o caráter de guildas profissionais, admitindo como membros honorários gente da nobreza e do clero anglicano, e também jurisconsultos e outros profissionais liberais, que logo chegaram a constituir a maioria dos membros. Em 1717, foi fundada a Grande Loja de Londres. A partir do estabelecimento do Livro de Constituições (1723), a maçonaria rapidamente. difundiu-se na Inglaterra e na Escócia. Em 1725, surge a primeira loja na França e, em 1733, na Itália. Nos EUA ela aparece primeiro em Boston (1730) e depois, em 1734, na Filadélfia. Todos os grandes homens da época da ilustração foram maçons: Frederico, o Grande, Voltaire, Goethe, Mozart, Condorcet, Lalande, Laplace, Helvetius, Laclos. A maçonaria francesa do século XVIII foi violentamente anticlerical e indubitavelmente pré-revolucionária. Foram maçons ainda: Mirabeau, Camille Desmoulins, Danton, Marat e Lafayette.

INTRODUÇÃO (PP. 23-64)

1. A 24 de agosto de 1820, eclodiu no Porto uma revolução. Marchando as forças para Lisboa, aí, a 15 de setembro, foram destituídos os governadores. Criou-se então uma junta provincial do Governo Supremo do Reino, que assumiu a forma de um governo quase soberano, se bem que em nome do rei. A junta convocou imediata reunião das antigas Cortes da monarquia portuguesa.

2. O desembargador Tomás Antônio de Vila Nova Portugal nasceu em Tomar, em 18 de setembro de 1755. Era chanceler-mor e, com a morte do conde da Barca (21 de junho de 1817), passou a ministro do Reino. Tomás Antônio morreu pobre, em Lisboa, a 16 de maio de 1839, tendo seu sustento garantido por um brasileiro que fora seu protegido, José Antônio da Costa. D. Marcos de Noronha e Brito (1771-1828) foi o oitavo conde dos Arcos de Valdevez e o último vice-rei do Brasil. Era governador da Bahia, até vir assumir a vaga no ministério. Estabeleceu a primeira gráfica naquela província (1811) e reprimiu com rigor a Revolução Pernambucana de 1817; D. Pedro de Sousa Holstein, conde e depois marquês e duque de Palmela (1781-1850), teve uma longa e decisiva carreira política em Portugal.

3. Sobre o comendador e coronel de cavalaria F. Caille de Geine e a repercussão do folheto intitulado "Le Roi et la famille Royale de Bragance doiventils, dans ler circonstances présentes, retourner en Portugal, ou bien rester au Brésil?" falarei mais detidamente no primeiro capítulo.

4. O "Despertador brasiliense", panfleto que circulou no Rio de Janeiro em 12 de dezembro de 1821, é considerado o documento que mais influiu para detonar o processo que levou ao Fico (9 de janeiro de 1822). Apesar de alguns historiadores o darem como sendo de outro autor, Hélio Vianna o atribui a Cairu.

448

5. "A heroicidade brasileira" é outro panfleto atribuído a Cairu. Circulou no Rio em 14 de janeiro de 1822, tendo sido imediatamente mandado recolher por ordem do ministro do Reino.

6. A *Gazeta do Rio de Janeiro*, primeiro jornal publicado no Brasil, durou de 10 de setembro de 1808 a 31 de dezembro de 1822, quando passou a chamar-se *Diário do Governo* (que, com este nome, sobreviveria apenas até maio de 1824).

7. O padre Januário da Cunha Barbosa nasceu em 10 de julho de 1789 e morreu em 22 de fevereiro de 1846, no Rio de Janeiro. Era presbítero secular ordenado em 1803 e dedicou-se ao púlpito, adquirindo reputação tal que em 1808 recebeu a Ordem de Cristo e se tornou pregador da Capela Real, pela qual se tornou cônego em 1813. Januário, além de sua longa atuação na imprensa política, foi o fundador do Instituto Histórico e Geográfico, em 1839, e dirigiu por um longo período a Biblioteca Nacional. Ledo e Januário tiveram atuação decisiva nos acontecimentos do período estudado aqui.

8. O *Macaco Brasileiro*, bissemanal, durou de junho a agosto de 1822 e dele circularam dezesseis números impressos na tipografia de Silva Porto e Cia. Foram seus redatores Manuel Zuzarte e Pedro da Silva Porto.

9. O *Volantim* durou de 1º de setembro a 31 de outubro de 1822.

10. O *Diário do Rio de Janeiro* surgiu em 1º de junho de 1821 e durou até 31 de outubro de 1878. Foi criado pelo português Zeferino Vito de Meireles, que, de operário, chegara a vice-administrador da Impressão Régia.

11. Lúcia Bastos Neves (1992) dedica a parte 3 (pp. 103-35) do primeiro capítulo de sua tese à tentativa de identificar o provável público dos periódicos dessa época.

12. O *Correio Braziliense*, ou *Armazém Literário*, foi lançado em Londres em 1º de junho de 1808 e durou até dezembro de 1822. Seu redator era o brasileiro Hipólito José da Costa Pereira Furtado de Mendonça. Usei para esta tese a antologia do *Correio* organizada por Barbosa Lima Sobrinho que consta da Bibliografia. As referências ao *Correio Braziliense*, neste trabalho, saem com a sigla *CB* e incluem, além do mês e ano da publicação, as páginas do livro de onde foram tiradas. Exceto uando-se naturalmente referências colhidas através de outros autores.

13. O *Bem da Ordem*, publicado pelo cônego Francisco Vieira Goulart, foi um dos três jornais publicados no Rio no primeiro semestre de 1821. Saiu em dez números entre março e dezembro daquele ano.

14. José Joaquim da Rocha (1777-1848) teve grande atuação no processo da Independência. Ex-maçom, atribui-se a ele a autoria intelectual do Apostolado. Fiel amigo dos Andrada, também deputado na Constituinte de 1823, ele e seus dois filhos rapazes seriam exilados, junto com os três irmãos paulistas, em novembro de 1823, após a dissolução da Assembleia.

15. *O Constitucional* circulou em oito números, de 5 de julho a 31 de setembro de 1822. Seus redatores foram José Joaquim da Rocha e o padre Belchior Pinheiro de Oliveira, ambos do grupo andradista.

16. A legislação relativa à imprensa sofreu várias alterações ao longo desse período (1821-23). A partir de 5 de junho de 1821, quando foram juradas no Brasil as bases da Constituição, D. Pedro colocou logo em vigor a liberdade de imprensa, sem que esta estivesse ainda regulamentada por lei. Medida que foi complementada apenas a partir de 28 de agosto de 1821 pelo aviso em que se dizia que, pretendendo evitar que os autores ou editores encontrassem inesperados estorvos à publicação dos seus escritos, era o "mesmo senhor [D. Pedro] servido mandar que se não embarace por pretexto algum a impressão que se quiser fazer de qualquer escrito, devendo unicamente servir de regra o que as mesmas Cortes têm determinado sobre este objeto". Mas a junta diretora da Tipografia Nacional, vendo muito aumentada sua responsabilidade nos casos de abuso cometidos por autores anônimos, determinou que não fossem mais aceitos manuscritos sem que a assinatura dos autores estivesse reconhecida por tabelião. O que foi aprovado pelo governo, com modificação, em aviso de 24 de setembro. Consistiram as modificações em limitar a exigência de firma reconhecida aos autores desconhecidos do administrador da tipografia e em dispensar a declaração do tabelião de tê-los visto assinar os originais.

Em virtude da agitação que se verificou no país no final de 1821, resolveu o governo proibir o anonimato, ao menos na tipografia oficial, ordenando à respectiva junta que não imprimisse nada "sem que o nome da pessoa que deve responder pelo seu conteúdo se publique no impresso", medida que foi tomada por meio da mesma portaria que proibiu e mandou recolher o "Heroicidade".

Mas José Bonifácio de Andrada, assim que assumiu (17 de janeiro de 1822), apressou-se em promulgar logo outra portaria em que, alegando que algum espírito mal-intencionado poderia interpretar a portaria expedida em 15 do corrente em sentido inteiramente contrário aos "liberalíssimos princípios de S.A. Real e à sua constante adesão ao sistema constitucional", ordenava à junta que não embaraçasse a impressão de escritos anônimos, pois pelos abusos que contivessem devia responder o autor, ainda que o seu nome não tivesse sido publicado, e, na falta deste, o editor.

O senado da Câmara solicitou ao príncipe, em 4 de fevereiro de 1822, que mandasse pôr em execução no Rio de Janeiro o decreto das Cortes portuguesas ordenando a criação do juízo de jurados. O assunto não foi então considerado, mas veio a ser resolvido pelo conselho de procuradores, por meio de decreto datado de 18 de junho de 1822, determinando que todos os escritos deveriam ser assinados pelos seus autores. Os editores ou impressores que imprimissem ou publicassem papéis anônimos passavam a ser responsáveis por eles. Todas as tipografias ficavam obrigadas a mandar ao procurador da Coroa e da fazenda um exemplar de todos os papéis que se imprimissem.

Depois do julgamento de Soares Lisboa, em julho de 1822, e do estado de exceção que marcou a Bonifácio, só após a abertura da Assembleia, em maio de 1823, o problema da liberdade de imprensa voltaria a ser debatido. Outros jornalistas iriam a julgamento, mas o anonimato permaneceria como uma situação de fato, limitando-se alguns autores, mas nem todos, a incluir suas iniciais no final dos artigos.

17. Ver capítulo 6, "A guerra contra a Santa Aliança no Rio".

18. Editado por Manuel Zuzarte e Pedro da Silva Porto, *O Macaco Brasileiro* durou de junho a agosto de 1822, morrendo, segundo informa Rizzini, à míngua de assinantes. Circularam do *Macaco* dezesseis números impressos na tipografia de Silva Porto e Cia. (RIZZINI, p. 371).

19. O *Papagaio* começou a circular em 4 de maio de 1822. Impresso na oficina de Moreira e Garcez, ostentava a epígrafe tirada de Molière: "Les bêtes ne sont pas si bêtes que l'on pense". Do *Papagaio* saíram doze números.

20. Sobre os redatores do *Macaco Brasileiro*, pouco se sabe. Eram eles Pedro da Silva Porto e Manuel Inácio Ramos Zuzarte. O sobrenome do primeiro sugere um parentesco com o dono da gráfica onde se imprimia o jornal. Sobre o último conseguiu Lúcia Neves a informação de que, em 1822, tinha 36 anos, era baixo, gordo e trigueiro, e obtivera passaporte para o Brasil em 1809, para ele e sua mulher (NEVES, 1992, p. 94).

21. Klemens, príncipe de Metternich-Winneburg (1773-1859), político austríaco, negociou o casamento de Napoleão com a princesa austríaca Maria Luísa e depois combateu o desenvolvimento dos movimentos liberais na Europa. Seu representante no Brasil foi, entre 1821 e 1831, o barão de Mareschal, Philippe Leopoldo Wenzel (1784-1851), que para ele escrevia quase que diariamente; William Pitt (1759-1806), estadista britânico, adversário implacável da Revolução Francesa; o visconde Robert Stuart Castlereagh (1769-1822) foi a alma das coligações contra Napoleão I; Benjamin Frankllin (1706-90), político, físico, filósofo e jornalista com quem os Andrada costumavam e gostavam de ser comparados, além de ter sido o inventor do para-raios, foi um dos fundadores da Independência das colônias inglesas da América. Os brasileiros citados são: Domingos Borges de Barros (1780-1855), depois barão e visconde de Pedra Branca, deputado na Constituinte portuguesa, retirando-se sem votá-la. Ajustou o casamento de D. Pedro com D. Amélia. Eleito senador à revelia em 1825, compareceu apenas à primeira sessão; Xavier de Araújo (não identificado); Luiz Moutinho Alves e Silva (1794-1863), do grupo andradista, tendo no período que compreende este trabalho atuado na redação de dois periódicos, o *Papagaio* e o *Tamoyo*. Moutinho se distinguiria depois na carreira diplomá-

tica; Laje é, possivelmente, João Vieira de Carvalho, marquês de Lajes (1791-
-1847), militar, português de nascimento, que se distinguiu nas campanhas do
Sul do país; Hipólito é Hipólito da Costa, o criador do primeiro jornal brasileiro, o *Correio Braziliense*; Biancardi é Teodoro José Biancardi, também nascido em Portugal (sem data conhecida), oficial-maior da Secretaria de Negócios do Império e redator do *Diário da Assembleia Geral Legislativa* e
*Constituinte do Bra*sil (1823). Durante o período estudado aqui chegou a ser
indicado para missão diplomática que não se verificou; Vilela é Francisco Vilela Barbosa (1769-1846), futuro marquês de Paranaguá, deputado nas Cortes
de Lisboa, e era ministro de Estado dos Negócios do Império e de Estrangeiros
em 1823, quando foi dissolvida a Assembleia. Quase todos os citados pelo
Entremetido tiveram, de fato, marcante atuação na história política do país.

22. O *Sylpho*, jornal publicado por amigos de Ledo e Januário entre agosto e
o final de outubro de 1823.

23. Dominique de Fourt De Pradt (1759-1857), arcebispo de Malines (Bélgi-
ca), foi um dos mais citados autores pelo jornalismo desse período. Escreveu
Des Colonies et la revolution actuelle de l'Amérique, Paris, 1817; *Trois mois de
l'Amérique Méridionale et du Brésil*, Paris, 1818; *L'Europe et l'Amérique depuis le
Congrès d'Aix la Chapelle*, Paris, 1821, 2 vols. Hipólito da Costa comentaria, em
1816, o seu *Le Congrès de Vienne*, e José da Silva Lisboa comentaria, entre outras
de suas obras, *L'Europe et l'Amérique* (SILVA, 1981, pp. 52-3).

24. *Filodemo* é o nome de um auto, em prosa e verso, de Luís de Camões.
Foi representado na Índia em 1555 e somente publicado em 1587. Conta a
história de Filodemo e Florina, gêmeos, filhos dos amores clandestinos de um
fidalgo português com uma filha do rei da Dinamarca. Órfãos, são recolhidos
por um tio, que desconhece a sua origem e por cujos filhos se apaixonam. O
suposto desnivelamento social cria os empecilhos, até que, descoberta a origem dos órfãos, vem o final feliz, com o casamento dos jovens (KOOGAN/
HOUAISS, p. 1180).

25. O panfleto do padre Pererereca surgiu pela primeira vez em 8 de setembro
de 1821 e foi novamente publicado em fevereiro de 1822.

26. "Podemos considerar as luminárias como o elemento essencial dos festejos públicos. Só por si criavam o ambiente de festa. [...] De modo algum se re-
duziam a uma simples iluminação dos pontos mais importantes da cidade."
Eram, seguindo a mesma descrição de Maria Beatriz Nizza da Silva, quadros
pintados em tecido, iluminados e realçados por detrás por luzes provenientes de
velas de cera (SILVA, 1978, p. 60).

27. Alguns desses anúncios publicados no *Volantim* também foram citados
por Lúcia Bastos Neves (1992), na página 599 de sua tese.

28. Montezuma, depois visconde de Jequitinhonha (1794-1870), nasceu na

Bahia, onde foi redator de um dos primeiros periódicos ali publicados. No Rio, quando deputado, durante a curta trajetória da Assembleia de 1823, aliou-se estreitamente aos Andrada, a ponto de ser, juntamente com eles, deportado.

29. *O Amigo do Rei e da Nação*. Referência às agitações do dia 26 de fevereiro de 1821.

30. Paulo Martim, filho, foi um importante livreiro do Rio de Janeiro. Santos Marrocos diz que ele era francês e o chama de "gazeteiro" e "traidor" em abril de 1812 (p. 71). Gazeteiro talvez porque era o único livreiro que publicava folhetos, cujo custo de impressão era baixo no Rio de Janeiro antes de 1821 (SILVA, 1986, p. 461). Informações sobre ele encontram-se também no já citado trabalho de Lúcia Bastos Neves (1992, pp. 32, 34 e 47).

31. Silvestre Pinheiro Ferreira (1769-1846) nasceu e morreu em Lisboa. Foi o último ministro dos Negócios Estrangeiros de D. João VI no Rio, nomeado para o gabinete que surgiu em fevereiro de 1821. Acompanhou nessa condição o rei a Portugal. Depois, seguiu carreira diplomática. Foi sempre um profícuo e sofisticado intelectual, com várias obras publicadas.

32. Tanto o artigo do *Espelho* quanto a surra que levou Luís Augusto May são tratados no capítulo 5.

33. Sobre as relações de Napoleão Bonaparte com a imprensa, ver WEILL, George, 1934, pp. 129-37.

1. QUEM DÁ PRIMEIRO, DÁ DUAS VEZES (PP. 65-115)

1. Foi, como diz José Murilo de Carvalho, política sistemática do governo português nunca permitir a instalação de estabelecimentos de ensino superior nas colônias, com o intuito de impedir o relaxamento da dependência. Em contraste, diz o mesmo autor, a Espanha teria permitido desde o início a criação de universidades nas suas colônias (CARVALHO, 1981, p. 55).

2. D. Antônio de Araújo de Azevedo (Ponte de Lima, 1754 - Rio de Janeiro, 1817), feito primeiro conde da Barca, em 17 de dezembro de 1815, foi um importante diplomata português, muitas vezes ministro de D. João. Simpático à França e às ideias liberais difundidas pela Revolução, segundo a opinião então corrente fazia parte da maçonaria. Era o principal ministro quando o Brasil foi elevado a Reino (1815). Morreu no ministério em 21 de junho de 1817, aos 65 anos (SERRÃO, p. 330).

3. No porão de seu navio, Antônio de Araújo trouxe, além da gráfica, sua biblioteca, que depois seria integrada à Biblioteca Real. Entre a chegada ao Brasil e sua volta ao ministério em 1814, Antônio de Araújo dedicou-se às artes e à ciência. Nos baixos de sua casa, na rua dos Barbonos (depois, rua do Passeio,

nº 42), montou uma oficina de porcelana e um alambique tipo escocês para produzir aguardente e medicamentos. Em seu quintal cultivava mais de 1400 espécies de plantas. Político com vocação empresarial, perfil incomum entre a nobreza portuguesa de seu tempo, o conde, em 1805, pedira e obtivera autorização para abrir fábrica de fiação de linho, algodão e lã na sua quinta, em Portugal. Para esse empreendimento associara-se a capitalistas do Porto e pretendia utilizar-se de máquina a vapor (SERRÃO, p. 420). Atribui-se ao conde da Barca a iniciativa da elevação do Brasil à categoria de Reino. Estimulou as artes, organizando o Teatro Lírico, atraindo para cá uma companhia de cantores italianos e criando a Escola de Belas-Artes. Incentivou o início da cultura do chá, a criação do jardim Botânico e a implantação da primeira serraria no Rio.

4. Insinuam os jornais do tempo que Antônio de Araújo teria feito acordo com os franceses e enganado D. João, protelando sua partida até uma hora perigosa. Em artigo onde exaltava as vantagens da liberdade de imprensa, Hipólito da Costa o diria explicitamente:

"A maior parte das gazetas inglesas asseverou e se fez publicíssimo que o Ministro dos Negócios Estrangeiros e da Guerra de S.A., o Príncipe Regente de Portugal, ao mesmo tempo de sua partida para o Brasil, ocultara do conhecimento do Soberano a marcha das tropas francesas; disse-se mais, que ele o fizera por querer atraiçoadamente entregá-lo aos seus inimigos. [...] não sei se é assim ou não [...] Mas como pela precipitação da retirada de S.A. se prova, que S.A. não sabia da chegada dos franceses; cuido que se segue, que os seus ministros o não informaram da marcha daquelas tropas inimigas; marcha que ninguém ignorava aqui na Inglaterra. Por uma de duas razões aquele ministro da guerra não informou a S.A., ou porque não sabia da marcha dos franceses, ou porque a queria ocultar, no primeiro caso a sua ignorância o declara incapacitadíssimo do lugar que ocupava; no segundo caso, nada menos que um forca devia ser o prêmio de seus merecimentos" (*CB*, nov. 1808, pp. 28-9).

Essas acusações contra o conde da Barca, Hipólito desmentiria posteriormente. Em favor de Antônio de Araújo, relatou Capistrano de Abreu a atitude que este manteve diante de lorde Strangford quando, ainda no porto de Lisboa, aquele diplomata inglês foi a bordo da nau *Medusa*, onde se encontrava o ministro, impondo condições para permitir a saída dos navios. Eram estas: a abertura imediata dos portos do Brasil, a concorrência livre e reservada à Inglaterra, com uma tarifa insignificante para esta, e que um dos portos lhe fosse imediatamente entregue.

Antônio de Araújo, em vista de semelhante imposição, perdeu a paciência e lembrou a lorde Strangford a carta de sua majestade britânica, os ofícios de seu ministro sobre esta viagem "[...] se eram aquelas as instruções dos ministros de Jorge III, ele aborrecia tais ministros" (apud VIANNA, 1974, p. 229).

5. D. Rodrigo de Sousa Coutinho (Chaves, 1755 - Rio de Janeiro, 1812), feito conde de Linhares por graça concedida no aniversário da rainha, D. Maria, em dezembro de 1808, foi mais de uma vez ministro de D. João. Esteve à frente do ministério entre 1808 e 1812, quando criou a Academia Militar e fundou a fábrica de pólvora na lagoa Rodrigo de Freitas. Por sua iniciativa, com orientação de José Bonifácio, mandou dar início à fábrica de ferro Ipanema, em Sorocaba, São Paulo, sob a responsabilidade do alemão Frederico Luís Guilherme de Varnhagen, pai do historiador (VIANNA, 1974, p. 241).

6. Este caráter de empresa particular se manteria mesmo quando o jornal passasse a se chamar *Diário do Governo*.

7. João Antônio de Melo e Castro, quinto conde das Galveias, foi um importante estadista e diplomata português (1756-1814). Enviado extraordinário e plenipotenciário em Haia, Roma e Londres, foi ministro da Guerra e dominou, juntamente com o marquês de Aguiar, a política brasileira de 1812 a 1814. Com a morte do conde de Linhares, Galveias tornou-se ministro efetivo da Marinha e interino de Estrangeiros e da Guerra e passou a dirigir a *Gazeta do Rio de Janeiro*. "As traduções, lia-as inéditas o Príncipe Regente e revisava-as Linhares e, por sua morte, o Conde das Galveias" (RIZZINI, p. 334). Sobre boatos maliciosos que a seu respeito corriam no Rio de Janeiro joanino, ver o capítulo 5.

8. Ferreira de Araújo (1777-1838), como passou a ser conhecido, era baiano. Foi professor da Academia de Marinha de Lisboa, onde estudou, chegando a primeiro-tenente. Matemático e latinista, com vários livros publicados, Ferreira de Araújo regressou a Salvador em 1805, acompanhando o conde da Ponte, com quem morou. Obteve transferência para o corpo de engenheiros no Rio, com a ajuda do conde de Linhares. Aí lecionou nas Academias de Marinha e Militar, chegando ao posto de brigadeiro. Ingressaria depois na política, sendo eleito deputado à 1ª Assembleia Nacional Constituinte, em 1823. Apesar de suas tantas outras atividades, foi sempre um ativo jornalista. Dizem que morreu de desgosto após ter, em 1837, assumido sem sucesso a defesa, perante o tribunal, de seu filho, o major Inocêncio Eustáquio de Araújo, acusado de envolvimento na Revolução de 7 de novembro de 1837 (BLAKE, vol. 6, pp. 71-2). Na Impressão Régia, Ferreira de Araújo também fez publicar a revista literária *O Patriota*. *O Patriota* surgiu em janeiro de 1813 e desapareceu em dezembro de 1814. Nela colaboravam, entre outros, Gastão Stockler, Mariano da Fonseca, Silva Alvarenga, José Bonifácio e Silvestre Pinheiro.

9. Frei José Mariano da Conceição Veloso, brasileiro, nasceu em Minas Gerais (1724) e faleceu no convento de Santo Antônio, no Rio de Janeiro (1811).

10. O Areópago de Itambé foi uma sociedade secreta fundada em 1796, entre Pernambuco e Paraíba, pelo médico pela Universidade de Montpellier, Manoel de Arruda Câmara, que voltara da França influenciado pelas ideias propagadas

pela Revolução Francesa. Foi dissolvido em 1802, depois do insucesso da chamada Conspiração dos Suaçunas, promovida pelos irmãos Paula Cavalcanti, membros do Areópago, que pretendiam instaurar na zona equatorial do Brasil uma república com apoio dos EUA e sob a proteção de Napoleão Bonaparte.

11. Diogo Inácio de Pina Manique (1733-1805), bacharel em direito por Coimbra, foi nomeado intendente-geral de polícia da corte e do Reino após a queda de Pombal. Uma de suas primeiras medidas nessa função foi banir de Lisboa os mendigos nacionais e estrangeiros. Baixou medidas repressivas contra a proliferação dos "papéis satíricos e libelos infamatórios". Foi um intransigente defensor do absolutismo em Portugal, combatendo com rigor a difusão das ideias liberais, prendendo e mandando expatriar gente como o célebre poeta Filinto Elísio. Para esse fim, instituiu um exército de delatores, que o povo apelidou de "moscas". Dedicou-se com especial afinco à perseguição da maçonaria. Foi também administrador-geral da Alfândega Grande de Lisboa, em 1781, quando fez exaustivo levantamento das fábricas erguidas por Pombal. Por graça da rainha, foi feito desembargador, sem prejuízo de suas atividades na intendência (SERRÃO, pp. 344-9).

12. A maçonaria entrou oficialmente em Portugal em 1735, quando foi fundada a Grande Loja portuguesa. Apesar dos esforços do Santo Ofício, que condenaria três pedreiros-livres no auto de fé de Lisboa (1744), era difícil impedir a propagação da sociedade, dado o ingresso no país de numerosos estrangeiros, especialmente ingleses. Durante o governo de Pombal, que muitos historiadores suspeitam ter sido iniciado na Inglaterra, a perseguição se atenuou bastante, situação que mudou no reinado de D. Maria I, quando Pina Manique reprimiu os franco-maçons com prisões e confisco de bens.

13. "Segredo" era o nome que se dava ao lugar "em que se metem pessoas por culpa grave por tantos dias, e lhe vão fazer perguntas, e dar tratos para os obrigar a confessar a verdade" (BARRETO, p. 395). "Dar tratos", no bom sentido da expressão, como explica Paulo Tedim, significa torturar.

14. Lorde Guilherme Carr Beresford, marquês de Campo Maior, era o marechal dos Exércitos portugueses.

15. Esta segunda nomeação do conde da Barca para o ministério desagradou e causou a demissão do embaixador da Inglaterra. Sir Percy Clinton Sydney Smythe, o sexto visconde de Strangford (1780-1855), servia na corte de D. João desde 1806, ainda em Lisboa, e permaneceria no posto até 1815. Quando Antônio de Araújo, considerado um inimigo pelos ingleses, foi reconduzido por D. João ao ministério em 1814, na pasta da Marinha e do Ultramar, lorde Strangford foi a Santa Cruz e, de maneira que D. João considerou afrontosa, protestou. D. João escreveu a Jorge IV expressando seu desagrado, e Strangford voltou para Londres, no ano seguinte, tendo antes recusado as doze barras de ouro que

o governo costumava dar aos embaixadores que partiam. Em compensação levou dois livros da Biblioteca Real sobre o cancioneiro popular que D. João VI mandou pedir-lhe de volta, quando Strangford já se encontrava em Londres. Strangtord traduziu versos de Camões para o inglês (RANGEL, 1972).

16. Antiga denominação dos tribunais de justiça de segunda instância.

17. Sobre D. Miguel Forjaz, que depois dirigiria a *Gazeta de Lisboa*, escreveu Hipólito da Costa: "O cabeça da repartição é o cabeçudo D. Miguel Forjaz, de quem a nação nunca esperou nem pode esperar a comunicação da menor ideia liberal; primeiro, porque a não tem, sendo tão ignorante que nunca teve estudos alguns, além de saber ler e escrever a sua língua, e isso muito mal; e segundo, porque é homem tão aferrado a prejuízos, tão cheio de superstição e afeiçoado do despotismo dos mouros, que ainda que lhe lembrassem alguma coisa útil, decerto a não adotaria" (*CB*, jan. 1819, p. 232).

18. Com a morte do conde da Barca (21 de junho de 1817), Tomás Antônio, que era chanceler-mor — sendo, nesse cargo, constantemente consultado pelo regente —, passou a ministro do Reino.

19. João Severiano Maciel da Costa (1763-1833), o futuro marquês de Queluz, publicou em Coimbra, em 1821, um folheto intitulado "Memória sobre a necessidade de abolir a introdução dos escravos no Brasil; sobre o modo e condições com que esta abolição se deve fazer e sobre os meios de remediar a falta de braços que ela pode ocasionar". Maciel da Costa, formado em Coimbra, foi desembargador do Paço no Rio de Janeiro e, de 1808 a 1810, ocupou o cargo de governador da Guiana Francesa; acompanhou D. João VI a Portugal, voltando ao Brasil, onde foi eleito deputado à Assembleia Constituinte por Minas Gerais, e presidiu a sessão em que esta foi dissolvida. Foi também um dos artífices da Constituição de 1824.

20. Rodrigo Pinto Guedes, depois barão de Rio da Prata.

21. Militar português que, junto com o tenente-general Jorge de Avilez Zuzarte de Sousa Tavares, teria participação nos episódios que agitaram o Rio durante o ano de 1821, culminando com a expulsão da Divisão Auxiliadora por D. Pedro, em fevereiro de 1822.

22. D. José Caetano da Silva Coutinho, Conde de Irajá, oitavo bispo do Rio de Janeiro, era maçom. Nasceu em Caldas Novas da Rainha, Portugal, em 1768 e morreu no Rio, em 1833. Coroou D. Pedro I.

23. José Clemente Pereira (1787-1854), logo depois juiz de fora do Rio de Janeiro, condição pela qual, de acordo com as leis do tempo (cf. CARVALHO, 1981, p. 135), era também o presidente da Câmara Municipal, o que o colocaria no centro dos fatos durante todo o processo da Independência. Maçom, ligado a Gonçalves Ledo, Clemente Pereira era português.

24. General que comandou a insurreição das tropas portuguesas depois do

Fico. Publicou, no curso daquela, na *Gazeta do Rio de Janeiro*, a 14 de janeiro de 1822, uma proclamação ao povo da cidade.

25. Ovídio Saraiva de Carvalho e Silva nasceu no Piauí no último quartel do século XVIII. Estudou em Coimbra, formou-se em 1811 e tomou parte no Batalhão Acadêmico. Foi juiz de fora de Mariana e exerceu a advocacia. Eleito deputado para as Cortes, se escusou de assumir o mandato. Foi membro do Apostolado e morreu desembargador. Autor de diversos elogios: Ratcliff, o pai de Domitila de Castro, D. João VI, e o 7 de abril, data da queda de D. Pedro I (RIZZINI, p. 332). Morreu em 1852.

26. Publicado pela Impressão Régia em maio de 1821.

27. A referência que Cairu faz a Robespierre e Marat será utilizada com sentido sempre pejorativo, tanto por periodistas em harmonia com a política ministerial do momento, como ele quase sempre estaria, como por jornalistas mais radicais. Veja-se mais adiante os ataques de João Soares Lisboa contra os irmãos Andrada. Eles trazem para a cena o fantasma da Revolução e do Terror franceses, de memória ainda muito recente, e nem mesmo radicais como Soares Lisboa ou Cipriano Barata querem ser confundidos com aquele espectro.

28. Também na França, antes de ter caído em desgraça Luís XVI, seriam publicados vários *Amigos do Rei*. Num outro momento, o jornal de Marat, em contraste com essa onda e evidenciando também a que vinha, se chamaria o *Amigo do Povo*. No Brasil, o título mais recorrente nesse período seria o de "sentinela", que, estreado por Cipriano Barata, em 1823, provocaria o surgimento da *Sentinela* do Grondona e a adoção do pseudônimo "Sentinela do Pão de Açúcar", pelo frei Sampaio, que, em artigos publicados no *Diário do Governo*, defendia ideias bem diversas das outras duas *Sentinela*.

2. BULAS DO PAPA PARA O IMPERADOR DA CHINA (PP. 116-73)

1. O padre Francisco Muniz Tavares (Recife, 1793-1876) era professor de Lógica e foi um dos implicados na Revolução Pernambucana de 1817. Foi também deputado na primeira Constituinte brasileira, dissolvida em novembro de 1823. Sugeriu que fossem mandados expulsar do Brasil os portugueses suspeitos de não terem aderido à causa da Independência.

2. Padre e empresário baiano, Gomes (1769-1842) foi acusado de participação na Revolta dos Alfaiates (1798). Rico e erudito, era dono de uma biblioteca que impressionou a Thomas Lindey. "Em francês, notei a *Enciclopédia* de d'Alembert, Buffon e Lavoisier; dentre nossos próprios autores, ele escolheu principalmente história natural, economia política, viagens e obras filosóficas [...]; a *América* de Robertson, ele recomendou em especial e também a *Riqueza*

das Nações, de Smith [...]" Lindey também notou o quanto Gomes elogiava as obras de Thomas Paine. O padre não foi indiciado na devassa que sucedeu à Revolta dos Alfaiates. Sobre ele disse o governador da Bahia, D. Fernando José de Portugal: "o fato de ler jornais ingleses não transforma o leitor num jacobino" (MAXWELL, pp. 169-70).

3. Diplomata austríaco que representou seu país no Brasil, entre 1821 e 1831. O barão de Mareschal (Philippe Leopoldo Wenzel, 1784-1851) escrevia quase que diariamente para Metternich.

4. Os redatores do *Revérbero* começaram sua atuação, tal como os mais ponderados jornais do primeiro semestre de 1821, combatendo supostos rumores acerca da Independência do Brasil. O nº 3, datado de 15 de outubro de 1821, na correspondência assinada com as iniciais "J.J.V.S.", desenvolve longa argumentação em torno do tema. O Brasil não teria condições ainda, dizem, de ser independente. Para uma nação ser independente, acrescentam, "não basta querer sê-lo, é mister poder sustentá-lo". E como o Brasil acabara "de largar os ferros", se optasse logo pela Independência ia apresentar ao mundo uma debilidade animadora da usurpação estrangeira e propícia à propagação da anarquia.

5. Personagens que daí em diante terão importância decisiva para a história política do Brasil: Nóbrega se aliaria ao grupo de Ledo; José Mariano e Vasconcelos Drummond, juntamente com os Rocha, se ligariam aos Andrada. Paulo Barbosa teria grande influência sobre D. Pedro II, de quem foi mordomo.

6. Pedro Dias Paes Leme, mais tarde barão, visconde e marquês de Quixeramobim.

7. O historiador Francisco Adolfo Varnhagen era filho do alemão Frederico Luís Guilherme Varnhagen, que administrava, por indicação de José Bonifácio feita em 1810 ao conde de Linhares, a fábrica de ferro de Ipanema, em Sorocaba-SP. No início de 1820, José Bonifácio, de regresso ao Brasil, visitou aquela fábrica e escreveu sobre ela uma "Memória econômica e metalúrgica sobre a Fábrica de Ferro de Ipanema, em Sorocaba", contendo várias críticas que atingiam o pai do historiador. É possível que esteja aí a origem da indisfarçável antipatia de Varnhagen por José Bonifácio e seus irmãos.

8. Segundo foi publicado na *Malagueta*, nº 6, corria na cidade o boato de que o autor do documento seria o próprio cônego Goulart, muito criticado posteriormente por isso.

9. A carta de D. Pedro, constante do acervo do Museu Imperial, a José Bonifácio, pedindo o adiamento da reunião ministerial em virtude de estar agonizando o príncipe da Beira, é um dos mais comoventes documentos da história epistolar brasileira.

10. Pelas disposições anteriores, cada província teria uma junta e um comando de armas, sem poder um sobre o outro e tendo que se reportar diretamente a Lisboa.

11. Luís Paulino de Oliveira Pinto da França (1771-1824) seria depois ministro de D. João VI e, nessa condição, com a chamada Viradeira, nome que se deu ao retorno do poder absoluto em maio de 1823, viria ao Brasil em setembro daquele ano. Foi tratado como representante de um governo inimigo, só tendo podido desembarcar por estar doente. Sem estar totalmente recuperado, foi expulso do Brasil em fevereiro de 1824 e morreu a bordo do navio em que regressava a Portugal.

12. O tesoureiro do erário, Francisco Bento Maria Targini, feito barão de S. Lourenço em 1811, e Joaquim José de Azevedo, barão (1812) e depois visconde de Rio Seco, eram os responsáveis pelas finanças no reinado de D. João VI. Ambos tinham fama de desonestos e enriqueceram às custas do Tesouro. Do primeiro diria Hipólito da Costa que, se a habilidade de um indivíduo em aumentar suas riquezas fosse por si só bastante para qualificar alguém a ser administrador das finanças de um reino, sem dúvida Targini, "barão do que quer que é que não nos lembra", devia reputar-se um excelente financista (apud DOURADO, p. 550). Ver também RODRIGUES, 1975, vol. *Economia e sociedade*, p. 18.

13. O curioso nesta anedota é o papel do escravo como conselheiro do patrão. Mesmo com os conselhos do escravo André resultando em insucessos, ela é indicativa do surpreendente caráter que podiam assumir as relações entre senhor e escravo.

14. *Compilador Constitucional, Político e Literário Brasiliense*, jornal editado por José Joaquim Gaspar do Nascimento e João Batista de Queirós. Lançado a 5 de janeiro, o *Compilador* duraria até 26 de abril de 1822, publicando-se dele quinze números.

15. D. Domingos Antônio de Sousa Coutinho, o conde de Funchal, era irmão de D. Rodrigo, depois conde de Linhares, o ministro que primeiro serviu a D. João VI no Rio. Diplomata, o conde de Funchal estava na Inglaterra desde 1808, e foi removido para Roma no final de 1815. Durante aquele período, apesar de um curto intervalo em que manteve uma relação de proximidade com Hipólito, foi duramente criticado e ironizado pelo jornalista. Era considerado um diplomata medíocre, e, apesar de convidado, recusou convite para servir no ministério de D. João VI, no Rio.

16. Antônio Teles da Silva Caminha de Meneses (1790-1875), marquês de Resende, era filho do marquês de Penalva. É citado na correspondência de Santos Marrocos como um moço sério e frequentador assíduo da Biblioteca Real. Atuou como testemunha de acusação na Bonifácia. Fez uma longa carreira diplomática, iniciada em abril de 1823, quando foi representar o Brasil na Áustria. Amigo pessoal de D. Pedro I, seria leal a este e à sua viúva até o fim. Sua carreira diplomática prosseguiria, depois da abdicação do imperador, a serviço do governo português. Escreveu o elogio póstumo de D. Pedro I.

17. Sobre este panfleto, ver Introdução.

18. "Cerimônia exclusivamente municipal [...] O costume prescreve a repetição do cortejo, durante os três dias que precedem uma cerimônia solene; nascimento, casamento ou morte de um príncipe, circunstâncias em que os cidadãos mais importantes disputam a honra de figurar no bando" (DEBRET, pp. 525-6).

19. Era o pseudônimo do padre José Pinto da Costa Macedo, preso em maio, por conta de seu radicalismo.

3. QUANDO VIRES AS BARBAS DO TEU VIZINHO ARDER DEITA AS TUAS DE MOLHO (PP. 174-226)

1. De fato, quando chegou em Lisboa a notícia de que aqui no Brasil o príncipe havia aceito a "Representação" e marcara eleições para a Constituinte brasileira, os nossos deputados, que lá já viviam uma situação bastante precária, passaram a correr perigo de vida.

2. Jornal do grupo de Ledo com o qual Cairu terçaria armas já perto do fechamento da Assembleia.

3. Jornal publicado por Cairu durante o ano de 1823.

4. Frase final do discurso pronunciado por José Clemente, quando levou a D. Pedro a "Representação" do povo do Rio de Janeiro pedindo Cortes para o Brasil.

5. *Père Duchesne* era o nome do jornal publicado por Hébert (1757-94) durante o Terror. Num artigo a que deu o sugestivo título de "La plus grande de toutes les joies de Père Duchesne", descreveu a decapitação de Maria Antonieta. Sobre o estilo do jornal de Hébert e suas consequências para a imagem da Revolução escreveu, com muita propriedade, como o demonstra a citação de Cairu, Camille Desmoulins: "Y a-t-il rien de plus dégoûtant, de plus ordurier que tes feuilles? Ne sais-tu donc pas, Hébert, que quand les tyrans veulent avilir la République, quand ils veulent faire croire à leurs esclaves que la France est couverte des ténèbres de la barbarie, que Paris, cette ville si vantée par son atticisme et son goût, est peuplée de Vandales, ne sais tu pas, malheurex, que ce sont des lambeaux de tes feuilles qu'ils insèrent dans leurs gazettes [...] comme si tes saletés étaient celles de la nation, comme si un égout de Paris était la Seine!". Hébert foi guilhotinado em 24 de março de 1794 (GINISTY, pp. 77-8).

6. Que pedira a criação de uma Assembleia para produzir a nova legislação do Brasil.

7. Para os motivos da prisão do padre Filodemo, ver a Introdução deste livro.

8. Sobre o método Lancaster de ensino escolar publicaria o mesmo jornal em

seu nº 108 (23 ago. 1822) uma correspondência onde alguém que se assinava com as iniciais "A. J. F. da F." recomendava que "todos os mestres, sem excetuar os particulares, sejam obrigados a aprender, e depois seguir nas suas escolas o referido método, suprimindo-se ao mesmo tempo as demais aulas públicas de 1ªs letras [...] Se, entretanto não se achar nesta Corte algum sujeito suficientemente instruído nesse Método de ensino, lembro que se convide o Diretor da Escola de Lancaster estabelecida no ano passado em Montevidéu, o qual pode prescrever, e ensinar, como ali fez esse mesmo Método".

9. Em 1827, Queirós foi nomeado redator dos debates da Câmara dos Deputados e, em 1831, cônsul do Brasil no México. João Batista de Queirós, "sujeito desmantelado e atrevido", no dizer de Rizzini, logo se tornaria o mais famoso pasquineiro da regência. Mesmo assim foi nomeado, em 1832, quando já se dedicava àquela atividade, membro do conselho de jurados para os excessos da liberdade de imprensa.

10. Referência ao pseudônimo "Fiel à Nação" que Cairu adotaria a partir da publicação do "A heroicidade".

11. Luís Antônio Henrique de Condé, nascido em Chantilly, em 1772, emigrou em 1789. Por ordem de Napoleão Bonaparte foi raptado na Alemanha e fuzilado em Vincennes, em 1804.

12. João Maria da Gama Freitas Berquó, depois barão, visconde e marquês de Cantagalo, e o brigadeiro Francisco Maria Gordilho Veloso de Barbuda, depois primeiro barão de Pati do Alferes, visconde de Lorena e marquês de Jacarepaguá, eram validos de D. Pedro, seus constantes companheiros nessa fase.

13. Foi depois, em 1825, marechal de campo do Exército brasileiro e, em 1828, presidente da província de Goiás.

14. Vidigal, figura popular do tempo, eternizou-se na literatura brasileira como personagem das *Memórias de um sargento de milícias*. A *Sentinela da Praia Grande*, em seu nº 14 (10 set. 1823), cobriu de louvores o brigadeiro Vidigal e seu imediato José Custódio: "Dois respeitáveis anciãos, verdadeiros brasileiros que o serviço que este corpo está fazendo é de tal utilidade que bem se pode avançar a dizer que nestes tempos de oscilações políticas o não acontecerem desordem, mortes, etc. é inteiramente devido à viveza e boa ordem com que os soldados e patrulhas da Polícia, atalham qualquer princípio de confusão e de barulho".

15. Vandelli, casado com a filha mais velha de José Bonifácio, Carlota Emília, foi auxiliar do sogro, desde 1813, na Intendência das Minas e Metais e na Academia de Ciências, em Lisboa.

16. Antônio Vieira da Soledade, nascido em Elvas, Portugal, e falecido no Rio em 16 de dezembro de 1836, era, como o frei Sampaio, da ordem dos franciscanos. Veio para o Brasil muito jovem, foi cônego da Capela Real e vigário-

-geral do Rio Grande do Sul, por onde foi depois eleito deputado e senador. Foi também monsenhor da Capela Imperial (BLAKE, vol. 1, p. 328). Atuou como testemunha de acusação durante a Bonifácia.

17. Plácido Antônio Pereira de Abreu, barbeiro de D. Pedro desde 13 de maio de 1815, obteve mercê de criado particular em 4 de abril de 1821, tornando-se também administrador da Quinta da Boa Vista, desde 25 de abril do mesmo ano. Era muito rico, segundo informa Rangel (1984, p. 84). Maria Graham não fazia dele bom conceito, atribuindo às suas intrigas o ter sido afastada de suas funções no Paço (RANGEL, 1984, p. 85).

18. Expressão que era o equivalente oposto da "facção gálica" usada por Cairu contra Soares Lisboa, Ledo, Januário e outros tantos redatores e personagens da cena política que adotavam um discurso herdado do Iluminismo francês.

19. "Marotos", aqueles que vêm pelo mar, foi uma das gírias criadas na Bahia contra os portugueses.

20. Apelido que se dava aos portugueses nascidos no Porto, onde era comum essa profissão. Os tripeiros do Porto eram vistos lavando tripas às margens do Douro.

21. Manuel Fernandes Tomás, deputado pela Beira, foi um dos que mais se distinguiram nas Cortes por seus ataques ao Brasil, chegando a dizer que, se o Brasil havia de se separar, que o fizesse já (VARNHAGEN, p. 118).

22. Gordilho já publicara uma "Justificação que dá ao público o brigadeiro...", contra o redator do *Correio do Rio de Janeiro*", impressa em quatro páginas in--fólio e que foi distribuída gratuitamente ("do que é ruim, grande mercado", diria a propósito o *CRJ*, nº 82, 20 jul. 1822).

23. Ver *Correio do Rio de Janeiro*, nºˢ 101 (14 ago. 1822), 106 (21 ago. 1822) e 110 (26 ago. 1822).

24. Compunham o conselho de Estado, além do príncipe e dos ministros José Bonifácio, Caetano Pinto, Oliveira Álvares e Farinha, os procuradores: Ledo e José Mariano, do Rio de Janeiro; Pinto Mosqueira e Estevão de Resende, de Minas; e Lucas Obes, da província Cisplatina.

25. Embora Ledo tenha sido designado para redigir o decreto, acredita Rizzini que ele não foi o seu autor. Se o redigisse, diz Rizzini, baseado na leitura das atas das sessões existentes no Arquivo Público Nacional, não teria protestado durante a discussão "contra o julgamento de abusos da imprensa pelas antigas leis". Provavelmente, conclui aquele historiador, o decreto saiu da pena de José Bonifácio (RIZZINI, p. 331).

4. QUANDO O REI É FREDERICO, TODOS OS QUE O RODEIAM SÃO FREDERICO TAMBÉM (PP. 227-78)

1. Número extraordinário do jornal de Soares Lisboa comentado no capítulo anterior.

2. Teodoro Maria Biancardi, funcionário público de carreira, nasceu em Portugal e morreu em Niterói, com idade bastante avançada, em 1853. Era oficial-maior da secretaria da Câmara dos Deputados, sendo o redator do *Diário da Assembleia Geral Legislativa e Constituinte* (BLAKE, vol. 7, p. 257). Antônio Manuel Correia da Câmara foi de fato nomeado por José Bonifácio para aquele posto em Buenos Aires. Ver sobre ele em RIZZINI, p. 369. Sobre Correia da Câmara e sua atuação em Buenos Aires falamos mais adiante (BLAKE, vol. 7, p. 257).

3. O padre Antônio João de Lessa era eleitor da Vila de Cantagalo, Estado do Rio, onde tinha uma fazenda. Formava, junto com Ledo, Januário, José Clemente Pereira, Soares Lisboa e Bernardo José da Gama, o grupo dos signatários da "Representação" que pediu Cortes para o Brasil. O padre Lessa era presbítero do hábito de São Pedro e foi deputado na segunda legislatura (1830-33). Deixou umas *Cartas escritas de Cantagalo, que poderão servir de memórias histórico-políticas daquele país* (*1830*) (BLAKE, vol. 1, pp. 193-4).

4. Referiam-se ao documento dos paulistas, cuja autoria é atribuída a José Bonifácio e que foi remetido por D. Pedro a D. João nas vésperas do Fico.

5. Domitila de Castro Canto e Melo (1797-1867), paulista, viscondessa por decreto de 12 de outubro de 1825, marquesa por decreto de 12 de outubro de 1826. Ela foi casada em primeiras núpcias com o alferes Felício Muniz Pinto Coelho de Mendonça, de quem se separou, obtendo a anulação do casamento. Irmã de Francisco de Castro Canto e Melo, Domitila foi convidada para o serviço da corte em 1822, tornando-se dama do Paço imperial. Gradativamente foi ofuscando a imperatriz junto ao imperador e à corte. Com a morte de D. Leopoldina, em 1826, teve a ilusão de que tomaria seu lugar. Mas foi afastada em 1829, para que D. Pedro pudesse casar com Amélia Eugênia Leuchtemberg, a segunda imperatriz do Brasil. Voltou para São Paulo, onde se casou com o brigadeiro Rafael Tobias de Aguiar, enviuvando em 1857. Teve filhos de ambos os casamentos, além dos cinco que provieram de sua ligação com Pedro I: a duquesa de Goiás, a duquesa do Ceará, a condessa de Iguaçu, um filho falecido jovem e um menino natimorto.

6. Sobre frei Sampaio e sua trajetória política nesse período, sua atuação na imprensa e no Apostolado, e sua participação na autoria do Projeto de Constituição, que Otávio Tarquínio de Sousa chamou de "projeto da bela caligrafia", cujos originais se encontram no Museu Imperial, em Petrópolis, ver a tese de Mariana Corrêa Vaz da Silva, que consta da Bibliografia.

7. Referência ao aeróstato inventado, com o apoio de D. João v, pelo padre jesuíta Bartolomeu Lourenço de Gusmão (1685-1724).

8. "Teria D. Pedro feito tal declaração? Talvez num arroubo de liberalismo agudo" (SOUSA, 1952, p. 477).

9. A casa de José Bonifácio ficava na esquina da praça Tiradentes com a avenida Passos e depois foi sucessivamente café, hotel e restaurante.

10. Ver na p. 200 a história do artigo de Soares Lisboa e de suas consequências.

11. Feito barão de São Gonçalo em 1849. Fazendeiro e capitalista, foi deputado pela província do Rio de Janeiro, comandante superior da Guarda Nacional de Niterói e presidente do Banco Hipotecário. Era também membro do Apostolado.

12. No largo de São Francisco, onde hoje se ergue a estátua de José Bonifácio, aconteciam os ajuntamentos. Foi lá que José de Oliveira Porto Seguro e Miquelina, notórios arruaceiros, promoveram a manifestação contra Gonçalves Ledo. Perto dali, na igreja de Nossa Senhora do Rosário dos Pretos, na rua da Vala, hoje Uruguaiana, era onde então se reunia o Senado da Câmara.

13. Esse foi um dos que também estiveram na célebre assembleia da praça do Comércio, de 21 de abril de 1821 (cf. NEVES, 1992, p. 467).

14. Essa acusação ao lado da de republicano é a mais frequente contra Soares Lisboa. "Carcunda" era o mesmo que absolutista e/ou simpático a Portugal. Era como também se usava apelidar os nascidos lá, mesmo os que, como Soares Lisboa e D. Pedro, tiveram papel importante na Independência.

15. Natural de Rio Pardo, Correia da Câmara fora tenente de linha na Índia e em Lisboa. Durante a invasão de Portugal pelas tropas francesas, foi feito prisioneiro. Câmara foi testemunha de acusação contra Soares Lisboa na Bonifácia.

16. Apesar de ostentar esse nome, manteria, tal como antes a *Gazeta do Rio de Janeiro*, a ambígua situação de empresa particular.

17. Refere-se à carta que Ledo dirigiu a D. Pedro quando se encontrava foragido, reivindicando sua imunidade parlamentar e que se lhe abrisse processo.

18. Há controvérsia sobre quem substituiu Goulart. Alguns dizem que foi Januário da Cunha Barbosa, que retornara do exílio no final de 1823. Se assim foi, Januário parece ter estado sempre um passo atrás de Goulart nos empregos, pois também o substituiu na direção da biblioteca quando ele morreu em 1839. Sacramento Blake e Rizzini dizem, no entanto, que a partir de 1823 o chefe da redação do *Diário do Governo* teria sido frei Sampaio, que foi substituído neste mister por Januário em 1826. A meu ver, como demonstrarei a seguir, parece que foi mesmo José da Silva Lisboa quem, logo após a dissolução da Assembleia, assumiu esse posto.

19. Autor da famosa frase: "Venham para cá pretos, logo teremos pardos, e

finalmente brancos, todos descendentes do mesmo Adão, de um mesmo pai" (apud SOUSA, 1937, pp. 56-7).

20. Rizzini diz que Moutinho foi secretário particular de José Bonifácio e escreveu no *Tamoyo*. Exerceu vários cargos no império, entrou para a diplomacia, foi plenipotenciário na Santa Sé e Estados italianos, pertenceu a numerosas sociedades e faleceu em 1863, aposentado, em Paris (RIZZINI, pp. 369-71).

21. Paiva revela ali que era português casado com brasileira, que fora "transportado em tenros anos para o Brasil" e que ao Brasil devia o "pouco préstimo" que tinha, tendo sido sempre agasalhado com distinção pelos seus naturais. Recebia pelo seu trabalho na redação do *Diário do Governo* 400 mil-réis anuais. Quantia que, segundo diz, não correspondia ao necessário para as despesas de sua família.

5. QUEM NÃO TEM PADRINHO MORRE MOURO (PP. 279-329)

1. Pelas instruções de José Bonifácio, datadas de 19 de junho, a Constituinte deveria ter cem deputados distribuídos conforme a população das províncias, sendo mais numerosos os de Minas Gerais, em número de vinte, seguidos dos baianos e pernambucanos, com treze, dos paulistas, com nove, e assim em escala decrescente até as províncias como Mato Grosso ou Piauí, que só possuíam um representante. As eleições foram realizadas em pleito indireto, com eleitores de freguesia e de paróquia, à moda de Cádiz. No dia 3 de maio de 1823 (dia e mês que até a Primeira República passaram a ser de instalação das sessões legislativas nacionais) instalou-se a primeira Constituinte brasileira.

Entre os constituintes havia 23 bacharéis em direito, sete doutores em direito canônico, três médicos, dezenove padres (entre os quais um bispo), três marechais de campo e dois brigadeiros. Tal como as assembleias congêneres dos Estados Unidos, da França, da Espanha e de Portugal, eram os espíritos esclarecidos das classes dominantes, não havendo, entretanto, representantes das classes trabalhadoras.

2. Referência aos padres liberais em geral e a Januário e Lessa, do grupo de Ledo, em particular.

3. Iniciais do alferes Teodoro Fernandes Gama, testemunha de acusação da Bonifácia, que, declarando morar na rua da Cadeia, nº 65, publicara algumas das cartas que provocaram a reação da Assembleia contra o *Diário do Governo* no primeiro semestre de 1823.

4. O pedido de alívio dos ferros é literal. O padre Francisco Muniz Tavares (Recife, 1793-1876), um dos implicados na Revolução Pernambucana de 1817, relata em seu livro sobre o episódio que Antônio Carlos, que estivera preso

junto com ele na Bahia, fora posto a ferros, consistindo estes em grilhões nos pés e corrente ao pescoço (apud D'ALBUQUERQUE, p. 303).

5. "Sala livre" era a designação que se dava à prisão para gente qualificada. Era destinada aos presos que tinham menagem (BARRETO, Paulo Tedim, p. 394).

6. Enxovias eram as prisões colocadas no andar térreo. O acesso a elas se fazia por meio de um alçapão aberto no piso do sobrado e a elas se descia por "escadas de mão", isto é, escadas móveis (BARRETO, Paulo Tedim, p. 394).

7. Bivar nasceu em Abrantes, na Estremadura, em 1785, e morreu no Rio de Janeiro em 1865. Nos arquivos de D. Pedro I constam várias cartas de Bivar relativas à administração do patrimônio de Domitila de Castro, então viscondessa de Santos. Ele obteve, posteriormente, não só essa colocação junto ao imperador, como também as ordens da Rosa e de Cristo. Foi sócio fundador do IHGB. Sua filha, Violante Ataliba Ximenes de Bivar Velasco, foi uma das primeiras mulheres jornalistas brasileiras, publicando, entre 1852 e 1855, o *Jornal das Senhoras*, além de ter traduzido para o português inúmeras comédias francesas e italianas.

8. Ver nota 7, capítulo 1.

9. Rizzini (p. 389) diz que May chegou ao Brasil em 1815 e que auxiliou os condes da Barca e das Galveias, o que é uma incongruência, porque Galveias, junto com o conde da Barca, grande inimigo dos ingleses, morreu em 18 de janeiro de 1814, vítima de uma "febre nervosa". O mais provável é que esteja certo Mecenas Dourado, que data a chegada de May ao Brasil de 1810.

10. Sobre Antônio Teles, ver p. 460, nota 16.

11. É bem verdade que estão ali, no entanto, os originais de vários artigos seus e um longuíssimo texto, possivelmente inédito, assinado por "Quitute", escrito com a letra do imperador e totalmente destinado a atacar o "Malagueta". Também estão nos seus arquivos as cartas trocadas entre o imperador e Antônio Teles, que, em tom anedótico, falam sobre o jornalista.

12. Antes da determinação do Ministério da Justiça, datada de 21 de maio de 1823, que instituiu a numeração das casas da maneira como se conhece hoje, o número das casas referia-se à ordem cronológica das construções na rua onde estivessem localizadas (cf. DE LOS RÍOS FILHO, Adolfo Morales, p. 170). O documento onde May registrou seu endereço foi redigido em 31 de março de 1824.

13. O carmelita frei Joaquim do Amor Divino Rebelo Caneca nasceu no Recife em 1779, tomou parte na revolução de 1817, permanecendo preso na Bahia até 1821. Em 1823, fundou no Recife o periódico político *Typhis* e tornou-se o principal conselheiro e publicista da revolução republicana e federal. Foi aprisionado no Ceará (28 de novembro de 1824) e submetido em Pernambuco ao julgamento de uma comissão militar, que o condenou à morte, sendo fuzilado como um dos líderes da Confederação do Equador em 13 de janeiro de 1825.

Os seus escritos foram impressos em 1875 por ordem da Assembleia Legislativa de Pernambuco.

14. Ver Relação dos Periódicos e Panfletos Consultados, ao final deste volume.

15. A possibilidade de ter origem na traição à maçonaria mais do que nas divergências políticas a violência dos ataques contra frei Sampaio é uma hipótese que me foi sugerida por José Murilo de Carvalho.

6. QUEM SEUS INIMIGOS POUPA NAS MÃOS LHES MORRE (PP. 330-87)

1. José Clemente e o padre Antônio João da Lessa eram grandes proprietários, e Manuel dos Santos Portugal era um rico comerciante. Todos os três eram maçons e portugueses.

2. O *Tamoyo* durou até 11 de novembro de 1823, véspera da dissolução da Assembleia. A coleção completa compõe-se de 35 números e um *Suplemento ao nº 35*. Como quase todos os periódicos do tempo, seu formato é in-quarto, sua composição é em duas colunas e o número de páginas de cada edição é sempre quatro. Os primeiros quatro números foram impressos na tipografia de Silva Porto & Cia. Os outros, curiosamente os que mais agrediam o governo, foram feitos na Imprensa Nacional.

3. Antônio de Meneses Vasconcelos Drummond nasceu no Rio em 1794 e morreu em Paris em 1865. Protegido de Tomás Antônio, estava em Portugal em 1821, de onde voltou, sem ter concluído os estudos, indo para Pernambuco, segundo Blake, trabalhar pela Independência. Daí talvez a referência de Soares Lisboa, que vem logo a seguir à sua contribuição às agitações daquela província.

4. Esta comparação entre a situação de D. João VI obrigado a jurar previamente a Constituição portuguesa e a de D. Pedro I seria sempre levantada pelos jornais andradistas para esvaziar a causa do juramento prévio por que tanto se batiam os liberais.

5. Ver Relação dos Periódicos e Panfletos Consultados, ao final deste volume.

6. A palavra democracia havia adquirido, no começo do século XIX, um caráter altamente negativo. Tanto que o *Sylpho* e outros jornais identificados com as correntes mais radicais da maçonaria apressavam-se sempre em adiantar sua total aversão aos danos causados pelas "democracias", cujos exemplos mais trágicos seriam as colônias espanholas e a fase do Terror na Revolução Francesa.

7. Era de Voltaire a citação com que o *Tamoyo* encerrou, desolado, uma das descrições do quadro em que mergulhara a política brasileira depois da saída dos Andrada do ministério: "Ah! Doutor Pangloss, Doutor Pangloss! Pudesses tu criar em mim um novo Cândido e persuadir-me ser este o melhor dos mundos possíveis!" (*Tamoyo*, 20 set. 1823).

8. Tomás Joaquim Pereira Valente (1790-1849), português da cidade do

468

Porto, depois barão e conde de Rio Pardo, era militar, tendo chegado ao posto de marechal de campo. Foi governador de Santa Catarina, ministro da Guerra em 1829 e presidente do Piauí.

9. Sobre o mito de José Bonifácio, ver o importante trabalho de Emília Viotti da Costa, "José Bonifácio, mito e história", em seu livro *Da monarquia à República: momentos decisivos*, pp. 61-130.

10. A predileção pelo ministro da Justiça, Caetano Pinto de Miranda Montenegro, que estivera no gabinete Andrada desde a sua inauguração, sobrevivendo às crises, se deve certamente a terem sido por ele redigidos e assinados os decretos que tornavam nula a devassa contra os adversários dos Andrada, em São Paulo. Devassa provocada pela chamada bernarda de Francisco Inácio que, segundo Emília Viotti, ainda não encontrou quem a bem explicasse (cf. MOTA, p. 124). A cena final, entre o ministro e o imperador, que resultou no pedido de demissão de José Bonifácio, tivera como pivô aqueles decretos. Montenegro era o governador de Pernambuco durante a Revolução de 1817.

11. O baiano José Joaquim Carneiro de Campos, futuro marquês de Caravelas, que substituiu José Bonifácio, é aqui chamado de jesuíta, porque chegou a ingressar na ordem dos beneditinos, indo estudar teologia em Coimbra às expensas de uma tia. Não seguiu no entanto a carreira eclesiástica, passando para o curso de direito. Foi preceptor dos filhos do conde de Linhares e membro do conselho de D. João VI, em 1818. Ocupou mais tarde o cargo de regente. O outro novo ministro a que o *Tamoyo* se referia era Manuel Jacinto Nogueira da Gama, que passou a ocupar a pasta da Fazenda no lugar de Martim Francisco. Gama era militar e foi depois marquês de Baependi. João Vieira de Carvalho era português e ministro da Guerra, foi depois marquês de Lages. O ministro da Marinha era também português, Luís da Cunha Moreira, depois visconde de Cabo Frio.

12. (Minas, 1777 — Rio de Janeiro, 1856) Barão (1825), conde (1826) e marquês de Valença (1845), filho do coronel Severino Ribeiro, natural de Lisboa, de família nobre, e de Josefa Faria do Resende, de abastada família mineira. Casou-se com a filha de um rico fidalgo português radicado em São Paulo, o brigadeiro Luiz Antônio Souza Queiroz (o que o fazia cunhado de Francisco Inácio, pivô daquela famosa bernarda. V. capítulo 4). Formado em direito pela Universidade de Coimbra, seguiu a magistratura, tendo sido juiz de fora em Portugal. Localizou-se na corte em 1810, exercendo em São Paulo o cargo de juiz de fora e procurador de defuntos e ausentes. Em 1816 foi nomeado fiscal dos diamantes em Serro Frio, Minas Gerais. Ocupou lugar de desembargador da Relação da Bahia, desembargador da Casa de Suplicição, em 1818, e desembargador do Paço, em 1824. Foi eleito em 1823 deputado à Constituinte por Minas Gerais. Foi deputado e ministro do império, senador por Minas Gerais e presidente do Senado, além de conselheiro honorário, desde 1827 (cf. COSTA, p. 56).

13. Quase todas as informações biográficas sobre Grondona, quando não mencionada outra fonte, foram por ele mesmo publicadas na *Sentinela da Liberdade à Beira do Mar da Praia Grande.*

14. Antônio Soares de Paiva, natural do Rio Grande do Sul, amigo íntimo de Tomás Antônio de Vila Nova Portugal, foi o primeiro protetor com que o Grondona contou no Brasil. Varnhagen menciona esse amigo de Tomás Antônio e dá como fundamental para a decisão de D. Pedro permanecer no Brasil carta que Antônio Soares de Paiva recebera de Tomás Antônio. Nela, o ex-ministro de D. João recomendava que D. Pedro, "se quisesse salvar seu pai e aos reinos de Portugal e do Brasil, e também a si próprio, não devia por forma alguma deixar o Brasil". Apesar de o príncipe não ser amigo de Tomás Antônio, tinha, diz Varnhagen, "alto conceito de sua integridade, desinteresse e dedicação por el-rei seu pai, e deu ao conselho muito maior importância, por ser partido do exílio" (VARNHAGEN, pp. 146-7).

15. Além da Rússia, compuseram a Santa Aliança no seu surgimento, 26 de setembro de 1815, a Áustria e a Prússia, a elas logo aderindo a França. Foi fundada com o objetivo de, "em nome da Santíssima Trindade", prestarem-se auxílio mútuo, seguindo uma política de orientação legitimista e intervencionista. A Santa Aliança defendia os direitos das metrópoles contra as colônias e incentivou, tanto na Espanha como em Portugal, a resistência aos movimentos de independência na América. Canning, primeiro-ministro britânico, era contrário àquela orientação e procurava contrabalançar a ação da Santa Aliança na Europa (HOLANDA, 1965, p. 335).

16. Refere-se ao padre Guilherme Paulo Tilbury, o mesmo que foi processado por crime de abuso da liberdade de imprensa, em virtude de uma série de artigos apócrifos publicados no *Diário do Governo.*

17. Em 1825, De Loy publicou pela Plancheur *Le Brésil, Epitre a Messieurs Adrien, Felix et Theodore Taunay, a Tyjuca; Par M. Le Comandeur João de Loy.* No exílio, os Andrada viram ser publicado por De Loy violento ataque contra eles, a que responderam com *Réfutation des calomnies relatives aux affaires du Brésil insérée par un sieur De Loy dans L'Independant de Lyon.* Paris, Emp. A Béraud, 1826. Depois da abdicação, De Loy seguiu D. Pedro à Europa e alistou-se no exército recrutado para combater D. Miguel. Publicou no *Mercure Sgusien,* assinando-se "A. de L.", uma ode a Chateaubriand, que se pensou ter sido escrita por Alphonse de Lamartine. Mesmo não tendo sido um poeta de talento, mereceu um artigo de Sainte-Beuve nos *Portraits contemporains,* v. 2 (VERRI, 1994, p. 164).

7. NA BARBA DO TOLO APRENDE O BARBEIRO NOVO (PP. 388-420)

1. "Tiveram a bem os proprietários desta folha encarregar agora a redação dela ao escritor do periódico intitulado *Sylpho*" (*DG*, nº 85, 10 out. 1823).

2. Francisco Antônio Soares era natural de Pernambuco e faria carreira como agitador. Seria processado em virtude de ter participado das agitações de 1824, e, em 1840, atuaria como um ardoroso partidário da Maioridade. Morreu em setembro de 1842 (VIANNA, 1945a, pp. 186, 601).

3. Não era assim tão alheio à matéria o boticário. O jornal *Volantim*, identificado com a vertente liberal, que circulara no Rio durante o segundo semestre de 1822, anunciava no frontispício que era vendido na botica de Davi Pamplona.

4. "Extermínio" era o nome que se dava então ao exílio.

5. Nome que passou a ter o *Diário do Governo* a partir de maio de 1824.

6. O *Sete de Abril*, fundado em 1833, era assim descrito pelo *Aurora Fluminense*, jornal de Evaristo da Veiga: "O *Sete de Abril* é lido não pela coerência de suas doutrinas, mas sim pela malignidade com que o escrevem, malignidade que não respeita partido algum, e pela energia com que debela os Caramurus" (facção que apoiava os Andrada e que defendia a volta de D. Pedro I ao trono).

7. A eles também poderia se somar João Severiano Maciel da Costa (1769--1833), o futuro marquês de Queluz, que publicou em Coimbra, em 1821, um folheto intitulado "Memória sobre a necessidade de abolir a introdução dos escravos no Brasil; sobre o modo e condições com que esta abolição se deve fazer e sobre os meios de remediar a falta de braços que ela pode ocasionar". Mas Maciel da Costa não pode ser considerado um militante da causa como o foram José Bonifácio e Hipólito, porque não voltaria a escrever sobre o assunto, e a Constituição de 1824, da qual foi um dos artífices, passou ao largo do problema.

CONCLUSÃO — INJÚRIAS NÃO SÃO RAZÕES, NEM SARCASMOS VALEM ARGUMENTOS (PP. 421-36)

1. Trabalho apresentado por José Murilo de Carvalho ao Primer Encuentro dei Centro de História y Análisis Cultural, em Buenos Aires (9 e 10 de outubro de 1997), chama a atenção para o conhecimento que a maior parte dos jornalistas do período aqui estudado têm da retórica e da possibilidade do recurso ao argumento ad hominem.

2. "Dizendo de um homem que é um urso, um leão, um lobo, um porco ou um cordeiro, descreve-se metaforicamente o seu caráter, o seu comportamento ou o seu lugar de tal ou tal espécie no mundo animal, e se tenta suscitar a seu respeito aquelas reações que habitualmente se experimentam a respeito destas mesmas espécies" (PERELMAN, 1970, p. 274).

Bibliografia

AGUIAR, Pinto de. *A abertura dos portos do Brasil. Cairu e os ingleses.* Salvador: Progresso, 1960.

ALBUQUERQUE, Arci Tenório d'. *A maçonaria e a grandeza do Brasil — verdades ocultas e destruição de mentiras que eles divulgam.* Rio de Janeiro: Alvorada, 1955.

ANDRADA E SILVA, José Bonifácio de. *Obras científicas, políticas e sociais de José Bonifácio de Andrada e Silva.* Coligidas e reproduzidas por Edgard de Cerqueira Falcão. São Paulo: Revista dos Tribunais, 1965.

ARMITAGE, João. *História do Brasil.* 3. ed. (Tradutor não identificado.) Com notas de Eugênio Egas e Garcia Júnior. Rio de Janeiro: Zelio Valverde, 1943.

BAECQUE, Antoine de. "Panfletos: libelo e mitologia política". In: DARNTON, Robert & ROCHE, Daniel (orgs.). *A revolução impressa: a imprensa na França, 1775-1800.* Tradução de Marcos Maffei Jordan. São Paulo: Editora da Universidade de São Paulo, 1996.

BARBOSA, Francisco de Assis. "Síntese Histórica". In: *O clero no Parlamento brasileiro,* v. 1, Brasília: Câmara dos Deputados; Rio de Janeiro: Fundação Casa de Rui Barbosa, 1978.

BARRETO, Paulo Tedim. "Casas de Câmara e Cadeia". In: *Revista do Patrimônio Histórico e Artístico Nacional,* n. 11, Rio de Janeiro: Ministério da Educação e Saúde, 1947, pp. 362-443.

BARRETO, Vicente. *Ideologia e política no pensamento de José Bonifácio de Andrada e Silva.* Rio de Janeiro: Zahar Editores, 1977.

BAUDELAIRE, F. *Curiosités esthétiques*. Genève-Paris, Montréal: Éditions du Milieu du Monde (Collection Classique, 18).

BEIGUELMAN, Paula. *Pequenos estudos de ciência política*. 2. ed. ampl. São Paulo: Pioneira, 1973.

_____. *Formação política do Brasil*. 2. ed. rev. São Paulo: Pioneira, 1976.

BELCHIOR, Elysio de Oliveira. *Visconde de Cairu — sua vida e sua obra*. Rio de Janeiro: Confederação Nacional do Comércio/SENAC, 1959.

BETHELL, Leslie. "The independence of Brasil". In: BETHELL, Leslie (ed.). *The Cambridge history of Latin America*, v. III, *From Independence to c. 1870*. Cambridge: Cambridge University Press, pp. 157-97.

BIRN, Raymond. "Malesherbes e o clamor por uma imprensa livre". In: DARNTON, Robert & ROCHE, Daniel (orgs.). Op. cit.

BURKE, Peter. *Cultura popular na idade moderna. Europa, 1500-1800*. Tradução de Denise Bottmann. São Paulo: Companhia das Letras, 1989.

CABRAL, Alfredo do Vale. *Anais da Imprensa Nacional do Rio de Janeiro de 1808 a 1822*. Rio de Janeiro: Tipografia Nacional, 1831.

CALMON, Pedro. *O rei cavaleiro — a vida de D. Pedro I*. São Paulo: Cia. Editora Nacional, 1933. p. 204.

_____. *História do Brasil*, v. 5, 3. ed. Rio de Janeiro: José Olympio, 1971.

CÂMARA dos Deputados/Fundação Casa de Rui Barbosa. *O clero no Parlamento brasileiro*, v. 1. Assembleia Geral Constituinte e Legislativa (1823), Brasília/Rio de Janeiro.

CAMARGO, Ana Maria de Almeida & MORAIS, Rubens Borba de. *Bibliografia da Impressão Régia*. São Paulo: Kosmos/Edusp, 1993. 2 v.

CANDIDO, Antonio. *Formação da literatura brasileira (momentos decisivos)*. 2. ed. rev. São Paulo: Martins, 1962, 2 v.

CANECA, Frei Joaquim do Amor Divino. *Ensaios políticos*. Introdução: Antônio Paim. Coleção Documenta, n. 6, Rio de Janeiro/Brasília, PUC/Conselho Federal de Cultura, 1976.

CARVALHO, José Murilo de. *Teatro de sombras — a política imperial*. Rio de Janeiro: UPERJ/Vértice, 1988.

_____. *A construção da ordem — a elite política imperial*. Distrito Federal: Editora da Universidade de Brasília, 1981.

_____. *Desenvolvimento de la ciudadanía en Brasil*. Fideicomiso História de las Américas, Serie Ensayos, México: El Colegio de México, 1995.

_____. *História intelectual: alguns problemas metodológicos*. Trabalho apresentado ao Primer Encuentro del Centro de História y Análisis Cultural, Buenos Aires, 9-10 out. 1997.

_____. *Pontos e bordados: escritos de história e política*. Belo Horizonte: UFMG, 1998.

CÔRTE-REAL, Manuel H. *O palácio das necessidades*. Lisboa: Ministério dos Negócios Estrangeiros, 1983.

COSTA, Emília Viotti da. *Da monarquia à república: momentos decisivos*. 7. ed. São Paulo: Fundação Editora da UNESP, 1999.

_____. "José Bonifácio: o homem e o mito". In: MOTA, Carlos Guilherme (org.). *1822: dimensões*. São Paulo: Perspectiva, 1972. pp. 102-59.

DARNTON, Robert & ROCHE, Daniel (orgs.). *A revolução impressa: a imprensa na França, 1775-1800*. Tradução de Marcos Maffei Jordan. São Paulo: Editora da Universidade de São Paulo, 1996.

_____. "A filosofia por baixo dos panos". In: DARNTON, Robert & ROCHE, Daniel (orgs.). Op. cit.

DAVIS, Natalie Zemon. *Culturas do povo — sociedade e cultura no início da França moderna*. Tradução de Mariza Corrêa. Rio de Janeiro: Paz e Terra, 1990.

DE LOS RIOS FILHO, Adolfo Morales. *O Rio de Janeiro imperial*. Rio de Janeiro: Editora A Noite, 1946.

DEBRET, Jean-Baptiste. *Viagem pitoresca e histórica ao Brasil*. Tradução de Sérgio Milliet. São Paulo: Círculo do Livro/Livr. Martins, 1985.

DIAS, Maria Odila da Silva. *O fardo do homem branco: Southey, historiador do Brasil*. Prefácio de Sérgio Buarque de Holanda. Brasiliana, v. 344. São Paulo: Ed. Nacional, 1974.

_____. "Aspectos da ilustração no Brasil". *Revista do IHGB*, Rio de Janeiro, v. 278, 1968, pp. 105-70.

EDMUNDO, Luís. *O Rio de Janeiro no tempo dos vice-reis*. Rio de Janeiro: Imprensa Nacional/IHGB, 1932.

EMERY, Edwin. *História da imprensa nos Estados Unidos*. Tradução de E. Alkimim Cunha. Rio de Janeiro: Lidador, 1965.

EMERY, Michael & Edwin. *The press and America: an interpretative history of mass media*. 7. ed. Nova Jersey: Prentice Hall/Englewood Cliffs, 1992.

FAORO, Raymundo. "Introdução". In: *O debate político no processo da Independência*. Rio de Janeiro: Conselho Federal de Cultura, 1973.

FIGUEIRA DE MELLO, Jerônimo de A. "A correspondência do barão Wenzel de Mareschal (agente diplomático da Áustria no Brasil, de 1821 a 1831)". *Revista do IHGB*, t. 80, Rio de Janeiro: Imprensa Nacional, 1917.

FLORY, Thomas. *Judge and jury in imperial Brazil — 1808-1871 — Social control and political stability in the new state*. Austin, Texas: University of Texas Press, 1981.

FONSECA, Gondim da. *Biografia do jornalismo carioca (1808-1908)*. Rio de Janeiro: Quaresma Editora, 1941.

FONSECA, Gondim da. *A Revolução Francesa e a vida de José Bonifácio — uma interpretação incômoda*. São Paulo: EDART, 1968.

FRYE, Northrop. *Anatomia da crítica — quatro ensaios*. Tradução de Péricles Eugênio da Silva Ramos. São Paulo: Editora Cultrix, 1989.

GARCIA, Rodolfo. "Maria Graham no Brasil". In: *Anais da Biblioteca Nacional do Rio de Janeiro*, v. LX (1938). Rio de Janeiro: Serviço Gráfico do Ministério da Educação, 1940. pp. 7-28.

GINISTY, Paul. *Anthologie du journalisme — du XVII siècle à nous jours*. Paris: Librairie Delagrave, 1920.

GORENSTEIN, Riva. "Comércio e política: o enraizamento de interesses mercantis portugueses no Rio de Janeiro (1808-1830)". In: MARTINHO, Lenira Menezes & GORENSTEIN, Riva. *Negociantes e caixeiros na sociedade da Independência*. Rio de Janeiro: Secretaria Municipal de Cultura, Turismo e Esportes, 1993 (Biblioteca Carioca). pp. 126-255.

GRAHAM, Maria. *Diario de su residencia en Chile (1822) y su viaje al Brasil (1823) — San Martín, Cochrane, O'Higgins*. Madri: Editorial América, s. d.

_____. "Correspondência entre Maria Graham e a imperatriz Dona Leopoldina e cartas anexas". In: *Anais da Biblioteca Nacional do Rio de Janeiro*, v. LX (1938). Rio de Janeiro, Serviço Gráfico do Ministério da Educação, 1940. pp. 29-65.

_____. "Esboço biográfico de Dom Pedro I, com uma notícia do Brasil e do Rio de Janeiro em seu tempo". In: *Anais da Biblioteca Nacional do Rio de Janeiro*, v. LX (1938). Rio de Janeiro, Serviço Gráfico do Ministério da Educação, 1940. pp. 67-176.

_____. *Diário de uma viagem ao Brasil*. Tradução de Américo J. Lacombe. Belo Horizonte: Itatiaia; São Paulo: Edusp, 1990.

HERSTAL, Stanislaw. *Dom Pedro: estudo iconográfico*. São Paulo: Ministério da Educação e Cultura do Brasil; Lisboa: Ministério dos Negócios Estrangeiros de Portugal. 1972.

HOGGART, Richard. *The uses of literacy*. Middlesex: Penguin Books/Chatto & Windus, 1971.

HOLANDA, Sérgio Buarque de. "Prefácio". In: SILVA, Maria Beatriz Nizza da. *Cultura e sociedade no Rio de Janeiro: 1808-1821*. 2. ed. Brasiliana, v. 363, São Paulo, Ed. Nacional, 1978.

_____. "Prefácio". In: DIAS, Maria Odila da Silva. *O fardo do homem branco*, cit.

_____. "O reconhecimento do Brasil". In: *História geral da civilização brasileira*, t. 2, cap. 1 (livro quarto), *O Brasil monárquico*, 1º volume, *O processo de emancipação*. 2. ed. São Paulo: Difusão Europeia do Livro, 1965 (direção de Sérgio Buarque de Holanda).

IGLÉSIAS, Francisco. *Constituintes e Constituições brasileiras*. 3. ed. São Paulo: Brasiliense, 1985.

IPANEMA, Marcelo de. *Legislação de imprensa — Leis de Portugal e leis de D. João* (primeiro volume) e *Leis do Brasil* (segundo volume). Rio de Janeiro: Gráfica Editora Aurora, 1949.

KOOGAN/HOUAISS. *Enciclopédia e dicionário*. Rio de Janeiro: Edições Delta, 1995.

LENHARO, Alcir. *As tropas da moderação; o abastecimento da corte na formação política do Brasil (1808-1842)*. São Paulo: Símbolo, 1979.

LIMA, Herman. *História da caricatura no Brasil*. Rio de Janeiro: José Olympio, 1963. 4. v.

LIMA, Manuel de Oliveira. *D. João VI no Brasil: 1808-1821*. Coleção Documentos Brasileiros, 48-b. Rio de Janeiro: José Olympio, 1945.

_____. *O movimento da Independência — o império brasileiro (1821-1889)*. 4. ed. São Paulo: Edições Melhoramentos, 1962.

LIMA SOBRINHO, Barbosa. *Hipólito da Costa, pioneiro da Independência do Brasil*. Brasília: Fundação Assis Chateaubriand/Verano Editora, 1996.

_____. *Antologia do Correio Braziliense*. Rio de Janeiro/Brasília: Editora Cátedra, MEC/INL, 1977.

LISBOA, José da Silva. *Estudos do bem comum e economia política*. Rio de Janeiro: Impressão Régia, 1819-20.

_____. *História dos principais sucessos políticos do império do Brasil*. Rio de Janeiro: Imprensa Nacional, 1827.

LOCKE, John. *Segundo tratado sobre o governo*. 2. ed. Tradução de Anoar Aiex e E. Jacy Monteiro. Col. Os Pensadores. São Paulo: Abril, 1978.

LUSTOSA, Isabel. *O texto e o traço — imprensa e humor no Rio de Janeiro da Independência*. Texto apresentado no GT de Pensamento Social Brasileiro, XX Encontro Anual da ANPOCS, 1996.

_____. *O surgimento da caricatura no Brasil*. Texto apresentado na III Conferência da Brazilian Studies Association — BRASA, Cambridge: King's College, 7-10 set. 1996.

LYRA, Maria de Lourdes Viana. *A utopia do poderoso império: Portugal e Brasil: bastidores da política, 1798-1822*. Rio de Janeiro: Sete Letras, 1994.

MAGALHÃES JÚNIOR, R. *Três panfletários do segundo reinado*. São Paulo: Companhia Editora Nacional, 1956.

MALERBA, Jurandir. *A corte no exílio — interpretação do Brasil joanino (1808 a 1821)*. Tese de doutorado em História. Universidade de São Paulo, 1997. Mimeo.

MARROCOS, Luís Joaquim dos Santos. *Cartas de Luiz Joaquim dos Santos Marrocos*. Rio de Janeiro, separata do volume LVI dos Anais da Biblioteca Nacional, 1939.

MARTINS, Wilson. *A palavra escrita. História do livro, da imprensa e da biblioteca*. 2. ed., ilustr., rev. e atualizada. São Paulo: Ática, 1996.

MAXWELL, Kenneth. *Chocolate, piratas e outros malandros: ensaios tropicais*. Tradução de Irene Hirsch et al. Rio de Janeiro: Paz e Terra, 1999.

MELO FRANCO, Afonso Arinos de. "Introdução". In: *O constitucionalismo de D. Pedro I — no Brasil e em Portugal*. Rio de Janeiro: Arquivo Nacional/Ministério da Justiça, 1972.

MENDES FRADIQUE. *A lógica do absurdo*. Rio de Janeiro: Leite Ribeiro, 1925.

MILTON, John. *Areopagitica. For the liberty of unlicensed printing*. Paris: Aubier--Flammarion, 1969.

MONTEIRO, Tobias. *História do império. A elaboração da Independência*. Belo Horizonte: Itatiaia, 1981. 2 v.

_____. *História do império — o primeiro reinado*. Rio de Janeiro: F. Briguiet & Cia., 1939.

MOREL, Marco. *Sentinela da Liberdade: presença de Cipriano Barata no processo da Independência do Brasil*. Dissertação de Mestrado em História. Instituto de Filosofia e Ciências Sociais da UFRJ, 1990. Mimeo.

MOTA, Carlos Guilherme (org.). *1822: dimensões*. São Paulo: Perspectiva, 1972.

NEVES, Lúcia Maria Bastos P. *O império brasileiro entre a democracia e o absolutismo ilustrado — UERJ*. Anais da XIV reunião da SBPH — Curitiba — 1995.

_____. *Corcundas, constitucionais e pés-de-chumbo — a cultura política da Independência — 1820-1822* (2 volumes mimeografados). Tese apresentada ao Departamento de História da Faculdade de Filosofia, Letras e Ciências Humanas da Universidade de São Paulo para a obtenção do título de doutor em História. Orientadora: Profª Dra. Maria Beatriz Nizza da Silva.

NEVES, Margarida de Sousa. "Da maloca do Tietê ao império do mato virgem, Mário de Andrade: roteiros e descobrimentos". In: CHALOUB, Sidney & PEREIRA, Leonardo Affonso M. (orgs.). *A história contada*. Rio de Janeiro: Nova Fronteira, 1998.

ORTIZ, Renato. *Cultura popular — românticos e folcloristas*. São Paulo: Programa de Estudos Pós-Graduados em Ciências Sociais, Pontifícia Universidade Católica de São Paulo, 1985.

PAIM, Antônio. *Cairu e o liberalismo econômico*. Rio de Janeiro: Tempo Brasileiro/Secretaria de Educação e Cultura, 1968.

PALLARES-BURKE, Maria Lúcia Garcia. *The Spectator, o teatro das luzes — diálogo e imprensa no século XVIII*. São Paulo: Hucitec, 1995.

PAYNE, George Henry. *History of journalism in the United States*. Nova York/ Londres, D. Appleton and Company, 1924.

PERELMAN, Chaïm. "Analogia e metáfora". In: *Enciclopedia Einaudi*, v. 11. Rio de Janeiro: Imprensa Nacional/Casa da Moeda, 1987.

_____ & OLBRECHTS-TYTECA, Lucie. *Tratado da argumentação — a nova retórica*. Tradução da edição em francês (Bruxelas, 1992) por Maria Ermantina Galvão G. Pereira. São Paulo: Martins Fontes, 1996.

PERRONE-MOISÉS, Leyla (org.). *O Ateneu — retórica e paixão*. São Paulo: Brasiliense/Edusp, 1988.

PINTO DA FRANÇA, Antônio d'Oliveira. *Cartas baianas: 1821-1824 — subsídios para o estudo dos problemas da opção na Independência brasileira*. Brasiliana, v. 372. São Paulo: Companhia Editora Nacional; Rio de Janeiro: Núcleo Editorial da Universidade do Rio de Janeiro, 1980.

POPKIN, Jeremy D. *Jornais: a nova face das notícias*. In: DARNTON, Robert & ROCHE, Daniel (orgs.). Op. cit.

PRADO, J. F. de Almeida. *D. João VI e o início da classe dirigente no Brasil. Depoimento de um pintor austríaco no Rio de Janeiro*. São Paulo: Companhia Editora Nacional, 1968.

_____. *O artista Debret e o Brasil*. São Paulo: Companhia Editora Nacional, 1989.

_____. *Tomás Ender: pintor austríaco na corte de D. João VI no Rio de Janeiro. Um episódio da formação da classe dirigente brasileira (1817-1818)*. São Paulo: Companhia Editora Nacional, 1955.

PRADO JÚNIOR, Caio. *Evolução política do Brasil — ensaio de interpretação dialética da história brasileira*. 2. ed. São Paulo: Brasiliense, 1947.

_____. "Introdução". In: *O Tamoyo*, Coleção fac-similar de jornais antigos. Direção de Rubens Borba de Moraes. Rio de Janeiro: Zelio Valverde, 1944.

QUINTAS, Amaro. *O padre Lopes Gama — um analista político do século passado*. 2. ed. Recife: Universidade Federal de Pernambuco/Editora Universitária, 1975.

RANGEL, Alberto. *Trasanteontem (episódios e relatos históricos)*. São Paulo: Livraria Martins Editora, 1943.

_____. *No rolar do tempo*. Col. "Documentos Brasileiros", v. 6. Rio de Janeiro: José Olympio, 1937.

_____. *Quando o Brasil amanhecia (fantasia e passado)*. Rio de Janeiro: INI/MEC, 1971. Coleção de Literatura Brasileira, v. 5.

_____. *Os dois ingleses — Strangford e Stuart*. Rio de Janeiro: Conselho Federal de Cultura/Arquivo Nacional, 1972.

_____. "Notas". In: *Cartas de D. Pedro à marquesa de Santos*. Rio de Janeiro: Nova Fronteira, 1984.

RIO BRANCO, Barão do. *Efemérides brasileiras*. Rio de Janeiro: Ministério das Relações Exteriores/Imprensa Nacional, 1946.

RIZZINI, Carlos. *O livro, o jornal e a tipografia no Brasil (1500-1882) — com um breve estudo geral sobre a informação*. Rio de Janeiro/São Paulo/Porto Alegre: Liv. Kosmos Ed./Erich Eichner & Cia. Ltda., 1946.

ROCHE, Daniel. "A censura e a indústria editorial". In: DARNTON, Robert & ROCHE, Daniel (orgs.). Op. cit.

RODRIGUES, José Honório. *Independência: Revolução e Contra-Revolução.* 5 v. (v. 1. *A evolução política* e v. 4. *A liderança nacional.*) Rio de Janeiro: Francisco Alves, 1975.

RUGENDAS, Johan Moritz. *Viagens pitorescas através do Brasil.* Tradução de Sérgio Milliet. Belo Horizonte: Itatiaia; São Paulo: EDUSP, 1989. p. 122.

SACRAMENTO BLAKE, Augusto Vitorino Alves. *Dicionário bibliográfico brasileiro.* Rio de Janeiro: Conselho Federal de Cultura, 1970.

SANTOS, Afonso Carlos Marques. *No rascunho da nação: inconfidência no Rio de Janeiro.* Rio de Janeiro: Secretaria Municipal de Cultura, Turismo e Esportes; Departamento Geral de Documentação e Informação Cultural/ Divisão de Editoração, 1992.

SERRÃO, Joaquim Veríssimo. *História de Portugal*, v. VI. *O despotismo iluminado (1750-1807).* Lisboa: Verbo, 1982.

SILVA, Maria Beatriz Nizza da. *Cultura e sociedade no Rio de Janeiro: 1808-1821.* Prefácio de Sérgio Buarque de Holanda. 2. ed. Brasiliana, v. 363. São Paulo: Cia. Ed. Nacional, 1978.

_____. *Vida privada e cotidiano no Brasil na época de D. Maria I e D. João VI.* Lisboa: Stampa, 1993.

_____ (coord.). *O império luso-brasileiro (1790-1822).* Lisboa: Stampa, 1986.

_____. *Análise de estratificação social (o Rio de Janeiro de 1808 a 1821).* Boletim n. 7. Departamento de História, São Paulo, Faculdade de Filosofia, Letras e Ciências Humanas, USP, 1975.

SILVA, Marina Corrêa Vaz da Silva. *O pensamento constitucional de frei Sampaio (contribuição ao estudo da primeira Constituição brasileira —1821-1824).* Dissertação de mestrado apresentada ao Departamento de História da Faculdade de Filosofia, Letras e Ciências Humanas da Universidade de São Paulo, São Paulo, 1981. Mimeo.

SILVA COSTA, Pedro Pereira da. *José Bonifácio* (Col. A vida dos grandes brasileiros). Rio de Janeiro: Editora Três, 1974.

SISSON, S. A. *Galeria de brasileiros ilustres.* Os Contemporâneos. Biblioteca Histórica Brasileira. São Paulo: Livraria Martins Editora, 1948.

SODRÉ, Nelson Werneck. *História da imprensa no Brasil.* Rio de Janeiro: Civilização Brasileira, 1963.

SOUSA, Otávio Tarquínio. *Bernardo Pereira de Vasconcelos e seu tempo.* Col. Documentos Brasileiros. Rio de Janeiro: José Olympio, 1937.

_____. *José Bonifácio (1763-1838).* Col. Documentos Brasileiros, 51. Rio de Janeiro: José Olympio, 1945.

_____. *A vida de D. Pedro I.* ed. ilustr. 3 v. Col. Documentos Brasileiros, 71-A. Rio de Janeiro: José Olympio, 1952.

SOUSA, Otávio Tarquínio. *Três golpes de estado*. Belo Horizonte: Itatiaia; São Paulo: Edusp, 1988. (História dos fundadores do império do Brasil, v. 8) (Col. Reconquista do Brasil, 2. série; v. 128).

VARNHAGEN, Francisco Adolfo de, Visconde de Porto Seguro. *História da Independência do Brasil, até o reconhecimento pela antiga metrópole, compreendendo, separadamente, a dos sucessos ocorridos em algumas províncias até essa data.* Col. Biblio. Sesquicentenário n. 6, 6. ed., anotada pelo barão do Rio Branco, por uma comissão do IHGB e pelo prof. Hélio Viana. Brasília: Ministério da Educação e Cultura/INL, 1972.

VERRI, Gilda Maria Whitaker. *Viajantes franceses no Brasil*. Recife: Editora Universitária, UFPE, 1994.

VIANNA, Hélio. *Contribuição à história da imprensa brasileira (1812-1869)*. Rio de Janeiro: Ministério da Educação e Saúde/Instituto Nacional do Livro, 1945(a).

_____. "Introdução". In: *A Malagueta — 1822*, Coleção fac-similar de jornais antigos. Rio de Janeiro: Zélio Valverde, 1945.

_____. *História do Brasil*. 3 v. São Paulo: Edições Melhoramentos, 1974.

VIANNA, Luiz Werneck. "Caminhos e descaminhos da revolução passiva à brasileira". *Dados — Revista de Ciências Sociais*. V. 39, n. 3, 1996. pp. 377-92.

WEILL, George. *Le Journal, origines, évolution et rôle de la presse périodique*. Paris: La Renaissance du livre, 1934.

Relação dos periódicos e panfletos consultados

O Amigo do Rei e da Nação. Redator: Ovídio Saraiva de Carvalho e Silva (março a junho de 1821).

Atalaia. Redator: José da Silva Lisboa, Cairu (31 de maio a 2 de setembro de 1823).

O Bem da Ordem. Redator: cônego Francisco Vieira Goulart (março a dezembro de 1821).

O Brasil — 1822.

O Conciliador do Reino Unido. Redator: José da Silva Lisboa, Cairu (1º de março a 28 de abril de 1821).

O Compilador Constitucional Político e Literário Brasiliense. Redatores: José Joaquim Gaspar do Nascimento e João Batista de Queirós (5 de janeiro a 26 de abril de 1822 — quinze números).

"O conselho da boa amizade ou projeto de reconciliação entre os dois hemisférios". Panfleto de Joseph Stephano Grondona (1823).

O Constitucional. Redatores: José Joaquim da Rocha e padre Belchior Pinheiro de Oliveira (5 de julho a 31 de setembro de 1822).

O Correio Braziliense ou *Armazém Literário* (*CB*). Redator: Hipólito da Costa (Londres, 1808 a 1822).

Correio do Rio de Janeiro (*CRJ* e *CERJ*). Redator: João Soares Lisboa (o jornal teve duas fases, de 10 de abril de 1822 a 21 de outubro de 1822 e de 1º de agosto de 1823 a 24 de novembro de 1823. Teve também várias edições extraordinárias entre 24 de maio de 1823 e 31 de julho de 1823).

"Defesa da *Reclamação do Brasil*". Panfleto de José da Silva Lisboa, Cairu (23 de fevereiro de 1822).

"O despertador brasiliense". Panfleto de José da Silva Lisboa, Cairu (dezembro de 1821).

"Diálogo político e instrutivo entre os dois homens da roça André Raposo e seu compadre Bolônio Simplício, acerca da bernarda do Rio de Janeiro e novidades sobre a mesma" (Impressão Régia, 1821), panfleto que circulou no Rio de Janeiro em meados de 1821.

Diário da Assembleia Constituinte e Legislativa do Império do Brasil. Redator: Teodoro Maria Biancardi (maio a novembro de 1823).

Diário do Governo (*DG*). Vários redatores (2 de janeiro de 1823 a 20 de maio de 1824).

Diário do Rio de Janeiro. Criado por Zeferino Vito de Meireles. Entre 1855 e 1858 José de Alencar foi seu diretor. Publicou ali, sob a forma de folhetim, *Cinco minutos*, *A viuvinha* e *O guarani*. O *Diário*, tradicionalmente conservador, saiu de circulação durante o ano de 1859, reaparecendo em 1860, com feição liberal. Dirigido por Saldanha Marinho e Quintino Bocaiúva, que atraiu Machado de Assis para ser redator do noticiário e repórter do Senado (1º de junho de 1821 a 31 de outubro de 1878).

O Espelho. Redator: Manuel Ferreira de Araújo Guimarães (1º de outubro de 1821 a 27 de junho de 1823).

A Estrela Brasileira. Seu redator era o francês Jean-Baptiste de Loy (1823 a 1824).

"Falsidades do *Correio* e do *Revérbero* contra o escritor das *Reclamações do Brasil*". Panfleto de José da Silva Lisboa, Cairu (datado de 23 de julho de 1822).

Gazeta do Rio de Janeiro (*GRJ*). Redatores: Tibúrcio José da Rocha, Manuel Ferreira de Araújo Guimarães e Francisco Vieira Goulart (10 de setembro de 1808 a 31 de dezembro de 1822).

"A heroicidade brasileira". Panfleto atribuído a Cairu (14 de janeiro de 1822).

Jornal de Anúncios (5 de maio a 16 de junho de 1821).

"Justa retribuição dada ao compadre de Lisboa em desagravo aos brasileiros ofendidos etc.". Panfleto do padre Perereca, Luís Gonçalves dos Santos (saiu em duas edições: setembro de 1821 e fevereiro de 1822).

O Macaco Brasileiro. Redatores: Manuel Zuzarte e Pedro da Silva Porto (junho a agosto de 1822).

A Malagueta. Redator: Luís Augusto May (edições regulares de 18 de dezembro de 1821 até junho de 1822 e extraordinárias até — possivelmente — 1833).

Memorial apologético das Reclamações do Brasil. Coletânea de panfletos de José da Silva Lisboa, Cairu, em quatro partes, publicadas durante o mês de julho de 1822.

O Papagaio. Redator: Luís Moutinho Alves e Silva (4 de maio a 8 de agosto de 1822).

"Processo dos cidadãos Domingos Alves Branco Muniz Barreto, [...] pronunciados na devassa a que mandou proceder José Bonifácio d'Andrada e Silva para justificar os acontecimentos do famoso dia 30 de outubro de 1822. Julgados inocentes por falta de prova (exceto João Soares Lisboa) no Tribunal Supremo da Suplicação da corte do Rio de Janeiro". Impresso na tipografia de Silva Porto, Rio de Janeiro, 1824.

"Protesto do Diretor de Estudos contra o acordo da Junta Eleitoral da Paróquia de São José". Panfleto de José da Silva Lisboa, Cairu (7 de agosto de 1822).

Reclamação do Brasil. Redator: José da Silva Lisboa, Cairu (saiu em catorze partes entre 9 de janeiro de 1822 e 22 de maio de 1822).

O Regulador Brasileiro. Redatores: frei Francisco de Sampaio e Antônio José da Silva Loureiro (29 de julho de 1822 a 12 de março de 1823).

O Revérbero Constitucional Fluminense. Redatores: Joaquim Gonçalves Ledo e Januário da Cunha Barbosa (15 de setembro de 1821 a 8 de outubro de 1822).

"Le Roi et la Famille Royale de Bragance doivent-ils, dans les circonstances présentes, retourner en Portugal, ou bien rester au Brésil?". Panfleto atribuído a François Geine Caïlle (janeiro de 1821).

A Sabatina Familiar de Amigos do Bem Comum. Redator: José da Silva Lisboa, Cairu (8 de dezembro de 1821 a 5 de janeiro de 1822).

A Sentinela da Liberdade à Beira do Mar da Praia Grande (SLPL). Redator: Joseph Stephano Grondona (5 de agosto a 11 de novembro de 1823).

O Sylpho. Redator: Antônio José Falcão (6 de agosto a 1º de novembro de 1823).

O Tamoyo. Atribuído aos Andrada (12 de agosto a 11 de novembro de 1823).

O Volantim (1º de setembro a 31 de outubro de 1822).

Créditos das ilustrações

Todos os esforços foram feitos para determinar a origem das imagens usadas neste livro. Nem sempre isso foi possível. Teremos prazer em creditar as fontes caso se manifestem.

SIGLAS

MHN — Museu Histórico Nacional — Rio de Janeiro
MNBA — Museu Nacional de Belas Artes — Rio de Janeiro
USP/MP — Museu Paulista da Universidade de São Paulo — São Paulo

ILUSTRAÇÕES

Páginas 72, 104, 150, 156, 175, 336, 371 e 391: Laboratório de Microfilmagem (Lamic)/Fundação Casa de Rui Barbosa — Rio de Janeiro
Página 123: Instituto Histórico e Geográfico Brasileiro — Rio de Janeiro

CADERNO DE ILUSTRAÇÕES

Todas as reproduções fotográficas do caderno de ilustrações são de autoria de Vicente de Mello, exceto quando indicado.

1. Luís Antônio Xavier, *Embarque da Família Real*. Litografia. In HERSTAL, p. 39.

2. Jean-Baptiste Debret, *Retrato de D. João VI*. Óleo sobre tela. MNBA

3. Az. Hubert, *Antônio de Araújo e Azevedo*, o conde da Barca. Gravura em cor. MNBA

4. Jean-Baptiste Debret, *O príncipe real D. Pedro*. Aquarela. In HERSTAL, p. 71.

5. Jean-Baptiste Debret, *Chegada da arquiduquesa Leopoldina*. Óleo sobre tela. MNBA

6. Thomas Hippolyte Taunay, *Desembarque de S. A. a princesa real do Reino Unido, Portugal Brasil e Algarves*. Litografia (detalhe). In HERSTAL, p. 103.

7. Autor desconhecido, *Recessão na Quinta da Boa Vista na memorável noite de 7 de novembro de 1817, em que os Augustos e sereníssimos Príncipes abrem o "Augúrio de Felicitá" tocado pela Augusta Princesa D. Maria Teresa*. In HERSTAL, p. 110a.

8. Autor desconhecido, *Retrato de Hipólito da Costa*. Crayon. MHN

9. Autor desconhecido, *Retrato de José da Silva Lisboa, visconde de Cairu*. Óleo sobre tela. MHN

10. Félix Emile Taunay, *Juramento prévio pelo Príncipe Real D. Pedro, no terraço do Teatro S. João, no Largo do Rossio, a 26 de fevereiro de 1821 da Constituição que seria feita pelas cortes de Lisboa*. Aquarela. MHN

11. *Retrato do cônego Januário da Cunha Barbosa*. Litografia baseada em óleo de Barandier, com fac-símile da assinatura do retratado. MHN

12. Autor não identificado, *Retrato de Joaquim Gonçalves Ledo*. Gravura. Foto José Rosael. USP/MP

13. *Retrato de José Joaquim da Rocha*. In SISSON, p. 205.

14. N. Maurin, *Retrato de José Bonifácio de Andrada e Silva*. Litografia baseada em desenho de Boulanger (1834), impressa por Lemercier (Paris), com fac-símile da assinatura do retratado. MHN

15. Oscar Pereira da Silva, *D. Pedro e Jorge Avilez na fragata União*. Óleo sobre tela. Foto José Rosael. USP/MP

16. L. Musso & Cia. (Rio de Janeiro), *Retrato de José Clemente Pereira*. Fotografia baseada em litografia de 1828. MHN

17. Leque comemorativo da Independência. In HERSTAL, p. 189.

18. Autor desconhecido, *O grito do Ipiranga*. Litografia impressa por Simonau e Toovey. In HERSTAL, p. 199.

19. Jean-Baptiste Debret, *Aclamação de D. Pedro I*. Óleo sobre tela. MNBA

20. Jean-Baptiste Debret, *Sagração de D. Pedro I*. Óleo sobre tela. MNBA

21. Autor desconhecido, *Retrato de Frei Sampaio*. Óleo sobre tela (detalhe). Rio de Janeiro, Convento de Santo Antônio.

22. Pinheiro, *Retrato de Cipriano Barata*. Gravura. In Brasil Histórico, revista de A. J. de Melo Morais e A. J. de Melo Morais Filho, edição de 5 de fevereiro de 1882.

23. *Retrato de Martim Francisco Ribeiro de Andrada*. In SISSON, v. 2, p. 12.

24. Guimarães e Cia., *Retrato de Antônio Carlos Ribeiro de Andrada*. Fotografia baseada em litografia de 1822. MHN

25. L. Maurin, *D. Maria, Reina de Portugal et S. M. I. D. Pedro*. Gravura em cor. In HERSTAL, p. 499.

26. François Meuret, *Retrato de D. Pedro IV* [de Portugal]. Miniatura em marfim. In HERSTAL, p. 469.

Índice onomástico

Afonso IV, 152

Afonso V, 152

Aguiar, marquês de, 68, 152, 158, *455n*

Aires de Casal, padre, 68, 163

Almeida, José Joaquim de, 130, 256

Alves Macamboa, Marcelino José, 92-4

Amélia Eugênia, imperatriz, 418

Andrada e Silva, José Bonifácio, 17, 20-2, 26, 33, 35, 37, 41, 48, 50, 62, 76, 119, 128, 130, 134, 139, 141, 146, 157, 162, 166-8, 172, 176, 180, 185, 195, 200-2, 204-5, 234-9, 241, 244-5, 247-8, 250-1, 254, 256-8, 260, 262-3, 266, 271-2, 278-9, 281, 300-1, 308, 314-5, 331-3, 335, 337-8, 340, 342-4, 346, 348-9, 356-61, 363-4, 368-9, 375, 382-3, 397, 402, 406-7, 420, 426-8, 436, 440, 442, *446n, 450n, 455n, 459n, 462-6nn, 469n, 471n*

Andrade Cardoso, José Maria de, 87

Andrade Lima, padre, 279, 281

Andrade Machado, Antônio Carlos Ribeiro de, 442

Andrade, Mário de, 37

Angeja, marquês de, 57

Antônio Carlos, *ver* Ribeiro de Andrada, Antônio Carlos

Aranha Barreto Camargo, Joaquim, 237

Araújo Guimarães, Manuel Ferreira de, 69-71, 149, 154, 160, 165-6, 172, 274-5, 278, *455n*

Araújo Lima, 142

Araújo, Antônio de, *ver* Barca, conde da

Aristófanes, 112

Armitage, João, 32, 334, 419

Arruda Câmara, Manuel, 57, 74

Augustus Frederiche, duque de Sussex, 74, 157, 409

Avilez [Zuzarte de Sousa Tavares], general Jorge, 96, 129, 132-3, 141,

144, 155, 176, 238, 309, 397, 439-40, *457n*
Azevedo Coutinho, José Mariano de, 130, 200, 256, 287

Barata, Cipriano, 19, 37, 118-20, 135, 138-9, 142-3, 204-6, 280, 317-22, 324-5, 329, 334, 335, 339, 340, 351, 355, 383, 392-7, 411-3, 429, 442, *447n, 458n*
Barbosa, Januário, *ver* Cunha Barbosa, Januário da
Barbosa Pimenta e Sal, Manuel, 66
Barca, conde da (Araújo, Antônio de), 66-7, 80, 111, 148, 158, 306, *448n, 453-4nn, 456-7nn, 467n*
Belchior, padre. *Ver* Pinheiro de Oliveira, padre Belchior
Beresford, general, 80-2
Bernardes de Castro, José, 67
Berquó, João Maria da Gama Freitas, 200-2, 215, 315, 352-6, *462n*
Biancardi, Teodoro José, 42, 234, *452n, 464n*
Blake, Sacramento, 163, 212, 273, *455n, 464-5nn, 468n, 470n*
Bonaparte, Napoleão, 89
Borges Carneiro, 140, 238
Borges de Barros, Domingos (barão e visconde de Pedra Branca), 42, 142, *451n*
Bourbon, Carolina de, 381
Brandão Montezuma, Francisco Gomes, 56
Brandt, Felisberto Caldeira, 409
Bregaro, Paulo, 237, 239-40
Buchanan, dr., 129
Bunbury, John Fox, 419
Burke, Edmund, 25, 36, 60, 63, 68, *446n*

Caille de Geine, F., 88, *448n*
Cairu, conde de (José da Silva Lisboa), 6, 18, 21, 25-7, 33, 35, 412, 59, 63, 67-8, 79, 91, 95-101, 103, 105-11, 114-5, 126, 134, 144-5, 147-8, 160, 162-3, 171-2, 181-3, 185-93, 198-9, 201, 221, 229-30, 232, 234, 262, 272, 280-1, 285-7, 316, 320-4, 339, 356-7, 362, 390, 401, 411-2, 423-9, *446n, 448n, 452n, 458n, 461-3nn, 465n*
Calmon, Pedro, 236, 243
Candido, Antonio, 18, 24, 30, 33-4, 57, 78, 99, 102-3, 422-3
Caneca, frei Joaquim do Amor Divino, 19, 327-9, 355-6, 361, 407, 414, 422, 433, 443, *467n*
Carlos IV, 88
Carlota Joaquina, 61
Carneiro da Cunha, Joaquim Manuel, 282, 308-9, 326
Carretti, Francisco Joaquim José, 93, 96, 133, 439
Carvalho, José Murilo de, 48, 152, 422, *453n, 468n, 471n*
Castlereagh, Lorde, 80
Castro Canto e Melo, Domitilla de, 206, 241, 331, 346, *458n, 464n, 467n*
Castro Canto e Melo, Francisco de, 237
Castro Morais, Francisco de, 66
Castro, Inês de, 152
Cau, Luiz Antônio, 194-5
Cícero, 133
Cleontes, 112
Condorcet, marquês de, 42, *448n*
Corrêa Vaz da Silva, Mariana, 247
Corte Real, Davi Pamplona, 399-400, 405-6, 442, *471n*
Costa Aguiar e Andrada, José Ricardo da, 137, 142-3, 406, 442

Costa Carvalho, José da, 236

Costa Macedo, José Pinto da (Filodemo), 47-8, 194, 230-1, 334, *452n*, *461n*

Costa Pereira Furtado de Mendonça, José da, 194, *449n*

Costa [Pereira Furtado de Mendonça], Hipólito da, 18, 29-30, 35, 41-2, 62, 67, 71, 73-8, 84, 86-7, 90-2, 98-100, 110-1, 120, 126, 129, 141, 151, 157-8, 177, 205, 235, 287, 345, 361, 407, 409, 423, 426, 442, *446n*, *449n*, *452n*, *454n*, *457n*, *460n*, *471n*

Coutinho, dom Rodrigo. Ver Linhares, conde de

Coutinho, Lino, 138, 142-3, 442

Cunha Barbosa, Januário da, 26, 29, 95, 122, 160, 163, 172, 180, 189-90, 258, 260, 262, 297, 340-1, 398, 407, 416-9, 422, 429, 435, 442, *445n*, *449n*, *463-6nn*

Cunha Mattos, 276, 418

Cunha, João Inácio da, 253-4

Davis, Natalie Zemon, 35

De Loy, Jean-Baptiste Aimé, 20, 384, 404, 414, 416, *470n*

De Pradt, Dominique de Fourt, 43, 128, *452n*

Debret, Jean-Baptiste, 52, 243, *461n*

Díaz de Bivar, dom Rodrigo, 302

Dourado, Mecenas, 158-9, 315, *460n*, *467n*

Duarte Pereira, Osny, 20, 22, *447n*

Enghien, duque d', 199

Eurípides, 112

Falcão, Antônio José, 390, 409-10

Faoro, Raimundo, 89

Feijó, Diogo, 417, 442, *447n*

Felipe II, 152

Fernandes, José Pedro, 207, 209-12

Fernandes Pinheiro, 142

Fernandes Tomás, Manuel, 81, 215, *463n*

Fernandes Viana, Paulo, 57, 89

Ferreira Araújo, 111

Ferreira Borges, José, 81

Ferreira Viana, João, 81

Figueira de Mello, 174, 180, 200

Figueiredo Lustosa, frei Oscar de, 421

Filinto Elísio, 174, *456n*

Flory, Thomas, 426

Fonseca, Antônio Isidoro, 66

Fonseca, Gondim da, 20

Fonseca, Mariano da (marquês de Maricá), 67

França Miranda, Francisco da, 126, 258, 337

Francisco I, 134

Frye, Northrop, 427, 431-3

Funchal, conde de (Sousa Coutinho, Domingos Antônio de), 157-8, 427, *460n*

Galveias, conde das, 303-6, 432

Gama Kury, Adriano da, 13

Gama, Basílio da, 68

Garcia de Meneses, 152

Gaspar do Nascimento, José Joaquim, 195-7, *460n*

George III, 74

Gomes da Silva, Francisco, 237

Gomes Freire, 66, 81

Gomes, Francisco Agostinho, 118, 142, 442

Gonçalves da Cruz, Antônio, 277

Gonçalves dos Santos, padre Luís (padre Perereca), 51-2, 163, 360

Gonçalves Ledo, Joaquim, 19-22, 26, 29, 42, 57, 63, 95, 97, 122, 130-1, 141, 146, 149, 160, 163, 166, 172-3, 180, 185, 188-9, 200-1, 205, 217, 234, 245, 251, 254-60, 262-71, 282, 289, 297, 302, 308, 337, 340-1, 356, 390, 398, 406, 409, 416-7, 419, 428-9, 435, 441-2, 445-7nn, 449n, 452n, 461n, 463-6nn

Gordilho, Francisco Maria [Veloso de Barbuda], 200-2, 203, 213-5, 225, 276, 315, 352-6, 462-3nn

Goulart, cônego Francisco José Vieira, 19, 101, 133, 145-6, 160, 171, 273, 275-6, 286, 423, 447n, 449n, 459n, 465n

Graham, Maria, 133, 470n

Grondona, Joseph Stephano, 19, 36-7, 46, 48, 79, 91, 204-6, 351, 354, 370, 372-8, 380-2, 388, 390, 392, 395-7, 407, 414, 446n, 458n, 470n

Guimarães, Manuel de Araújo Ferreira, 390, 446n

Hansen, Patrícia, 13
Henriques, Dom Afonso, 152
Hipólito, 111
Hoggart, Richard, 422

João Carlos, príncipe, 61, 133, 440
João II, dom, 152, 344
João IV, dom, 152, 442
João VI, dom, 18, 23-4, 58, 65-8, 77, 79, 83-4, 87, 88, 90, 95, 98-9, 101, 103, 116, 120, 124, 143-4, 158-9, 207, 301, 303, 344, 351, 372, 374, 380-1, 406, 437-40, 453n, 457n, 460n, 468-9nn

Jorge da Silva, Manuel, 68
José Bonifácio, ver Andrada e Silva, José Bonifácio
José da Silva, Joaquim (Jacaré), 55-6

Lapa, José Joaquim Januário, 399
Ledo, ver Gonçalves Ledo, Joaquim
Lencastre, Dom Raimundo, 152
Leopoldina, dona, 87, 133-4, 146, 237, 239, 241, 264, 438, 440, 464n
Lessa, padre Antônio João, 235, 254, 258, 262, 398, 406, 464n, 466n, 468n
Lima Sobrinho, Barbosa, 62, 77, 90
Linhares, conde de, 68-9, 73-4, 148, 157, 304, 455n, 459-60nn, 469n
Locke, John, 48
Luís XVI, 85, 91, 200, 458n
Luís XVIII, 85, 288
Lustosa, Fred, 13

Mably, Gabriel, 42
Maciel da Costa, João Severiano, 88-9
Maquiavel, Niccolo, 87
Mareschal, barão Wenzel de (Philippe Leopoldo Wenzel), 122, 174, 180, 200, 234, 246, 252, 254-6, 315, 414, 451, 459n
Maria da Glória, D., 407, 416
Maria I, rainha, 437
Marialva, marquês de, 87
Martim Francisco, ver Ribeiro de Andrada, Martim Francisco
Martim, Paulo, 43, 59, 242, 453n
Martins, Paulo, 69
Maxwell, Kenneth, 41, 49, 459n
May, Luís Augusto, 19, 32, 35, 39-40, 42, 60, 79, 112, 128, 145, 155, 157-62, 164-5, 167-71, 173, 179, 199, 219, 227-30, 232-5, 277, 300-2, 304-13, 315, 332, 357-8, 364, 372, 418, 426-7, 432, 446-7nn, 453n, 467-8nn
Mendes Fradique, 15
Mendonça, José Caetano de, 55

Metternich, Winnenburg, príncipe de (Klemens), 122, 174, 180, 200, 234, 315, 387, 414, *451n, 459n*
Miguel, dom, 83
Migués Bentevi, José Maria, 54-5
Mirabeau, Honoré Gabriel Riqueti, 42, *448n*
Miranda, José Antônio de, 344
Miranda, Sá de, 344
Molinari, Carla, 13
Montenegro, Caetano Pinto de, 365-6, *469n*
Montesquieu, Charles de Secondat, 21, 63, 350, 382
Morais, Miguel Lino de, 201, 276
Moutinho Alves e Silva, Luís, 38, 42, 277, 300, *451n, 466n*
Muniz Barreto, Domingos Alves Branco, 195, 244, 329

Napoleão Bonaparte, 25, 62, 80, 152, 205, 437, *451n, 453n, 456n, 462n*
Neves, Lúcia Bastos, 38, 116, 177, 197, 273-4, 383, *449n, 451-3nn, 465n*
Nizza da Silva, Maria Beatriz, 34-5, *452n*
Nóbrega, Luís Pereira da, 130, 146, 258, 260, 262, 297, 341, 406, *459n*
Nogueira da Gama, brigadeiro, 95
Noronha e Brito, dom Marcos de (conde dos Arcos de Vai-de-Vez), 86, *448n*
Nunes Vidigal, major, 204, *462n*

Obes, Lucas, 217, *463n*
Oliveira Lima, 89, 94
Oliveira Pinto de França, Luís Paulino, 138, *460n*
Oliveira Porto Seguro, José de, 337, *465n*
Oyenhausen, José Carlos Augusto, 236-7

Paio, frei S., 195, 312, 383
Pais de Andrade, Manuel de Carvalho, 443
Pais Leme, Pedro Dias, 130
Paiva Guedes de Andrade, Antônio José de, 277-8, 288, 311, 346-8, 358, 390, 409, 423-4
Pallares-Burke, Maria Lúcia, 28-9
Palmela, conde de (Holstein, D. Pedro de Sousa), 24-5, 82, 84, 86-7, 89, 102, 116, 345, 406, *448n*
Pedro I, dom, 17-8, 25, 27, 32, 47, 56, 62, 83, 95, 103, 134, 257, 265, 284, 300, 305, 318, 346, 354, 370, 372, 384, 405, 415-7, 442, *457n, 460n, 464n, 467-8nn, 471n*
Pedro II, dom, 420, *459n*
Pereira de Vasconcelos, Bernardo, 417
Pereira Forjaz, Miguel, 81, *457n*
Pereira, João José, 45
Pereira, José Clemente, 95-6, 122, 130-2, 178, 187, 241, 244, 256, 260, 440-2, *457n, 464n*
Perelman, Chaïm, 426-7, *471n*
Péricles, 112
Pina Manique, Diogo Inácio de, 74, *456n*
Pinheiro de Oliveira, padre Belchior, 151, 237, 239-40, 403, 442, *450n*
Pope, Alexander, 68
Portugal de Lima, Manuel Joaquim, 159
Prado Júnior, Caio, 24, 62, 83

Quebrantador, Aníbal Antônio, 213
Queirós, João Batista de, 195-7, 236, *460n, 462n*

Ramos Cordeiro, 239-40
Rangel, Alberto, 204-5, 384, *457n, 470n*

Raposo, André, 149, 151-4, 164, 345

Resende, Estevão de, 370, 392, 405

Ribeiro de Andrada, Antônio Carlos, 79, 119, 137, 139-43, 239, 271, 314, 400-1, 406

Ribeiro de Andrada, Martim Francisco, 130, 236-7, 251-2, 257, 271-2, 310, 335, 357, 363, 383, 400-1, 406, 442, *469n*

Rizzini, Carlos, 66, 68-9, 73, 76-7, 99, 102, 106, 111, 124, 126, 147-8, 157, 180, 195, 216, 266-7, 273, 290, 305, 309, 338, 363, 409, 414, 417, *451n*, *455n*, *458n*, *462-7nn*

Robespierre, Maximilien de, 309, *458n*

Rocha Maciel, Inocêncio da, 148

Rocha, José Joaquim da, 31, 57, 95, 130, 148, 200-1, 205, 256, 383, 403-4, 442, *449n*

Rocha, José Martins da, 132

Rocha, Tibúrcio José da, 69-70

Rodrigues da Costa Simões, Joaquim, 265, 297

Rodrigues Jordão, Manuel, 236-7

Rossini, Gioacchino Antônio, 79

Rousseau, Jean-Jacques, 18, 21, 42-3, 49, 60, 63, 159, 192, 350

Rugendas, Johan Moritz, 45-6, 56

Saia, André de, 153, 155

Saint-Beuve, Charles Augustin, 416, *470n*

Saldanha da Gama, Luís Lobo, 237, 307

Sampaio, frei, 19, 46, 79, 130, 206, 245-7, 249-50, 262, 270, 272, 295, 325, 328-9, 355-7, 361, 390, 407, 422, 426, 433, *458n*, *464-5nn*, *468n*, *470n*

Santos, Serafim dos, 308

Saraiva de Carvalho e Silva, Ovídio, 101, 114

Schnaiderman, Boris, 13

Schwarcz, Lilia, 13

Silva Braga, Antônio José da, 52-3

Silva Callado, José da, 307

Silva Carvalho, José da, 81

Silva Coutinho, José Caetano da, 94

Silva Lisboa, Bento da, 68

Silva Lisboa, José da, *ver* Cairu, conde de

Silva Loureiro, Antônio José da, 246, 249

Silva Porto, Manuel Joaquim da, 179, 196, 201, 234, 380, *449n*, *451n*, *468n*

Silvestre Pinheiro, ministro, 60, 88, 95, 98, *453n*, *455n*

Smith, Adam, 25, 63, 68, 100-1, *446n*, *459n*

Soares da Silva de Bivar, Diogo, 302

Soares Lisboa, João, 17-9, 32, 35, 40, 46, 52, 79, 91, 97, 135-6, 138, 174, 176-82, 185-7, 197-8, 200-3, 207-16, 218-21, 223-5, 227-8, 230, 232, 234-6, 248, 251-3, 255, 257-8, 261, 262, 264-8, 276, 289-300, 309-10, 314-5, 318, 325-6, 329, 331, 334, 337-9, 341, 343, 349, 351-4, 356-9, 374-6, 384, 387, 403-5, 409-10, 413, 424-5, 427-9, 432-3, 442, *445-6n*, *451n*, *458n*, *463-5nn*, *468n*

Soares, Francisco Antônio, 398

Sócrates, 112

Sousa Coutinho, Domingos Antônio de. *Ver* Funchal, conde de

Sousa Muniz, Francisco Paulo de, 54

Sousa, Francisco Inácio de, 236-7, 441, *469n*

Sousa, Maximiliano de, 397

Sousa, Otávio Tarquínio de, 21, 96, 180-1, 234, 237, 252-6, 281, 305, 314-5, 370, 417, 419, *464n*, *470n*

Sousa, Pedro Antônio de, 55
Stendhal, Henri Beyle, 201

Teles da Silva [Caminha de Meneses],
Antônio, 158, 305, 306, 315, 383,
460n, 467n
Testa Ferrata, cardeal, 212
Tilbury, Guilherme Paulo, 284-5, 287
Tiradentes [Joaquim José da Silva Xavier], 152-3, 437
Tomás Antônio, conde dos Arcos, 24-5,
58, 81, 83-4, 86, 88-90, 92, 94, 98,
115-6, 148, 158, 301, 345, 374, 378,
448n, 457n, 468n, 470n

Valente, Tomás Joaquim Pereira, 353,
469n
Vandelli, Antônio Alexandre, 204,
462n
Varnhagen, Francisco Adolfo, 20, 56,
78-80, 83-4, 86-8, 94, 96, 120-1,
125, 131, 143, 166, 205, 238, 244,
255, 258, 263, 285, 308, 314, 335,
338, 397, 401-5, 459n, 463n, 470n
Varnhagen, Frederico Luís Guilherme
de, 455n, 459n
Vasconcelos Drummond, Antônio de
Meneses, 130, 256, 315, 337, 468n

Vasconcelos Drummond, Luís de Meneses, 403
Veiga, Evaristo da, 241, 273, 355, 419
Veiga, João José da, 373
Veloso, [José Mariano da] Conceição,
73, 455n
Vianna, Hélio, 76, 89-90, 126, 147-8,
159, 186, 197, 205, 305, 308, 315-6,
355, 413, 418-9, 448n, 454-5nn, 471n
Viegas de Menezes, José Joaquim (padre Viegas), 66
Vieira Goulart, Francisco José, ver Goulart, cônego Francisco José Vieira
Vila Nova Portugal, Tomás Antônio,
ver Tomás Antônio, conde dos
Arcos
Vilela Barbosa, Francisco, 42, 120, 137,
142, 401-2, 442, 452n
Viotti da Costa, Emília, 21, 49, 350,
469n
Virgílio, 68
Voltaire, 21, 350, 448n, 468n

Xavier de Almeida e Sousa, Cândido,
237
Xavier de Brito, Pedro Francisco, 70
Xavier, Joaquim José da Silva, ver Tiradentes

Pós-escrito
Como da Regência cheguei à Independência

Insultos impressos: a guerra dos jornalistas na Independência (1821-1823) (Companhia das Letras, 2000) representou um *turning point* em minha carreira. Desde a publicação de meu primeiro livro, *Histórias de presidentes: a República no Catete (1897-1960)* (Vozes, 1989), e da defesa de minha dissertação de mestrado, *Brasil pelo método confuso: humor e boemia em Mendes Fradique* (Bertrand, 1991), ela se orientava para estudos sobre o humor e a caricatura na tradição cultural e política brasileira.

Foi o interesse em entender o ambiente no qual foram publicadas as primeiras caricaturas no Brasil que me levou a estudar a imprensa da Independência. As primeiras caricaturas impressas entre nós apareceram no Rio de Janeiro, em 1837, em plena Regência. Seu tema foi, desde logo, a política e os políticos contemporâneos. Vivia-se uma época de plena liberdade de imprensa e as caricaturas eram o reflexo dos tantos pasquins que inundavam a praça a cada dia difamando um ou outro dos lados em disputa.

Essas primeiras caricaturas foram impressas em pranchas avulsas por processo litográfico e seu autor presumível é Manuel de Araújo Porto Alegre. O tema foi o contrato que o então conceituado jornalista Justiniano José da Rocha firmou com um órgão do governo, o *Correio Oficial*. Justiniano deixara *O Cronista* em outubro de 1837 para ser o editor do *Correio Oficial*, ganhando salário anual considerado muito elevado para os padrões da época. Ele foi contratado pelo ministro e grande polemista Bernardo Pereira de Vasconcelos, a quem defenderia através do periódico. Supõe Herman Lima que, mais do que ao jornalista, Araújo Porto Alegre visava ao ministro, que seria alvo das caricaturas que viriam logo a seguir. O que mais me chamava a atenção nas duas imagens de Justiniano era o caráter sutil e, ao mesmo tempo, direto da crítica que continham, sugerindo a existência de um ambiente maduro de disputas, com grupos e personagens definidos e com um público consumidor capaz de recepcionar esse tipo de mensagem.

Para entender aquele momento, mergulhei na leitura do livro de Hélio Vianna, *Contribuição à história da imprensa brasileira (1812-1869)*, em que o historiador — a meu ver, aquele que estudou mais a fundo a história da imprensa da primeira metade do século XIX entre os colegas de sua geração — apresenta um vasto panorama da imprensa regencial a partir da coleção de periódicos de Francisco Marques dos Santos que cobre o período anterior a 1840. E que panorama movimentado e rico Vianna nos apresenta! Variadas vertentes políticas em disputa; a revelação de temas relacionados a raça e cor já expressa nos títulos de alguns jornais e de um tipo de humor muito agressivo, mas bastante criativo. A leitura do livro de Vianna também me despertou para a existência de figuras que já atuavam na imprensa no período da Independência. Os perfis de José da Silva Lisboa, o visconde de Cairu, de Luís Augusto May e de Cipriano Barata incluídos na obra mostram aqueles homens como personagens ativos e influentes no momento fundador de nossa história como nação.

Foi a leitura desses perfis o que me atraiu para os estudos sobre o movimentado universo da imprensa da Independência e me fez escolhê-lo como tema de minha tese de doutorado em Ciência Política, defendida em 1997, no antigo Instituto Universitário de Pesquisas do Rio de Janeiro (Iuperj), sob a orientação de José Murilo de Carvalho, cientista político e historiador já então consagrado. Uma das fontes de que me vali para estabelecer o ambiente dessa imprensa, além da obra de Hélio Vianna, foi o livro de Carlos Rizzini, *O livro, o jornal e a tipografia no Brasil (1500-1882)*, que informava os antecedentes e os atores e publicações mais importantes daquele contexto. Para conhecer e entender esse ambiente, estabelecendo as conexões entre os acontecimentos e o que era publicado nos jornais, escolhi uma obra que obedece estritamente a cronologia, bastante detalhista e fiel aos documentos: o volume de Varnhagen sobre a Independência, com as notas do barão do Rio Branco. Apoiei-me também nas obras de Tobias Monteiro, Oliveira Lima, Otávio Tarquínio de Sousa e nas análises de Antonio Candido sobre o ambiente e os estilos literários do período. Duas autoras, ainda, foram fundamentais no começo dos meus trabalhos: Emília Viotti da Costa e Maria Beatriz Nizza da Silva.

Foi um longo e trabalhoso processo de leitura e de anotações que consumiu anos de dedicação e me possibilitou construir um mapa bastante completo do que foi a imprensa da Independência e do papel fundamental que esta teve no desenrolar daqueles acontecimentos. Ao mesmo tempo, ao estabelecer o perfil político, cultural e social de jornalistas até então pouco conhecidos como Luís Augusto May, João Soares Lisboa, frei Sampaio, cônego Goulart, José Estevão Grondona, entre outros, *Insultos impressos* abriu todo um campo de possibilidades.

As escolhas políticas desses jornalistas improvisados revelaram a inserção do Brasil no debate travado entre os liberais do mundo inteiro. O fato de essa imprensa ser feita por escritores de variados níveis de instrução tornava esse debate um campo para a análise dos possíveis usos da retórica no texto impresso de rápido consumo, mas também da linguagem coloquial de que se valeram os menos eruditos ou pouco interessados em ostentar erudição para tentar impor seus argumentos. Este livro demonstrou como, já então, se fazia uso do texto jornalístico para a construção de imagens positivas e negativas que, em alguns casos, se associaram definitivamente às pessoas a que foram aplicadas. Demonstrou ainda, a meu ver, que, mesmo com os autores descendo à ofensa pessoal e à ameaça, as questões políticas em disputa não deixaram de ser examinadas, apoiadas ou refutadas, contribuindo para a formação da cultura política daquela geração.

Insultos impressos, portanto, é fruto de um trabalho de arqueologia, associado a insights que foram acontecendo à medida que ia sendo escrito. A vocação literária e ensaística da autora deu o tom da narrativa e fez deste livro, do prefácio à primeira edição até os textos finais, uma obra autoral e fechada que, desde seu lançamento, no ano 2000, foi muito bem acolhida pela crítica e pelo meio acadêmico, tendo sido fonte inspiradora de muitos estudos que se fizeram ao longo desses mais de vinte anos.

Construído sobretudo em diálogo com fontes primárias e secundárias, *Insultos impressos* é uma versão adaptada de minha tese de doutorado. Acredito que a forma que o livro tomou foi possibilitada por aquele espaço acadêmico criativo e inovador em que predominava o espírito da interdisciplinaridade e pela influência que sobre ele exercia seu elenco de excelentes professores. Homenageio a todos aqui trazendo à lembrança os nomes de alguns que já se foram, como Wanderley Guilherme dos Santos, Amaury de Sousa, Edmundo Campos, Carlos Hasenbalg,

Luiz Antonio Machado e Ricardo Benzaquen de Araújo, mestres que se fizeram colegas e amigos de seus alunos no ambiente francamente democrático daquela maravilhosa instituição. Foi aquele Iuperj em que tive o privilégio de cursar mestrado e doutorado, entre as décadas de 1980 e 1990, que tornou possível a trajetória singular desta autora.

I. L.
Fonte da Saudade, 25 de abril de 2022

1ª EDIÇÃO [2000]
2ª EDIÇÃO [2022]

ESTA OBRA FOI COMPOSTA PELA PÁGINA VIVA EM MINION E IMPRESSA
EM OFSETE PELA LIS GRÁFICA SOBRE PAPEL PÓLEN SOFT DA SUZANO S.A.
PARA A EDITORA SCHWARCZ EM AGOSTO DE 2022

A marca FSC® é a garantia de que a madeira utilizada na fabricação do papel deste livro provém de florestas que foram gerenciadas de maneira ambientalmente correta, socialmente justa e economicamente viável, além de outras fontes de origem controlada.